国家社科基金一般项目结题成果（批准号：15BZX062；证书号：20205294）

2021年云南省哲学社会科学学术著作出版资助项目

2022年昆明理工大学马克思主义学院学术著作出版资助项目

明代易学思想研究

任利伟 著

Mingdai Yixue
Sixiang Yanjiu

人民出版社

責任編輯:宮　共
封面設計:胡欣欣

圖書在版編目(CIP)數據

明代易學思想研究/任利偉 著. —北京:人民出版社,2024.7
ISBN 978-7-01-026465-3

Ⅰ. ①明… Ⅱ. ①任… Ⅲ. ①《周易》-研究-中國-明代 Ⅳ. ①B221.5

中國國家版本館 CIP 數據核字(2024)第 076600 號

明代易学思想研究

MINGDAI YIXUE SIXIANG YANJIU

任利伟　著

人民出版社 出版发行
(100706　北京市东城区隆福寺街 99 号)

北京中科印刷有限公司印刷　新华书店经销

2024 年 7 月第 1 版　2024 年 7 月北京第 1 次印刷
开本:710 毫米×1000 毫米 1/16　印张:25.5　字数:390 千字

ISBN 978-7-01-026465-3　定价:78.00 元

邮购地址 100706　北京市东城区隆福寺街 99 号
人民东方图书销售中心　电话 (010)65250042　65289539

序

在中国易学发展史上，明代是一个重要阶段。易学典籍的大规模整理和编纂、朱子易学的进一步发展、易学与阳明学的结缘与互动、明代重要改革中的易学思想、易学在儒释道文化进一步融合过程中所起到的促进作用等，都使明代易学承前启后、创新发展，展现出颇为独特的思想魅力和文化风采，历史影响极其深远。从一定意义上说，易学思想是有明一代思想文化发展的主旋律。近年来，学术界关于明代易学思想的研究有一些成果推出，但还存在不少薄弱环节，令人遗憾，相关研究还需要进一步深化和拓展。任利伟博士所著《明代易学思想研究》正是在这样的背景下推出的。

利伟博士这本书充分搜集和分析相关的文献资料，以明代易学的代表人物蔡清、高攀龙、王阳明、湛若水、丘濬、张居正、李贽、吕坤、管志道、焦竑、智旭等的易学思想为切入点和着力点，对有明一代易学思想的演变、发展及其规律进行了系统、全面的考察和探究，立意新颖，选题具有重要学术价值和意义。全书思路清晰，结构谨严，布局合理，历史线索与逻辑线索的互动结合较为成功，而且立论允当，多有创获。例如，书中以为，随着经济的发展以及社会的渐趋转型，明代中叶的学术文化层面也逐步发生着变化，突出的表现就是程朱理学不再拥有独尊之势，阳明心学悄然勃兴。学术文化思潮的这一转向、嬗变对易学亦有着深刻影响。以王阳明为代表的思想家受易学思想之沾溉，提出"知行合一""致良知"等学说，并将其作为批判程朱理学强分"知行"为二等弊病的理论基石。阳明后学王畿又进一步深化其师"良知即是易"的主张，发展出"易即良知"之论，进一步丰富了心学思想体系。书中这些论述，可谓独到之见和精彩之笔，很好地体现了守正创新、与时偕行的治学理念和学术精神，值得充分肯定。全书写作语言晓畅，表述清晰，对前贤时哲的研究成果有较为全面和精准的把握，借鉴、吸收和引用之处也都清楚地加以标注或说明，很好地遵守了学术规范和学术道德，开拓性、原创性强，未见有掠美之嫌。

利伟博士早年就读于北京师范大学，好学深思，品学兼优，并有志于深耕明代易学研究。作为利伟博士当年的博士生导师，得知他的这本《明代易学思想研究》即将顺利出版，本人感到非常欣慰，也衷心祝福他今后在教书育人、科学研究、文化传承创新和社会服务等各个方面都不断取得新的更大的成就。我们相信，《明代易学思想研究》的出版发行，一定会进一步推动中国易学史、学术思想史以及中华优秀传统文化研究等领域向前发展，不断推动相关的学科建设和学术繁荣。书中尤为难能可贵、可圈可点的是，利伟博士目前正致力于研究马克思主义基本原理同中华优秀传统文化相结合，研究中华优秀传统文化的创造性转化和创新性发展，而该书的学术探索、学术创获也会为他的相关工作提供重要的理论依据和学术支持，从而有助于马克思主义理论学科的全面建设和持续发展。

是为序。

张　涛

甲辰年夏

于北京师范大学京师大厦

目　录

序..1

绪　论..1

第一章　易学思想与程朱理学..11
　　第一节　《周易传义大全》..11
　　第二节　蔡清的易学思想..22
　　第三节　高攀龙易学思想..49

第二章　易学思想与阳明心学..92
　　第一节　王阳明易学思想..92
　　第二节　湛若水易学思想..120
　　第三节　王畿的易学思想..158

第三章　易学思想与经世实学..178
　　第一节　丘濬的易学思想..178
　　第二节　张居正易学思想..202
　　第三节　李贽的易学思想..230
　　第四节　吕坤的易学思想..252

第四章　易学思想与三教融合 275

　　第一节　管志道易学思想 275

　　第二节　焦竑的易学思想 297

　　第三节　智旭的易学思想 309

　　第四节　方以智易学思想 332

第五章　易学思想与中西会通：耶稣会士与中士的易学纷争 356

　　第一节　"太极"义涵之争 357

　　第二节　"阴阳五行"之辨 366

　　第三节　易学纷争的诠释局限 372

　　第四节　易学纷争的学术影响 377

结　论　明代易学思想的特征和价值 380

参考文献 384

后　记 401

绪　论

一、研究价值

《周易》雄踞于群经之首、六艺之源，在儒家经典中享有特殊尊崇的地位。作为中华文化的源头活水，易学经历两千多年的发展历程，不断地融入历代学者斑斓多彩的思想智慧，渗透到中国古代的社会政治、思想文化等诸多领域，产生了广泛而深刻的影响。

在中国历史上每一次思想文化的冲突与更新之中，在每一次社会政治的转型和变革之际，《周易》都曾扮演了极其重要的角色。汉代学者以之融合先秦儒学、自然科学及阴阳五行学说，魏晋学者以之会通儒、道两家思想，宋明思想家又以之为基础合流儒、释、道三教，易学思想也就是在这样一次次碰撞、交融的过程中使自身得到不断充实和发展。当代学者曾有言，易学思想不但是中华民族精神的一种集中体现，同时又是中国传统思想的主潮、主旋律。[①] 有如此评价并不为过，因为在中国历史发展的长河中，易学思想产生的影响涉及面如此之广，持续性如此之长，在思想文化层面显示出了不容替代的重要性。

明代立国 260 余年，无论是在政治、思想方面，还是在学术、文化领域，与前后朝代相较都具有鲜明的特色。明代学术虽有因循前朝的一面，但绝非主流，更不能以"空疏无物"一语简单概括了之。从属于经学形态的易

---

① 　张涛：《易学与中华民族的创新精神》，《周易研究》2007 年第 2 期。

学在明代亦随世而变，有着丰富的内涵，因而是中国传统易学发展进程中的一个关键阶段。所以，无论是从哲学史、思想史还是从易学史来说，研究明代易学都有着极为重要的学术价值与现实意义。

由研究明代易学着手，能从一个侧面映现出明代思想的发展脉络，是深入理解明代思想的另一新途。明初经过统治者的倡导和推行，由朱熹总其成的程朱理学被确立为官学，从此成为明代乃至清代的正统思想。中叶以来，阳明心学与程朱理学抗衡渐趋发展成为主潮。随着明代中后期社会危机的加重，经世与启蒙思潮又应运而生，儒、释、道三教呈现互摄互融的趋向，加之西学东渐，中西会通之风日起，传统文化与异质文化交汇，可谓绚丽之至。在这当中，却又处处闪现跳动着易学思想的身影。可以说，在很大程度上，《周易》及易学思想为明代社会、政治、学术等领域的思想发展提供了厚重的理论支撑。因此，将明代易学思想演变历程放在特定历史背景下，立足于现代的视野对之加以考察，这就为进一步廓清明代思想的发展脉络提供了可能。

对于明代易学的研究，就易学史研究的持续深化来说，也具有重要的学术价值。随着社会的发展，易学研究的内容必须在"继往"的基础上"开来"，做到"与时偕行"。一个时代有一个时代的学术，同理，一个时代有一个时代的易学。易学研究除了继续就易学发展史上的"两派六宗"展开深入的探讨之外，还应当重视在各个历史时期易学与社会、政治、哲学、宗教、科学等领域的交涉，以此丰富易学史研究的内容。明代易学在发展的过程中，既秉承宋元义理易学之余绪，以程朱理学治《易》，又受《周易》及易学思想之沾溉，而以心学解《易》；既有禀易惠沾而萌生出的社会政治改革，又有以《周易》经传为支点而出现的儒、释、道三教互摄融合，更有易学与异质文化的交融。可以看出，易学与明代众多不同领域展开了"对话"，对此加以研究确实能够拓宽易学研究的学术视野。

研究明代易学，既有助于加深哲学史、思想史和经学史的研究，同时也有助于拓宽易学史研究，对我们探讨理解有明一代学术与政治、思想与文化彼此的互动、贯通必将产生许多有益的启示。当前，我们正在建设适应时代发展要求的崭新文化体系，而通过研究明代易学思想的发展与演变，从中华优秀传统文化中挖掘出"古为今用"的思想资源，进行创造性转化和创新性发展，也不失为有益的尝试。对易学与学术、政治、文化思想的互动而产生的积极影响加以探讨，对当今社会的发展、文化事业的建设具有一定的借鉴意义，这也正是此一研究之价值所在。正因于此，对每一历史时期易学思想的演变加以全面深入研究、总结就显得尤为必要。

二、研究现状

近些年来，明代易学愈来愈受到学者的关注，笔者拟对明代易学的相关研究状况以及存在的问题做一述评，以期对这一领域的研究有所裨益。

20 世纪，对明代易学进行研究的一个重要成果，当属 20 年代后期撰写的《续修四库全书总目提要》。该《提要》收入明代易著 21 种，其中，以重视象数易学研究而名家的尚秉和所撰写的提要就有 10 种[1]，该提要以象数易学成就的高低为标准评判明代易学，批评明代易学"心学说易""不谙易象""象学大亡"[2]。李证刚主编的《易学讨论集》附录设有"易学研究书目表"[3]，将明代易著全部列入易学研究的参考书目，而非基本书目。钱基博在《周易解题及其读法》"汉以后《周易》之学者及其解说"[4] 一章中指出，明代易学不脱汉宋窠臼，仅来知德一人虽本旧说，仍能"纵横推阐，专明斯义，较先儒为详"。黄寿祺《论易学之门庭》一文认为"元之诸儒，大抵笃守程朱遗说，明初犹然。中叶以后，乃有以狂禅解《经》者，末叶尤胜"[5]，将明代易学归入"弱枝"和"枝附"一途。从传统易学发展来看，明代易学

---

① 尚秉和的弟子黄寿祺也参与易学提要的撰写，后将其撰写的提要修订补充，编成《易学群书平议》一书，北京师范大学出版社 1988 年出版。

② 中国科学院图书馆整理：《经部·易类》，《续修四库全书总目提要》，中华书局 1993 年版，第 34—44 页。

③ 李证刚主编：《易学讨论集》，上海商务印书馆 1941 年版，第 167—177 页。

④ 钱基博：《周易解题及其读法》，上海商务印书馆 1931 年版，第 46 页。

⑤ 黄寿祺：《论易学之门庭》，《福建师范大学学报》1980 年第 3 期。

与汉代易学、宋代易学相比，在象数、义理、易图方面毫无特色，《续修四库全书总目提要》的评价与钱基博、黄寿祺的观点在当时可谓定论。

50 年代到 70 年代，易学研究并未止步，断代易学史研究仍以汉易和宋易为主。自 80 年代起，学界对明代易学有所关注，评价渐趋多元。刘大钧《周易概论》认为明代有独到见解的易著不多，只有来知德的《周易集注》、黄道周的《易象正》、何楷的《古周易订诂》以及张次仲的《周易玩辞困学记》尚可称道，其余皆无根基，且明代研《易》"跟在宋人后面"，易学至明代为衰微时代。① 台湾地区徐芹庭《易学源流》却发现，明代易学主流仍以程朱义理讲《易》，而中期以后心学解《易》蔚为大观，又佐以佛道之学，象数之学亦有新发展，易学在明代并未衰微。② 同是从传统易学发展视角论及明代易学，两位学人的评价截然相反。

90 年代以来，系统的明代易学研究专著并没有出现，而随着哲学史、易学史研究的深入，这一时期对明代易学的研究呈现出如下趋势。

其一，就传统易学史研究而言，尽管来知德易学依然是学界关注的热点，但纳入研究视野的明代易学人物有所增加。廖名春等人《周易研究史》专设"明清易学"③ 一章，对明代易学主要从义理派宋易和象数派宋易两个方面加以论述，收录的明代治《易》学者多于《周易概论》。同时，该书注意到了社会的政治背景以及学术思潮对易学的影响，认为明代易学的发展与这一时期的思想文化主潮同步。《周易研究史》意在从社会史与学术史的角度切入的尝试，确实使明代易学的研究有所深化。还有两部提要性质的易学著作，张善文《历代易家与易学要籍》在其师黄寿祺《易学群书平议》的基础上有所拓展，从"人"和"书"的角度去把握传统易学发展的流派以及历代的研《易》成果，该书对于明代较为重要的易家与易作搜集得较为全面，

---

① 此书 2016 年出版了增补修订版，虽为新版，但在《历代易学研究概论》（下）中对明代易学的评价并没有变化，参见刘大钧《周易概论》（增补修订版），巴蜀书社 2016 年版，第 135 页。

② 徐芹庭：《易学源流》，台湾"国立"编译馆 1987 年版，第 849 页。

③ 廖名春等：《周易研究史》，湖南出版社 1991 年版，第 323 页。

共计有易家 31 人，易著 44 部。① 潘雨廷《读易提要》介绍的从两汉至近代的 200 多种易学著作中，明代易作占 14 部。②

其二，立足于传统易学研究范式，学界开始注意到易学与明代哲学、理学、佛学以及医学等领域的密切联系。台湾地区高怀民《宋元明易学史》指出，易学思想应以发明哲思为高尚，训诂推演者次之。该书虽名为《宋元明易学史》，元代竟无一人，明代只有来知德一人陪衬，明末清初仅仅提到王夫之。显然，作者以易哲学思想创发多寡作为评判易学家成就高低的标准。③ 朱伯崑《易学哲学史》第 3 卷同样以是否取得哲学成就评判明代易学，对非以哲思擅长之学者的研《易》成就亦关注不多。④ 易学与阳明心学的关系进入研究视野，温海明《王阳明易学略论》⑤、范立舟《〈周易〉与阳明心学》⑥ 等论文均认为易学是阳明心学产生的重要理论渊薮；王涵青《刘宗周哲学的易学方法初探》认为刘宗周在易简的方法进路下，将太极的义涵与落实主体工夫实践操作时的核心——心进行了合理对接。⑦ 易学与程朱理学的关系也有论及，张沛论文《明初朱学一尊格局下的薛瑄易学》认为明初朱学一尊格局下的理学易未越出朱子易学范围。⑧ 易学与佛学交涉以及援《易》入医等问题引起学界重视，谢金良专著《〈周易禅解〉研究》将《周易禅解》纳入儒、佛、道三教交涉中审视，从另一个侧面反映出儒、道、佛三教关系在明代的新发展。⑨ 徐仪明《明代医易学极盛的过程与原因》指出医易学发展到明代达到极盛阶段，其重要标志是医、《易》同源说的确立。⑩ 在明代易学的学术取向、地域流派、音韵学与易学关系等研究方面，郭素红《明代

① 张善文：《历代易家与易学要籍》，福建人民出版社 1998 年版，第 309—334 页。
② 潘雨廷：《读易提要》，上海古籍出版社 2003 年版，第 303—322 页。
③ 高怀民：《宋元明易学史》，广西师范大学出版社 2007 年版，第 3 页。
④ 朱伯崑：《易学哲学史》第 1 卷，昆仑出版社 2005 年版，第 36—48 页。
⑤ 温海明：《王阳明易学略论》，《周易研究》1998 年第 3 期。
⑥ 范立舟：《〈周易〉与阳明心学》，《周易研究》2004 年第 6 期。
⑦ 王涵青：《刘宗周哲学的易学方法初探》，《周易研究》2013 年第 6 期。
⑧ 张沛：《明初朱学一尊格局下的薛瑄易学》，《周易研究》2013 年第 1 期。
⑨ 谢金良：《〈周易禅解〉研究》，巴蜀书社 2006 年版，第 1—13 页。
⑩ 徐仪明：《明代医易学极盛的过程与原因》，《商丘师范学院学报》2004 年第 3 期。

易学中的汉学倾向》①、肖满省《明代福建易学述要》②、李波《明代桐城方氏
学派易学研究》③、汪银峰《〈元韵谱〉音学思想与明末易学哲学思潮》④ 等文
章作了较为深入的思考。专门易学人物研究必须提及的，宋野草《蔡清易学
思想研究》从蔡清的易学文化背景、易学思想渊源、与朱熹易学的关系及其
易学对后世的影响几个方面对蔡清易学进行了分析。⑤ 刘伟《天下归仁：方
以智易学思想研究》⑥ 以方氏易学中的"忧患意识"为切入点，着重分析方
以智易学中的几个重要观念，进而领略方氏易学"天下归仁"的良苦用心。
此外，林忠军等《明代易学史》⑦旨在全面总结梳理易学在明代的成果，选
取了20余位有影响的、能够体现时代特色的明代易学家及30余部易学著作
加以研究，对易学在明代的发展、衍变作了较为宏观的描述与细致的分析，
也应值得关注。

　　对于明代易学，学者往往因袭清代四库馆臣，很容易形成这样的认识：
明代易学既不以象数而著称，也不因义理而闻名，在易学史上的成就较汉
易、宋易乃至于清易而言乏善可陈。80年代以来，学界对于明代易学，研
究视野较以前有所拓宽，但在以下两个方面仍有缺憾：一是认为明代易学依
传统治易路数，或在汉易与宋易上彼此周旋，或在象数与义理上陷入纷争，
明代易学因袭守旧多，探索创新少；二是尽管近些年出现了一些新的研究成
果，在一定程度上还是孤立地就易学言易学，未能充分地重视易学思想与明
代社会政治与思想文化领域中的重要问题的关联与回应，以充分展现明代的
易学概貌与时代精神。

　　如果在现有研究的基础上转换学术视角，将易学融入时代、社会大潮
之中，那么，我们对于明代易学思想的价值或许会有新的认识。明代易学思

---

①　郭素红：《明代易学中的汉学倾向》，《东岳论丛》2009年第10期。
②　肖满省：《明代福建易学述要》，《东南学术》2010年第5期。
③　李波：《明代桐城方氏学派易学研究》，《周易研究》2011年第5期。
④　汪银峰：《〈元韵谱〉音学思想与明末易学哲学思潮》，《周易研究》2012年第3期。
⑤　宋野草：《蔡清易学思想研究》，中国社会科学出版社2015年版。
⑥　刘伟：《天下归仁：方以智易学思想研究》，知识产权出版社2016年版。
⑦　林忠军等：《明代易学史》，齐鲁书社2016年版，第1—15页。

想，是指当时通过解说、诠释《周易》经传，借鉴、吸收易学研究成果而形成的理论学说、思想倾向。明代思想文化领域学者辈出、学派纷呈，但其易学思想的基本图像不应仅由专门的《易》著及易学名家构成。明代不同领域的诸多重要人物都曾研习《周易》，再将所受启示反哺于各自领域，产生了广泛而深刻的影响，同时也推动了易学的发展。换言之，易学研究不应只关注有专门易学著作的易学名家，也应当重视受《周易》及易学启示的人与著作。这种意义上的易学研究并非大而无当、无所不包，它必须要适应和符合易学自身的发展环节和特有规律。也应该看到，这些环节和规律不仅仅是通过经学史上的经传注释、易学史上的"两派六宗"以及哲学史中的哲思高低呈现出来的。

三、研究对象与方法

（一）研究对象

目前的易学研究领域，往往对有专门易学著作而名家的学者的分析研究非常重视，并以此为研究导向，本专著是针对这一研究范式而作的一次突破性尝试。

明代易学思想研究作为一种断代的易学史研究，必须以有明一代的易学著作作为研究对象，并给予充分的解析与诠释。同时，这一研究更重视将易学思想与明代学术衍展、政治变革、文化交融诸领域的互动及其当代价值纳入研究视野。为此，本专著将研究的重点放在了其中思想内容较为丰富而以往不被关注或关注度不足的易学作品上。同时，对有明一代虽没有易学专著，却有丰富易学思想的著名思想家、政治家以及易学思想与明代社会、学术、文化思潮的交涉、互动予以充分重视，否则，原本色彩斑斓的明代易学演进历程会黯淡许多，亦无法一睹明代思想、学术发展的全貌。

（二）研究方法

一是历时性与共时性相结合。将明代易学置于易学史发展长链之上，从纵向上加以动态、综合把握的同时，从横向上梳理出易学思想与时代主题之间的内在逻辑，从而有效揭示明代易学思想的特质。

二是易学诠释与定向诠释相结合。易学诠释与诠释的两种定向理论共融，将"推天道以明人事"的传统易学义理分析，与"文本的、历史的、解释的定向和当下的、应用的、创新的定向"结合，对明代易学思想的诠释做到既遵循其内在的学术逻辑又赋予其现实的价值取向。

三是拓展取材范围与完善事实陈述相结合。本专著在易学文献利用上，以新眼光看待旧史籍，从常见书中发掘出新材料，除重视明代专门易学著作外，更关注当时重要人物传世的且包含有很多易学信息的文集、笔记等以往不被珍视的传世文献中的某些材料。占有丰富的易学文献、史料是确保事实陈述相对完整的前提，相对完整的陈述又是合理的事实判断的基础，即注重实证，以避免对明代易学思想作出不切合实际的评价。

四是哲学史、思想史、经学史等学科研究方法交互使用。明代易学是一个思想丰富、理论精深、多层次的思想文化体系。本专著研究虽然主要聚焦于哲学与思想这一核心区域，但在经典诠释与思想阐明的研究中，因为很多问题仅凭单一学科研究方法的运用并不能得到很好的解决，所以在多学科研究方法的结合方面希望作出创新性的尝试。

四、研究思路与框架

（一）研究思路

本专著将明代易学作为一个整体范畴，突出易学在明代的学术衍展、政治变革、文化交融中，究将展现何种特质这一"问题意识"，既从外缘着眼，又遵循易学演进的内在理路，通过逻辑的辩证、历史的考证、文献的佐证，依次从易学思想与程朱理学、阳明心学、经世实学、三教融合、中西会通，即从三个维度、五个方面考察，以把握、揭示明代易学思想的历史内涵与现实品格为旨归。

（二）研究框架

本专著由四部分内容组成，含绪论、正文五章、结论以及参考文献。其中，正文五章的研究重点和主要内容如下：

第一章，易学思想与程朱理学。

在把握明代程朱理学思想观念得以衍展的学术依托的基础上，如何处理易学在明代程朱理学架构中的定位，是本章需要解决的重要问题。明朝创建之初笃守程朱理学，包括《周易传义大全》在内的三部《大全》借助统一的儒家经典及思想诠释，有效地实现了封建王朝对社会各阶层的思想控制，对有明一代政治、文化、价值理念之认同起到了重要而特殊的推动作用。朱学代表人物蔡清受易学思想浸染，不惟程朱理学是从，对之有所修正、突破，在很大程度上反映出明代义理易学对宋易的继承与发展。儒学名臣高攀龙学宗程朱又不拘于门户之见，折中融贯程朱理学与陆王心学，会通理、气、心、性、易为一，以此建构了"易即心体"的易学思想体系。

第二章，易学思想与阳明心学。

在把握明代阳明心学观念得以发展之思想动力的基础上，将重要易学范畴的义涵与阳明心学的命题接榫，是本章的探讨核心。王阳明开创的心学体系涵具深层易学底蕴，《周易》及易学思想的火花却时常闪现于其心学体系创建过程中的每一重要阶段，促成了宋明理学划时代的转变。湛若水的易学阐释建立在继承中国传统哲学与易学基本理论范畴的基础之上，建构了以易学为枢纽的心学、气学、理学统合一致的哲学形式，实现了从本体建构到现实关怀的人文演进。王畿主张"从先天心体上立根"，在传播"良知说"以及在丰富心学体系的过程中，以易学思想作为其理论根据，使心学派易学思想的发展达到了一个高峰。

第三章，易学思想与经世实学。

面对明代社会发展的时代课题，易学如何做到随世而变，《周易》及易学思想在明代社会政治变革中发挥了怎样的作用，是这一章研讨的枢纽。丘濬编纂《大学衍义补》，在易学思想影响之下提出诸多济世良方。张居正的改革精神和实践能力充分地体现了《周易》和易学思想的"涉世妙用"。李贽以易学作为其史学思想的哲学基础，将易学与史学密切交融，呈现出经世启蒙色彩。吕坤易学思想与政治、学术、教育等领域大都有不同程度的交涉，具有浓厚的经世底蕴。

第四章，易学思想与三教融合。

明末"三教融合"的思潮弥漫在社会各个领域，通过选取较具代表性的人物，探讨易学与三教之间的关系以及各家"三教"主张的异同，以此关注明代思想衍变与创生的主要动力，这是本章分析的重点内容。管志道的易学思想，源于儒、释、道三教交涉的视野，融摄了多样化的思想资源，多方面地反映了晚明思想界的风貌。焦竑治《易》主张以佛道之学与《易》理沟通，其基于易学心性理论调和三教的尝试是为实现三教同一道，而非倡三教合一。智旭治《易》本于"诱儒以知禅"的初衷，所撰《周易禅解》确为禅《易》会通的集大成之作。方以智将诸子百家、西传学术以及儒、释、道三教糅杂在一起，以"公因反因"为核心，用易学的方法加以统摄，主张三教归《易》。

第五章，易学思想与中西会通。

来华耶稣会士与本土伊斯兰学者有关易学话语的讨论，基本完整保持了双方各自宗教信仰和哲学框架，但易学话语资源是如何注入各自的讨论当中，各自的易学诠释如何丰富和发展了中国传统哲学的内涵，是本章考察的重点。利玛窦《天主实义》依据中国哲学原典来理解儒学，指出天主教义与中国哲学原典所含法则之间有诸多联系，而诸多联系中包含着重要的易学命题，揭示了耶稣会士围绕"太极""阴阳五行"之辨而突出的宗教性的哲学立场，以及中西文化在相互遭遇之际所发生的冲撞与反应的深层机理。得益于统治阶级的尊奉与优容，中国伊斯兰教在明代最终走向完善和定型，以王岱舆为代表的伊斯兰学者利用"无极""太极""阴阳""五行"等易学话语，沟通了伊斯兰教与儒学，建构了汉语伊斯兰思想。

第一章　易学思想与程朱理学

第一节　《周易传义大全》

《周易传义大全》，"传"指程颐《伊川易传》，"义"指朱熹《周易本义》。《大全》主要依据这两部书而博采诸家《易》说纂修完成，实则为程颐《伊川易传》和朱熹《周易本义》的拼合本。朱彝尊《经义考》认为《周易传义大全》主要取诸天台董楷撰《周易传义附录》、鄱阳董真卿撰《周易会通》、双湖胡一桂撰《周易本义附录纂疏》、云峰胡炳文撰《周易本义通释》。《四库全书总目》谓《周易大全》无论"笃守朱子"，抑或"以程、朱为主而博采诸家以翼之"，其说颇为"谨严""赅备"，"取材于四家之书，而刊除重复，勒为一编，虽不免守匮抱残，要其宗旨，则尚可谓不失其正"[①]。包括《周易传义大全》在内的三部《大全》借助统一的儒家经典及思想诠释，有效地实现了封建王朝对社会各阶层的思想控制，对有明一代政治、文化、价值理念之认同起到了强有力的推动作用。《周易传义大全》虽取材不广，但作为明初经学和易学的代表，在中国经学史和中国易学史上皆占有重要的地位。

---

① （清）永瑢等：《经部五·易类五》，《四库全书总目》卷5，中华书局1965年影印本，第28页。

一、《五经大全》之略述

中华民族素来有着悠久的著述传统，虽经历代"书厄"之难，但仍保留了丰富的文本资料①，这些典籍的产生和流传又与经学发展史有着密切联系。纵观中国古代经学发展历程，经书的撰写和注疏的立场始终与统治集团的政治策略保持着高度的关联。中国古代经书典籍可用瀚如烟海、汗牛充栋来形容，其中不免有遭书厄而尘封于历史者，或长埋地下等待重见天日者，但更多的是经不断整理、注释、汇编的传世经典。较为出名的，如唐编《五经正义》、明纂《五经大全》、清修《四库全书》等，其中尤以《五经大全》颇受诟病。所以，欲了解《五经大全》的价值，势必先从其编纂的历史背景入手，才能真正做到"知人论世"。

《五经大全》的纂修与明朝初期的政治、经济、文化状况有着内在联系。首先，明王朝是在推翻元朝统治的基础上建立起的汉人政权，其官方统治思想却是沿用在元朝确立起来的程朱理学。明太祖朱元璋十分重视发挥儒学在其统治体系中的积极作用，在他即位之初，便"首立太学，命许存仁为祭酒，一宗朱子之书，令学者非《五经》、孔孟之书不读，非濂洛关闽之学不讲"②。又在明洪武三年（1370），太祖正式恢复科举考试，并规定以程朱理学为主要考试内容。《明史·选举志》记载："科目者，沿唐、宋之旧，而稍变其试士之法，专取四子书及《易》《书》《诗》《春秋》《礼记》五经命题试士。"③ 通过科举取士的政治措施，当权者便实现了"天下英雄入吾彀中"④的统治目标。其次，为彰显君主功德和新朝统治的法统地位，洪武年间解缙上万言书，建议官方编修理学经书，其内容"上溯唐、虞、夏、商、周、

---

① 中国古代最大图书集成《四库全书》，据文津阁藏本统计，共收录3462种图书，共计79338卷，36000余册，约8亿字。其续作《续修四库全书》总共收书5213种，比《四库全书》增加51%，两者相加所收书总数在8000种以上。

② （清）陈鼎编著：《东林列传》卷2，广陵书社2007年版，第38页。

③ （清）张廷玉等撰：《选举二》，《明史》卷70，中华书局1974年版，第1693页。

④ （五代）王定保撰：《述进士上篇》，《唐摭言》卷1，中华书局1985年影印丛书集成初编本，第3页。

孔，下及关、闽、濂、洛"，其要求则是"根实精明，随事类别，勒成一经，上接经史"，其根本目的则以为"太平制作之一端"。① 谢缙的提议虽合于朱元璋"非《五经》、孔孟之书不读，非濂洛关闽之学不讲"的谕令，但在太祖朝却未能付诸实施，直到太宗朝才得以施行，通过了以程朱理学为科举取士之标准，以及编纂理学经书的提议，程朱理学的官方正宗学术地位便初步确立了。

明朝初期，发生的最大历史事件莫过于"靖难之役"。朱棣夺位成功后，对待文人集团除使用高压残杀的威吓手段之外，还采取了利诱笼络的办法。② 为此，他效仿唐太宗、宋太宗，借修纂典籍博取"稽古右文"的美名，同时希望借此消除他在天下士人心目中逆臣贼子的负面形象和对之抱有的反感心理。永乐元年（1403），朱棣命谢缙等重修《明太祖实录》，以皇后马氏为生母，从而论证其血统和政权的合法性，并借纂修《永乐大典》之机，延揽天下士人，以为己用。后又于永乐十二年（1414）十一月甲寅，诏胡广、杨荣、金幼孜等，集诸家传注而撰修《五经大全》《四书大全》《性理大全》。《明太宗实录》记：

> 五经、《四书》皆圣贤精义要道，其传注之外，诸儒议论，有发明余蕴者，尔等采其切当之言，增附于下。其周、程、张、朱诸君子性理之言，如《太极》《通书》《西铭》《正蒙》之类，皆六经之羽翼，然各自为书，未有统会，尔等亦别类聚成编。二书务极精备，庶几以垂后世。③

---

① （清）张廷玉等撰：《列传第一百三十五·谢缙传》，《明史》卷 147，中华书局 1974 年版，第 4116 页。

② 如诛杀方孝孺十族并牵连大批士人，而使得文化一时凋敝，另擢升胡广等投诚的建文帝旧臣。

③ 《明太宗实录》卷 158，台湾"中央研究院"历史语言研究所 1962 年校印本，第 1803 页。按：嘉靖十七年（1538）九月，明世宗朱厚熜将明太宗朱棣改谥为"启天弘道高明肇运圣武神功纯仁至孝文皇帝"，改上庙号为"成祖"。

通过这段引文不难看出，朱棣认为五经、四书囊括圣贤精义要道，对于后人的传注，能对经书有所发明的应当"采其切当之言，增附于下"，宋儒的言论虽能作为六经的辅助，但"各自为书，未有统会"，所以应当分别"类聚成编"。编纂的最终要求则是"二书务极精备，庶几以垂后世"。朱棣命胡广等人纂修《五经四书大全》的根本目的固然是出于操控天下学术与思想的需要，以稳固其王朝的统治根基。然而，传承圣贤精义要道、正诸君子性命之理是其另外一个重要目的，所以对这项工作的开展提出了"务极精备""以垂后世"的要求，这也是不容忽视的。

按照朱棣的明确要求，修纂大全的工作应当是旷日持久的巨大工程，但吊诡的是该书的纂修工作历时不足一年，于永乐十三年九月告成。后朱棣亲为制《序》，弁之卷首，命礼部刊赐天下。《明太宗实录》永乐十三年九月己酉条记：

> 帝王之治一本于道，所谓道者，人伦日用之理。初非有待于外也，厥初圣人未生，道在天地；圣人既生，道在圣人；圣人已往，道在《六经》。六经者，圣人为治之迹也。六经之道明，则天地圣人之心可见，而至治之功可成。六经之道不明，则人之心术不正，而邪说暴行侵寻蠹害。欲求善治，乌可得乎？朕为此惧，乃者命儒臣编修《五经》《四书》，集诸家传注，而为《大全》，凡有发明经义者取之，悖于经旨者去之。又辑先儒成书及其论议格言，辅翼《五经》《四书》，有裨于斯道者，类编为帙，名曰《性理大全》。……颁布天下，使天下之人获睹经书之全，探见圣贤之蕴，由是穷理以明道，立诚以达本。修之于身，行之于家，用之于国，而达之天下。使国不异政，家不殊俗，大回淳古之风，以绍先王之统，以成熙皞之治，将必有赖于斯焉！①

---

① 《明太宗实录》卷168，台湾"中央研究院"历史语言研究所1962年校印本，第1873—1874页。

将这段序文与永乐十二年十一月甲寅条《实录》相对比后，即可大致窥测朱棣修纂三部《大全》的真实目的。他认为帝王君主治理国家的原则和方法需要以道为本，而这个道即是指贯穿于日常生活、事事物物之中的圣贤之道，也就是"六经"之道。朱棣声称因为担心"六经之道不明"，所以要用"大全"实现"集诸家传注"，明"六经"之道，同时又提出了"凡有发明经义者取之，悖于经旨者去之"的选材取舍标准。因此，明初修纂三部"大全"的直接目的和意义，在于继元代以后，又一次以官方的形式肯定了程朱理学的统治地位。

三部《大全》自刊行之日起便一直遭受指责、诟病，其中首要的原因无非是仓促成书①，因而受到了清初顾炎武、朱彝尊等学人的强烈贬斥，顾炎武更是直言"自八股行而古学弃，《大全》出而经说亡"②。清代诸多经学家也普遍认为几部《大全》的刊行是明代经学衰败的标志。

二、《周易传义大全》编纂考论

《周易传义大全》是胡广等奉诏纂修完成三部《大全》中《五经大全》的第一部，因此备受关注。有关该书的名称，顾炎武、朱彝尊、《四库全书总目》等都冠以《周易大全》的名称③，然而文渊阁本《四库全书》却作《周易传义大全》④。本着辨名析理的原则和方法，对该书名称予以正名并考辨书名含义的工作便显得尤为必要。

《文渊阁四库全书》收录永乐内府藏本《周易传义大全》卷首有《周易

① 唐太宗命孔颖达主持编纂《五经正义》，从贞观四年（630）开始纂定《五经正本》到贞观十六年（642）《五经正义》的完成，前后共12年时间。《五经正义》编成以后，还有不少人予以批评、辩驳，直到高宗永徽四年（653）才由朝廷正式颁布天下，前后总计23年。
② （明）顾炎武著，（清）黄汝成集释，栾保群校注：《书传会选》，《日知录集释》（校注本）第4册卷18，浙江古籍出版社2013年版，第1057页。
③ （清）永瑢等：《经部五·易类五》，《四库全书总目》卷5，中华书局1965年影印本，第28页。
④ （明）胡广等奉敕撰：《周易传义大全》，经部二二易类，《景印文渊阁四库全书》第28册，台湾商务印书馆1986年影印本。

传义大全凡例》一篇，其中第一条即说：

> 《程传》《本义》既已并行，而诸家定本又各不同，故今定从《程
> 传》元本，而《本义》仍以类从。凡经文皆平行书之，《传》《义》则低
> 一字书以别之，其《系辞》以下《程传》既阙，则壹从《本义》所定
> 章次，总厘为二十四卷云。

又第五条曰：

> 诸家之说，壹宗《程传》《本义》折衷，并取其辞论之精醇，理
> 象之明当者，分注二氏之后以羽翼之，而其同异得失，先儒双湖胡氏、
> 云峰胡氏尝论订者，亦详择而附着焉。①

明初以程朱理学思想作为立国之本，纂修《五经大全》亦以程朱易传
作为元本，又因朱子学宗二程，所以将朱子《本义》作为《程传》的羽翼辅
助。《周易传义大全》的编写采用了如下体例，即经传文字"平行书之"，《程
传》《朱义》"低一字书以别之"，而《程传》缺失的内容，则依据《本义》
补充。这样，《周易传义大全》实际上囊括了《周易》经传、程子《易传》
和朱子《本义》及折中诸家"大全"三层含义。所以从《凡例》看，称其为
《周易传义大全》是符合该书编纂原旨的。

既然已辨明了其书名称及含义，那么对该书的编纂取材问题便不能不
论。有关《周易传义大全》的编纂取材问题学界早有研究②，陈恒嵩著《〈五

---

① （明）胡广等奉敕撰：《周易传义大全》，经部二二易类，《景印文渊阁四库全书》第28册，
台湾商务印书馆1986年影印本，第4、5页。
② 如台湾地区学者林庆彰《明代经学研究论集》（文史哲出版社1994年版）于"《五经大全》
之修纂及其相关问题探究"一节第4目"取材的问题"便进行了详述；陈恒嵩《〈五经大
全〉纂修研究》，花木兰文化出版社2009年版；朱冶撰《明初〈四书五经大全〉取材及其
成因考析》，《史林》2017年第6期等。

经大全〉纂修研究》，就此问题于该书第四章第二节提出"七家说"①，又在第三节通过将董楷、董真卿、胡一桂、胡炳文四家易著②与《周易传义大全》文本、体例相校对，得出了如下结论："《大全》的编排方式与胡一桂、董真卿的书最为相似。但因《大全》所征引的疏说经文与胡一桂的书多寡不同，必非抄袭胡氏之书，而应当是以董真卿的《周易会通》为底本纂修的。"③ 此外，陈恒嵩还就《周易传义大全》与《周易会通》两书所征引经文疏说逐一加以核对，并进行了数据统计和分析，详情见下表：

增补删改情况	更动次数	百分比 %	全书抄补情况	引用次数	百分比 %
增补完整经说诗文	2151	40.31%	全书总数	5336	100%
删改部分疏文文字	364	6.82%	增补经文疏说	2151	40.31%
增补部分疏文文字	102	1.91%	抄袭经文疏说	3185	59.69%
合并疏文	83	1.56%			
分散疏文	27	0.51%			
移改疏文位置	114	2.14%			

注：本表引自陈恒嵩《〈五经大全〉纂修研究》，第 68 页。

通过文本核对和数据分析后，大致可得出结论："《周易传义大全》所征引的经说疏文与董真卿的《周易会通》一书雷同率几近六成"④，如此《大全》以董真卿《周易会通》为底本进行纂辑便成定论。陈恒嵩对于这一问题的考论甚为精详，且为学界普遍认同，所以在此便引其考订结论以为定谳。既然《周易传义大全》从体例上便是征引程朱易说注解《周易》经传、折中诸家的产物，那么，其宗奉程朱的学术立场便已不言自明。又因为二董、二胡易著浓厚的尊朱色彩，所以，《周易传义大全》无疑是明初阐发程朱《易》

---

① 陈恒嵩：《〈五经大全〉纂修研究》，花木兰文化出版社 2009 年版，第 56—60 页。
② 董楷，浙江临海人，撰有《周易传义附录》14 卷，首合程颐《易传》与朱熹《本义》于一编；胡一桂，江西婺源人，撰有《周易本义附录纂疏》；董真卿，江西鄱阳人，曾受学于胡一桂，撰有《周易会通》；胡炳文，江西婺源人，撰有《周易本义通释》。
③ 陈恒嵩：《〈五经大全〉纂修研究》，花木兰文化出版社 2009 年版，第 62—63 页。
④ 陈恒嵩：《〈五经大全〉纂修研究》，花木兰文化出版社 2009 年版，第 68 页。

理最为突出的代表。

我们知道，清代学人因政治立场和研究方法的差异，而对有明一代的整体学术风尚和学术成就曾大加贬斥。有学者指出，"《总目》认为学术之盛衰与国运之盛衰，互相关联。建国之初，国势全盛，然后乃开始衰落，最后走入衰极而亡的灭绝末路：是一种'全盛、极盛、盛而衰、衰而亡'的'甲取代乙'的循环过程。……当然不能完全排除系'四库馆臣'刻意用来强调清朝取代朱明天下的'正当性'，以及清代学术等等胜过明代一切的政治性解释之可能"①。这一对于《四库全书总目》学术与政治倾向所作的评价，确实较为中肯。其实不惟当时，如果立足于今人的视角，排除其中政治因素的干扰，也能明显地看到明代的学术思想文化自有其独特的价值。单以明代易学发展为切入点，在官方的极力倡导下，明代易学研究的规模相较前代丝毫不减。据《明史·艺文志》记载，明代易学书籍共计 222 部，合 1570 卷。因为程朱易学被崇奉为官学，所以明初易学的主流仍然是沿袭程朱重义理、兼顾河洛先天的路数，重在解释阐发程朱思想，或基于程朱之说重释《周易》。至于《性理大全》取《易学启蒙》之说，则是明初易学独尊程朱、尤重朱学的又一确证。

三、《周易传义大全》价值检视

在辨明了三部《大全》的纂修背景及《周易传义大全》的成书问题之后，接踵而来的最重要的讨论，即我们应该如何就其历史价值予以科学的评价。前文就此问题已有涉及，现试作进一步的分析。

首先，对于三部《大全》批评最烈者莫过于顾炎武，他甚至作出"《大全》出而经说亡"的评判。顾炎武的理由是，《大全》"仅取已成之书，抄誊一过，上欺朝廷，下诳士子。唐宋之时，有是事乎？经学之废，实自此始。"② 应该

---

① 杨晋龙：《从〈四库全书总目〉对明代经学的评价析论其评价内涵的意义》，《中国文哲研究集刊》2000 年第 16 期。

② （明）顾炎武著，（清）黄汝成集释，栾保群校注：《四书五经大全》，《日知录集释》（校注本）第 4 册卷 18，浙江古籍出版社 2013 年版，第 1055 页。

讲，三部《大全》仓促成书是不争的事实，但是通过考证《周易传义大全》的取材来源后，就会发现，其书是以董真卿《周易会通》为底本，同时也汇集了不少宋元时人的易说，并非完全是"仅取已成之书，抄誊一过"。这样看来，顾氏的立论前提未免过于武断。如果联系顾炎武等清初学人的遗民立场，不难发现，"经说之废"的论断在很大程度上，可视为当时亡国士人对其所处易代境遇而发出的悲愤感怀的呐喊。

其次，《大全》的编修工作历时较短，最终成书也得到了永乐帝的认可，并亲为制《序》，命刊赐天下。然而，《太宗实录》里明确记录了永乐帝的要求是"二书务极精备，庶几以垂后世"，二者之间是否存在着抵牾之处？这可从洪武至永乐之间的政治变革窥见一斑。对于明初朱元璋就修纂经书所提要求，顾炎武在《日知录》中曾作如下记载：

> 每传之下系以经文及传，《音释》于字音、字体、字义辩之甚详。其传中用古人姓字、古书名目必具出处，兼亦考证典故。盖宋元以来，诸儒之规模犹在，而其为此书者皆自幼为务本之学，非由八股发身之人，故所著之书虽不及先儒，而尚有功于后学。而至永乐中修《尚书大全》，不惟删去异说，并《音释》亦不存矣。愚尝谓自宋之末造以至有明之初年，经术人材于斯为盛。自八股行而古学弃，《大全》出而经说亡，十族诛而臣节变，洪武、永乐之间，亦世道升降之一会矣。①

洪武年间所著之书，不及先儒道体精义，因为能发挥考证辨明的学术价值，所以"尚有功于后学"；然而时至永乐年间，大肆删除异说，而推行八股导致经学人才趋于凋敝，更有甚者诛戮文人导致臣子变节，这应当是世道升降的表现。顾炎武所论揭示出了重要的一点，即政治对学术发展的干预和影响，这也和本节开篇所论若合符节。清代四库馆臣认为："明则靖难以

---

① （明）顾炎武著，（清）黄汝成集释，栾保群校注：《书传会选》，《日知录集释》（校注本）第 4 册卷 18，浙江古籍出版社 2013 年版，第 1057 页。

后，耆儒宿学，略已丧亡。胡广等无可与谋，乃剽窃旧文以应诏。"① 经过民间和官方观点的互证后，不难得出这样的结论：三部《大全》遭遇"剽窃"风评确实有其根据，但是，从统治者的认可当中应该意识到，包括《周易大全》在内的三部《大全》在明初的政治意义要远超其学术文化价值。毕竟，《大全》推崇宋儒学说，废弃古代注疏，借助统一的儒家经典及思想诠释，正肃了天下的思想，在很大程度上赢得了儒生与士大夫们对意识形态领域的认同，更为有效地实现了统治阶层对社会各阶层的控制，同时也对有明一代思想学术之规范、文化之机制的建立起到了至关重要的推动作用。

其三，相较于清人所持的贬斥态度，明代学人又如何看待本朝的经术大典？清人皮锡瑞在其著《经学历史》中提出，论宋、元、明三朝之经学，元不及宋，明又不及元。他对此解释道：

> 案官修之书，多剿旧说，唐修《正义》，已不免此。惟唐所因者，六朝旧籍，故该洽犹可观。明所因者，元人遗书，故谫陋为尤甚。此《五经正义》至今不得不钻研，《五经大全》入后遂尽遭唾弃也。元以宋儒之书取士，《礼记》犹存郑注；明并此而去之，使学者全不睹古义，而代以陈之空疏固陋，《经义考》所目为兔园册子者。故经学至明为极衰时代。而剥极生复，贞下起元，至国朝，经学昌明，乃再盛而复古。②

从这段论述中不难看出，皮锡瑞贬抑明代经学的目的乃在于推崇清代经学成就，而其理论根源则是带有鲜明易学色彩的"剥极生复，贞下起元"的历史发展观。

甄洪永在《明代经学学术编年·前言》中指出，"明代经学的精神何在？""明代经学所关注的问题"③，这二点可作为我们思考的切入口。从明朝

---

① （清）永瑢等：《经部十六·诗类二》，《四库全书总目》卷 16，中华书局 1965 年影印本，第 128 页。
② 吴仰湘编：《经学历史》，《皮锡瑞全集》第 6 册，中华书局 2015 年版，第 84、85—86 页。
③ 甄洪永、孔德凌：《明代经学学术编年·前言》，凤凰出版社 2015 年版，第 2、9 页。

前期的理学传承渊源来看，几乎都是朱熹门人的支流余裔。他们师承有自，恪守家法，对宋儒之说亦步亦趋，不敢稍越雷池一步。"大抵恪守紫阳家法，言规行矩，不愧游、夏之徒"①。"谨绳墨，守先儒之正，无敢改错"②。

一方面，明初诸儒认为，宋人周、程、张、朱之书，乃道统正传，五经、四书的微词奥义都已被他们"罗掘殆尽"。所以，一切学问都必须从朱子之学开始，舍此而外，都不是学问。他们在治学上一秉宋人陈规，不敢稍越樊篱。自不待言，明初学者治学的这一特点显示出他们思想上的保守倾向。另一方面，明初学者都强调躬行践履，不事著述，"专尚修，不尚悟，专谈下学，不及上达也"③。"自考亭以还，斯道已大明，无烦著作，直须躬行耳"④。他们特别主张治学应通过洒扫应对、处世接物等"小学"功夫，以养其心志。所以，明初理学家把程朱理学局限在个人反省和修持"下学"上，专门在笃行上下功夫。他们躬行践履的标准即是包括《周易大全》在内的三部《大全》的经文理论，如曹端、薛瑄、胡居仁等皆通易学，他们在一定程度上修正了朱子易学，为维护程朱理学在明前期思想文化领域的主导地位作出了重要的学术贡献。而随着程朱易学的盛行，反对的意见和声音也逐渐兴起，如陈献章、王阳明、湛若水等，他们对程朱理学的驳斥和修正，在很大程度上都是通过阐发易学理论实现的。随之出现的义理易、象数易、心学易、禅学易相融合的现象更是晚明三教融合思潮的重要表征之一。

囿于清人的学术评价，以往学界对明初编纂三部《大全》的看法与评价一般趋于负面，固然有其事实根据。但是，通过考辨和检论之后应该看到，三部《大全》尤其是《周易传义大全》作为明初经学和易学的重要

① （清）黄宗羲著，沈芝盈点校：《莫晋序》，《明儒学案》（修订本），中华书局2008年版，第12页。
② （清）张廷玉等撰：《列传第一百七十·儒林一》，《明史》卷282，中华书局1974年版，第7222页。
③ （清）黄宗羲著，沈芝盈点校：《莫晋序》，《明儒学案》（修订本），中华书局2008年版，第12页。
④ （清）张廷玉等撰：《列传第一百七十·儒林一》，《明史》卷282，中华书局1974年版，第7229页。

代表，"《大全》所轻之象，实际是汉《易》繁琐之象，所重之理，则是宋《易》修齐治平之理。其取向与程朱完全一致，某种程度上，也可以视为推尊程朱原则的宏观体现"①，对于推动中国传统经学和传统易学的发展还是起到了应有的作用。需要指出的是，明初经学疏于考证之弊在明代后期，特别是明末清初得到了一定程度的纠正。在清代，考据之学获得了前所未有的重视进而演变为蔚然大观之势，从而开创了清代朴学之风气，这或许也可以说，是受到了明末以来经学转向重实证精神、崇经世致用这一治学理路的影响。

第二节　蔡清的易学思想

蔡清（1453—1508），字介夫，号虚斋，明代中叶成化、弘治年间的著名学者。"弘治间，理学中辍，至是，公与杨廉作，乃复振兴。"②在程朱理学由独盛到渐衰的转变时刻，蔡清继承捍卫了程朱理学并推动其进一步发展。蔡清的经学研究尤以易经造诣最高，"潜心易学，专意注疏，平生精力所得，尽在《蒙引》一书"③，其易学成就在当时受到很高的评价，"今天下言《易》者，皆推晋江"④，"羽翼圣经，开启后学"⑤。蔡清的易学思想除主要体现在《易经蒙引》《太极图说》《河洛私见》等易学著作中之外，在他的文集中也有充分的体现，从很大程度上反映出明代义理易学对宋易的赓续与发展。"自明兴以来，尽心于朱子之学者，虚斋先生一人而已"⑥，作为朱子后

①　谢辉：《〈周易传义大全〉纂修新探》，《中国典籍与文化》2019 年第 1 期。

②　（明）蔡清著，张吉昌、廖渊泉点校：《道南源委》，《蔡文庄公集》卷 8 附录，商务印书馆 2018 年版，第 215 页。

③　（明）蔡清著，张吉昌、廖渊泉点校：《奏刊易经蒙引堪合》，《蔡文庄公集》卷 8 附录，商务印书馆 2018 年版，第 218 页。

④　（明）蔡清著，张吉昌、廖渊泉点校：《名山藏儒林记》，《蔡文庄公集》卷 8 附录，商务印书馆 2018 年版，第 212 页。

⑤　（明）蔡清著，张吉昌、廖渊泉点校：《奏刊易经蒙引堪合》，《蔡文庄公集》卷 8 附录，商务印书馆 2018 年版，第 218 页。

⑥　（清）李光地撰，陈祖武点校：《重修才虚斋先生祠引》，《榕村集》（上）卷 13，《榕村全书》第 8 册，福建人民出版社 2013 年版，第 334—335 页。

学的集大成者，蔡清在明代易学史上是不能忽略的重要人物。

一、《周易大全》之批判

《四库全书总目》认为，蔡清的易学研究以阐发朱熹易学为主，但"不肯委曲附和"，而是在义理上有所发明，"朱子不全从《程传》，而能发明《程传》者莫若朱子。清不全从《本义》，而能发明《本义》者莫若清。醇儒心得之学，所由与争门户者异欤！"①并没有因学宗程朱而陷入学派门户之争，因此完全是"醇儒心得之学"。对于蔡清解《易》的重要著作《易经蒙引》，《四库全书总目》则具体地指出：

> 其体例以《本义》与《经》文并书。但于《本义》每条之首加一圈以示别，盖尊之亚于《经》也。然实多与《本义》异同。如《经》分上、下，朱子云："以其简帙重大，故分为上、下二篇。"清则云："六十四卦何以不三十二卦为《上经》，三十二卦为《下经》，而乃《上经》三十卦，《下经》三十四卦也？""用九，见群龙无首"，朱子云："用九是诸卦百九十二阳爻之通例，见群龙无首，是此卦六爻皆用九者之占辞。"清则云："孔子《象传》及《文言》，皆主六爻皆用九者言，但《本义》不主此说。"又云："若依朱子之下又当添'六爻皆用九者'一句。""知至至之，知终终之"兑："上句知字重，下句终字重。"清则云："此未必是本文之意。本义下句一知字，岂偶然哉！岂姑以对上句而无所当哉！"其他不肯委曲附和，大率类此。②

在《易经》的结构体例和卦爻辞的训诂解释方面，《四库全书总目》罗列了蔡清《易经蒙引》与朱熹《周易本义》的不同之处，所作的总体评价也较为

---

① （清）永瑢等：《经部五·易类五》，《四库全书总目》卷5，中华书局1965年影印本，第28页。
② （清）永瑢等：《经部五·易类五》，《四库全书总目》卷5，中华书局1965年影印本，第28页。

中肯，但对于蔡清何以作《易经蒙引》以及解《易》时"不全从《本义》"的缘由，《四库全书总目》则没有充分明确地说明。值得注意的是，蔡清宗奉程朱理学，在易学研究方面却敢于发前人所未发，质疑前贤《易》说，不唯理学集大成者是瞻，推动了程朱理学一派易学的深化。四库馆臣对蔡清《易经蒙引》较为公允的评价，也无形中指出了蔡清易学研究的门径。

　　明代立国之初独尊程朱理学，不仅表现在科举考试以朱学为依据，更为重要的标志是，官方在永乐年间诏颁了统一思想的三部理学大全，即《五经大全》《四书大全》《性理大全》，程朱理学作为一套较为完整的政治思想体系从此得以确立。不容忽视的是，由朱熹总其成的程朱理学一经官方提倡和推行，成为正统思想之后，其在发展的过程中就难免陷入保守、僵化的弊端。"自宋之末造以致有明之初年，经术人才于斯为盛。自八股行而古学弃，《大全》出而经学亡"①，"制义初行，一时人士尽弃宋、元以来所传之实学，上下相蒙，以饕禄利"②，三部《大全》对当时以及后来的学术思想和学术生态所产生的恶劣影响可见一斑。反映到易学领域，明代初期以程朱理学解《易》的学者大都株守宋人之成，很少有像被尊以朱学传宗的薛瑄那样，通过解《易》对程朱之学既因循、承袭，同时又有所扬弃和发展。时值明代中叶，缺乏新意、人云亦云的解《易》之风反而呈现出愈演愈烈的态势。

　　对于这种由明初延续而来且毫无创见的学术风气，蔡清表达了强烈的不满，提出了尖锐的批评。他说：

　　　　文公折衷众说，以归圣贤本旨。至宋末诸儒，割裂装缀，尽取伊洛遗言，以资科举。元儒许衡、吴澄、虞集辈，皆务张大其学术，自谓足继道统。其实名理不精，而失之疏略。本朝宋潜溪、王华川诸公，

①　（明）顾炎武著，（清）黄汝成集释，栾保群校注：《书传会选》，《日知录集释》（校注本）第4册卷18，浙江古籍出版社2013年版，第1057页。
②　（明）顾炎武著，（清）黄汝成集释，栾保群校注：《四书五经大全》，《日知录集释》（校注本）第4册卷18，浙江古籍出版社2013年版，第1055页。

虽屡次辨其非文人，其实不脱文人习气，于经传少有究心。国家以经
术取士，其意甚美，但命题各立主意，众说纷纭。太宗皇帝命诸儒集
经书大全，不分异同，混取成书，遂使群言无所折衷。①

通过总结南宋末年以来程朱理学的发展过程，蔡清认为无论是宋末学者的
"尽取伊洛遗言，以资科举"，还是元代学者的"名理不精，而失之疏略"，
以及当时学者的"于经传鲜有究心"，其共同的弊病在于对程朱义理墨守成
规，不敢有所发明，致使程朱之学代代相因，粗糙空洞。

既然如此，那么对于程朱之学，学者究竟应采以怎样的态度？蔡清
指出：

> 大抵读书须要酌以真理，不可全信耳目，全凭故纸，虽朱子之说，
> 亦不能无未尽善处。且朱子之释注诸书，据《文集》所载，则其前后
> 不同亦多。据语类所载，则其不同处尤多。若理出于至当归一，又安
> 有不同者邪？然则学者安得便以朱子之说遂不敢有所同异邪？②

治学要唯真理是瞻，即使是朱熹的著述，也会因为他自身处于不同的时代和
环境，个人思想也会随之发展，而出现"其前后不同亦多"的情形；对于朱
熹的"未尽善处"，其学理在前后表现出的矛盾之处，学者不能将之全部视
为真理，对于其不一致者，甚至不妥者，后人要一一指出或是加以修正。在
当时无不宗奉程朱理学的背景之下，蔡清的这一番见解可谓是对官方倡导的
《五经大全》《四书大全》《性理大全》的挑战。这种来自理学阵营内部的有
识之论，在明代思想发展史上同样具有重要的学术意义。

秉持这一学术思想，蔡清对三部《大全》特别是《周易大全》的不尽

---

① （明）蔡清著，张吉昌、廖渊泉点校：《南京国子监祭酒赠礼部左侍郎理学名臣谥文庄公
虚斋先生行略》，《蔡文庄公集》卷7附录，商务印书馆2018年版，第184页。

② （明）蔡清著，刘建萍等点校：《系辞上传》，《易经蒙引》（下）卷10上，商务印书馆
2017年版，第620页。

如人意之处有着清醒的认识。他说："愚尝窃谓：《易经大全》及今所刊行《本义》俱欠更张。盖自国初诸老收《大全》时偶失权度，而学者至今多不知有古《易》矣。主司以此搭题，士子依之而缀文，殊未安也。"①蔡清认为《周易大全》所收的程朱易说，特别是朱熹易说，仅仅是搜集了相关文句，并没有加以分析和阐释，时至现在，学者还是一味因循前贤义理，炮制制义之文，依然不敢有所发明，造成了古《易》的本义面目全非，即"'《彖》曰'、'《象》曰'，全不可晓"，而今《易》则陷于无根、停顿的局面。

需要提及的是，蔡清是秉承丘濬之命才批点《周易大全》的。在写给丘濬的信中，他具体地谈到了批点《周易大全》的感受：

> 当时诸老纂修既不依古易编次，如象曰、彖曰等字，至今不知何谓？而所采诸家之说又或多咈于义理而乖于《本义》。至朱子有向前未定之说，明与《本义》不同者，亦多搜掠以备成书，使天下学者犹或纷于多说而靡所适从，似于古人所以一道德之意犹未也。承命以来无任愧恐，姑以《本义》为宗，而以尊命为据。自《程传》之外，凡合于《本义》者批之，其非《本义》意者空之。有虽于《本义》不甚切，而实有发于义理者亦批之。……有连板数说无一切要者，则皆空之。有连板数说而无一不切要者，则皆批之。但主理胜，不甚拘举业要用也，然而亦在其中矣。至于训诂名义之间，大体凡例之际，虽非举业所急，然窃以为此等处乃入易门户，学者尤不可不理会，故亦从而批之。若其中闲字稍有可略，则皆略之矣。所恨性质愚鲁工夫尤极尨疎，殊不能得其精当以副尊意，徒能用其一已井蛙之见而已，窃料朋友间见之必多有不合而疵议非笑者。然而区区选取之间，盖亦未尝无说也。惟老先生清暇时试一过目而加增损焉则幸也。独《系辞传》一册义理最为微妙，众说尤为纷拏。闲尝取而读之，乃有思量。移日而竟不得

---

① （明）蔡清著，刘建萍等点校：《周易上经》，《易经蒙引》（上）卷1上，商务印书馆2017年版，第19页。

其归一之说者，故未敢下手也。夫上下经义理非独易于《系辞传》也，
经中一画一字中涵天人之秘，亦乌可以易言？但却自为条项，可以逐
一理会。又象者，材也；爻也者，效天下之动也。既曰材曰动，则有迹
可寻矣。若夫《大传》则多取源头，大道理发之，动数十百言。所言
者或三才之道，或鬼神之情状，又或先天后天图意也，此岂浅生俗学
所能定其说哉。①

略去信函中的自谦之辞不谈，从中可以看出，蔡清提出的治《易》的理念和
方法有着重要的学术启发意义。

　　首先，蔡清批点《周易大全》虽然仍以朱熹《周易本义》为宗，但其
治《易》的思维和理路并不固守僵化，其关注点不局限于文字训诂方面，而
是重在义理的阐发，即使阐发的义理无关举业，但如果能够作为学《易》的
门户和初阶，也应受到应有的重视。其次，在对《周易》义理进行批点和阐
发时，蔡清反复地钻研思量，表现得相当谨慎，取舍之际不敢轻易地"下
手"，其治《易》的严谨程度可见一斑。再有，在蔡清看来，虽然《系辞传》
"义理最为微妙"，但《周易》上下经中所包蕴的义理同样精微难言，而不能
仅仅局限于"浅生俗学"的一隅之见。正是由于有了上述认识，蔡清在自己
的研《易》实践中，将重点放在了对程朱易学的阐发和修正方面。所以，蔡
清在其《易经蒙引》中依托于朱子《周易本义》注解，对其字字推敲，可以
说是达到了"牛毛茧丝，无不辨晰"②的程度，也就不足为奇了。

二、《易》书之易与天地人身之易

　　作为明中叶的理学大家，蔡清对《周易》产生的根源以及宇宙的运动
变化模式等问题的探讨，并没有表现出株守程朱义理的偏执倾向，反而对之

---

① （明）蔡清著，张吉昌、廖渊泉点校：《寓杭州上琼山邱祭酒先生书》，《蔡文庄公集》卷2，
商务印书馆 2018 年版，第 31 页。

② （清）黄宗羲著，沈芝盈点校：《明儒学案发凡》，《明儒学案》（修订本）上册，中华书局
2008 年版，第 14 页。

有所修正突破，在"促使明代理学家逐渐从程朱派中分化出来"①的过程中发挥了关键作用。

对于诸如《周易》一书的性质及该书产生的根源等问题，蔡清认为未有《易》书之时，已有天地之易与吾身之易，《易》书之易实乃据天地之易模写而成。他说：

> 夫子从有《易》之后而追论夫未有《易》之前，以见画前之有《易》也。夫《易》有乾坤，有贵贱，有刚柔，有吉凶，有变化，然此等名物，要皆非圣人凿空所为。不过皆据六合中所自有者而模写出耳。②

> 大抵《易》书之理即天地之理；天地之理，亦吾身之理。孔于此章之言，一以见人当求《易》理于天地，二以见人当求天地之理于吾身。盖有天地之易，有吾身之易，有《易》书之易。究而论之，则《易》理本在天地与吾身，其《易》书则是天地、人身之易之影子也。若不是于天地、吾身上体验得出，则看那《易》书之易，终亦杀死了。虽曰"易与天地准"，亦不见其果与天地准矣。③

以天地之易为画前之有易，圣人据天地之易而作《易》书并非凭空杜撰，毫无依据，而是对天地之易的反映、模写，所以《易》书之易的根源就存在于天地万物之中。应该讲，蔡清这一评价，在很大程度上源自于明初理学大师薛瑄的"模拟"说。薛瑄是明代前期程朱理学的代表性人物，被誉为朱学传宗。就如同其理学思想承袭自程朱理学一样，薛瑄易学思想也奉朱熹易学为圭臬，但又有一定程度的超越。《易》与阴阳之实体的关系历来是理学一

---

① 朱伯崑：《易学哲学史》第 3 卷，昆仑出版社 2005 年版，第 118 页。

② （明）蔡清著，刘建萍等点校：《系辞上传》，《易经蒙引》（下）卷 9 上，商务印书馆 2017 年版，第 538 页。

③ （明）蔡清著，刘建萍等点校：《系辞上传》，《易经蒙引》（下）卷 9 上，商务印书馆 2017 年版，第 556 页。

派关注的重要问题，对于《周易·系辞上》"在天成象，在地成形，变化见矣"①一句，朱熹认为"'变化'者，《易》中蓍策卦爻阴变为阳、阳化为阴者也。此圣人作《易》，因阴阳之实体，为卦爻之法象"②。在朱熹解读的基础上，薛瑄有所发明，提出了"模拟"说，"是则卦爻之法象，无非模写天地阴阳之实体而已"③，"天地间阴阳是自然之易，卦画奇偶，不过模写阴阳之象而已，故亦谓之易。卦之奇偶，法阴阳之奇偶而画。天地之易，《易》书之易，同一阴阳而已"④。

虽然蔡清主张的模写说承自于薛瑄，但不是对薛瑄简单地追随，而是有所深化，即《易》书之易模写的天地人身之易，首要的是对天地中阴阳变易之理的模写。对于朱熹《周易本义》所言"圣人作《易》，因阴阳之实体，为卦爻之法象"⑤，蔡清并不认同，他说：

> 阴阳一气也。在天则成象，在地则成形，而成象成形各自有变化也。以成象之变化言之，如日月之往来，寒暑之交代，雷霆、雨露之或作或止之类，皆是也。以成形之变化言之，如山川之或气嘘而品物流行，或气吸而品物归根，如水之往者过、来者续，或为潮、或为汐；如动物之有作息，植物之有荣悴之类，皆是也。⑥

"变化"二字，无论是蓍策的变化，还是卦爻的变化，与天地自然的成象成形一样，都属于实体的变化，无不蕴涵着阴阳转化，"阴阳变化之迹见于此

① （三国魏）王弼、（晋）韩康伯注，（唐）孔颖达等正义：《系辞上》，《周易正义》卷7，（清）阮元校刻《十三经注疏》，台湾艺文印书馆2001年影印本，第143页。

② （宋）朱熹撰，廖名春点校：《周易本义》，中华书局2009年版，第222页。

③ （明）薛瑄著，孙玄常等点校：《薛文清公读书续录》卷1，《薛瑄全集》第2册，三晋出版社2015年版，885页。

④ （明）薛瑄著，孙玄常等点校：《薛文清公读书续录》卷4，《薛瑄全集》第3册，三晋出版社2015年版，第961页。

⑤ （宋）朱熹撰，廖名春点校：《周易本义》，中华书局2009年版，第222页。

⑥ （明）蔡清著，刘建萍等点校：《系辞上传》，《易经蒙引》（下）卷9上，商务印书馆2017年版，第538页。

矣",其实是一回事,"不可分蓍策与卦爻为二"①。可见,相较于薛瑄的"模拟"说,蔡清的"模拟"说更为细致,义涵也更为丰富。

与之相联系,蔡清对于《周易·系辞上》中的"易与天地准"②一句作了如下阐发:

> "莫大乎天地",而《易》书与天地同其大焉,何也?如所谓"死生""鬼神""智仁"之类,莫非阴阳之变,天地之道也。《易》书于是道也,自其外而统观之,则"幽明""死生""鬼神"之类,无一不包括于其中,有以弥之而无遗焉。自其内而细观之,则于所弥之中,或幽或明,或死或生,或鬼神或仁智之类,又皆有以纶之而不紊焉。夫《易》"能弥纶天地之道"如此,信乎"易与天地准也"。③

也就是说,《易》书中讲的阴阳变易,即天地之道,也就是宇宙间一切事物变化运动的法则。就大的方面而言,宇宙间的一切事物诸如"幽明死生鬼神之类",无所不包,囊括殆尽,无不体现着阴阳变易之道;从小的方面来说,任何细微的东西都受着阴阳变易法则的支配。④既然《易》书之易与宇宙天地运行遵循共同的变化法则,那么宇宙天地间的一切事物,无论大小,自不待言,都体现着"与天地同其大""与天地准"的易之道。

不仅如此,蔡清认为《易》书模写的天地变易之理还包括阴阳变易之象。他指出:"易何以见其弥纶天地之道邪?盖天地之道,不过一阴阳之变也,而《易》书卦爻亦一阴阳之变也,《易》书只一阴阳之变,凡幽明、死

---

① (明)蔡清著,刘建萍等点校:《系辞上传》,《易经蒙引》(下)卷9上,商务印书馆2017年版,第538页。

② (三国魏)王弼、(晋)韩康伯注,(唐)孔颖达等正义:《系辞上》,《周易正义》卷7,(清)阮元校刻《十三经注疏》,台湾艺文印书馆2001年影印本,第147页。

③ (明)蔡清著,刘建萍等点校:《系辞上传》,《易经蒙引》(下)卷9上,商务印书馆2017年版,第574页。

④ 参见朱伯崑《易学哲学史》第3卷,昆仑出版社2005年版,第120页。

生、鬼神、智仁之属，易皆有以象之而无遗也。"① 由于《易》书卦爻之阴阳变化本于天地之阴阳变化，"易皆有以象之"，因此在天所成之象以及在地所化之形也必然包蕴着天地阴阳变易之理。正如他在解释《周易·系辞下》"易者，象也。象也者，像也"② 时所说："夫易者，岂有他哉？只是六十四卦三百八十四爻之象而已，而是卦爻之象，正所以像夫造化事物之理也。"③ 在此基础上，他又进一步强调："象总是像'天下之赜'与'天下之动'，'天下之赜'与'天下之动'各有'神明之德'焉，各有'万物之情'焉。"④ 说明了卦爻象完全可以比拟天下万物的变易之理和阴阳形体的性命情态。

由此，蔡清在阐述《周易·系辞下》"易者，象也。象也者，像也"的义理时，就对朱熹的相关解释作了某种程度的修正。朱熹在《周易本义》中，对"象也者，像也"一句注释为"易卦之形，理之似也"⑤，即以卦之形象比拟阴阳之理。而蔡清认为："'象也者，像也'，说得甚广。凡《说卦传》所言，自'天地定位'至所广八卦之象皆是，形体亦在是，性情亦在是，是近取诸身者亦在是，是远取诸物者亦在是。"⑥ 就是说，《易》书所模写的对象包括事物本身的形象和义理，而且其性情即义理同其形象是紧密地结合在一起的。⑦ 同时，《易》书所模写的对象不只是阴阳之理，还应包括"近取诸身，远取诸物"的形体。进而，蔡清解释道：

① （明）蔡清著，刘建萍等点校：《系辞上传》，《易经蒙引》（下）卷9上，商务印书馆2017年版，第573页。

② （三国魏）王弼、（晋）韩康伯注，（唐）孔颖达等正义：《系辞下》，《周易正义》卷8，（清）阮元校刻《十三经注疏》，台湾艺文印书馆2001年影印本，第168页。

③ （明）蔡清著，刘建萍等点校：《系辞上传》，《易经蒙引》（下）卷9上，商务印书馆2017年版，第670页。

④ （明）蔡清著，刘建萍等点校：《系辞上传》，《易经蒙引》（下）卷9上，商务印书馆2017年版，第670—671页。

⑤ （宋）朱熹撰，廖名春点校：《周易本义》，中华书局2009年版，第248页。

⑥ （明）蔡清著，刘建萍等点校：《系辞上传》，《易经蒙引》（下）卷9上，商务印书馆2017年版，第671页。

⑦ 参见朱伯崑《易学哲学史》第3卷，昆仑出版社2005年版，第122页。

如六画之乾，所以像夫纯阳至健之理，而凡为天、为君之类，皆
在其中矣；六画之坤，所以像夫纯阴至顺之理，而凡为地、为母之类，
亦在其中矣。以其爻言，如乾之六爻，则有以像夫潜见、惕跃、飞亢
之理。坤之六爻，或以像一阴之始生，或以像阴盛而亢阳，亦各自像
一个理，所谓"理之似"也。此"理"字以其寓于器者言。盖有是物
必有是理，理非个悬空理也。故《本义》只曰"理之似也"，但未说到
辞处。下文"象者，材也；爻也者，效天下之动也"，方是说卦爻辞。①

也就是说，朱熹主张的"画前有易"中的易不仅是指阴阳变易之理，同时也
应该包括天地万物变易的过程，"所谓理之似也"，即使是虚无缥缈的阴阳之
理也应寓于器中，并非是悬空之物。可见，蔡清上述所论在丰富朱熹《易》
理的同时，也确实纠正了朱熹在《易》理方面的某些偏差。

而且，就连《周易》中的文句，蔡清也认为是对宇宙间一切事物及其
情理的模写。例如，《周易·坤·彖》说："坤厚德载物，德合无疆，含弘
光大，品物咸亨。"② 蔡清则这样解释："'含弘光大'，坤之亨处正在'光大'
二字上。然光大自含弘而出，理势必然。故文字亦然也。圣人此等文字，其
笔全为道理所使，若有不容不然者，非故益之以'含弘'，为去他二字不得
也。"③ 认为坤含有弘之德，才有光大之势，这是理势之必然，所以圣人文字
是不能有丝毫损益的。由此他得出结论："凡作文字只管听道理所使，不容
以己意而有所增损方是。若到尽头，使是笔下造化，便是手代天工，大抵六
经非圣人之文，天地之文也。天地不能自文，假圣人之手而文之耳。"④ 无非

---

① （明）蔡清著，刘建萍等点校：《系辞上传》，《易经蒙引》（下）卷9上，商务印书馆2017
　　年版，第671页。
② （三国魏）王弼、（晋）韩康伯注，（唐）孔颖达等正义：《坤·彖》，《周易正义》卷1，（清）
　　阮元校刻《十三经注疏》，台湾艺文印书馆2001年影印本，第18页。
③ （明）蔡清著，刘建萍等点校：《周易上经·坤》，《易经蒙引》（上）卷1下，商务印书馆
　　2017年版，第62页。
④ （明）蔡清著，刘建萍等点校：《周易上经·坤》，《易经蒙引》（上）卷1下，商务印书馆
　　2017年版，第62页。

是说，经书之文乃写天地之文，"不容以己意有所增损"，丝毫不许私意杂于其中。应该讲，蔡清的这一认识，一方面进一步地丰富深化了薛瑄的"模写"说，在很大程度上表现了他较为朴素的真理意识，另一方面也是出于强化尊孔读经的儒学正统观念之需要，难免带有捍卫程朱理学的色彩。①

三、"变易"与"交易"

蔡清认为《易》书之易不仅包含有对天地间阴阳变易之理的模写，还包括阴阳变易之象，所以他将阴阳双方的相互对立和相互依存，看作是万物生成以及万物运动变化的根本前提。在本于朱熹《易》理的基础上，蔡清对阴阳变易的运动过程作了更为详尽的论述。

我们知道，对于阴阳二气的运动特征，朱熹认为"易字，易只是阴阳"，"易者，阴阳错综、交换代易之谓"②，"易"足以概括出阴阳流行的基本特征；"易字有二义，有变易，有交易"。"易有两义，一是变易，便是流行底；一是交易，便是对待底。"③也就是说，朱熹认为变易是指阴阳错综，即阴阳二气推移流行；而交易是指交换代易，即阴阳二气的对待定位。

对于朱熹的"交易"义，蔡清则通过卦爻象排列的位置与顺序予以进一步阐释说明。他说：

> 若就逐卦六位言，则初阳而二阴，三阴而四阴。五阳而六阴，是亦有时待之义。又以横图言，在两仪，则阳与阴对；在四象，则太阳与太阴相对，少阴与少阳相对；在八卦，则乾阳与坤阴相对，震阳与巽阴相对，艮阳与兑阴相对，坎阳与离阴相对。其在圆图、方图皆然。又以卦之反对言之，则自"乾刚坤柔、比乐师忧"以下，一一皆有交易

① 参见朱伯崑《易学哲学史》第3卷，昆仑出版社2005年版，第123—124页。
② （宋）朱鉴撰：《文公易说》卷2，经部十二易类，《景印文渊阁四库全书》第18册，台湾商务印书馆1986年版，438页。
③ （宋）朱鉴撰：《文公易说》卷1，经部十二易类，《景印文渊阁四库全书》第18册，台湾商务印书馆1986年版，433页。

之义也。盖此理无处无之，在《易》书皆然。①

蔡清强调，在一卦六爻之中有可能出现既相对待又相交错的情况，邵雍的先天横图从两仪到八卦，分阴分阳，既相对待，又相交错，就是如此。蔡清在此特别提到了"以卦之反对言之"，意指《杂卦》中卦象排列的顺序。他认为：

> 卦皆反对，义亦反对。反对之义，即一阴一阳之易也。辞虽若浅，义则甚正。不然，圣人序卦，乾必与坤相联，屯必与蒙相联，岂泛然全无谓哉！是故翼《易》者，不可无杂卦传之作也。②

这样一来，《序卦》和《杂卦》讲的卦序，也都属于交易之义。③

在蔡清看来，不仅仅是卦序，客观存在的一切"实体"都存在着"交易"的现象。这一点，朱熹其实早已指明："交易是阳交于阴，阴交于阳，是卦图上底。如天地定位，山泽通气云云者是也。"④ 只不过，蔡清在朱熹所论的基础上又作了进一步的引申，自然界如此，人类社会也是如此。他说：

> 如天上、地下相对也，则天气下降以交于地，地气上升以交于天，其实理故然也。推之山、泽、雷、风、水、火皆然。故山不得水，不能生草木鸟兽；泽不得土，不能生鱼鳖蛟龙，则相交之理亦昭然也。以至雷风则相益者也，水火则相济者也，天地间盖无一物不然。故曰："天地睽而其事同也，男女睽而其志通也，万物睽而其事类也。"凡君

---

① （明）蔡清著，刘建萍等点校：《周易上经》，《易经蒙引》（上）卷1上，商务印书馆2017年版，第2页。

② （明）蔡清著，刘建萍等点校：《杂卦传》，《易经蒙引》（下）卷12下，商务印书馆2017年版，第762页。

③ 参见朱伯崑《易学哲学史》第3卷，昆仑出版社2005年版，第129页。

④ （宋）黎靖德编，王星贤点校：《易一·纲领上之上》，《朱子语类》卷65，中华书局1986年版，第1605页。

臣、父子、长幼、朋友、内外、上下、刚柔、文武，以至庶物之雌雄
牝牡、食味之酸咸凉热等类，凡其二者之对立而其理之相须者，皆谓
之交易也。虽至微之物，亦各有个面背内外，面背内外，则相须而不
可相无者也，是亦交易所在矣。①

按朱熹的说法，交易之义只含有事物的阴阳对立、相互依存之义，只讲阴阳
交错即相间或渗透，而蔡清则将"交易"引申出相反相成之义，对朱熹的
"交易"说又有了新的发展。

如前所述，朱熹认为的"变易"指阴阳二气的推移更迭，"如昼夜寒
暑，屈伸往来者是也"。既然阴阳二气在升降往来互转的过程中，必然会出
现"阳变阴，阴变阳，老阳变少阴，老阴变少阳"的情形，那么这种"变
易"也就自然孕育着"占筮之法"。②对于朱熹的这一看法，蔡清是同意的，
但问题是变易与交易二者何者为体？何者为用？他认为：

> 盖卦爻之在图书，初无变之可言。唯于占筮得卦之后，有九、六、
> 七、八之数，则九者变为八，六者变为七，于是有变易之义耳。大抵
> 《易》有卦有蓍，有卦无蓍则《易》为无用，有蓍无卦则易为无体。交
> 易大抵主卦爻言，变易大抵主蓍言。③

也就是说，交易是就卦爻象排列的位置与顺序而言的，属于体的范畴；变易
是从揲蓍成卦的角度来谈的，重在占筮，属于用的范畴。至于变易的体用在
自然中是如何呈现的？蔡清解释道：

---

① （明）蔡清著，刘建萍等点校：《周易上经》，《易经蒙引》（上）卷1上，商务印书馆2017
年版，第2页。
② （宋）黎靖德编，王星贤点校：《易一·纲领上之上》，《朱子语类》卷65，中华书局1986
年版，第1605页。
③ （明）蔡清著，刘建萍等点校：《周易上经》，《易经蒙引》（上）卷1上，商务印书馆2017
年版，第2页。

> 造化之交易，所谓分阴分阳，天地四方，是其至明白易见者也。
> 故天阳与地阴相时，南阳与北阴相对，东阳与西阴相片。变易则所谓
> 一动一静，互为其根者也，故昼阳往而夜阴来，夜阴往而昼阳来，暑
> 阳往而寒阴来，寒阴往而暑阳来，此气数之相推者也。①

在他看来，变易离不开刚柔二爻互变或相互推移，同样禀循于自然万物中的
变易之理。

在此基础上，蔡清对朱熹的阴阳变易说有了一定程度的超越。他认为
阴阳二气不仅相互流转，还能够"交易者，阴阳之相间；变易者，阴阳之相
因"②，二者可以成为相互变化的内在依据和凭借。他说：

> 阴阳一气也，在天则成象，在地则成形，而成象成形各自有变化
> 也。以成象之变化言之，如日月之往来，寒暑之交代，雷霆、雨露之
> 或作或止之类，皆是也。以成形之变化言之，如山川之或气嘘而品物
> 流行，或气吸而品物归根，如水之往者过，来者续，或为潮，或为汐；
> 如动物之有作息，植物之有荣悴之类，皆是也。③

对于《周易·系辞上》中的"通乎昼夜之道而知"④，蔡清解释为"且如明
也，生也，神也，昼之属也。昼为阳。而阳实根于阴。幽也，死也，鬼也，
夜之属也。夜为阴，而阴实根乎阳"⑤。宇宙中一切实体的运动和变化都基于

---

① （明）蔡清著，刘建萍等点校：《周易上经》，《易经蒙引》（上）卷1上，商务印书馆2017
　年版，第2—3页。
② （明）蔡清著，刘建萍等点校：《周易上经》，《易经蒙引》（上）卷1上，商务印书馆2017
　年版，第3页。
③ （明）蔡清著，刘建萍等点校：《系辞上传》，《易经蒙引》（下）卷9上，商务印书馆2017
　年版，第538页。
④ （三国魏）王弼、（晋）韩康伯注，（唐）孔颖达等正义：《系辞上》，《周易正义》卷7，（清）
　阮元校刻《十三经注疏》，台湾艺文印书馆2001年影印本，第147页。
⑤ （明）蔡清著，刘建萍等点校：《系辞上传》，《易经蒙引》（下）卷9下，商务印书馆2017
　年版，第538页。

一气之阴阳消长，离不开阴阳流行。所以，阴阳在此消彼长的过程中，或由明而知幽，或由生而知死，往往也是互为因果、互为根据，循环不已的。

蔡清认为交易为体，变易为用，意即有阴阳之对立，才有阴阳之流行。在他看来，交易与变易虽然有功能、属性的不同，但仍然可以相互渗透，相互转化；阴阳交易是阴阳变易的根源，前者是后者的基础；阴阳交易始于阴阳变易，流行之体也能转化为对待之用。这一思想在蔡清对《周易》经卦的具体解说中也能够充分地表现出来。例如，在解释《革》卦（䷰）卦辞"元亨，利贞。悔亡"①时，他引用了程颐对"息"字所作的训诂，"程子曰：'息训为生者，盖息则生矣。一事息，则一事生，中无间断。硕果不食，则便为复也。寒往则暑来，暑往则寒来。'"②在此基础上，蔡清作了更为精妙的阐发：

> "灭息而后生息"，愚谓亦有两样：就一物言，则前者灭，后者生。今年岁运尽了，明年又一运继之；今日一周而明日又一周，草木今年生底已残了，明年又再发生是也；以两物言，则寒往而暑来，日往而月来。且如火然而水干，干是灭了，则惟有火在；水被火克，惟有火生而旺也。水决而火灭，是火已灭，则惟有水在，火被水克，惟有水生而旺也。稂莠既去，而嘉禾自生。病邪既去，而正气自充，皆是。鼻息亦前后相生，分而言，则嘘吸两相生也。今以革言，革旧而新，亦一灭一生也。云峰曰：灭息之中，有生息者存，犹人一吸一嘘。而谓之一息，亦有止而复生之义也。③

---

① （三国魏）王弼、（晋）韩康伯注，（唐）孔颖达等正义：《革》，《周易正义》卷7，（清）阮元校刻《十三经注疏》，台湾艺文印书馆2001年影印本，第111页。

② （明）蔡清著，刘建萍等点校：《周易下经·革》，《易经蒙引》（下）卷7上，商务印书馆2017年版，第428页。

③ （明）蔡清著，刘建萍等点校：《周易下经·革》，《易经蒙引》（下）卷7上，商务印书馆2017年版，第428—429页。

十分明显，蔡清对"灭息而后生息"的理解，实际上是根于"阴阳之相因"这一易学认识的。在他看来，无论是"就一物言"，"则前者灭后者生"，还是"以两物言"，"旧而新，亦一灭一生也"，阴阳二气互相流转，互为其根，所以在"息"的整个过程中，阴阳的交易与变易都紧密联系，互为体用，充分地表现了事物运动发展的必然趋势。

四、"太极实函阴阳"

我们知道，"太极"不仅是易学上的一个重要概念，同时也是程朱理学中的一个理论基点。朱熹为了说明"太极"是易的根源，曾创造性地以"太极"之理的自身展开来说明八卦和六十四卦的形成过程。他在注释"《易》有太极，是生两仪"[①] 时说："大，音泰。一每生二，自然之理也。易者，阴阳之变。大极者，其理也。两仪者，始为一画而分阴阳。四象者，次为二画以分太少。八卦者，次为三画而三才之象始备。此数言者，实圣人作易自然之次第，又不假丝毫智力而成者。画卦揲蓍，其序皆然。"[②] 无非是说，当未画之前，"太极"只是一个理。一理之判，始分出或散开为一阴一阳，则为两仪。此一阴一阳又分出彼一阴一阳，则为四象。其上又各分出一阴一阳，则为八卦。每一层次，都是原有"太极"之理的自身展开，这一展开的"自然之理"遵循"自然次第"的逻辑，有其自身的必然性，"不假丝毫智力而成"。因此，在朱熹看来，"太极"既是六十四卦爻画的根源，又是宇宙运动、事物发展的根据。

"易者，阴阳之变"，即易是阴阳之变易。对于这一点，蔡清并不否认。然而，就"太极"本身所具有的含义该如何理解，蔡清却不认同朱熹的看法，他说：

"《易》有太极"。易者，阴阳之变；太极者，阴阳之所以变者也。

---

① （三国魏）王弼、（晋）韩康伯注，（唐）孔颖达等正义：《系辞上》，《周易正义》卷7，（清）阮元校刻《十三经注疏》，台湾艺文印书馆2001年影印本，第156页。

② （宋）朱熹撰，廖名春点校：《周易本义》，中华书局2009年版，第240页。

阴阳之所以变者，太极有动有静也。太极有动静，即是一每生二也；一每生二，即是太极之理也。自两仪以上，以至于六十四卦，皆是此理，即一神两化也。此处主易而言，盖易是影此理者也。故此"太极"字亦是易中之太极，与周子《太极图》者不同。①

蔡清认为"《易》有太极"中所讲的太极，是指易中之太极或易卦之太极。太极具有阳动阴静之特征，有此一特征，便生出阴阳即两仪，此即"一每生二也"。此"一每生二"之理即"一神两化"，也就是一故神，两故化。从两仪到六十四卦皆是"一每生二"这一太极之理的影子，"始初圣人因见天地间有许多道理，古设为此卦爻变化以该载之"，"盖先有此道理而后有此卦爻变化之器以象之"②。十分明显，这里的"太极"是就易卦而言的，蔡清以卦爻变化展现"一神两化"之理，与周敦颐《太极图说》中所论宇宙万物生发论意义上的"太极"可谓迥异其趣。

因此，蔡清认为"《易》有太极"中的"太极"并无实体含义，只表示两仪合一的状态，尽管称之为"理"或"一神两化"，却不具备实体或造化之含义。在解释《周易·系辞上》"形而上者谓之道，形而下者谓之器"③一句时，他说：

此乃《本义》之正意。其后，先儒引用，或至以太极为形而上者，阴阳为形而下者，则皆是借用之。犹"寂然不动，感而遂通"，本指揲卦。先儒尽藉以论人心，亦无不可。④

① （明）蔡清著，刘建萍等点校：《系辞上传》，《易经蒙引》（下）卷10下，商务印书馆2017年版，第637页。
② （明）蔡清著，刘建萍等点校：《系辞上传》，《易经蒙引》（下）卷10下，商务印书馆2017年版，第645页。
③ （三国魏）王弼、（晋）韩康伯注，（唐）孔颖达等正义：《系辞上》，《周易正义》卷7，（清）阮元校刻《十三经注疏》，台湾艺文印书馆2001年影印本，第158页。
④ （明）蔡清著，刘建萍等点校：《系辞上传》，《易经蒙引》（下）卷10下，商务印书馆2017年版，第645页。

可以看出，蔡清所论是针对朱熹所言"太极"而发的。"太极"实则是指卦爻之理和卦爻之画，本无实体之意，赋予其实体意义仅仅是一种引申而已，无论如何是不能将之与实体等同起来的。

进而，蔡清指出，《系辞传》中的"《易》有太极"一章讲的是"画卦或揲蓍之序，即讲易卦之阴阳，不是讲造化之阴阳"①。他说：

> 揲蓍之序，其初揲三变，非奇则偶，分明是一揲而得两仪也。其再揲，三变，奇上再得奇则为太阳象，偶上再得偶则为太阴象，分明是再揲而得两仪也。至第三揲之三变，则又非奇则偶，随其所凑皆成三画之卦。八卦随其所值，又分明是三揲得八卦之象矣。每揲皆有阴阳太少，此则不论，只论阴阳矣。太阳少阳俱只做阳看，太阴少阴俱只做阴看。②

在蔡清看来，初揲三变之数，非奇则偶。为初画之象，即"是生两仪"。再揲、三变之数也是非奇则偶，各加于初画之上，则为四象，即"两仪生四象"。三揲三变之数亦非奇则偶，再加于四象之上，则为八卦之象，即"四象生八卦"。所以，就易卦而言，无论太阳少阳，还是太阴少阴，每揲必有阳奇阴偶之分，都能衍生出"一每生二"之理。

蔡清认为不仅是太极，就连《周易·系辞上》中的"两仪""四象""八卦"也指卦画之阴阳而言，无不是对天地之阴阳的模写。他说：

> 且两仪四象八卦等字，皆是影此理之名目。故"两仪"者，"两"即是那天地间阴阳，"仪"则谓此奇偶二画，即是那阴阳之仪形也；"四象"者，"四"即是天地间太阳、少阴、少阳、太阴，"象"则谓此第二画之分太少者，即是那四者之象貌也。象与仪一类，八卦之"卦"

① 朱伯崑：《易学哲学史》第3卷，昆仑出版社2005年版，第137页。
② （明）蔡清著，刘建萍等点校：《系辞上传》，《易经蒙引》（下）卷10下，商务印书馆2017年版，第638页。

字亦然。故谓卦为挂以示也。后来俱以两仪四象当实字说，如谓阴阳为两仪，或谓天地为两仪，盖不知此字之立本主于《易》。而后或借用之，相承之久，遂作实字用也。①

这样一阐释，"两仪""四象""八卦"与"太极"一样，也本无实体含义。所以，在蔡清看来，赋予其实体的含义，乃是后人"借用之"且长时间"相承之"发挥而成的。②

既然易卦中之太极是模写造化之太极的产物，不具备实体含义，那么到底有没有具备实体含义之太极？蔡清指出：

> 尝观天地生物，何缘有男女之分？盖太极实函阴阳，所谓"一阴一阳之谓道"也。是以太极肇判之初，其气固自分阴分阳。阳之轻清上浮为天，阴之重浊下凝为地。及天地既位之后，此气又相缊缊融结，亦自分阴分阳。得阳之奇而健者为男，得阴之偶而顺者为女。此皆其理之自然，而不容以不然者。③

也就是说，太极是阴阳二气之实体，只有作为阴阳二气之整体的太极，才是宇宙天地万物运动变化的本原。在解释《乾》卦"大哉！乾元。万物资始，乃统天"④时，蔡清对禀阴阳二气的实体太极作了更为详尽的阐释，他说：

> 盖天之四德默运于冥漠之间，而万物之所以为元亨利贞者，惟其机之所动耳。所以然者，以物物各具一太极。盖自其向日成始之时，

---

① （明）蔡清著，刘建萍等点校：《系辞上传》，《易经蒙引》（下）卷10下，商务印书馆2017年版，第637—638页。
② 参见朱伯崑《易学哲学史》第3卷，昆仑出版社2005年版，第137页。
③ （明）蔡清著，刘建萍等点校：《系辞上传》，《易经蒙引》（下）卷9上，商务印书馆2017年版，第545页。
④ （三国魏）王弼、（晋）韩康伯注，（唐）孔颖达等正义：《乾·彖》，《周易正义》卷1，（清）阮元校刻《十三经注疏》，台湾艺文印书馆2001年影印本，第10页。

其阴阳会合冲和之气浑沦全具，而所以为来日之元亨利贞者，悉已载于其中而无遗矣。其来日之元亨利贞者，不过只是应天之时而行耳。今只以一粒粟言之，各有一点生意。即便是天德之所在，机之所伏也。故其机发动之时，一段滋温之气，是得于乾之元，至其露生之时，则得于乾之亨，既而得其利，而向于实。得其贞，而实之成。无他也，气候所至而物随之。物固莫之能为也，而天亦莫之为也。总是体统一元之气流行贯通而无间然者也。不然，天虽不物物而雕之。亦当一一而取之，而天亦当一一而应之，而造化亦劳矣，亦当有时而息矣。岂所谓天道无心而成化也哉？岂所谓动静无端，阴阳无始之妙道也哉？①

蔡清认为，所谓"物物各具一太极"中的"太极"，实际上是"阴阳会合冲和之气"。万物之所以形成、发展、变化，离不开"阴阳会合冲和之气"的"应天之时而行"。任何事物当其存在之时，借助"机之所动"，都会禀有"阴阳会合冲和之气"，其发展必然伴随着元、亨、利、贞的过程。因此，"阴阳会合冲和"的气化过程是无心的，既不创造万物，也无止息之时，"动静无端，阴阳无始"。②

需要指出的是，蔡清上述所论虽然本于朱熹《周易本义》，但已与之有着本质的不同。朱熹强调理在气中，二者不曾相离，但又说元亨利贞之理可以不依赖于气：

"元亨利贞"，理也；有这四段，气也。有这四段，理便在气中，两个不曾相离。若是说时，则有那未涉于气底四德，要就气上看也得。所以伊川说："元者，物之始；亨者，物之遂；利者，物之实；贞者，物之成。"这虽是就气上说，然理便在其中。伊川这说话改不得，谓是有

---

① （明）蔡清著，刘建萍等点校：《周易上经·乾》，《易经蒙引》（上）卷1上，商务印书馆2017年版，第20—21页。

② 参见朱伯崑《易学哲学史》第3卷，昆仑出版社2005年版，第141页。

气则理便具。①

对此，蔡清质疑道："所谓'未涉于气底四德'，终未可晓耳。一个四德，岂容分理气两端？姑记所疑。"② 在他看来，朱熹将理气割裂为两端毫不足取，"窃疑天地之性究竟亦只是阴阳五行之理耳，阴阳五行之理即便有清浊厚薄矣，故先儒先有理而后有气之说愚终不能释然"③，所以朱熹的理先气后说从阴阳五行之理生发的角度而言也是站不住脚的。

正是有了上述认识，蔡清认为包蕴有阴阳二气之整体的太极才是实体的太极，同时也是万物的本原。他说：

> 盖三才各一太极，太极则兼阴阳，阴阳则有变化，此至理之自然，所谓"一阴一阳之谓道，阴阳不测之谓神"者也。是故"立天之道曰阴与阳"，阴不一于阴，阴必变为阳；阳不一于阳，阳必化为阴。此则天道之所以为太极然也。今五、上二爻既当乎天，则五、上之刚柔变化，即天道之阴阳变化矣，其理有二乎！立地之道曰柔与刚。柔不一于柔，柔必变为刚；刚不一于刚，刚必化为柔。此即地道之所以为太极者然也。初、二二爻既当乎地，则初、二之刚柔变化，即地道之刚柔变化矣，其理又有二乎！立人之道曰仁与义。仁，人之阳德也，为慈惠，为宽裕之类；义，人之阴德也，为严毅，为刚果之类。二者积中而时出，因物而赋形，此则人道之所以为太极者也。④

---

① （宋）黎靖德编，王星贤点校：《易四·乾上》，《朱子语类》卷68，中华书局1986年版，第1689页。

② （明）蔡清著，刘建萍点校：《周易上经·乾》，《易经蒙引》（上）卷1上，商务印书馆2017年版，第21页。

③ （明）庄煦编：《四书蒙引别录》，《四书蒙引》，经部二〇〇四书类，《景印文渊阁四库全书》第206册，台湾商务印书馆1986年版，第729页。

④ （明）蔡清著，刘建萍等点校：《系辞上传》，《易经蒙引》（下）卷9上，商务印书馆2017年版，第563页。

通过此论，蔡清对朱熹的太极说作了进一步的修正和发明：天地人三才各具太极实体，其本身兼有阴阳两个方面，而且其变化运动的过程也兼具阴阳两个方面。就天道而言，其变化不凝滞于阴和阳任何一方，即阴必变为阳，阳必化为阴；从地道来说，更不局限于刚与柔任何一边，即柔必变为刚，刚必化为柔；以人道言之，义可以变为仁，仁又能够转化为义，所以仁和义互不偏废。①

五、人生价值观的易学底色

毋庸讳言，《周易》以天道推衍人道，试图从整个宇宙的广阔视野上来考察人生，确定人生的价值取向和行为准则，从而形成了独具特色的人生价值观和理想观。《周易·乾·象》特别强调："天行健，君子以自强不息。"②《周易·坤·象》着重指出："地势坤，君子以厚德载物。"③《周易》还提出了诸如"独立不惧，遁世无闷"④"果行育德"⑤"容民畜众"⑥ 等人生准则，并要求"常德行，习教事"⑦。在《周易》看来，人们应该始终保持主体的忧患意识，充分发挥主观能动作用，刚健有为，自强不息；同时，心胸宽广，厚德载物，注重自身的品德修养，以铸成一种挺拔独立、不为世俗所移的高尚人格。

---

① 参见朱伯崑《易学哲学史》第 3 卷，昆仑出版社 2005 年版，第 143 页。
② （三国魏）王弼、（晋）韩康伯注，（唐）孔颖达等正义：《乾·象》，《周易正义》卷 1，（清）阮元校刻《十三经注疏》，台湾艺文印书馆 2001 年影印本，第 11 页。
③ （三国魏）王弼、（晋）韩康伯注，（唐）孔颖达等正义：《坤·象》，《周易正义》卷 1，（清）阮元校刻《十三经注疏》，台湾艺文印书馆 2001 年影印本，第 19 页。
④ （三国魏）王弼、（晋）韩康伯注，（唐）孔颖达等正义：《大过·象》，《周易正义》卷 3，（清）阮元校刻《十三经注疏》，台湾艺文印书馆 2001 年影印本，第 70 页。
⑤ （三国魏）王弼、（晋）韩康伯注，（唐）孔颖达等正义：《蒙·象》，《周易正义》卷 1，（清）阮元校刻《十三经注疏》，台湾艺文印书馆 2001 年影印本，第 23 页。
⑥ （三国魏）王弼、（晋）韩康伯注，（唐）孔颖达等正义：《师·象》，《周易正义》卷 2，（清）阮元校刻《十三经注疏》，台湾艺文印书馆 2001 年影印本，第 35 页。
⑦ （三国魏）王弼、（晋）韩康伯注，（唐）孔颖达等正义：《坎·象》，《周易正义》卷 3，（清）阮元校刻《十三经注疏》，台湾艺文印书馆 2001 年影印本，第 72 页。

《周易》的这种人生理想一经推出，虽跨越千古却历久而弥新，中国历史上每一时代的杰出思想家、政治家无不将其作为自己的人生追求。作为明代中期的理学名臣，蔡清也是如此，其人生之价值和理想就明显地受到《周易》及易学思想的影响。他在《艾庵密箴》中说：

> 俗云一刻直千金，学者用心当如此。《易》曰"天行健"，须是见得真实切已。以笃实信天下，以大节竦天下，以器量包天下，以学识周天下，以规模驾天下，以实才尤实事业副天下，于乎岂不真烈烈然，世之大丈夫哉！①

真正的学者应该由内时时刻刻要注重品行的修炼，由外则以修炼所得的器量、学识、实才去实现匡济天下的经世伟业。可以说，蔡清的人生价值观与《周易》所推崇人生价值和行为准则是完全一致的。

蔡清一生致力于理学研究，精研六经，发前人所未发，但在著书立说、研讨学理的同时，又强烈地关注思考着现实，探索学以致用之道，努力地实践着深受《周易》及易学思想影响的人生价值观，"每读书时，辄有欲取而用之之心，则亦何必多为也？然既有是心，则又自不容不多矣"②。对于明王朝所面临的由内到外一系列的隐患和危机，蔡清以"明于忧患与故"③的《周易》为资鉴，特别是深感于《周易·系辞下》所谓"君子安而不忘危，存而不忘亡，治而不忘乱"④，曾屡屡上疏力陈救时之急务：

---

① （明）蔡清撰：《艾庵密箴》，子部儒家类，《续修四库全书》第 936 册，上海古籍出版社 2002 年版，第 571 页。
② （明）蔡清著，张吉昌、廖渊泉点校：《杂著·书戒五条》，《蔡文庄公集》卷 4，商务印书馆 2018 年版，第 145 页。
③ （三国魏）王弼、（晋）韩康伯注，（唐）孔颖达等正义：《系辞下》，《周易正义》卷 8，（清）阮元校刻《十三经注疏》，台湾艺文印书馆 2001 年影印本，第 170 页。
④ （三国魏）王弼、（晋）韩康伯注，（唐）孔颖达等正义：《系辞下》，《周易正义》卷 8，（清）阮元校刻《十三经注疏》，台湾艺文印书馆 2001 年影印本，第 170 页。

> 然以目前之事计之，或者外寇之势方张，而吾所以御之之具潇然
> 无一可仗，天之意其为此耶？愚谓此病症也，非病源也。
>
> 数十年来，上下玩安忽危，纪纲日以废弛。纪纲日废，则士风日
> 弊；士风日弊则民力日屈；民力日屈则国势之危，隐然无形。岁复一
> 岁，如种在地，萌动有期，政使无边场之警，亦将有境内之忧。故今
> 日急务，在朝廷之纪纲，其次乃在边境。纪纲既振，朝廷既正，疆场
> 自固，夷虏自服矣。①

当前形势危如累卵，国家应该从根本处下手，着力整顿朝纲，重振法纪，严
明赏罚。"其要在于将帅之人品不凡。人品不凡，则无事于防察，以妨其权，
其机在于纪纲振举，纪纲振举，则自将帅以下无不用命"，特别是要抓住将
帅这样的关键少数，"此非经世之大本，似亦救世之急务也"。②惟其如此，
王朝境内外的隐患才能得到有力的清除。显然，蔡清的这一谏言，在很大程
度上与他受到《周易》以及易学思想的溉沾有着密切的关系。

蔡清对《周易》卦爻义理的阐释融入了他对社会、现实的思考，同时
又将研《易》所受的启发指导他的人生实践。在解读《大有》卦（䷍）义理
时，他说："《大有》之'元亨'，是亨其所有也。自有天下者言，便是天下
之事各得其理，天下之民各得其所，海宇有永清之风，国家有苞桑之固，所
谓大有之业，可以保之而无虞矣。"③受《周易》之《大有》卦的启示而萌生
出的永保大业的宏伟经世蓝图，也确实是蔡清所为之向往的。针对当时全国
特别是其家乡福建出现的豪右凭借僧田抢占民田从而造成大量贫民无立锥之
地的状况，蔡清上书当地官员直陈利弊。他说：

---

① （明）蔡清著，张吉昌、廖渊泉点校：《书·管见上堂尊》，《蔡文庄公集》卷1，商务印书
　　馆2018年版，第18页。
② （明）蔡清著，张吉昌、廖渊泉点校：《书·又管见上堂尊》，《蔡文庄公集》卷1，商务印
　　书馆2018年版，第20页。
③ （明）蔡清著，刘建萍等点校：《周易上经·大有》，《易经蒙引》（上）卷2下，商务印书
　　馆2017年版，第166页。

天下僧田之多，福建为最。举福建又以泉州为最。多者数千亩，少者不下数百。以无君无父之人，兼饱食暖衣之奉，何所不至？而吾良民旦夕疲筋骨，曾无卓锥之产者何限？各处之无征田粮洒派贫民者又何限？其僧田为豪右巧计僭据者又何限？经云："君子哀多益寡，称物平施。"若以今富僧与贫民较之，可谓不均之甚矣。且古有限民名田之议，况于僧道？今日当道君子，盍请诸朝，量减寺院多余田亩，分给贫民为业，亦古者授民以田之意，或以补赃无征粮田，亦所谓截长补短之意。此其所大利者民也、官也，其谓不利者，特僧道耳，而终莫决意举行，不知其所顾惜者何居？①

面对僧田逐渐增多而民田日益减损的严峻现实，受《周易》"君子哀多益寡，称物平施"②措施的启发，蔡清主张依照"古者授民以田之意"，损有余以补不足，实行"截长补短"的均田措施，他认为这样无论于民于官都能使之受益。虽说蔡清为改变民生而提出的建议最终没有被"当道君子"采纳，但其关注现实、勇于实践的精神还是值得称道的。

蔡清曾官居历礼部主事、文选司郎中、江西提学副使，其间不但热衷讲学，还积极地奖掖、荐举人才。他在人才的培养和任用以及处理君臣关系方面的思想往往具有相权应世、随时而变的特点，更为切实可行，已脱离了他平素鄙夷的"文人习气"，远非腐儒可比。应该说，这在很大程度上也是和易学所包蕴的人生理想观念对他的深刻濡染分不开的。蔡清在《四书蒙引原序》中，说明了其《易经蒙引》《四书蒙引》的著述宗旨与用意：

国家以经术造士其法正矣，第士之所以自求于经者浅也。盖不务实造于理而徒务取给于文，文虽工，术不正，而行与业随之矣。举子

---

① （明）蔡清著，张吉昌、廖渊泉点校：《书·民情四条答当道》，《蔡文庄公集》卷1，商务印书馆2018年版，第22页。
② （三国魏）王弼、（晋）韩康伯注，（唐）孔颖达等正义：《谦·象》，《周易正义》卷2，（清）阮元校刻《十三经注疏》，台湾艺文印书馆2001年影印本，第47页。

业之关于世道也有如此，清之始业是也，承父师之教指，自谓颇知所
用心者。①

国家以经术取人，真正的用意在于"务实造于理"，而当时不少学子对于经
书只及皮毛而未达其精髓，其后果有可能"术不正，而行与业随之"。有鉴
于此，蔡清将其平日所学之心得，积而成书并取名《蒙引》，以期达到正心
术、求实用的目的。

　　所以，本于《周易》之《大过》卦义理，蔡清在《岳飞班师论》中提
出了较为深刻的权变思想，从一侧面也饱含其蒙引学子，既要"持守"又知
"变通"的良苦用心。他说：

　　岳公报国之志所以终不酬者，果天耶？人耶？彼高宗、秦桧无复
论矣。愚独恨公之未知权也。
　　孝子之于亲也，从治命不从乱命。公向者亲受高宗肺腑之属曰：
"中兴之事，一以委卿矣。"今乃无故一日十二金字牌趣班师，此非桧
之为而谁？桧为之，而高宗听之，则亦乱命之类耳。"将在外，君命有
所不受。"正谓此也。苟利社稷，专之可矣。公亦素好《左氏》，独不
知断以此义耶？
　　夫权出于不得已者也。若果不得已，而尤不用权，虽圣人无以济
事。而圣人亦不立权之说，以教天下万世矣，况公当日之事，尤非可
以一夕安者乎？《易》有之曰："大过之时大矣哉！。大过，君子以独立
不惧。"意大过之时，必有大过人之才，而敢为大过人之事，不胶于寻
常故辙焉，乃克有济也。是故以天下与人，上世未有也，而尧始行之。
君无道而伐之，上世未有也，而汤始行之。君覆典型而放之，自艾而
复之，上世未有也，而伊尹始行之。万世之下，终不闻有以为名教罪

──────────

① （明）蔡清撰：《四书蒙引原序》，经部二〇〇四书类，《景印文渊阁四库全书》第206册，
台湾商务印书馆1986年版，第2页。

人者，使公当日而出此，其要归于忠孝耳，又非有改立放弑事也，谁得而罪之?

嗟夫! 大丈夫建大事，苟非利己，安能为寻常法度所制缚哉?①

忠君的前提是"从治命不从乱命"，在南宋处于"大过"的这种非常之时，大丈夫就应该敢为"过人"之事，表现出"独立不惧"的无畏品质，而不应该"胶于寻常故辙"，固执于常命，惟其如此，才会使"大过之时"面临转机;岳飞恰恰没有做到这一点，"为寻常法度所制缚"而不知权变，不仅使"中兴"大业功亏一篑，自身也遭人陷害。应该讲，蔡清治学"首以穷经析理为事，非孔、孟之书不读，非程、朱子之说不讲"②，其受正统程朱理学的影响是较深的，但在当时能够受到《周易》及易学思想的启发，提出这样较为深刻的变通、权变思想，表现出了"儒者致用，尚欲经理一世，康济群生"③的一面，的确是非常难得的。

第三节　高攀龙易学思想

高攀龙（1562—1626），初字云从，后字存之，号景逸，谥号忠宪，是明末继顾宪成之后东林学院的思想领袖。作为儒学名臣，高攀龙学宗程朱且不拘于门户之见，其一生著作颇丰，有《朱子节要》《程子节录》《周易易简说》《春秋孔义》《四书讲义》《就正录》《高子文集》等 20 余种，后经他的门生陈龙正汇编成《高子遗书》12 卷。其中，《周易易简说》是易学专著。此外，黄虞稷《千顷堂书目》也记录有《高子未刻稿》6 卷。高攀龙折中融

---

① （明）蔡清著，张吉昌、廖渊泉点校：《论·岳飞班师论》，《蔡文庄公集》卷 4，商务印书馆 2018 年版，第 136—137 页。
② （明）蔡清著，张吉昌、廖渊泉点校：《重修文庄蔡先生祠序》，《蔡文庄公集》卷 7 附录，商务印书馆 2018 年版，第 199 页。
③ （明）蔡清著，张吉昌、廖渊泉点校：《皇明搜古奇编》，《蔡文庄公集》卷 8 附录，商务印书馆 2018 年版，第 210 页。

贯程朱理学与陆王心学，以阳明心学为体，援程朱理学为用，会通理、气、心、性、易为一，以此建构起了"易即心体"的易学思想体系。

一、本体与工夫合一的易学观

传统易学史对《周易》一书的性质向来有两种看法，一是认为《周易》是卜筮之书，二是认为《周易》是讲明天道人事之书。《易》之为书究竟属于何种性质，高攀龙作了如下分析：

> 吉、凶、悔、吝如日月之彰彰焉，而冥行者不知也。圣人恻然患之，莫能致力，则以《易》示人，又诏之曰占。故曰：《易》者，卜筮之谓也；卜筮者，占之谓也。静而不密则不占，动而不得则不占，至将有为也，将有行也，问之以蓍，则卜筮之一事云尔。谓蓍不足以尽占可，谓占不足以尽《易》不可。虽然不见《易》而能知者鲜矣，则谓蓍为占也，亦宜于何见易。曰：《易》无之而非是识其无之，而非是无之不可见《易》也。①

他认为吉、凶、悔、吝如同日月之彰显，圣人患于凡夫俗子不识"易"，不见吉、凶、悔、吝而没有用力之处，所以作《易》以诏示吉凶，并且借由占筮这种形式来体现。他又进一步提到了占筮的条件，即"静而密""动而得"，只在有所行动或者有出行之事时，方可用蓍草进行占筮。不仅如此，他还认为占筮足以尽"易"。也就是说，占筮一事之吉凶，其中也有易道贯穿运行，占筮即可以见"易"，而明于天道人事必须以占筮为媒介。所以，在高攀龙看来，"谓蓍不足以尽占可，谓占不足以尽易不可"，毕竟《易》是卜筮之书，又是有易道贯注其中的义理之书。可以说，高攀龙的这一认识非常有见地，究其实，"《易》哲学与卜筮之间，有着深刻的内在关联。否

---

① （明）高攀龙撰：《周易易简说·原序》，经部二八易类，《景印文渊阁四库全书》第34册，台湾商务印书馆1986年版，第68页。

定了卜筮与《易》哲学之间的关系，我们就无法理解易学独特思想的所以然"①。

关于《易》作为明于天道人事之书，高攀龙在注解《周易·系辞下》"《易》之兴也，其于中古乎？作《易》者，其有忧患乎"②一节时说："去古渐远，世风日下，圣人忧患后世而作《易》也。岂独因贰以济民行哉？所以成其德行也。"③在他看来，圣人作《易》以诏示天理，君子效法六十四卦自强不息、修身成德。而且，卦爻之象、辞反映了天地万物生成与变化的基本道理，天地万物生成和变化的过程始终都有易道运行。既然圣人作《易》的目的无非展现易道之生理在人道中的功用，以天、地、人三道为一，那么其中蕴含的道理只是一个"生"理。所以，《周易》中的六十四卦与三百八十四爻所揭示的根本问题，主要是如何完成对于天道、天理的体认。

高攀龙尤为注重工夫的修持，这种重视修持工夫的思想也体现在他对易学的理解中，意即将"易"视为本体和工夫的合一。之所以把"易"看作是天理之体现，应该讲，这和明代后期出现的空疏近禅的学风有着直接关系。他说：

> 直方者，本体。敬义者，合本体之工夫，所以能大，所以能不习而无不利也。非乾无坤，非坤无乾，非人无乾坤，非乾坤无人，故曰三才者，一而已矣。④

在高攀龙看来，晚明学术之弊的根本原因在于空谈心性、不修工夫，所以他在诠释《周易》时便直接与孔子易学之精神接榫，"夫子特地教人用易之

① 刘大钧：《汤一介哲学思想与易学诠释申述》，《周易研究》2017年第5期。
② （三国魏）王弼、（晋）韩康伯注，（唐）孔颖达等正义：《系辞下》，《周易正义》卷8，（清）阮元校刻《十三经注疏》，台湾艺文印书馆2001年影印本，第173页。
③ （明）高攀龙撰：《系辞下》，《周易易简说》卷3，经部二八易类，《景印文渊阁四库全书》第34册，台湾商务印书馆1986年版，第162页。
④ （明）高攀龙撰：《坤》，《周易易简说》卷1，经部二八易类，《景印文渊阁四库全书》第34册，台湾商务印书馆1986年版，第75页。

方"①，将易学研究与现实功用紧密地结合起来，以天道来论《易》，推天道以明人事，以实现儒家伦理道德形上本体的重新建构。关于易之本体与工夫的具体内涵，他认为"易之本体只是一生字，工夫只是一惧字"。②"易"之本体能够化育生长生生无穷之万物，天地造物之德便成为人之善德的来源，因此人要时时刻刻保持敬惧，以敬惧之工夫去体悟天道生生之善德，特别是在有所体悟之后，更要以敬惧之工夫去守其所得。惟其如此，才能凸显《易》之大要：本体即工夫，工夫即本体。

易学之特质如何，高攀龙也非常关注这一问题。根据《周易·系辞上》中的"乾以易知，坤以简能。易则易知，简则易从"③的论断，他认为易学之特质在于"易""简"，解《易》之主要目的也在于"易""简"，所以他诠释《易》义，每条不过数言，并且在《周易易简说·原序》中强调："其知易知，其能简能，易简而天下之理得矣，于是作《易简说》。"④在注解《周易·系辞上》第一章时，他说：

> 洋洋乎触目而是者，孰非刚柔相摩，八卦相荡，邪雷霆之鼓，风雨之润，日月寒暑之运行，成男成女之人物，皆乾之所始，坤之所成。而乾之知始，何其易也；坤之成能，何其简也。不易不简，非道也。⑤

可以看出，"易""简"才是高攀龙著书解《易》之大旨。高攀龙将自身易学研究之心得题名为《周易易简说》，也可以说是对《周易·系辞上》中"易

① （明）高攀龙撰，（明）陈龙正编：高攀龙：《会语》，《高子遗书》卷5，集部二三一别集类，《景印文渊阁四库全书》第1292册，台湾商务印书馆1986年版，第418页。
② （明）高攀龙撰，（明）陈龙正编：《札记》，《高子遗书》卷2，集部二三一别集类，《景印文渊阁四库全书》第1292册，台湾商务印书馆1986年版，第347页。
③ （三国魏）王弼、（晋）韩康伯注，（唐）孔颖达等正义：《系辞上》，《周易正义》卷7，（清）阮元校刻《十三经注疏》，台湾艺文印书馆2001年影印本，第144页。
④ （明）高攀龙撰：《周易易简说·原序》，经部二八易类，《景印文渊阁四库全书》第34册，台湾商务印书馆1986年版，第68页。
⑤ （明）高攀龙撰：《系辞上》，《周易易简说》卷3，经部二八易类，《景印文渊阁四库全书》第34册，台湾商务印书馆1986年版，第150页。

简之善配至德"①一句的独到诠释和理解。秉循着"易""简"之旨趣，高攀龙指出："《易》是现前的物事，看《系辞》首章可知。只平铺着看，尊卑、贵贱、动静、刚柔、吉凶变化自然而然，圣人说一部《易》，却像不曾说一般。"②也就是说，"易"是出现于眼前且处处散见之物，随时随处所感也都是"易"之体现，即使是常人也能够通过修持工夫默识天理而见"易"。

为了对抗当时王学重悟不重修之学术积习，匡正王学之流弊，高攀龙借助对《易》之义理的阐发和注解，将儒家学说高度地哲理化，力图重建儒家学说的本体论和工夫论，以强调儒家道德修养的重要性。高攀龙将易学思想的核心定位在易道生生之善德的宣扬，尤其注重人的道德修养工夫与实践，无非是希望藉此将学问措置于人伦日用、庸言庸行之中，复归人性本然的生生之善德。同时，高攀龙研《易》，对于当时的社会政治领域保持了高度的关注。通过注释《周易》，他将儒家的道德伦理、纲常名教本体化，赋予其形上本体和万物之根源的重要地位。

在《周易易简说》中，高攀龙提出了一系列修身养性、重建价值信仰体系的方式和方法，这也可从他的《戊午吟》第十三首诗中窥见一斑。其诗云："见《易》更须知用《易》，圣人原只用中庸；刚柔处几先吉，中正亡时动即凶；能惧始终皆免咎，存诚隐显悉成龙；莫言卜筮用为小，动静须占是《易》宗。"③这首诗化用《乾·文言》之意，确实从一侧面表现出高攀龙的研《易》宗旨及其道德修养的实践面向。在高攀龙看来，日常举动中心怀坦诚，谨慎有节，"庸言之信，庸行之谨，闲邪存其诚"④，始终秉持戒惧和忧患意识，这对于处在"刚柔"显现和"中正"消失之际洞察吉凶征兆，显

① （三国魏）王弼、（晋）韩康伯注，（唐）孔颖达等正义：《系辞上》，《周易正义》卷7，（清）阮元校刻《十三经注疏》，台湾艺文印书馆2001年影印本，第150页。
② （明）高攀龙撰，（明）陈龙正编：《会语》，《高子遗书》卷5，集部二三一别集类，《景印文渊阁四库全书》第1292册，台湾商务印书馆1986年版，第418页。
③ （明）高攀龙撰，（明）陈龙正编：《戊午吟》，《高子遗书》卷6，集部二三一别集类，《景印文渊阁四库全书》第1292册，台湾商务印书馆1986年版，第437页。
④ （三国魏）王弼、（晋）韩康伯注，（唐）孔颖达等正义：《乾·文言》，《周易正义》卷1，（清）阮元校刻《十三经注疏》，台湾艺文印书馆2001年影印本，第13页。

得尤为迫切和重要。而且，"见《易》更须知用《易》"更能够看出高攀龙为学重在经世致用的特征。

二、易之生生次序为理

众所周知，"理"是宋明理学的最高范畴，这一概念发端于程颢。在理学的语境中，"理"涵盖了宇宙之本原、自然之生成、生生之规律、道德之根据等多方面特质。不论其后经过如何流变，"理"在中国传统的思想文化观念中，始终是作为宇宙之本体、天地运行之规律而存在的，并且通过主体修为进而体现为人类社会的道德规范。人类社会的道德规范也因禀受天理，而成为具有永恒性、超越性、不可违逆性的绝对法则。

通过对"理"的考察，高攀龙注意到，这一概念与他想要为主体之心寻求约束的动机有契合之处，然而依理学脉络，本体性的赋命只是在天理与性体之间展开，而没有涉及主体之心。在他看来，理学学问结构内部虽然把性体规定为区别心之存在的更高本体，并以最高范畴天理作为最终约束力的根据，但在这种逻辑结构之上，其心体、性体、天理的本质又是同一的。因为天理作为"易"化育流行之生理，乘"气"而动，赋予主体之性体，此性体又本然涵养于主体之心，所以高攀龙采取了以"易"统摄理、气、心、性，最后同归于"善"的问学路径。

毋庸讳言，"理"是二程思想的核心，程朱理学的发展从整体上大都承继发挥了二程关于"理"的一系列论证。在程颢的思想体系中，"天理"与"天道"的含义有着内在的一致。程颢的天道观恰恰是在对"易"的诠释中体现出来的，以道之体来指称"易"。他说：

> 盖上天之载，无声无臭。其体则谓之易，其理则谓之道，其用则谓之神，其命于人，是谓之性，率性则谓之道，修道则谓之教。[1]

---

[1]　（宋）程颢、程颐著，王孝鱼点校：《端伯传师说》，《河南程氏遗书》卷1，《二程集》，中华书局2004年版，第4页。

程颢以"易"为道之体，因为"易"能行于天地之间，而所谓"行"，意即阖辟万变、生生不息，天地生物之心不息，正是在此"行"中，道才得以凸显。但是，在《周易程氏传》中程颐则将"理"视为"易"的本体。他说：

> 有理而后有象，有象而后有数。《易》因象以明理，由象而知数，得其义，则象数在其中矣……理无形也，故因象以明理，理既见乎辞矣，则可由辞以观象，故曰：得其义，则象数在其中矣。①

在程颐看来，理是产生象、数的根源，气、象、数都是理的外在呈现，并且进一步提出了"体用一源，显微无间"②的理本论思想，以此来论证言、意、象、数之间的关系。

对于二程有关"理"和"易"关系的论证，高攀龙有所汲取，只不过他在诠释"理"与"易"之关系时，又独具特色地把"气"看作是宇宙间的唯一实体，认为"气"有虚灵、条理之分，条理即为天理，命于人身则为"性"。他说：

> 人不识这个理字，只因不识性。这个理字，吾之性也。人除了这个躯壳，内外只是这个理字。程子云："性即理也。"如今翻过来看，"理即性也"。夫人开眼天地间，化化生生，充塞无间，斯理也，即吾性也。③

高攀龙认为"理即性"，实则强调万物与人一体。在他看来，"易"化育流

---

① （宋）程颢、程颐著，王孝鱼点校：《答张闳中书》，《河南程氏文集》卷9，《二程集》，中华书局2004年版，第615页。

② （宋）程颢、程颐著，王孝鱼点校：《周易程氏传·易传序》，《二程集》，中华书局2004年版，第689页。

③ （清）高廷珍等撰：《高景逸先生东林论语下》，《东林书院志》卷6，《四库全书存目丛书》史部第246册，齐鲁书社1996年版，第794页。

行之道在天为理，在人为性，理和性作为"无声无臭"的形上本体而存在，吾性也就在体验天地化生万物相继不已、生生不息的过程显现出来。虽由"性"追溯至"理"，可知"性""理"原是一物，只是高攀龙更注重"性"，对"理"的讨论相对较少，应该讲，这与他强调道德修养工夫的思想进路有着密切的关联。

既然将"理"视为气之条理，阴、阳二气相摩相荡、感而无间，生生不息地化生天地万物，那么"理"作为形而上的本体，便隐秘微妙地在这一流转过程中发挥着作用。本着这一认识，高攀龙在诠释《乾》卦（☰）用九时说：

> 用九而必曰乾元者，何也？乾元言其始，用九言其终，六位乘而天则见，六龙乘而天下平也。乾元用九者，时乘六龙也。潜、见、惕、跃、飞、亢各因其则，如四时不易，故曰：乃见天则。①

此段意即自"乾元"至"用九"蕴含了一个完整的过程。在这一过程之中，龙之潜、见、惕、跃、飞、亢都含有其所必然的道理，其中的"理"虽不可见，却可以通过六龙潜、见、惕、跃、飞、亢之象加以呈现，即"乃见天则"。这里所说的"天则"即是天理，而且是"不易"的。"理"又何以不易？在阐解《大畜》初九爻辞时，他认为："乾之止，止于天理也，越理则犯灾。初不中，知其有后，而己之则利也。"②《大畜》卦（☲），乾下艮上。《艮》卦（☶）为"止"意，象征抑止。也就是说，《乾》卦内部存在着由始至终一个完整的过程，元、亨、利、贞处于这一过程中的四个阶段，君子与天地合德，承继天行不息之善以人文化成天下，这样才是真正地"止于天理"。所以，高攀龙把《大畜》初九爻辞解释为"止于天理"，惟有止于天

---

① （明）高攀龙撰：《乾》，《周易易简说》卷1，经部二八易类，《景印文渊阁四库全书》第34册，台湾商务印书馆1986年版，第72页。

② （明）高攀龙撰：《大畜》，《周易易简说》卷1，经部二八易类，《景印文渊阁四库全书》第34册，台湾商务印书馆1986年版，第102页。

理，才能在"不中"的情况下庶免灾咎而身受利富。

"止于天理"，虽然在很大程度上受到程颐"随时变易以从道"之说的影响，但高攀龙在对程颐之说有所承继的同时，又对之作了进一步阐发，可谓是他的不易之理。就易的功能而言，程颐曾说"易，变易也。随时变易以从道也。其为书也，广大悉备，将以顺性命之理，通幽明之故，尽事物之情，而示开物成务之道也"①。在阐释《艮》卦时，高攀龙则强调：

> 易是一定不易之至理。随时变易者，正变易以从其不易者也。故时止则止，时行则行，一止于当止当行之所也。人心所以不止，以内见我，外见人人。我之见，一生而一定之所遂失，上下敌应。不相与则不系累于感应之私，故艮背而不获其身，行庭而不见其人也。然而止于无咎者，何也？静而无静，动而无动，吉凶悔吝所不能加，言无咎而已。②

初看上去，高攀龙所论好像与程颐以"理"解《易》并无二致，实则丰富和扩展了"易"之内涵。程颐以"变易"言"易"，进而指出"易"只是阴、阳二气之气化流行，人应该在这种变易中去体贴天理、依循天道。如此说来，还应该存在着一个与"易"相对的"天理"之本体，这样"易"则变成了形下之气，"理"和"易"乃为二物。与程颐所论不同，高攀龙将"易"理解为"变易"与"不易"，"变易"是易之用，而"不易"才是易之体。"不易"之易属于形而上的本体，为不会改变的天理；"变易"之易属于形而下之用，以其"变易"循依天理。从本体层面来讲，"理"与"易"便不可再分，理即易，易即理。所以，在高攀龙看来，不存在一个与"易"相对的天道本体，因为"易"即是天理之本体。

---

① （宋）程颢、程颐著，王孝鱼点校：《周易程氏传·易传序》，《二程集》，中华书局2004年版，第689页。

② （明）高攀龙撰：《艮》，《周易易简说》卷2，经部二八易类，《景印文渊阁四库全书》第34册，台湾商务印书馆1986年版，第133页。

有关"易"之变易思想，高攀龙确实汲取了程颐"随时变易以从道"的解《易》理念和路数，程颐认为一部《易》讲的皆是"变易"，教人随时变易以从道，"易"之用可以总结为"六十四卦，三百八十四爻，皆所以顺性命之理，尽变化之道也"①。高攀龙没有止步于程颐所论，而是在此基础上进一步地引申发挥，主张"易"即体即用，"易"之用即"变易"。他说：

> 易以顺性命之理，在天为阴阳，在地为刚柔，在人为仁义。易之六画，天、地、人之道也。易以顺天、地、人之道而已矣。②

"易之六画"意思是说一卦之六爻，分别代表天、地、人三才，天之阴阳、地之刚柔、人之仁义分别为天道、地道、人道。高攀龙认为"易"能顺性命之理，顺天、地、人之道，便为"易"之用。"理"在天为命，在人为性，他所说的"易以顺性命之理"，意即"易"通贯了天、地、人三道，以形而上的天理本体将天、地、人三者贯通，阴阳、刚柔、仁义无非是通过"易"的生生之理，在天、地、人不同形气物体之中的具体彰显。因为形而上的天理是不可见的，只有通过天之阴阳、地之刚柔、人之仁义才能默识体悟，而"易"之用正是在这方面呈现出来的，"易"以教人顺性命之理，天之阴阳、地之刚柔、人之仁义都是循理而成。而程颐持"六十四卦，三百八十四爻，皆所以顺性命之理，尽变化之道也"之见，根本原因在于他倾向另外存在着一个与"易"相对的天道本体，所以"易"只有"变易"之义涵，君子变易以顺从与之相对的天道本体。而在高攀龙看来，以"易"为体为用，"易"不仅"顺性命之理"，"易"本身意味着"性命之理"，这两种义涵不过是"易"道的一体两面，不能人为地将二者割裂开来，在"易"之外并没有另外一个独立存在的"性命之理"。

---

① （宋）程颢、程颐著，王孝鱼点校：《周易程氏传·易传序》，《二程集》，中华书局 2004 年版，第 690 页。

② （明）高攀龙撰：《说卦传》，《周易易简说》卷 3，经部二八易类，《景印文渊阁四库全书》第 34 册，台湾商务印书馆 1986 年版，第 166 页。

与此相关，在诠释《益》（䷩）、《萃》（䷬）二卦时，高攀龙讲到了顺理之吉。他说：

> 《益》以初四为成卦之主。刚下为益下，柔上为损上，故曰损上益下。自上下下，中正者，二五也。中正之道，何往不利乎？木道者，震巽也。生生之道，何大川不可涉乎？动而顺理，自有日进无疆之福。时当春夏，正是天施地生之时。损之偕时，时损而损。益之偕时，无时不益。天地之益万物，圣人之益万民，一而已矣。①
>
> 《萃》之所以聚者，顺天下之理，说天下之心。五刚得中，上下顺而归之也。王之所以萃天下之心者，以假于有庙之心。天下所以利见者，以用大牲之心。王假有庙之心，刚中也。用大牲之心，顺应也。此之谓聚以正，而天地万物之情，观其所聚而见矣。②

在这两卦的注解中，高攀龙分别说到"动而顺理，自有日进无疆之福"和"《萃》之所以聚者，顺天下之理"，坚持"顺理"是这两卦之所以吉的内在根据。在诠解《益》卦时，高攀龙认为"中正"之道即是生生之道，天道生生不息，"天地之益万物，圣人之益万民"无不顺应天道生生之理，"益之偕时，无时不易"意即"顺理"生生无穷、相继不已。天地造万物不息，圣人化成万民不止；前者为天道，后者为人道。因为天道生生不息，化生万物，人们便能够自觉承继天道而以人文化成天下，所以"天地之益万物，圣人之益万民，一而已"。在诠解《萃》卦时，高攀龙把《萃》之聚说成是"顺天下之理，说天下之心"，把"王假有庙之心"和"用大牲之心"解释为"刚中"和"顺应"，意在说明"刚中"即理、心，"顺应"即顺天下之理。而《萃》之聚，能"聚以正"的关键恰恰在于顺天下之理，"理"即天道生生之

---

① （明）高攀龙撰：《益》，《周易易简说》卷 2，经部二八易类，《景印文渊阁四库全书》第 34 册，台湾商务印书馆 1986 年版，第 121 页。

② （明）高攀龙撰：《萃》，《周易易简说》卷 2，经部二八易类，《景印文渊阁四库全书》第 34 册，台湾商务印书馆 1986 年版，第 125 页。

理。正因为天道蕴含生生造物之德，万物才得以聚集而生，其聚集的情状、造物的态势仍可从内心感受到，进而默识其情。

对高攀龙而言，性即是理，所以他常以"性"之差异来讨论儒、释之不同，"圣学所以与佛学异者，只一'性'字。性者，理也；理者，矩也。从心所欲不踰矩，方是躬行，方是践形"①。高攀龙把"从心所欲不逾矩"之"矩"解释为"理"，"矩"乃心之应事处物之准则，这样便把性上本体之理落到具体形气之躯的层面。因为，"从心所欲不逾矩"是不可见的形上之理在人身的具体体现，也是"易"以顺性命之理的体现，只有这样才能把圣人之学贯彻到日常的人伦日用和庸言庸行之中；再有，"理"在天即为命，须在人身之躬行、践形中得以体现，躬行与践形即"事事循天理"，也可以说是顺性命之理；况且，天理命于形气之躯中，会表现为具体的道德言行，而具体的道德言行则完全符合天理、依循天理而行，身、心无一刻不是"天理"之气化流行，吾身无一刻不在躬行、践形。由此，高攀龙形成了如下认识，即天命与人性完全贯通，合"易"生生之德，天地皆"易"，人身皆"易"。

由于高攀龙认为"天理"作为阴、阳二气四时流转化生万物之理，属于气之条理，便赋予了天理以"易"乃生生不息化育流行之生理的内涵。在他看来，易道生生之善德作为形上本体而存在，只能通过"易"之生生才能加以体现，此生生之善德亦是理的应有之义，因此天理本身即为至善。需要指出的是，高攀龙的这一认识恰恰是建立在对张载"太虚"说的批判基础之上的。张载把"太虚"看作是"气之本体"，无形无状的太虚之气是气的本然状态，也是气之形上本体，而气之聚散则是"客感客形"②，"天地之气，虽聚散、攻取百涂，然其为理也，顺而不妄"③。也就是说，"聚散、攻取百涂"之气不仅能为理，还"顺而不妄"，其根源在于这一恒遍存在的太虚本

---

① （明）高攀龙撰，（明）陈龙正编：《答区罗阳太常》，《高子遗书》卷8上，集部二三一别集类，《景印文渊阁四库全书》第1292册，台湾商务印书馆1986年版，第500页。

② （宋）张载著，章锡琛点校：《太和篇第一》，《正蒙》，《张载集》，中华书局1978年版，第7页。

③ （宋）张载著，章锡琛点校：《太和篇第一》，《正蒙》，《张载集》，中华书局1978年版，第7页。

体。与此不同，高攀龙直接将"太虚"视作天理，理由是"气在虚空中，则是张子所谓以万象为太虚中所见之物。虚是虚，气是气，虚与气，不相资入者"①，太虚虽为气之本体，但理则为气之条理，气之本体与气之条理密不可分。进而，高攀龙指出"乾"之刚健、中正、纯粹符合朱子所说的天理之标准，"大哉！乾乎！刚健中正，纯粹精也，此所谓至善，朱子谓纯乎天理，而无一毫人欲之私最尽"②。引朱子之言来论"至善"为"纯乎天理"，高攀龙意在强调天理之"万理明净之境"③，其义涵不仅包含刚健、中正、纯粹的意蕴，同时也指涉了至善的维度。

在高攀龙看来，元、亨、利、贞这一相继流转的过程即是"乾"，《乾》卦具有至善而纯乎天理的性质，原因在于元、亨、利、贞皆善，乾元之善为人性之善的形上根据。他说：

> 元、亨、利、贞皆善也。元而亨，而利，而贞，贞而复元，故曰："继之者善。"元始之，故曰："善之长。"天地一阖一辟，吾人一呼一吸，继继而不已者，皆是此件，故曰："生生之谓易。"④

"乾"之善即是元、亨、利、贞之善，这四者组成了一个相继不已、循环往复的流程，在这一生生无穷的流程中，万物才得以化生。因此，他说："终日乾乾，与时偕行。只一'时'字便见继之者善。"⑤"时"字即体现了元、亨、利、贞次第回环同时又周而复始的流程，善德便在这一流程中得以彰

① （明）高攀龙撰，（明）陈龙正编：《与管东溟虞山精舍问答》，《高子遗书》卷3，集部二三一别集类，《景印文渊阁四库全书》第1292册，台湾商务印书馆1986年版，第377页。
② （明）高攀龙撰，（明）陈龙正编：《语》，《高子遗书》卷1，集部二三一别集类，《景印文渊阁四库全书》第1292册，台湾商务印书馆1986年版，第340页。
③ （明）高攀龙撰，（明）陈龙正编：《答吴伯昌中翰》，《高子遗书》卷8上，集部二三一别集类，《景印文渊阁四库全书》第1292册，台湾商务印书馆1986年版，第501页。
④ （明）高攀龙撰，（明）陈龙正编：《语》，《高子遗书》卷2，集部二三一别集类，《景印文渊阁四库全书》第1292册，台湾商务印书馆1986年版，第347页。
⑤ （明）高攀龙撰，（明）陈龙正编：《语》，《高子遗书》卷1，集部二三一别集类，《景印文渊阁四库全书》第1292册，台湾商务印书馆1986年版，第340页。

显。"生生之谓易"中的"生生"指的也是这一流程，所以元、亨、利、贞尽乎"乾"，《乾》卦又尽乎"易"，"易"之生生善德命于人身即为性。只不过，高攀龙此论是以孟子之言作为立论根据的。他说：

> 学问在知性而已，知性者明善也，孟子道性善，而言必称尧舜者，何也？性无象，善无象，称尧舜者象性善也，若曰如是如是，言上会者浅，象上会者深，性象在心得其正时识取，心得其正者，心中无事时也风便寄意。①

> 孟子道性善，而必称尧舜者，何也？……此须在思虑未起时认取，思虑未起时便是此件刚健中正纯粹精求，与尧舜一毫不同者不可得也，及动念便差，动步便差。②

"善"作为形上本体无形无象，惟有通过尧、舜这样的圣主明君才可以默识体悟到善体。据此，高攀龙将性之善诠释为无思无虑，思虑未起时呈现出的刚健、中正、纯粹、精一的状态，且与天道合德；凡有动心思忖或是付诸行动之时，便会偏离上述的状态，即使有毫厘之差也不可体贴天道。所以，他认为理与性均为一体，天理之至善与性之善皆为一善，天理之至善始终是人性之善的根源。

高攀龙不仅始终贯彻程颐《易传·序》中的核心立场，即"体用一源，显微无间"，以"性即理"来纵贯天人性命，将"易"生生之善德与人内在四德所根由的性善上下贯通为一本，同时还择取了周敦颐《通书》中的"'大哉乾元，万物资始'，乃诚之源"③以及"大哉《易》也，性命之源"④作

① （明）高攀龙撰，（明）陈龙正编：《与陈似木一》，《高子遗书》卷8下，集部二三一别集类，《景印文渊阁四库全书》第1292册，台湾商务印书馆1986年版，第535—536页。
② （明）高攀龙撰，（明）陈龙正编：《札记》，《高子遗书》卷2，集部二三一别集类，《景印文渊阁四库全书》第1292册，台湾商务印书馆1986年版，第348页。
③ （宋）周敦颐著，陈克明点校：《通书·诚上第一》，《周敦颐集》卷2，中华书局2009年版，第13页。
④ （宋）周敦颐著，陈克明点校：《通书·诚上第一》，《周敦颐集》卷2，中华书局2009年版，第14页。

为思想资源与问学门径，由天道诚体奠基人内在的道德本性。他说：

> 太极者，据易而言，天地间莫非易。"易有太极"，非易之外别有
> 所谓太极也。且以吾身观之，吾身是易，当下寂然，无些予声臭，即
> 是太极。周子云："寂然不动者，诚也。"诚即太极也。①

这里所说的"太极"，意即"易"之中有太极。"易"为太极，无思无为，寂
然不动便为易之体，为至善。高攀龙引用周敦颐的观点无非表明，"寂然不
动"即是"诚"，即是太极，以此凸显"诚"所具有的形上本体的地位。在
《通书》中，周敦颐有言："诚者，圣人之本。""乾道变化，各正性命，诚斯
立焉，纯粹至善者也。"② 高攀龙认为"大哉乾元"即刚健、中正、纯粹，是
精一至善的，人性之善根基于天道生生之善，这一天道善德落于具体的形气
之躯，便为性之善。而且，"诚"与性，"诚"与善，分别具有内在的同一性，
都是作为根源于天理生生之善的形上本体而存在的。天地间皆"易"，太极
为"易"之本体；吾身皆"易"，"诚"为"易"之本体而落于吾身。由此可
见，在高攀龙的易学思想中，太极、理、诚皆为"易"之善体的体现，都可
以归结于易道生生之善德。

值得注意的是，高攀龙也曾借用道教"真元之气"的概念来诠释阴、
阳生生之气。他指出"真元之气"生生无穷，天道之善德不仅体现在"生
生"方面，还体现在"无穷"之领域。他说：

> 真元之气生生无穷，一息不生便死矣。草木至秋冬凋谢，是霜
> 雪一时压住，彼之生生无一息之停也。不然春意一动，其芽何以即
> 萌？人之爪发即草木之枝叶也，饮食是外气，不过借此以养彼耳。其

---

① （明）高攀龙撰，（明）陈龙正编：《会语》，《高子遗书》卷5，集部二三一别集类，《景印
文渊阁四库全书》第1292册，台湾商务印书馆1986年版，第418页。

② （宋）周敦颐著，陈克明点校：《通书·诚上第一》，《周敦颐集》卷2，中华书局2009年
版，第13—14页。

实真元之气何藉乎此哉！人之借饮食以养其身，即草木之滋雨露以润
其根。①

"真元之气生生无穷"是指生生之形上元气作用于形下之气，使形与气各具
有主体性，所以形气各禀其生生之"神"。在高攀龙看来，上述作用体现了
阴、阳二气相继不已、感和无间的运动过程，"无一息之停"，不会有一刻的
停止。这一理解也体现在他对孔子"子在川上曰：逝者如斯夫"一语的解释
之中，"生生之谓易，无刻不生，则无刻不易；无刻不易，则无刻不逝，但
不可得而见，可见者无如川流"②，实则也在讲"易"为生生之"神"。换言
之，作为形而上的本体，"易"生生之理虽不可得见，惟有通过"真元之气"
化生的有象万物才能够明确地加以体认。

　　至于"易"之生生何以无穷这一关键问题，高攀龙在注释《乾》卦
时说：

　　　　夫乾，元亨利贞而已。终古一元亨利贞也，终岁一元亨利贞也，一
　　人一物一元亨利贞也。元亨利贞尽乎乾，尽乎《易》矣。故学《易》者，
　　当实见之，见之于天乎？未也；见之于人乎？未也。天人一物也，人之
　　一呼吸，天之一阖辟也，一元亨利贞也。此之谓天行，此之谓不息。③

传统易学一般将"乾"看作天道生生之内因，而把"坤"视为天道生生之结
果，所谓"乾成其始，坤成其终，无坤不成物也"④。"元亨利贞尽乎乾，尽

① （明）高攀龙撰，（明）陈龙正编：《会语》，《高子遗书》卷5，集部二三一别集类，《景印
　　文渊阁四库全书》第1292册，台湾商务印书馆1986年版，第417页。
② （明）高攀龙撰，（明）陈龙正编：《子在川上》，《高子遗书》卷4，集部二三一别集类，《景
　　印文渊阁四库全书》第1292册，台湾商务印书馆1986年版，第391页。
③ （明）高攀龙撰：《乾》，《周易易简说》卷1，经部二八易类，《景印文渊阁四库全书》第
　　34册，台湾商务印书馆1986年版，第69页。
④ （明）高攀龙撰，（明）陈龙正编：《乾坤说》，《高子遗书》卷3，集部二三一别集类，《景
　　印文渊阁四库全书》第1292册，台湾商务印书馆1986年版，第369页。

乎易矣"，高攀龙认为"乾"是由元开始，经历亨、利、贞等发展阶段的流转过程，而天地万物如是观，也必然经历元、亨、利、贞这样一个由始至终的发展过程。同时，他提出了"天人一物"的命题，把天之阖辟和人之呼吸放在同一层次上立论，并且强调天人都经历有元、亨、利、贞不同的发展阶段。在解释《乾》卦用九时，他说：

> 用九者，六爻皆九也。六爻皆九则六龙俱见矣，六龙俱见则六龙俱变而无首矣。易以首为终，无首者，无终穷也。天德又何终穷之有？此天下所以治，天则所以见。故曰："见群龙无首，吉。"①

"见群龙无首，吉"，无非是"无首"才能够"无终穷"，永未有穷期。天德无终穷而天下治，天道或自然的法则得以彰显，所以为"吉"。既然天之阖辟与人之呼吸相通，天人一物，那么天德无终穷，"人德"又何终穷之有？在高攀龙看来，"天德"即"易"生生不息化生万物之善德，万物所继承之善即"易"生生不息之善，天德无终穷，"易"之生生无停息，"真元之气"也就无停无息。

"真元之气"生生无穷，意味着"易"生生不息化育万物之善德，万物与元气一脉相通，所承继之"善"正是"易"生生之善德。"学者了悟在片时，修持在毕世"②，君子正要秉乎于此不断地践行天道。这样，高攀龙将"感""应"与人性之善恶建立起了某种内在的联系，为人的道德行为赋予天道本体的形上依据。他说：

> 天地间感应二者，循环无端，所云：定数莫逃者，皆应也；君子尽道其间者，皆感也。应是受命之事，感是造命之事，圣人祈天永命，皆造

---

① （明）高攀龙撰：《乾》，《周易易简说》卷1，经部二八易类，《景印文渊阁四库全书》第34册，台湾商务印书馆1986年版，第70页。

② （明）高攀龙撰，（明）陈龙正编：《乾坤说》，《高子遗书》卷3，集部二三一别集类，《景印文渊阁四库全书》第1292册，台湾商务印书馆1986年版，第369页。

命也。我觑命造，命觑我造，但知委顺，而不知尽道，非知命者也。①

　　天地间感应二者，如环无端，生人物之万殊，感应所以为鬼神，非有鬼神以司感应也。凡世人所受一饮一啄莫不前定，皆应也，命之不可易者也。凡世人所作一善一恶，各以类分，皆感也，命之自我造者也。惟即感为应，故即人为天，不然是有天命无人事。②

天地间有感有应，"感"重在造命之事，"应"属于受命之事，"易"乃无思无为、寂而不动、感而遂通之本体。所谓"易"之"感"，表现为君子要不断地精进，以体贴天道而践行天德，称之为"造命"；而具体到人事，便以圣人之行事作为衡量的准绳，圣人之行事可谓造命之事，能够"感而遂通天下"，所以君子惟有精进不已，尽道知命，才能恢复无思无为、寂而不动之易体。高攀龙注《乾》卦曰"终日乾乾，与时偕行。只一'时'字便见继之者善"③。"时"便是要君子与天命相契合，时刻精进不已，只有不断践行元、亨、利、贞四德，完善道德之志业，才可以称作"元、亨、利、贞"，方能达到"天人一物"的臻至境界，否则就会出现"有天命无人事"的窘困境地。

三、天地之先惟斯一气

　　在明代程朱理学式微而阳明心学崛起的背景之下，理学家们对"气"的探讨一般较为沉寂。及至晚明，为了救正王学末流空谈心性之流弊，对"气"的讨论呈现出逐渐增多的态势，许多儒者、士大夫坚持以"气"为本体，开始重视形气世界一"气"流行的气本论思想。当时坚持"以气为本"的学者主要有罗钦顺、王廷相、吴廷翰、吕坤、刘宗周等人。

---

① （明）高攀龙撰，（明）陈龙正编：《语》，《高子遗书》卷1，集部二三一别集类，《景印文渊阁四库全书》第1292册，台湾商务印书馆1986年版，第341页。

② （明）高攀龙撰，（明）陈龙正编：《重刻感应篇序》，《高子遗书》卷9上，集部二三一别集类，《景印文渊阁四库全书》第1292册，台湾商务印书馆1986年版，第561页。

③ （明）高攀龙撰，（明）陈龙正编：《语》，《高子遗书》卷1，集部二三一别集类，《景印文渊阁四库全书》第1292册，台湾商务印书馆1986年版，第340页。

如前所述，对于张载"太虚即气"①的思想，高攀龙有所批评又有所继承。在他看来，"天地之先，惟斯一气，万有大生，人为至贵，人生于寅，是谓厥初。有如婴儿至静而虚，其心之灵，以气之直上际下，蟠与天无极"②，"天地之先，惟斯一气"，"气"是宇宙化生万物之本源。在此基础上，高攀龙进一步提出，"气"不仅是世间万物之"源"，也是世间万物之"体"，可谓以"气"为天地间唯一实体。他说：

> 天地间浑然一气而已，张子所谓"虚空即气"是也。此是至虚至灵，有条有理的。以其至虚至灵，在人即为心；以其有条有理，在人即为性。澄之则清，便为理；淆之则浊，便为欲。③

高攀龙认为，"天地之先，惟斯一气"，"天地间浑然一气"，那么"气"作为宇宙万物化生之"本源"和万物之"本体"，也就具有了生成和本体两方面的意义；同时，"气"还具有两种属性：一曰虚灵，一曰条理，气之虚灵表现为人心，而气之条理则表现为人性。

虽然说高攀龙对张载"气"论思想有所继承发展，但张载更多的是强调"气"之条理这一方面，并不注重"气"之虚灵，而高攀龙则综合了理学与心学，把"气"和"心"看作是宇宙本体的两个方面，心之功用在于"其心之灵，以气之直上际下，蟠与天无极"，能够沟通形上与形下的世界。他说：

> 天地间充塞无间者，惟气而已。在天则为气，在人则为心。气之精灵为心，心之充塞为气，非有二也。心正则气清，气清则心正，亦

① （宋）张载著，章锡琛点校：《太和篇第一》，《正蒙》，《张载集》，中华书局1978年版，第8页。
② （明）高攀龙撰，（明）陈龙正编：《寅直说》，《高子遗书》卷3，集部二三一别集类，《景印文渊阁四库全书》第1292册，台湾商务印书馆1986年版，第367—368页。
③ （明）高攀龙撰，（明）陈龙正编：《牛山之木章》，《高子遗书》卷4，集部二三一别集类，《景印文渊阁四库全书》第1292册，台湾商务印书馆1986年版，第405页。

非有二也。①

> 亘古亘今，塞天塞地，只是一生机流行，所谓易也。②

既言"天地间充塞无间者，惟气"，又言"塞天塞地"只是一"易"而已。由此可知，不仅充塞于天地间的"气"与充塞于人身的"心"并非二物，其与"塞天塞地"之"易"也非二物，"气"即"心"，亦即"易"。

那么，"气"在宇宙万物生成过程中的作用如何？高攀龙在注解《损》卦（䷨）六三爻辞"三人行则损一人，一人行则得其友"③时，对此作出了如下理解：

> 天地之化，两而已矣。两者，生生之本。三则损其一，而一斯得其友。一人行者，以三则疑也。两所以为致，一也。④

天地万物皆由"两"而化生，"两者，生生之本"，于"气"而言，则是阴、阳。与此相联系，在注《周易·系辞上》"一阴一阳之谓道，继之者善也，成之者性也"⑤时，他说："一阴一阳之谓道也，一阴一阳相继不已者，善之流行也；一阴一阳生物而成形者，性之各正也。"⑥一阴一阳相继不已地化育流行，促使万物具形得性，"气"正是通过一阴一阳二气相摩相荡，生生不

---

① （明）高攀龙撰，（明）陈龙正编：《虽存乎仁者节》，《高子遗书》卷4，集部二三一别集类，《景印文渊阁四库全书》第1292册，台湾商务印书馆1986年版，第405页。

② （明）高攀龙撰，（明）陈龙正编：《语》，《高子遗书》卷1，集部二三一别集类，《景印文渊阁四库全书》第1292册，台湾商务印书馆1986年版，第340页。

③ （三国魏）王弼、（晋）韩康伯注，（唐）孔颖达等正义：《损》，《周易正义》卷4，（清）阮元校刻《十三经注疏》，台湾艺文印书馆2001年影印本，第95页。

④ （明）高攀龙撰：《损》，《周易易简说》卷2，经部二八易类，《景印文渊阁四库全书》第34册，台湾商务印书馆1986年版，第120页。

⑤ （三国魏）王弼、（晋）韩康伯注，（唐）孔颖达等正义：《系辞上》，《周易正义》卷7，（清）阮元校刻《十三经注疏》，台湾艺文印书馆2001年影印本，第148页。

⑥ （明）高攀龙撰：《系辞上》，《周易易简说》卷3，经部二八易类，《景印文渊阁四库全书》第34册，台湾商务印书馆1986年版，第152页。

息化生万物，阴、阳之气相继不已，才谓之"善之流行"。毕竟，在高攀龙看来，"夫易，阴阳而已矣"①，自然也就对一阴一阳创生万物的生生之德，赞誉为天道生生之善。

而且，高攀龙认为万物之生、死，也是阴、阳二气相摩相荡作用的体现。万物具形得性，则有生死；聚之则生，散之则死。"死生之说，易一阴一阳之说也"②，阴、阳是实然运行的气，也是万物得以资生的根本。很明显，高攀龙以阴、阳二气的聚散来说明太极之动静。他说：

> 其说太极而以死生之说终，何邪？死生之说在始终之故矣。若何原，若何反邪？为之研味者，累月一夕，梦有儒衣冠者，以为元公也。前而叩焉，公曰：夫一动一静者，天地之生死也；一死一生者，群生之动静也，此所谓易也。③

"易"通过阴、阳二气之动、静来创生万物，而"一动一静之间者"则主乎"动静"。阴、阳二气感和无间，便有浮沉、升降、聚散，一动一静便有天地昼夜代谢，群生在动静之间便有生、死，也就是所谓的"易"，所谓的"太极"。所以，动静是天地之生死，生死是群生之动静，生、死、动、静无不是通过"易"之阴阳二气相摩相荡而产生的。

在"天地之先惟斯一气"的理论基础上，高攀龙又提出了"浩然之气"说，将孟子的"浩然之气"与张载的"太虚即气"相提并论：

> 洋洋乎盈眸而是者，何物也？易也。子舆以"浩然"名气，先生以"太和"名易。浩然者，太和之充于四体；太和者，浩然之塞乎天

---

① （明）高攀龙撰：《系辞上》，《周易易简说》卷3，经部二八易类，《景印文渊阁四库全书》第34册，台湾商务印书馆1986年版，第152页。
② （明）高攀龙撰：《系辞上》，《周易易简说》卷3，经部二八易类，《景印文渊阁四库全书》第34册，台湾商务印书馆1986年版，第151页。
③ （明）高攀龙撰，（明）陈龙正编：《夕可说》，《高子遗书》卷3，集部二三一别集类，《景印文渊阁四库全书》第1292册，台湾商务印书馆1986年版，第371页。

地。匪是不为知道，不为见易，故曰：周公才美，智不足称。①

"浩然之气"不过言乎"太和之气"充于四体，而"太和之气"也只是言乎
"浩然之气"塞乎天地，气之命于天地为"太和"，气之命于人身为"浩然"，
"太和之气"与"浩然之气"并非二物，一阴一阳之道表现为易之生生无间
的过程，天道生生之善德即在这一阴一阳相互交感的无尽过程中彰显。由
此，高攀龙以一阴一阳感和无间的圆融状态来诠释张载《正蒙·太和篇》中
的"太和"概念，他说：

> 张子谓虚空即气，故指气以见虚，犹《易》指阴阳以谓道也。②
> 　　然何以谓之中，要知天地闲一太和之气而已，易曰：天地絪缊，此
> 所谓太和也，人之生也，得此以为生。既生也得此，以为心浑然在中，
> 通彻三极，情识未动，纯是此体③

高攀龙指出，"太和"是阴、阳二气相互交感时所呈现出的至高和谐状态，
《周易·系辞上》中所言"一阴一阳之谓道"，不是说阴、阳二气即为道，
阴、阳二气属于实然运行的气，而"道"实际上蕴含阴、阳二气絪缊、摩荡
自然相感之理，是作为形而上的本体存在的。张载以"太和"名"易"，以
"太和"之器名阴阳交感之"道"。"太和"即器即道，阴、阳二气浮沉、升
降、动静自然交感之理是其形上之道，阴、阳二气絪缊、交密之状则是其
形下之用。阴、阳二气交感化生的万物有象可见，因而形上之理正是通过有
象者来默识感知的。上述所论可以看出，高攀龙在很大程度上承继了程朱理

---

① （明）高攀龙撰，（明）陈龙正编：《圣贤论赞·横渠先生》，《高子遗书》卷3，集部二三
　　一别集类，《景印文渊阁四库全书》第1292册，台湾商务印书馆1986年版，第378页。
② （明）高攀龙撰，（明）陈龙正编：《与管东溟虞山精舍问答》，《高子遗书》卷3，集部二三
　　一别集类，《景印文渊阁四库全书》第1292册，台湾商务印书馆1986年版，第377页。
③ （明）高攀龙撰，（明）陈龙正编：《子贡问师与商也执贤章》，《高子遗书》卷4，集部二三
　　一别集类，《景印文渊阁四库全书》第1292册，台湾商务印书馆1986年版，第394页。

学的体用不离说，坚持形上的生生之理与形下的生生之气实则为一体两面。

　　这样看来，高攀龙所言"洋洋乎盈眸而是者，何物也？易也"中的"洋洋乎盈眸而是者"，正是"易"所创生的具体的形气世界，孟子称作"浩然"，张载视为"太和"，"太和"即器即道，命于人身为"浩然"。因此，"浩然之气"作为"太和"在人身的体现，也是即体即用的。他说：

　　　　明道先生曰：上天之载，无声无臭，其体则谓之易，一语便可见易。此体不可形状，孟子名之曰"浩然之气"，即易体也。①

"易"体是"无声无臭"的形上本体，而"易"体又是孟子名之的"浩然之气"。其实，"无声无臭"的形上本体和"不可名状"的"浩然之气"，不过是"易"体在形气世界和具体人身的不同称谓而已。天地化生万物的生生善德贯注于人身便展现为"浩然之气"，"浩然之气"属形气层面的道德之气，是其形下之用；而"此体不可形状"，亦可将"浩然之气"理解为气中之"道"，是其形上之本体。他说：

　　　　其为物不二，只是一个道理。惟其一所以生物不测，惟不测故神，所谓易也。故程夫子曰："其体则谓之易；其理则谓之道；其用则谓之神；其命于人，则谓之性；率性则谓之道；修道则谓之教。"孟子于其中又发挥出浩然之气来，可谓尽矣。《中庸》又说一个鬼神，以形容斯理之妙。②

"为物不二"表现为天道生生之理与天道生生之德，"生物不测"表现为天道化生万物之作用。传统儒家却认为"神"妙不可测，生生造化，变化多端，非常人能掌控把握。而"易"即体即用，既有化生万物之用，又内涵天道相

---

① （明）高攀龙撰，（明）陈龙正编：《语》，《高子遗书》卷1，集部二三一别集类，《景印文渊阁四库全书》第1292册，台湾商务印书馆1986年版，第341页。
② （明）高攀龙撰，（明）陈龙正编：《会语》，《高子遗书》卷5，集部二三一别集类，《景印文渊阁四库全书》第1292册，台湾商务印书馆1986年版，第416页。

继不已化育流行之善德。所以，在高攀龙看来，这种善德"命于人则谓之性"，也就是孟子所理解的"浩然之气"。

那么，"浩然之气"的本质又是什么，高攀龙也作出了较为深入的探讨。"客问高子曰：何谓浩然之气？高子曰：性也。曰：性也，安得谓之气？曰：养成之性也，性者，生理也。"[1]"浩然之气"被诠解为性，因为气之虚灵在人为心，气之条理在人为性，又提到"性者，生理也"，由此可以推断，气之条理意即"生理"，也就是天道化育流行之理，这一"生理"命于人身为性，便为"浩然之气"。值得注意的是，高攀龙将"浩然之气"视为"易"体，因此"易"体也就具有了性的特质和"生理"的内涵。如前所述，"气"充塞天地，"易"也塞天塞地，"气"命于人身为心、为性。可以说，在高攀龙的易学体系里"易"具有理与气、心与性相统一的性质。

四、此心体便是易

"性善"论可谓高攀龙学术思想的理论基石。通过诠解《周易》，高攀龙严格区分了心与性，把心之性体作为天地万物化育流行之万物本源和形上本体，将儒家的纲常伦理高度哲理化，从而使儒家伦理道德具有了本体化的形态。在他看来，既然性之善体为主体之外的更高本体所赋予，那么学问工夫不能仅仅止步于自身主体之心，而应该由心入性，借此体认天理，复归人性之善德。

高攀龙以"无声无臭"之形上本体为易体，又以孟子提出的"浩然之气"为易体，他的人性本然之善根源于天道生生之善德。因此，所谓的"善"在很大程度上就具有了一定的超验性，有"善"方有"性"，性具于心，为心所寓含。在《周易易简说》原序中，高攀龙直指易为"吾心"，把易体、心体通贯为一，进而认为形上之易体虽不可见，但易体之实质仍可见之于"吾心"。他说：

---

[1] （明）高攀龙撰，（明）陈龙正编：《三勿居说》，《高子遗书》卷3，集部二三一别集类，《景印文渊阁四库全书》第1292册，台湾商务印书馆1986年版，第370页。

> 易即人心。今人有以《易》书为易，有以卦爻为易，有以天地法象为易，皆易也。然与自家身心不相干，所以书自书，卦自卦，天地自天地也。要知此心体便是易，此心变易从道者，便是易之用。①

卦爻、天地法象虽皆为易，但此"易"与人之身心不相干涉。易体不可见，卦爻和天地法象又毫不相涉，那么如何见"易"？在高攀龙看来，"易即人心"，"此心体便是易"，"易"参赞天地化育，直接作用于人之心；"易"之参赞天地生生不息之善德内化为人心之善体，天地造物生生无穷之心，始终与君子"终日乾乾、与时偕行"的从道之心相契合。

《周易·系辞上》有言："子曰：'易，其至矣乎！夫易，圣人所以崇德而广业也。知崇礼卑，崇效天，卑法地，天地设位，而易行乎其中矣。成性存存，道义之门。'"② 对于此章，高攀龙作了如下阐发：

> 圣人之德业尽之于易矣。上达之知，如天之崇；下学之礼，如地之卑。知礼成性而道义出，犹之乎天地设位而易行也。成性者，性本成，必知礼以为德业，则本成之性存存不息而所发者，皆道义矣。万物统体一天地，知礼自成一天地，人心之易与天地之易始配合无间，故曰人心即易，而未易言也。③

按照他的理解，圣人以"知礼"为"德业"，君子知礼而德业成，圣人之心"纯乎易"，圣人之德业必然会"尽之于易"；人道效法天道，人之知礼分别效法天地之崇卑，惟有这样才可成性，而"本成之性"如同天地化生万物之

---

① （明）高攀龙撰，（明）陈龙正编：《会语》，《高子遗书》卷5，集部二三一别集类，《景印文渊阁四库全书》第1292册，台湾商务印书馆1986年版，第417页。

② （三国魏）王弼、（晋）韩康伯注，（唐）孔颖达等正义：《系辞上》，《周易正义》卷7，（清）阮元校刻《十三经注疏》，台湾艺文印书馆2001年影印本，第150页。

③ （明）高攀龙撰：《系辞上》，《周易易简说》卷3，经部二八易类，《景印文渊阁四库全书》第34册，台湾商务印书馆1986年版，第153页。

生生不息，也将存存不息；"万物统体一天地"即天地之易，"知礼自成一天地"即人心之易，人心知礼成性而存存不息，性之"已发"皆有"道义"行于其中，如此才可以说"人心之易与天地之易始配合无间"。

不仅如此，高攀龙还认为圣人之德不仅效法天地之易，还应效法天行之象。他说：

> 易者，象也。乾者，天行之象也。君子自强不息则乾之像也，以者，非法其如此，而如此之谓也。六十四卦，一易而已，生道者，一易而已，天得之为天，地得之为地，人得之为人，皆此也。以此自强不息则谓之乾，以此厚德载物则谓之坤，非此则更有何者而可以自强不息厚德载物乎？故易者，象三才之为一像也。①

这里，高攀龙以象解《易》，强调圣人之德业是效法天行之象的结果。《乾》卦揭示了天行之象，"以者，非法其如此，而如此之谓"，恰好说明君子自强不息正是《乾》卦天行之象贯注于人身的体现。由于君子知礼如同天崇地卑，自强不息如同天道生生不息，人之心体如同"易"体生生之道，高攀龙最终得出了"人心即易"的结论。

值得注意的是，高攀龙以心言易，心之体用便是"易"之体用，但他所说的"心"同王阳明所说的"心"有着些许区别。王阳明主张是非的标准在"吾心"而不在圣人，如果"求之于心而非"，就算是孔子之言也不敢以为是；如果"求之于心而是"，就算是庸常之言亦不敢以为非。王阳明此论无非是以"心"的权威取代圣人的权威，其有言：

> 身之主宰便是心，心之所发便是意，意之本体便是知，意之所在便是物。如意在于事亲，即事亲便是一物；意在于事君，即事君便是一

---

① （明）高攀龙撰，（明）陈龙正编：《三勿居说》，《高子遗书》卷 3，集部二三一别集类，《景印文渊阁四库全书》第 1292 册，台湾商务印书馆 1986 年版，第 370 页。

物；意在于仁民爱物，即仁民爱物便是一物；意在于视听言动，即视听言动便是一物。所以某说无心外之理，无心外之物。①

王阳明以"意"释心，推"吾心"于事事物物，说无心外之理、心外之物。然而，高攀龙论"心"与之恰恰相反。他说：

> 心之仁，如目之明，耳之聪。目本明，耳本聪，心本仁，本体也；明者还其明，聪者还其聪，仁者还其仁，工夫也。②
>
> 何以谓心？本仁。仁者，生生之谓。天只是一个"生"，故仁即天也。天在人身为心，故本心为仁，其不仁者，心蔽于私，非其本然也。③

显然，高攀龙导启的是由外至内的问学理路，其论"心"与王阳明截然不同。他认为"心"之本体是"仁"，"仁"就是生生，这也印证了前文所言的"此心体便是易"。既然易即心体，心体即仁，仁即生生，"生生"之善在天为"易"，在人身为心为仁。所以，"易"之参赞天地生生不息之善德贯通人身，才为心体之"仁"，毕竟"仁"根源承继天道之善。可以说，王阳明问学或可理解为"放"，高攀龙问学或可理解为"收"，二人各自采取了完全相反的学术进路。

"易即人心"，高攀龙一方面认为"易"普天匝地充塞无间，充斥于世间天地万物，弥纶于万事万象，随时随处都是"易"之体现；另一方面，他又指出"心"是有易之心与非易之心的区别：

---

① （明）王守仁撰，吴光等编校：《传习录上》，《王阳明全集》卷1，上海古籍出版社2011年版，第6—7页。
② （明）高攀龙撰，（明）陈龙正编：《语》，《高子遗书》卷1，集部二三一别集类，《景印文渊阁四库全书》第1292册，台湾商务印书馆1986年版，第336页。
③ （明）高攀龙撰，（明）陈龙正编：《语》，《高子遗书》卷1，集部二三一别集类，《景印文渊阁四库全书》第1292册，台湾商务印书馆1986年版，第336页。

> 天下有非易之心，而无非心之易，是故贵于学，学也者，知非易
> 则非心，非心则非易也。易则吉，非易则凶、悔、吝。①

因为人之善性与天道生生之理没有分别，所以天下只有"非易之心"，而无
"非心之易"，从中也不难发现高攀龙的"非易之心"与朱熹心性论的渊源关
系。我们知道，朱熹对张载提出的"心统性情"说有所发挥，"性是体，情
是用，性情皆出于心，故心能统之，统如统兵之统，言有以主之也"②，指出
心是统贯性情的枢纽，心与性不离亦不杂，性乃本然之善，是形而上的，心
乃气之虚灵，则是形而下的。受此影响，高攀龙认为"易之心"与"非易之
心"的区分，根本在于心能否依循性理而践行天德。也就是说，心如果能在
知行上契合乾坤易简，"易"生生之理能够通贯天人，天人合德则吉；心如
果不契合天理天德，一味放纵"非易之心"妄行，悖反乾坤易简的生生之
理，难免最终招致凶、悔、吝的结果。

究竟何为"易之心"，何为"非易之心"，高攀龙禀于《周易·系辞上》
的经典论述，"易，无思也，无为也，寂然不动，感而遂通天下之故"③，指
出易即心体，"易"乃无思无为之本体，"心"也应该是无思无为之本体，
他说：

> 易，心体也，无思无为。人以妄思妄为失之，故夫思也者，思其
> 无思者也；为也者，为其无为者也。思则得之之谓思其无思；行所无事
> 之谓为其无为。④

---

① （明）高攀龙撰：《原序》，《周易易简说》卷 1，经部二八易类，《景印文渊阁四库全书》
第 34 册，台湾商务印书馆 1986 年版，第 68 页。
② （宋）黎靖德编，王星贤点校：《张子之书一》，《朱子语类》卷 98，中华书局 1986 年版，
第 2513 页。
③ （三国魏）王弼、（晋）韩康伯注，（唐）孔颖达等正义：《系辞上》，《周易正义》卷 7，（清）
阮元校刻《十三经注疏》，台湾艺文印书馆 2001 年影印本，第 154 页。
④ （明）高攀龙撰，（明）陈龙正编：《语》，《高子遗书》卷 1，集部二三一别集类，《景印文
渊阁四库全书》第 1292 册，台湾商务印书馆 1986 年版，第 341 页。

高攀龙将心体视作无思无为、"寂而不动"的形上本体，既然无思无为属于"易之心"的范畴，那么妄思妄为则归入"非易之心"。应该讲，这一理解与朱熹的"心统性情"说有差异。朱熹认为心兼体用，心之体为性，心之用为情，但这并不意味着心就是本体，心和性能够完全等同混为一谈，也不能把心之体说成是宇宙的本体。可见，朱熹是明确地反对心乃宇宙本体这一思想的。高攀龙则把心、性统一起来论证，前面说"易"之体便是心，"易"之用为"此心变易以从道"。在他看来，"易"即体即用，心也同样体用不离。心即仁，仁是生生之谓，心与性一样，具有形上本体的重要地位。如果把"非易之心"转变为"易之心"，就要"以易洗心"，他说：

> 须知易方是心，心未必是易，到得憧憧往来之心，变成寂然不动之心，浑是易矣！岂不是以易洗心。①

在高攀龙看来，"憧憧往来之心"为"非易之心"，"寂然不动之心"为"易之心"，由"憧憧往来之心"变为"寂然不动之心"，达到"浑身是易"的境地，才可以称作"以易洗心"。"以易洗心"意在强调，心体在应然的道德要求下本具性理，以"易"之道德洗练心体，不过是恢复心体本然之善，因为这种生生之善是心体本然具有的；人生最初之时，心与易为一，易与心浑然一体，并非二物，"浑身是易"才可称为"以易洗心"。不仅如此，高攀龙还认为圣人浑身是易，"六十四卦大象皆曰以圣人浑身是易也，以此洗心，以此斋戒，原来非此，不为洗心，不为斋戒"②，"易言天地即是言圣人，言圣人即是言人心"③，圣人之心即是"易"，心、易应为一体。需要注意的是，高攀龙所说的"以易洗心"，并非是恢复性本然之善这样一个过程，而是指

---

① （明）高攀龙撰，（明）陈龙正编：《会语》，《高子遗书》卷 5，集部二三一别集类，《景印文渊阁四库全书》第 1292 册，台湾商务印书馆 1986 年版，第 417—418 页。

② （明）高攀龙撰，（明）陈龙正编：《语》，《高子遗书》卷 1，集部二三一别集类，《景印文渊阁四库全书》第 1292 册，台湾商务印书馆 1986 年版，第 340 页。

③ （明）高攀龙撰，（明）陈龙正编：《语》，《高子遗书》卷 1，集部二三一别集类，《景印文渊阁四库全书》第 1292 册，台湾商务印书馆 1986 年版，第 340 页。

"浑身是易"这种本然的状态。

除了提出"以易洗心""圣人浑身是易"之外，高攀龙又提出了"洗心退藏于密"，以此揭示洗心与人性之间的关联。《周易·系辞上》有言："是故蓍之德圆而神，卦之德方以知；六爻之义易以贡。圣人以此洗心，退藏于密，吉凶与民同患。"①蓍之"圆而神"、卦之"方以知"、爻之"易以贡"本指"易"在人伦日用中随机流行而无所曲隐，一卦六爻的意义在于以其变化来警示吉凶隐患。在高攀龙看来，朱熹《周易本义》所说的"易以贡，谓变易以告人"②，可以理解为"显"的层面，而人伦日用中可见的吉、凶、悔、吝，内在地隐含着不易之天理，则是"密"之所在。"退藏于密"是将显发的吉、凶、悔、吝归摄于"密"之性中。相较而言，高攀龙较为认可程颢的看法，"明道又曰：安有识得易后不知退藏于密，密是用之源，圣人之妙处，又曰：形而上者，乃密也，发密义无蕴矣。"③因为"密"是指形上本体，形上本体之不可见性，所以称之为"密"，"圣人之妙处"是说圣人"浑身是易"，"易"之体幽密而不可显发，但其体是"易"用之源泉，否则不可谓"识易"，不可谓"洗心"。

五、易之生生凝聚成性

同大多数宋明儒者的思想进路一致，高攀龙也主张心性来自于天理，天理与天然生生之"善"理有着内在的一致，将天理贯注于人身则体现为人性之"善"。对于心与性、情之间的关系，朱熹曾有如下理解："心是神明之舍，为一身之主宰。性便是许多道理，得之于天而具于心者。发于智识念虑处，皆是情，故曰心统性情也。"④朱熹强调心之体为性，心之用为情，他

---

① （三国魏）王弼、（晋）韩康伯注，（唐）孔颖达等正义：《系辞上》，《周易正义》卷7，（清）阮元校刻《十三经注疏》，台湾艺文印书馆2001年影印本，第155—156页。
② （宋）朱熹撰，廖名春点校：《周易本义》，中华书局2009年版，第239页。
③ （明）高攀龙撰，（明）陈龙正编：《语》，《高子遗书》卷1，集部二三一别集类，《景印文渊阁四库全书》第1292册，台湾商务印书馆1986年版，第341页。
④ （宋）黎靖德编，王星贤点校：《张子之书一》，《朱子语类》卷98，中华书局1986年版，第2514页。

以《中庸》的"喜怒哀乐之未发，谓之中；发而皆中节，谓之和"① 来阐释性、情，喜怒哀乐之未发为性，喜怒哀乐之已发为情，所谓心之体用，是以"用"显"体"，以"情"现"性"，"此言性情之德，以明道不可离之意"②。

受朱熹"心统性情"思想之沾溉，高攀龙在论证心、性之关系时，倾向于把性看作是心之体，他说：

> 心之与性，谓之一则不可混，谓之二又不可分。心之用可言，心之体不可言。性者，心之体也。可言者，仁、义、礼、智耳，仁、义、礼、智之可言者，恻隐羞恶辞让是非耳，皆心之用也。③

与朱熹不同的是，高攀龙以仁、义、礼、智之四德来阐释心之用，认为恻隐、羞恶、辞让、是非也是"善"的具体表现形式。在他看来，作为心之本体与心之表现的"善"，不仅具有形而上的本体地位，也是人之所以有"性"的根本。因此，他说："善即生生之易也。有善而后有性，学者不明善，故不知性也。"④ 通过直言"善即生生之易"，高攀龙倡导天道性命相贯通的"善"就是"生生之易"，有善而后有性，为学当明善以知性。对此，有学者评价道："天道生生不息的生化万物，是《易》所谓天道之善。人能善体天道生生之善而思自觉地承继生生之德贯注人力于以人文化成天下，这是人道之善。对《易》而言，天人合生生之德，天人一本，能尽心的灵觉之知，则可悟天人性命相贯通乃人性之善的大根大源。"⑤ 这样看来，高攀龙所谓的"性"，以承继"易"生生之善德，且赋命于人身为理论内涵，在天道性命相贯通的大

---

① （汉）郑玄注，（唐）孔颖达等正义：《中庸第三十一》，《礼记正义》卷512，（清）阮元校刻《十三经注疏》，台湾艺文印书馆2001年影印本，第879页。
② （宋）朱熹撰：《中庸章句》，《四书章句集注》，中华书局1983年版，第18页。
③ （明）高攀龙撰，（明）陈龙正编：《心性说》，《高子遗书》卷3，集部二三一别集类，《景印文渊阁四库全书》第1292册，台湾商务印书馆1986年版，第364—365页。
④ （明）高攀龙撰，（明）陈龙正编：《答少墟二》，《高子遗书》卷8上，集部二三一别集类，《景印文渊阁四库全书》第1292册，台湾商务印书馆1986年版，第477页。
⑤ 曾春海：《顾宪成、高攀龙的心性论及其教育理念》，《哲学与文化》2003年第10期。

前提下，"易"之善德贯注为人的善德，"性"才得以真正地成为"性"。

高攀龙"有善而后有性"的论断，可以说是对《周易·系辞上》"继之者善，成之者性"的继承与阐发，但这其中也不能忽略程颢的影响。北宋诸儒中，尤以程颢论"性"的学说富有特色。《二程遗书》卷1记载了程颢论"性"的一段文字："'生之谓性'，性即气，气即性，生之谓也。"[1]"生之谓性"的命题最初是由告子提出的，程颢认为"性即气，气即性，生之谓"应当从气禀处论性，这与告子所论似乎区别不大，但对"性"的如此诠释和理解却与正统儒家的旨趣大相径庭，因为《中庸》开篇即言"天命谓之性"[2]。通过将"生之谓性"与"一阴一阳之谓道"相类比，高攀龙推动、深化了对"生之谓性"这一问题的认识，他说：

> 仁、义、礼、智，人与物一也。形气异，是以有偏全明晦之异，故曰：论性不论气，不备；论气不论性，不明。理之与气二之，固不是；便认气为理，又不可。告子"生之谓性"语未尝差。"生之谓性"与"一阴一阳之谓道"何异也？然圣人不谓阴阳便是道，故又曰："形而上者谓之道，形而下者谓之器。"形只是这个，须是截得上下分明，告子不知此故，认气为道也。鄙见如此，先生以为何如？愚谓：形而上者即是一阴一阳，一阴一阳原不指阴阳也。[3]

阴、阳并非形而上之道，一阴一阳两气交感之理才可谓之道，意即阴、阳两气是形下之器，一阴一阳相感而无间之理是形上之道。告子所说"生之谓性"以形下之气禀于人身便为性，如此一来则把理、气混为一谈。在高攀龙

---

① （宋）程颢、程颐著，王孝鱼点校：《端伯传师说》，《河南程氏遗书》卷1，《二程集》，中华书局2004年版，第10页。

② （汉）郑玄注，（唐）孔颖达等正义：《中庸第三十一》，《礼记正义》卷52，（清）阮元校刻《十三经注疏》，台湾艺文印书馆2001年影印本，第879页。

③ （明）高攀龙撰，（明）陈龙正编：《答泾阳先生之谓性》，《高子遗书》卷8上，集部二三一别集类，《景印文渊阁四库全书》第1292册，台湾商务印书馆1986年版，第470页。

看来，"生之谓性"是指形而上的生生之理命于人身才为性，而非指形而下的气禀之性。进而，他又以"中庸"论证性之义涵，"中庸者，何也？人之性也。性者，何也？天之命也。在大化上说谓之天，在人身上说谓之性，性即天也，若天命之者然"①，由此认为"中庸"即性，即天命。这样，高攀龙将"生之谓性"建立在"天命之谓性"的基础上，"生之谓性"也就是"天命之性"生生不息地具体流转而已。

因为人禀天理、元气而生，生而有心、有性，气之虚灵在人为心，气之条理在人为性，心与性都是禀气而生。所以，论"性"必须要涉及"气"，只有一阴一阳交感凝聚，万物才得以化生。正是从这一层意义上，高攀龙将气、心、性三者联系到一起，得出了"气也，心也，性也，一也"②的结论。人与物所禀受的气由于有清浊、厚薄、偏全、明晦之差异，也就会造成形体之万殊差异，他说：

> 在天为命，在人物为性，一也。然以命言，则万物一原；以性言，则有禀受之不同。故人得之而为人之性，犬牛得之为犬牛之性，非性异也，形既异则气为形拘，有不得不异者。所谓才说性时，便已不是性者。谓落在形气中也，仁义礼智，人与物一也。形气异，是以有偏全、明晦之异，故曰："论性不论气，不备；论气不论性，不明"。③

同时，高攀龙化用朱熹"理一分殊"的思想进一步充实其"性"论的内涵：

> 同是一个命，理一分殊。一者，千万人千万世是一个；殊者，一人

---

① （明）高攀龙撰，（明）陈龙正编：《天命之谓性章》，《高子遗书》卷4，集部二三一别集类，《景印文渊阁四库全书》第1292册，台湾商务印书馆1986年版，第398页。

② （明）高攀龙撰，（明）陈龙正编：《气心性说》，《高子遗书》卷3，集部二三一别集类，《景印文渊阁四库全书》第1292册，台湾商务印书馆1986年版，第365页。

③ （明）高攀龙撰，（明）陈龙正编：《答泾阳先生之谓性》，《高子遗书》卷8上，集部二三一别集类，《景印文渊阁四库全书》第1292册，台湾商务印书馆1986年版，469—470页。

是一个。一者，心性也；殊者，寿夭贫富贵贱之类是也。一者，虽命于天，把柄却属之于我；殊者，虽受于我，把柄却属之于天。①

朱熹的"理一分殊"将天地万物之本体、本性理解为一个"一"，"一"为太极，每一事物无不禀受宇宙本体即太极的性理，虽然每一事物其中所具的性理与太极相同，但并不分有太极的一部分，因为事物之中的太极是其自身具有的太极，"盖体统是一太极，然又一物各具一太极"②。

受此启发，高攀龙将"理"之分殊理解为"性"之分殊，虽然人之性与犬牛之性有根本的差异，但这种差异只是所禀受的形气之差异，是"分殊"而已，而人与犬牛之所以成性的那个"理一"即心性，却是相同的。既然天命之性通过"易"之生生昭示出来，"天地之大德曰生"意为"易"之生生的形上本体，即是"善"，这一善德命于人身为性。那么，性也应该具有"易"之造命化生万物之善德。可接下来的问题，性何以有善、恶之分？他说：

形而后有气质之性者，人自受形以后，天地之性已为气质之性矣。非天地之性之外复有气质之性也；善反之，则气质之性即为天地之性，非气质之性之外复有天地之性也。故曰：二之则不是。③

高攀龙强调"才说性时，便已不是性者，谓落在形气中也"，把日常所论之性称为形气之性，并非是形而上的性体，虽然这种形气之性内在蕴含着性之善体，但因为气禀的差异，便已不是本然之性。在此基础上，高攀龙又

---

① （明）高攀龙撰，（明）陈龙正编：《尽其心者三章》，《高子遗书》卷4，集部二三一别集类，《景印文渊阁四库全书》第1292册，台湾商务印书馆1986年版，第407页。

② （宋）黎靖德编，王星贤点校：《周子之书·通书》，《朱子语类》卷94，中华书局1986年版，第2409页。

③ （明）高攀龙撰，（明）陈龙正编：《语》，《高子遗书》卷1，集部二三一别集类，《景印文渊阁四库全书》第1292册，台湾商务印书馆1986年版，第341。

引申发挥了张载的"天地之性"和"气质之性",认为"天地之性"纯粹至善,"气质之性"则有善有恶。

性、气为一,人禀气而生后有性,天地之性落于具体的形气之人中,则为气质之性。这一气质之性就是前述的"已不是性者",但这种气质之性的内在根基仍是天地之性,内在蕴含着天地之性。所以,高攀龙说"非天地之性之外复有气质之性","非气质之性之外复有天地之性",天地之性与气质之性是一而二,二而一的。这种"说性时,便已不是性者"的思想,在很大程度上受到了程颢的影响,程颢的"才说性时,已不是性也"①强调的是人只有在禀元气而生后,才能谈论人之性,而这种既生之性实则高攀龙所指的"落在形气中"之性,意即天地之性与气质之性是只此一性,原无二性。

"气质之性"有善有恶,如何将"气质之性"复归为纯粹至善的"天地之性"?高攀龙给出的路径是"善反之"。虽然"善反之"汲取了孟子的"性善"论思想,但高攀龙的论域与孟子的论域有着明显的不同。孟子认为人生而有恻隐、羞恶、辞让、是非四心,这"四心"只是仁、义、礼、智四德之"善端",意即人性具有"善"的萌芽;高攀龙则认为人本然之性具有一种现成的、完备的、圆满的善。孟子所说的"善端"需要不断地修养培育才能成为真正的善,高攀龙所说的"善"只需要回复本然之性即可。所以,高攀龙主张"原人之始,而知其始于易;反人之终,而知其终于易"②,"性"既然来源于"易"生生之德,那么人体悟天道生生之善,承续天道生生之德,自然能够回归这种本然、现成、完备、圆满之善。

高攀龙视现成、完备、圆满的本然之性为天地之性,那么,君子修身养性必然要把气质之性回复到天地之性的本然之善。在此基础上,他提出了"复性"说。我们知道,中国儒学史上最早重视"复性"问题的应为李翱,他的主要著作《复性书》三篇着重探讨了"复性之方","或问曰:'人之昏

① (宋)程颢、程颐著,王孝鱼点校:《端伯传师说》,《河南程氏遗书》卷1,《二程集》,中华书局 2004 年版,第 10 页。

② (明)高攀龙撰:《系辞上》,《周易易简说》卷3,经部二八易类,《景印文渊阁四库全书》第 34 册,台湾商务印书馆 1986 年版,第 151 页。

也久矣，将复其性者必有渐也，敢问其方？'曰：'弗虑弗思，情则不生，情
既不生，乃为正思。正思者，无虑无思也。'"① 李翱将"弗虑弗思"看作是
"复性之方"，并把这一原则贯彻到动、静不同的状态中去，"静时不思不虑，
他称为斋戒其心；动时不思不虑，他称为至诚无为。"② 李翱的"复性说"虽
然或隐或显地受到了佛学的影响，却与韩愈提出的"道统说"一道开启了宋
明理学之先河，因而在儒学史上占有相当重要的地位。与李翱主张的"复
性"路径不同，高攀龙倡导"复性"的唯一路径在于为学，他说：

> 天地之性非学不复，故曰：学以变化气质为主。或疑天地之性、气
> 质之性不可分性为二者，非也。论性于成形之后，犹论水于净垢器中，
> 道着"性"字，只是此性；道着"水"字，只是此水，岂有二邪？或又
> 疑性自性，气质自气质，不可混而一之者，亦非也。天地之道，为物
> 不二，故性即是气，气即成质。③

以水喻性，水之洁净如同性之本善，然而水盛于净器则清，盛于垢器则浊，
如同本然之性落于形气之身中，气质之性有善有恶，善、不善是气质而非
性。所以，高攀龙强调为学"以变化气质为主"，即澄清气质之性使之复归
为天地之性。

如果气质之性涵盖了天地之性，那么变化气质的要着，就是去除气质
之性中的恶与不善，恢复天地之性的本然之善。对此，高攀龙说：

> 善者，性也；性者，人生而静是也。人生而静时，胸中何曾有一物
> 来？其营营扰扰者，皆有知识以后日添出来，非其本然也。既是添来，

---

① (唐)李翱撰：《复性书中》，《李文公集》卷2，集部，《景印文渊阁四库全书》第1078册，
台湾商务印书馆1986年版，第108页。
② 陈来：《宋明理学》，华东师范大学出版社2004年版，第26页。
③ (明)高攀龙撰，(明)陈龙正编：《气质说》，《高子遗书》卷3，集部二三一别集类，《景
印文渊阁四库全书》第1292册，台湾商务印书馆1986年版，第367页。

今宜减去，减之又减，以至于减无可减，方始是性，方始是善。①

"人生而静"即性之本然状态，胸中无一物，也就是无思无为、"寂然不动"之状态。而这种本然状态在接受知识之后往往会遭到干扰破坏，因此要不断做"减"的工夫。高攀龙所说的"减"较为接近老子所说的"损"，"为学日益，为道日损，损之又损，以至于无为"②。老子虽然不曾直言性善，但十分推崇初生赤子之性，"含德之厚，比于赤子""精之至也，终日号而不嗄"③。因为赤子之性是绝对完善的，所以老子反复要求人们恢复这种赤子状态。高攀龙似乎受到这一思想的影响，也多次赞美初生赤子之原来本色，以这种原来本色阐释性善的内涵，并认为后天的"造作"会破坏这种本色。例如，他在诠释《比》卦（䷇）初六时说："易重初，初者，未变之心也。故曰：有孚。"④将爻位同天德结合起来，对其心性之说加以论证，指出正是由于其爻居初位，故"有孚"，初为未变之心，即初生赤子之原来本色。

不仅如此，高攀龙还以《剥》（䷖）、《复》（䷗）两卦来阐扬其"复性说"。在注解《剥》卦时，他强调了达成"复性"的艰难过程和刻苦工夫：

> 剥者，剥落，剥而后复。人自孩提，终日要长要短，到长大，便要名利，要货色，种种胶固无出头处。而今吾辈学问，正要逐渐剥去，使之剥尽，始有复机，然须一番苦工夫，至九死一生中透出，方得力。⑤

---

① （明）高攀龙撰，（明）陈龙正编：《为善说》，《高子遗书》卷3，集部二三一别集类，《景印文渊阁四库全书》第1292册，台湾商务印书馆1986年版，第361—362页。

② （三国魏）王弼注，楼宇烈校释：《老子道德经注校释》上篇第48章，中华书局2016年版，第127—128页。

③ （三国魏）王弼注，楼宇烈校释：《老子道德经注校释》上篇第55章，中华书局2016年版，第145页。

④ （明）高攀龙撰：《比》，《周易易简说》卷1，经部二八易类，《景印文渊阁四库全书》第34册，台湾商务印书馆1986年版，第82页。

⑤ （明）高攀龙撰，（明）陈龙正编：《会语》，《高子遗书》卷5，集部二三一别集类，《景印文渊阁四库全书》第1292册，台湾商务印书馆1986年版，第414页。

"剥尽"意为"减之又减,以至于",《剥》卦之六爻可视为去除"名利""货色"的一个完整的流程。"减之又减""减无可减",才能恢复其初生之本色,惟有剥尽气质之性,方可复归天地之性。在注解《复》卦时,高攀龙强调"复"实则是"复性":

> 刚反而复,复则亨矣。出者,刚之长,入者,刚之反。出入无疾,一阳动而顺也。朋来无咎,五阴顺而来也。六反为一,七日来复也。天行,原其始也。刚长,要其终也。天地生物之心无一息间断,于复而见矣。①
>
> 复者,复其情之未发,即性也。远则祗于悔矣,故不远之复,不祗悔而元吉。②

也就是说,天地生物之心恰恰是天德的诏示,天道生生相继不已,无一息间断,为天道之善德;天道生生之德在《复》卦中得以呈现,因此《复》卦落实到人道层面,即是"复其性"。复其根源于天道好生善德的人性生生之德,这可谓高攀龙"复性说"的主要内涵。

六、"思出其位"的东林讲《易》

万历三十二年(1604),高攀龙与顾宪成重建东林书院。这一年高攀龙辞官已有九载,东林学派中诸多学者亦是被朝中奸佞迫害排挤而纷纷引退。对于当时王朝政治面临的危局,高攀龙身处其中,有着切实的感受,在注解《周易》时自然会将他对时局的思考融入其中。"君子进而用世,退而自藏,必以其汇。"③君子不为世所用时,退而藏之,高攀龙以"拔茅茹,以其汇"

---

① (明)高攀龙撰:《复》,《周易易简说》卷 1,经部二八易类,《景印文渊阁四库全书》第 34 册,台湾商务印书馆 1986 年版,第 100 页。

② (明)高攀龙撰:《复》,《周易易简说》卷 1,经部二八易类,《景印文渊阁四库全书》第 34 册,台湾商务印书馆 1986 年版,第 100 页。

③ (明)高攀龙撰:《泰》,《周易易简说》卷 1,经部二八易类,《景印文渊阁四库全书》第 34 册,台湾商务印书馆 1986 年版,第 85 页。

的爻辞自况，这一注解恰是他当时所处情境的真实写照。重建书院之后，以顾、高为首的东林学派宗奉朱学，"言学不畔洛闽，不忍曲学以阿世"①，著书讲学与研读经史并重，针对王学末流的空疏支离、引禅入儒的浮华学风进行了批判。东林学派提倡的旨在经邦济世的务实之学，开启了明清实学之端绪。

不列庙堂之上，退居东林书院。此时，高攀龙除了讲学之外，评论朝政往往充满了对社会政治安危的恳切关怀，表现出了难得的赤心热肠，这在注释《周易》时也多有所展现。例如，《周易》之《解》卦（䷧），象征着舒缓险难，其《象》曰："雷雨作，解。君子以赦过宥罪。"② 在阐释《解》卦时，他说，"解天下之难者，去天下之小人而已。去天下之小人，以中直之道而已"③，"君子相维则有解矣，未有君子之维不固而小人退者，未有小人在位而君子有解者"④。在高攀龙看来，天下大治的症结在于小人附和雷同，结党营私；历代皆有以朋党亡国的，而避免朋党亡国的关键则在于君主能够巩固纲维法度，辨明君子之党和小人之党，从而进君子、退小人。身在草野却忧心国事，高攀龙确实是接续了儒者士人忧国忧民之传统。对此，清末学人朱一新评论道：

> 东林讲徒盛于东南，厥后徇国难为逸民者亦惟东南最盛。盖耳濡目染使然，非东南人性独善也。由此言之，讲学何负人国？东林声气太盛，遥执朝政，昧于"壮""阀""用晦"之戒，亦非"思不出位"之义，后人当以为殷鉴。若其身在江湖，心存魏阙，非独君臣之义当尔，

①　（明）高攀龙撰，（明）陈龙正编：《东林志序》，《高子遗书》卷9上，集部二三一别集类，《景印文渊阁四库全书》第1292册，台湾商务印书馆1986年版，第559页。

②　（三国魏）王弼、（晋）韩康伯注，（唐）孔颖达等正义：《解·象》，《周易正义》卷4，（清）阮元校刻《十三经注疏》，台湾艺文印书馆2001年影印本，第93页。

③　（明）高攀龙撰：《解》，《周易易简说》卷2，经部二八易类，《景印文渊阁四库全书》第34册，台湾商务印书馆1986年版，第119页。

④　（明）高攀龙撰：《解》，《周易易简说》卷2，经部二八易类，《景印文渊阁四库全书》第34册，台湾商务印书馆1986年版，第120页。

> 亦士大夫忧国之忧不容自已者也。使并此而无之，将君臣一伦汎乎？
> 若萍梗之偶相值，石隐者流且不可，况曾有位于朝者乎？薰莸莫辨，
> 诸贤顾不得辞其责，而其中有别具苦心者，未可概论。①

在这段话中，朱一新认为东南诸君子以身殉国，以及在明亡之后隐化不出者最多，此一士林风尚皆是受东林讲学之耳濡目染，其讲学之大节凛然，流风余韵衍传数世，足见东林讲学影响之广，影响之深。当然，朱一新也着重指出，东林讲学的名声太盛，并且与朝中重臣遥相呼应，这和《周易》之《大壮》卦倡导的"小人用壮，君子用罔"②以及《明夷》卦强调的"君子以莅众用晦而明"③等韬光养晦之义是背道而驰的，也不符合《周易》"君子思不出其位"④的教诲。

东林党人裁量朝政违背了《周易》韫椟藏珠、"君子以思不出其位"的训诫，有其合理的一面，毕竟，《周易》确实主张，天下昏暗之时君子应"晦明"避聪，坚贞守志，不与强盛之小人直接对撞。但是，如果联系到明末高攀龙面临的颓败、复杂的时局，他谋求"思出其位"而高扬主体意识，挺身而出欲加以拯救，这反而是其易学最大特色之所在。

明王朝后期社会危机四伏，政治生态江河日下，在学术思想方面程朱之学日渐衰颓，阳明心学甚嚣尘上，其末流空疏之弊日渐凸显。正是在这样的政治和思想背景之下，东林学派明确地提出了"救世"的主张，希望通过"正"学术以挽救政治之颓势，纠偏匡正王学之弊，复揭程朱之学，以此化解社会危机。他说：

---

① （清）朱一新著，吕鸿儒、张长法点校：《评明代风俗》，《无邪堂答问》卷1，中华书局2000年版，第7页。

② （三国魏）王弼、（晋）韩康伯注，（唐）孔颖达等正义：《大壮》，《周易正义》卷4，（清）阮元校刻《十三经注疏》，台湾艺文印书馆2001年影印本，第86页。

③ （三国魏）王弼、（晋）韩康伯注，（唐）孔颖达等正义：《明夷·象》，《周易正义》卷4，（清）阮元校刻《十三经注疏》，台湾艺文印书馆2001年影印本，第88页。

④ （三国魏）王弼、（晋）韩康伯注，（唐）孔颖达等正义：《艮·象》，《周易正义》卷5，（清）阮元校刻《十三经注疏》，台湾艺文印书馆2001年影印本，第116页。

> 天下不患无政事，但患无学术，何者？政事者存乎其人，人者存
> 乎其心。学术正则心术正，心术正则生于其心，发于政事者，岂有不
> 正乎！故学术者，天下之大本。末世不但不明学，且欲禁学，若之何
> 而天下治安也。①

> 政事本于人才，舍人才而言政者必无政，财用本于政事，舍政事
> 而言财者必无财。②

在高攀龙看来，一方面，天下的治乱系于学术，学术得正则天下大治，所以
他要"崇正学辟异说"，使学术成为救世的根本；另一方面，他强调除学问
必须通得百姓的人伦日用外，有人才主导的"政事"之于国家的重要性。阳
明心学本是为了纠正俗儒将朱子之学视为"记诵词章"之弊，但是在此一流
变之中，阳明后学的弊端也初现端倪，其后学陷入崇尚玄谈，引释入儒，空
谈良知以求自我的道德完善的泥潭，而不关心政治时务和国家大事。高攀龙
斥责他们是不通世务、不谙世事的腐儒。可见，高攀龙为学之道之鹄指向
了学术措要置于人伦致用的层面，这也是所有东林学者的问学诉求，因而
崇尚实学、经世致用的治学方法和救世主张，自然会反映到他的易学思想
当中。

面对着学术空疏之弊日益凸显、封建秩序伦理道德逐步失范的现实，
高攀龙认为学术与政事是紧密地联系在一起的，欲政事先学术，东林书院在
讲学时就首先明确儒学道脉，以讲述儒家经典来实现"尊德性，道问学"的
学术主张。为此，高攀龙对经典的阐释沿袭了儒家的传统，倡导由读经而尊
德性。

在东林书院的讲学活动中，讲《易》是其中重要的组成部分。顾宪
成、高攀龙、钱一本等人皆是儒学名臣，又大都擅长治《易》。顾宪成以万

---

① （明）高攀龙撰，（明）陈龙正编：《语》，《高子遗书》卷1，集部二三一别集类，《景印文
　渊阁四库全书》第1292册，台湾商务印书馆1986年版，第344页。
② （明）高攀龙撰，（明）陈龙正编：《语》，《高子遗书》卷1，集部二三一别集类，《景印文
　渊阁四库全书》第1292册，台湾商务印书馆1986年版，第344页。

物生成来阐发"善"是万物之根源:"乾坤万物,一齐从善中流出。圣人要范围天地,曲成万物,所以欲培植此'善'字。"① 高攀龙也以"善"为宇宙的最高本体,但万物并非直接由"善"生成,而是万物生成与流转之间都有"善"之存在,也就是朱子"盖体统是一太极,然又一物各具一太极"②之意。虽然两人治《易》的理念和方法不尽相同,但在大体上还是以"性善"为其学问之要津,这也符合东林学派的整体讲学倾向。万历四十一年(1613),高攀龙邀请钱一本至东林书院讲《易》,钱一本治《易》宗象数,即卦爻以求象,即象以明人事。高攀龙虽然强调以义理解《易》,但对其他易学流派却并不抱有成见,对于其他学派中阐发新见、关注现实的佼佼者往往给予高度的评价。对于精研象数的钱一本更是持认同甚至钦佩的态度,也可以看出高攀龙在治《易》的理念与方法上兼容并包的学术格局。正是由于高攀龙荐引钱一本入东林讲《易》,"多士云集,匝月始竟,各克其量而去,盖旷举也,亦奇逢也"③,东林讲学在儒者士人之中的影响才会愈发深远。

从总体上来说,高攀龙宗奉程朱理学,同时兼采理学与心学,其治学自觉地承接了当时身为儒者的忧国忧民的传统,也可以说表现出了鲜明的易学特色。"一堂师友,冷风热血,洗涤乾坤"④。东林书院不管是讲学还是论政,"尤其可贵的是,东林学人并不把责任担当局限在一个王朝之兴旺、局限于一种政治诉求,而更指向文化的承传与道德理想的建构"⑤。的确如此,以高攀龙为代表的东林学人的讲学和论政,其背后的思想根源大都是以"性

---

① (明)顾宪成撰:《还经录》,《顾端文公遗书》,《四库全书存目丛书》子部第 14 册,齐鲁书社 1995 年版,第 492 页。

② (宋)黎靖德编,王星贤点校:《周子之书·通书》,《朱子语类》卷 94,中华书局 1986 年版,第 2409 页。

③ (清)高廷珍等撰:《跋点朱馀咏》,《东林书院志》卷 16,《四库全书存目丛书》史部第 247 册,齐鲁书社 1996 年版,第 128 页。

④ (清)黄宗羲著,沈芝盈点校:《东林学案一》,《明儒学案》(修订本)下册卷 58,中华书局 2008 年版,第 1375 页。

⑤ 周炽成:《冯达文序》,《复兴收摄——高攀龙思想研究》,人民出版社 2007 年版,第 2 页。

善论"为支撑，而"易"道生生之善德则为其学术主张与政治主张的内在根基。高攀龙讲学之纲领，《易》为其思想之渊薮，不管是为官还是在野，不论是其朝廷上疏或是民间讲学，他都贯彻了"易"道之内涵，时时刻刻重视"易"之功能和践行，可谓真正学以致用的实践之儒。

第二章　易学思想与阳明心学

第一节　王阳明易学思想

王阳明（1472—1529），名守仁，字伯安，自号阳明子、阳明山人，世称阳明先生，有明一代最具影响的思想大家。作为"心学"一派的代表人物，王阳明在学术生涯中虽没有专门的易学著作问世，《周易》及易学思想的火花却时常闪现于其心学体系创建过程中的每一重要阶段。龙场悟道是王阳明一生中思想演变的转折点，此后其思想向纵深处拓展。王阳明赋予了卜筮以新的义涵，将之视为沟通天人之际的媒介和桥梁，相继提出了"知行合一"说和"致良知"之说。"知行合一"和"致良知"的思想形态，充分地汲取了《周易》及易学的思想资源，在其心学体系的建构中占据着极其重要的地位，从而修正了程朱理学繁琐的认识门径，为阳明心学的履践扫清了障碍。"阳明的易学，不但是一种本体诠释之学，也就更是一种本体实践之学"①，王阳明亦儒亦道、亦仕亦隐的人格结构，以及既脚踏实地又境界高远人生理想的最终形成，《周易》及易学思想在其中发挥了重要的作用。

一、易学基本立场

对于《周易》一书的价值，王阳明认为《周易》与其它儒家经典，在本质上并无不同，都是倡明圣道之书。他说：

---

① ［美］成中英：《从本体诠释论述王阳明释易的良知哲学——深入阳明良知明德之理》，载郭齐勇主编《阳明学研究》，中华书局 2015 年版，第 5 页。

天下之大乱，由虚文胜而实行衰也。使道明于天下，则《六经》
不必述。删述《六经》，孔子不得已也。自伏羲画卦，至于文王、周
公，其间言《易》如《连山》《归藏》之属，纷纷籍籍，不知其几，易
道大乱。孔子以天下好文之风日盛，知其说之将无纪极，于是取文王、
周公之说而赞之，以为惟此为得其宗，于是纷纷之说尽废，而天下之
言《易》者始一。①

在王阳明看来，孔子删述包括《易》在内的《六经》只是为了借经书以传圣
人之道而已，实属迫不得已。也正因为孔子"删述《六经》"之功，才使得
易道不至于湮没。

既然如此，那么《周易》所传之易道究竟意所何指？《周易·系辞上》
曰："君子所居而安者，易之序也；所乐而玩者，爻之辞也。是故君子居则
观其象而玩其辞，动则观其变而玩其占，是以'自天祐之，吉无不利'。"②
受此启发，王阳明认为：

夫《易》，三才之道备焉。古之君子，居则观其象而玩其辞，动则
观其变而玩其占。观象玩辞，三才之体立矣；观变玩占，三才之用行
矣。体立，故存而神；用行，故动而化。神，故知周万物而无方；化，
故范围天地而无迹。无方，则象辞基焉；无迹，则变占生焉。是故君子
洗心而退藏于密，斋戒以神明其德也。盖昔者夫子尝韦编三绝焉。鸣
呼！假我数十年以学《易》，其亦可以无大过已夫！③

十分明显，王阳明对于易道的体认，是从体与用两方面着眼的。所谓"观象

① （明）王守仁撰，吴光等编校：《传习录上》，《王阳明全集》卷1，上海古籍出版社2011
年版，第8—9页。
② （三国魏）王弼、（晋）韩康伯注，（唐）孔颖达等正义：《系辞上》，《周易正义》卷7，（清）
阮元校刻《十三经注疏》，台湾艺文印书馆2001年影印本，第146页。
③ （明）王守仁撰，吴光等编校：《玩易窝记戊辰》，《王阳明全集》卷23，上海古籍出版社
2011年版，第989页。

玩辞"意在启发人们通过卦爻象辞来把握住易道的本体，而"观变玩占"则是人们通过卦爻象辞的变化与占断以实际感受易道的具体运用。究其实质，易道不仅体现着天、地、人三才之道，也表现为天地万物之道。如果人在易道方面有相应的体认，与万物之所以生生不息的本原相契合，就会体悟到一种神而明之的易学智慧，因而能够做到"知周万物而无方"。而且，这种神而明之的易学智慧，人们在万物变化莫测的历程中，也可以通过"范围天地而无迹"以及曲尽细密的主体意识具体地感觉到。可以看出，王阳明的这一体认直接源于《周易·系辞上》的相关论述，"神无方而易无体"①，"《易》之为书也不可远，为道也屡迁，变动不居，周流六虚，上下无常，刚柔相易，不可为典要，唯变所适"②。正是由于对易道之体和用两方面内涵有着切实的体悟，由于对《周易》"无方""无体"的思想意蕴以及易道所具有的神明之智的妙用有着深刻的理解，在王阳明看来，读《易》的最终目的在于"洗心而退藏于密，斋戒以神明其德"，这样才是真正地与易道相契合，因而也就具备了体立而用行的造诣。③

与此相关，王阳明对于先天之学与后天之学也有所探讨，但与邵雍、朱熹推崇先天之学并以之为易学的主要研究对象不同的是，他提出了先天之学与后天之学并重的观点。我们知道，自北宋邵雍的《皇极经世书》一出，其所提出的先天之学与后天之学、伏羲之易与文王之易在易学史上产生了极大的影响。朱熹对邵雍易学作出了高度的评价，认为邵雍探索的先天之学和画前之《易》，"是《易》中第一义也，若不识此而欲言《易》，何异举无纲之网，挈无领之裘，直是无着力处"④。在朱熹看来，如果不推本伏羲作

---

① （三国魏）王弼、（晋）韩康伯注，（唐）孔颖达等正义：《系辞上》，《周易正义》卷7，（清）阮元校刻《十三经注疏》，台湾艺文印书馆2001年影印本，第147页。

② （三国魏）王弼、（晋）韩康伯注，（唐）孔颖达等正义：《系辞下》，《周易正义》卷8，（清）阮元校刻《十三经注疏》，台湾艺文印书馆2001年影印本，第173—174页。

③ 参见戴琏璋《王阳明与周易》，《中国文哲研究集刊》2000年第17期。

④ （宋）朱熹撰，朱杰人、严佐之、刘永翔主编：《答袁机仲》，《晦庵先生朱文公集》（2）卷38，《朱子全书》（修订本）第21册，上海古籍出版社、安徽教育出版社2010年版，第1677页。

《易》画卦之所由，只从文王之《易》即今之《易》说起，便是不识向上之根源，毫无著力之处，因此也就不能为易学建立一个坚实的理论基础。而王阳明却指出："大人于天，默契其未然者，奉行其已然者。夫大人与天，一而已矣；然则默契而奉行之者，岂有先后之间哉？昔《文言》申乾九五爻义而及此意，谓大人之于天，形虽不同，道则无异。"① 大人即圣人，大人之于未然之天能够做到默契，之于已然之天能够奉行。况且，大人与天"形虽不同，道则无异"，即天、地、人三才之道互不违背，统而为一，都遵循天地自然万物运行的规律，所以根本不存在先天与后天之别。那么，天、地、人三才之道在已然之天和未然之天是如何呈现的，对此问题王阳明则作了较为深入的论证：

> 自其先于天者言之，时之未至，而道隐于无，天未有为也；大人则先天而为之，盖必经纶以造其端，而心之所欲，暗与道符，裁成以创其始，而意之所为，默与道契；如五典未有也，自我立之，而与天之所叙者，有吻合焉；五礼未制也，以义起之，而与天之所秩者，无差殊焉；天何尝与之违乎？以其后于天者言之，时之既至，而理显于有，天已有为也，大人则后天而奉之，盖必穷神以继其志，而理之固有者，祗承之而不悖；知化以述其事，而理之当行者，钦若之而不违；如天叙有典也，立为政教以道之，五典自我而敦矣；天秩有礼也，制为品节以齐之，五礼自我而庸矣；我何尝违于天乎？②

也就是说，无论是对于未然之天还是已然之天，大人都能间接或直接地禀循天地自然之道为我所用，从而制定人伦五礼，创设政教法典。依乎此，人的任何活动才不会受到拘束限制。进而，王阳明得出了以下结论：

---

① （明）王守仁撰，吴光等编校：《先天而天弗违后天而奉天时》，《王阳明全集》卷22，上海古籍出版社2011年版，第929页。

② （明）王守仁撰，吴光等编校：《先天而天弗违后天而奉天时》，《王阳明全集》卷22，上海古籍出版社2011年版，第929—930页。

　　是则先天不违，大人即天也；后天奉天，天即大人也；大人与天，其可以二视之哉？此九五所以为天下之利见也欤？大抵道无天人之别，在天则为天道，在人则为人道，其分虽殊，其理则一也。众人牿于形体，知有其分，而不知有其理，始与天地不相似耳。惟圣人纯于义理，而无人欲之私，其礼即天地之体，其心即天地之心，而其所以为之者，莫非天地之所为也。故曰："循理则与天为一。"①

在易学观念上，王阳明虽然受到了邵雍、朱熹的影响，却没有因此陷入先天与后天争执的藩篱，而是认为先天与后天并不矛盾，在"大人与天"无违"天地之体"、体悟"天地之心"的基础上，人道与天道虽"其分虽殊"，终而为一，不可"以二视之"。

　　需要提及的是，对于《周易》是如何产生的这一问题，《周易·系辞上》强调："天生神物，圣人则之；天地变化，圣人效之；天垂象，见吉凶，圣人象之；河出图，洛出书，圣人则之。"② 对此，王阳明作出如下阐发：

　　天地显自然之数，圣人法之以作经焉。甚矣！经不徒作也。天地不显自然之数，则圣人何由而法之以作经哉？《大传》言卜筮而推原圣人作《易》之由，其意盖谓《易》之用也不外乎卜筮，而《易》之作也，则法乎《图》《书》。是故通于天者《河》也，伏羲之时，天降其祥，龙马负《图》而出，其数则以五生数统五成数而同居其方，是为数之体焉。中于地者，《洛》也。大禹之时，地呈其瑞，神龟载《书》而出，其数则以五奇数统四偶数而各居其所，是为数之用焉。《图》《书》出矣，圣人若何而则之，彼伏羲则图以画卦，虚五与十者，太极也。积二十之奇，而合二十之偶，以一二三四而为六七八九，则仪象

---

① （明）王守仁撰，吴光等编校：《先天而天弗违后天而奉天时》，《王阳明全集》卷22，上海古籍出版社2011年版，第930页。
② （三国魏）王弼、（晋）韩康伯注，（唐）孔颖达等正义：《系辞上》，《周易正义》卷7，（清）阮元校刻《十三经注疏》，台湾艺文印书馆2001年影印本，第157页。

之体立矣；析四方之合以为乾、坤、坎、离，补四隅之空以为兑、震、巽、艮，则八卦之位定矣。是其变化无穷之妙，何莫而不本于图乎？大禹则《书》以叙畴，实其中五者，皇极也；一五行而二五事，三八政而四五纪，第于前者，有序而不乱也；六三德而七稽疑，八庶征而九福极，列于后者，有条而不紊也。是其先后不易之序，何莫而不本于《书》乎？[1]

在他看来，《河图》《洛书》正是圣人效法天地自然之数而作。而关于天地自然之数，《周易折中·启蒙附论》曾这样解释：

> 《大传》言《河图》，曰一二，曰三四，曰五六，曰七八，曰九十，则是以两相从也。《大戴礼》言"洛书"，则是以三相从也，是故原《河图》之初，曰二九四，曰七五三，曰六一八。则有一便有二，有三便有四，至五而居中；有六便有七，有八便有九，至十而又居中，顺而布之，以成五位者也。原《洛书》之初，则有一二三。便有四五六，有四五六，便有七八九，层而列之，以成四方者也。若以阳动阴静而论，则数起于上，故《河图》之一二本在上也，三四本在右也，六七本在下也，八九本在左也，"洛书"之一二三，四五六，七八九，本自上而下也，于是阳数动而交易，阴数静而不迁，则成《河图》《洛书》之位矣。如以阳静阴动而论，则数起于下，故《河图》之一二本在下也，三四本在左也，六七本在上也，八九本在右也。《洛书》之一二三，四五六，一七八九，本自下而上也，于是阳数静而不迁，阴数动而交易，则又成《河图》《洛书》之位矣。[2]

《河图》《洛书》所包含的天地自然之数都具有"同本相从，以成合一之功，

---

[1]　（明）王守仁撰，吴光等编校：《河出图洛出书圣人则之》，《王阳明全集》卷22，上海古籍出版社2011年版，第930—931页。

[2]　（清）李光地编纂，刘大钧整理：《周易折中》，巴蜀书社2006年版，第784页。

动静相资，以播生成之化，造化人事之妙，穷于此矣"①的特质，而这一点也正是"《易》之所以能用于卜筮，穷尽天下万物变化的根本"②。

因此，在王阳明看来，首先，《周易》卦爻作为一套象征符号，与天地自然之数的运动有着密切的关系，即天地自然之数才是《周易》的本原，《周易》的卦爻变化实源于天地自然之数的推演。

其次，《河图》为体，《洛书》为用。《河图》由十数组成，其中"一、二、三、四、五"是五个生数为主而居于内；"六、七、八、九、十"五个成数为辅而附于生数之外。《洛书》由九数组成，以五个奇数为主，居于中、正之方，而四个偶数则居于奇数之侧为辅。

需要指出的是，王阳明在此揭示的"数"之体用之道，实本于朱熹与其弟子蔡元定合撰《易学启蒙》中的相关论述。《易学启蒙》说："《河图》以五生数统五成数，而同处其方；盖揭其全以示人而道其常，数之体也；《洛书》以五奇数统四偶数，而各居其所，盖主于阳以统阴而肇其变，数之用也。"对朱熹、蔡元定提出的数之体用之论，胡方平《易学启蒙通释》又作了详尽的阐发："《河图》以生成分阴阳，以五生数之阳统五成数之阴，而同处其方；阳内阴外，生成相合，交泰之义也。《洛书》以奇偶分阴阳，以五奇数之阳统四偶数之阴，而各居其所；阳正阴偏，奇偶既分，尊卑之位也。《河图》数十，十者对待以立其体，故为常；《洛书》数九，九者流行以致其用，故为变也。常变之说，朱子特各举所重者为言，非谓《河图》专于常，有体而无用，《洛书》专于变，有用而无体也。"③从中亦可以看到程朱易学一脉对阳明心学易的深刻影响。

再次，《河图》与《洛书》是易道产生的本原。王阳明认为，伏羲则《河图》以画先天八卦，因为五和十是太极之位，所以虚去不用；又因为一、三、七、九之和是二十，而二、四、六、八之和也是二十，所以"二十之

---

① （清）李光地编纂，刘大钧整理：《周易折中》，巴蜀书社 2006 年版，第 784 页。
② 参见温海明《王阳明易学略论》，《周易研究》1998 年第 3 期。
③ （宋）胡方平、（元）胡一桂撰，谷继明点校：《易学启蒙通释　周易本义启蒙翼传》，中华书局 2019 年版，第 54 页。

偶"与"二十之奇"吻合；由一、二、三、四各加上中数五而成为六、七、
八、九，"仪象之体"才得以确立。在此基础上，乾、坤、坎、离四卦分占
四方之位，兑、震、巽、艮四卦居于其间，也就形成了八卦之位。而大禹则
《洛书》创建"洪范九畴"，其中以"皇极"作为君王统治的准则与核心，其
余各畴均为巩固"皇极"而采用的手段和办法。不仅如此，一切人事方面
的运作手段，同样必须"有序而不乱"，"有条而不紊"，严循"先后不易之
序"。这样一来，《河图》与《洛书》所包蕴的天道与人道和谐地统一起来，
不仅成了易道产生的本原，同时也成了"九畴"得以诞生的媒介。

最后，王阳明总结道："大抵《河图》《洛书》相为经纬，八卦九章相为
表里，但伏羲先得乎《图》以画卦，无所待于《书》；大禹独得乎《书》以
叙畴，不必考于《图》耳。若究而言之，则《书》固可以为《易》，而《图》
亦可以作《范》，又安知《图》之不为书，《书》之不为《图》哉？噫！理之
分殊，非深于造化者其孰能知之？"①《河图》《洛书》就实质而言也并无不同，
都是从天道衍化而出的，"理之分殊"，即天道之分殊。所以，必须对天道运
行有一番透彻的体悟，否则，对天下之理也很难理解。

至于易学中义理与象数的关系，王阳明虽重在义理的阐发，但对象数
并不排斥，反而认为二者不能偏废。《传习录下》记载：

> 问："《易》，朱子主卜筮，《程传》主理，何如？"先生曰："卜筮
> 是理，理亦是卜筮。天下之理，孰有大于卜筮者乎？只为后世将卜筮
> 专主在占卦上看了，所以看得卜筮似小艺。不知今之师友问答，博学、
> 审问、慎思、明辨、笃行之类，皆是卜筮。卜筮者，不过求决狐疑，
> 神明吾心而已。《易》是问诸天。人有疑，自信不及，故以《易》问天，
> 谓人心尚有所涉，惟天不容伪耳。"②

① （明）王守仁撰，吴光等编校：《河出图洛出书圣人则之》，《王阳明全集》卷22，上海古
　籍出版社2011年版，第931页。
② （明）王守仁撰，吴光等编校：《传习录下》，《王阳明全集》卷3，上海古籍出版社2011
　年版，第115—116页。

"蓍固是《易》，龟亦是《易》"①，《易》之用主要是通过卜筮体现出来的。只不过，卜筮是涉乎人心的天下至理，涵盖了《易》所有的用途，绝不能仅仅将之视为供占卜之用的"小艺"。人之所以要以《易》问诸天，"求决狐疑，神明吾心"，为的是解决个体自身存在的人生困惑，以期从"不容伪"之天获取解决困境所需的知识和信心。可见，王阳明此论批评了将卜筮与鬼神占卜完全等同起来的错误认识，而且还赋予了卜筮以新的义涵，即卜筮是沟通天人之际的媒介和桥梁，惟有以《易》为主导的卜筮，才能真正地探究"天下之理"。

二、易学与"知行合一"

在中国思想文化史上，对"知"与"行"二者关系的探讨，历来受到学者的高度关注。从先秦时期《左传》的"非知之实难，将在行之"②，道家的"不行而知"③，到宋代程朱学派的"致知"和"力行"，"以致知为先"④，再到王阳明的"知行合一"，形成了对这一问题认识发展的重要阶段。其中，尤以王阳明的知行学说影响深远，占有十分突出的地位。然而，需要着重指出的是，王阳明"知行合一"思想的萌生，在很大程度上，可以说是与其在龙场对《周易》的深切体悟分不开的。

王阳明贬谪龙场后，生活条件异常恶劣，只得蜗居石洞，身处其中思索《易》理，名之曰"玩易窝"。对于当时由读《易》而引发的思想转变，王阳明在其所作的《玩易窝记》中曾说：

---

① （明）王守仁撰，吴光等编校：《传习录上》，《王阳明全集》卷1，上海古籍出版社2011年版，第21页。

② （清）洪亮吉撰，李解民点校：《昭公·十一年》，《春秋左传诂》卷16，中华书局1987年版，第693页。

③ （三国魏）王弼注，楼宇烈校释：《老子道德经注校释》上篇第47章，中华书局2016年版，第126页。

④ （宋）黎靖德编，王星贤点校：《学三·论知行》，《朱子语类》卷9，中华书局1986年版，第148页。

阳明子之居夷也，穴山麓之窝而读《易》其间。始其未得也，仰而思焉，俯而疑焉，函六合，入无微，茫乎其无所指，孑乎其若株。其或得之也，沛兮其若决，瞭兮其若彻，菹淤出焉，精华入焉，若有相者而莫知其所以然。其得而玩之也，优然其休焉，充然其喜焉，油然其春生焉；精粗一，外内翕，视险若夷，而不知其夷之为阨也。于是阳明子抚几而叹曰："嗟乎！此古之君子所以甘囚奴，忘拘幽，而不知其老之将至也夫。吾知所以终吾身矣。"①

王阳明来到龙场以后，首先是通过思索《易》理安顿了身心，整合了原有的儒道佛思想资源，最终实现了观念与认识上的重大突破。因此，王阳明龙场所悟之道"其根源处即在于'所以终吾身'的易学"②，这为其日后心学思想体系的日益完善产生了重要的影响。

龙场悟道的第二年，即在正德四年（1509），受贵州提学副使席元山之邀，王阳明前往贵阳书院讲学，由此开始认真地思考"知行合一"这一事关其心学思想体系能否进一步深化的关键问题。就一定意义而言，王阳明的"知行合一"与其龙场所悟之道确实有着非同寻常的思想关联。对此，《王阳明年谱》曾作出如下记载：

时瑾憾未已，自计得失荣辱皆能超脱，惟生死一念尚觉未化，乃为石墩自誓曰："吾惟俟命而已！"日夜端居澄默，以求静一；久之，胸中洒洒。而从者皆病，自析薪取水作糜饲之；又恐其怀抑郁，则与歌诗；又不悦，复调越曲，杂以诙笑，始能忘其为疾病夷狄患难也。因念："圣人处此，更有何道？"忽中夜大悟格物致知之旨，寤寐中若有人语之者，不觉呼跃，从者皆惊。始知圣人之道，吾性自足，向之求理于事物者误也。乃以默记《五经》之言证之，莫不吻合，因著《五经

① （明）王守仁撰，吴光等编校：《玩易窝记戊辰》，《王阳明全集》卷23，上海古籍出版社2011年版，第988—989页。
② 朱晓鹏：《王阳明龙场〈易〉论的思想主旨》，《哲学研究》2008年第6期。

臆说》。①

　　年谱里提到的"格物致知",其实原本是《大学》所倡导的修身工夫,经南宋朱熹重新阐释以后,便成为程朱理学一派实现道德履践的必修途径。经过了龙场驿的思想历练,王阳明对于"格物致知之旨"有了一番大彻大悟,对于"格物致知"的理解已经明显不同以往。

　　王阳明最终发现,程朱一派所坚持的"求理于外物"这一为学之道存在着一个根本性的偏差,究其实是将知和行割裂为二,因此在道德履践方面很容易滑向更大的歧途。他说:

　　　　晦庵谓:"人之所以为学者,心与理而已。心虽主乎一身,而实管乎天下之理。理虽散在万事,而实不外乎一人之心。"是其一分一合之间,而未免已启学者心理为二之弊。此后世所以有"专求本心、遂遗物理"之患,正由不知心即理耳。夫外心以求物理,是以有暗而不达之处,此告子"义外"之说,孟子所以谓之不知义也。心一而已,以其全体恻怛而言谓之仁,以其得宜而言谓之义,以其条理而言谓之理。不可外心以求仁,不可外心以求义,独可外心以求理乎? 外心以求理,此知行之所以二也。求理于吾心,此圣门知行合一之教,吾子又何疑乎?②

　　在王阳明看来,"知"和"行"关系不能孤立地看待,必须使之与"心与理"结合起来才能加以体认,而朱熹之失就在于强分"心"与"理"为二,遂导致"知"与"行"割裂之弊。具体而言,"知行合一"包含两方面内容:一是求理于吾心的内向功夫,二是知行一致的并进功夫,这两方面是相互依存

---

① (明)王守仁撰,吴光等编校:《年谱一》,《王阳明全集》卷33,上海古籍出版社2011年版,第1354页。

② (明)王守仁撰,吴光等编校:《传习录中》,《王阳明全集》卷2,上海古籍出版社2011年版,第48页。

的整体。因为"知"不是外求的物之理，而是内求的心之理。"心之理"必是真切笃实的，它表现为行动的意念、动机，是"行"的重要组成部分，而"行"的坚定、正确与否完全取决于个人之"心"的思考、决断的结果，依赖于个体对心中之理的践履。① 由此一来，"行"又是知的体现，王阳明指出，"知之真实笃实处，即是行；行之明觉精察处，即是知，知行工夫本不可离。只为后世学者分做两截用功，失却知行本体，故有合一并进之说"②。如果求理于外，"知"就不可能转化为坚定的"行"，"知"和"行"必然割裂为二。所以，无须外"心"以求理，"理"就在人"心"之中，只有"求理于吾心"，才能做到"知行合一"，求理于心正是"知行合一"的基石。显然，王阳明本人所悟，实乃对朱熹认识偏差的反省和补救，从某种程度上说，"王阳明所悟格物致知之旨，便是其独特的'知行合一'说"③。

针对程朱学派分"知行"为二的做法，王阳明提出了"知行合一"说，而且值得注意的是，他又特别强调了"行"在"学"和"穷理"过程中的作用。在《答顾东桥书》中，王阳明说：

> 今吾子特举学、问、思、辨以穷天下之理，而不及笃行，是专以学、问、思、辨为知，而谓穷理为无行也已，天下岂有不行而学者邪？岂有不行而遂可谓之穷理者邪？明道云："只穷理便尽性至命。"故必仁极仁，而后谓之能穷仁之理；义极义，而后谓之能穷义之理。仁极仁，则尽仁之性矣；义极，义则尽义之性矣。学至于穷理，至矣，而尚未措之于行，天下宁有是邪？是故知不行之不可以为学，则知不行之不可以为穷理矣；知不行之不可以为穷理，则知知行之合一并进而不可以分为两节事矣。夫万事万物之理不外于吾心，而必曰穷天下之理，是殆以吾心之良知为未足，而必外求于天下之广以裨补增益之，是犹析心

---

① 参见范立舟《〈周易〉与阳明心学》，《周易研究》2004年第6期。

② （明）王守仁撰，吴光等编校：《传习录中》，《王阳明全集》卷2，上海古籍出版社2011年版，第47—48页。

③ 范立舟：《〈周易〉与阳明心学》，《周易研究》2004年第6期。

与理而为二也。夫学、问、思、辨、笃行之功，虽其困勉至于人一己百，而扩充之极，至于尽性知天，亦不过致吾心之良知而已，良知之外，岂复有加于毫末乎？今必曰穷天下之理而不知反求诸其心，则凡所谓善恶之机、真妄之辨者，舍吾心之良知，亦将何所致其体察乎？①

在他看来，顾东桥所说的只要学、问、思、辨而不必实行，就可以学习，以至于"穷理"，但这种看法仍然是剿袭二程知行为二的"旧说"。程颢认为："'穷理尽性以至于命'，三事一时并了，元无次序，不可将穷理作知之事。若实穷得理，即性命亦可了。学者识得仁体，实有诸己，只要义理栽培。如求经义，皆栽培之意。"② 程颐也认为："穷理尽性至命，只是一事。才穷理便尽性，才尽性便至命。"③ 对此，王阳明则尖锐地指出，"知不行之不可以为学，则知不行之不可以为穷理矣；知不行之不可以为穷理，则知知行之合一并进而不可以分为两节事矣"。不"行"便不可以"穷理"，"穷理"必须以"行"为先决条件。也就是说，"穷理"和"行"是在心中融为一体的，而不能像二程所主张的那样将"行"与"穷理"打为两截，否则在实践上只能造成"遂致终身不行"的流弊。

虽然王阳明的"知行合一"说明确地反对离"行"以求"知"以及"知"和"行"的脱节。但是，在"知"与"行"的终极目的上，即在"穷理""尽性""至命"层面，其"知行合一"说与程朱一脉并无本质的不同，他们的理论渊源都是《周易》。《周易·说卦》曰："昔者圣人之作《易》也，幽赞于神明而生蓍，参天两地而倚数，观变于阴阳而立卦，发挥于刚柔而生爻，和顺于道德而理于义，穷理尽性以至于命。昔者圣人之作《易》也，

---

① （明）王守仁撰，吴光等编校：《传习录中》，《王阳明全集》卷 2，上海古籍出版社 2011 年版，第 52 页。

② （宋）程颢、程颐著，王孝鱼点校：《二先生语二》上，《河南程氏遗书》卷 2 上，《二程集》，中华书局 2004 年版，第 15 页。

③ （宋）程颢、程颐著，王孝鱼点校：《伊川先生语四》，《河南程氏遗书》卷 18，《二程集》，中华书局 2004 年版，第 193 页。

将以顺性命之理，是以立天之道曰阴与阳，立地之道曰柔与刚，立人之道曰仁与义。"① 本于此，王阳明从解决"外心以求物理"这样一个问题开始，提出了"知行合一"说，最终又把"知行合一"之鹄的引向了"穷理""尽性""至命"，巧妙地完成了与《周易》义理的接榫合龙。

当学生对程朱的"格物"之训还不能以心学思想为标尺进行扬弃时，王阳明说：

> 朱子格物之训，未免牵合附会，非其本旨。精是一之功，博是约之功。曰仁既明知行合一之说，此可一言而喻。尽心、知性、知天，是生知安行事；存心、养性、事天，是学知利行事；"夭寿不贰，修身以俟"，是困知勉行事。朱子错训"格物"，只为倒看了此意，以"尽心知性"为"物格知至"，要初学便去做生知安行事，如何做得？②

学生颇感困惑：

> "尽心知性"何以为"生知安行"？③

王阳明则回应：

> 性是心之体，天是性之原，尽心即是尽性。"惟天下至诚为能尽其性，知天地之化育"。存心者，心有未尽也。④

---

① （三国魏）王弼、（晋）韩康伯注，（唐）孔颖达等正义：《说卦传》，《周易正义》卷9，（清）阮元校刻《十三经注疏》，台湾艺文印书馆2001年影印本，第182—183页。

② （明）王守仁撰，吴光等编校：《传习录上》，《王阳明全集》卷1，上海古籍出版社2011年版，第6页。

③ （明）王守仁撰，吴光等编校：《传习录上》，《王阳明全集》卷1，上海古籍出版社2011年版，第6页。

④ （明）王守仁撰，吴光等编校：《传习录上》，《王阳明全集》卷1，上海古籍出版社2011年版，第6页。

学生无法理解"穷理何以即是尽性",王阳明强调:

> 心之体,性也,性即理也。穷仁之理,真要仁极仁,穷义之理,真要义极义。仁义只是吾性,故穷理即是尽性。如孟子说充其恻隐之心至仁不可胜用,这便是穷理工夫。①

在回答有关"修道之教"的问题时,王阳明指出:

> 子思性、道、教,皆从本原上说。天命于人,则命便谓之性。率性而行,则性便谓之道;修道而学,则道便谓之教。率性是诚者事,所谓"自诚明,谓之性"也。修道是诚之者事,所谓"自明诚,谓之教"也。圣人率性而行,即是道。圣人以下,未能率性于道,未免有过不及,故须修道。……人能修道,然后能不违于道,以复其性之本体,则亦是圣人率性之道矣。下面"戒慎恐惧"便是修道的工夫,"中和"便是复其性之本体,如《易》所谓"穷理尽性以至于命",中和位育便是尽性至命。②

上述师生论学片段足以表明,"知行合一"这一理论的提出,自始至终贯穿着天道与人道圆融一体的易之道。"其在于天谓之命,其赋于人谓之性,其主于身谓之心。心也,性也,命也,一也。"③虽然心、性、命只是天道在不同层面上的不同表现,但是其义涵是完全一致的,无不包蕴着强烈的主体精神和个人意志。"就王阳明自身而言,龙场悟道就不是一种纯知识理性的思辨,也不是生活的静观,而是在艰苦的生活环境、顽强奋斗的实践中的生命

---

① (明)王守仁撰,吴光等编校:《传习录上》,《王阳明全集》卷1,上海古籍出版社2011年版,第38—39页。

② (明)王守仁撰,吴光等编校:《传习录上》,《王阳明全集》卷1,上海古籍出版社2011年版,第43页。

③ (明)王守仁撰,吴光等编校:《稽山书院尊经阁记》,《王阳明全集》卷7,上海古籍出版社2011年版,第283页。

体悟。"① 也可以这么说，如果没有王阳明身处龙场困境却仍能顽强奋斗的历练与体悟，也就没有其"知行合一"说的萌生与成熟。所以，王阳明的"知行合一"说在有力地突出了儒家实践理性思想特色的同时，又强烈地彰显出《周易》及易学对他的溉沾、濡染。

三、易学与"致良知"

龙场悟道是王阳明一生中思想演变的转折点。随着日后生活磨炼，王阳明思想又向纵深处拓展，继"知行合一"说之后，又提出了"致良知"之说。与"知行合一"说一样，"致良知"这一思想形态，也充分地汲取了《周易》及易学的思想资源，在王阳明心学体系的建构中占据着极其重要的地位。

如前所述，"知行合一"说是王阳明针对程朱一派空谈道德性命而不躬身实践弊端提出的。正如他自己所言："知行合一之说，专为近世学者分知行为两事，必欲先用知之之功而后行，遂至终身不行，故不得已而为此补偏救弊之言。"② 在王阳明看来，"知行合一"是权宜之计，只能消除"心、理为二""知、行为二"之弊，对于"求理于吾心"来说，也仅仅是门阶而已，所以要全面地提升个体道德意识的自觉性，必须充分地做足"求理于吾心"这一向内方面的功夫，舍此而单靠"知行合一"，则无法解决个体道德意识层面实质性提升的问题。相形之下，"致良知"则因其包含的道德履践更为直截简易、深入细微，而且"一语之下，洞见全体"，是完全能够解决"知行合一"说所面临的任何难题的。

必须指出的是，"致良知"中的"良知"一词虽如王阳明所言，是"从百死千难中得来，不得已与人一口说尽"③，但是，其萌生的思想根源却与

---

① 范立舟：《〈周易〉与阳明心学》，《周易研究》2004 年第 6 期。
② （明）王守仁撰，吴光等编校：《与道通书五通》，《王阳明全集》卷 32，上海古籍出版社 2011 年版，第 1331 页。
③ （明）王守仁撰，吴光等编校：《年谱二》，《王阳明全集》卷 34，上海古籍出版社 2011 年版，第 1412 页。

《周易》结下了不解之缘。早在龙王阳明场悟道时，其"良知即是易"的思想就已经酝酿成熟。他说：

> 良知即是《易》，其为道也屡迁，变动不居，周流六虚，上下无常，刚柔相易，不可为典要，惟变所适。此知如何捉摸得？见得透时便是圣人。①

王阳明指出，良知之道既至简至易，又至精至微。虽然良知之道有如易道一样自然运行，只是因其具有变动不息、无方无体的特性，让人捉摸不得，惟有悟透此道才能成为圣人，然而遗憾之处在于，人们对良知蕴含的易道往往视而不见。

不仅如此，王阳明还认为良知与易是合二为一的，既然良知是易，良知之道就是易道。他说："即如我'良知'二字，一讲便明，谁不知得？若欲的见良知，却谁能见得？"②对此，其弟子曾有这样的疑问："良知一而已。文王作《彖》，周公系《爻》，孔子赞《易》，何以各自看理不同？"③而王阳明则说：

> 圣人何能拘得死格？大要出于良知同，便各为说何害？且如一园竹，只要同此枝节，便是大同。若拘定枝枝节节，都要高下大小一样，便非造化妙手矣。汝辈只要去培养良知。良知同，更不妨有异处。汝辈若不肯用功，连笋也不曾抽得，何处去论枝节？④

---

① （明）王守仁撰，吴光等编校：《传习录下》，《王阳明全集》卷3，上海古籍出版社2011年版，第142页。

② （明）王守仁撰，吴光等编校：《传习录下》，《王阳明全集》卷3，上海古籍出版社2011年版，第142页。

③ （明）王守仁撰，吴光等编校：《传习录下》，《王阳明全集》卷3，上海古籍出版社2011年版，第127页。

④ （明）王守仁撰，吴光等编校：《传习录下》，《王阳明全集》卷3，上海古籍出版社2011年版，第127页。

在他看来，"文王作彖，周公系爻，孔子赞易，都是出于良知而各自为说，其道相同。能悟透良知之道，便能合于易道"①。可以说，王阳明所论良知与易的关系与《周易·乾·文言》所言"与天地合其德，与日月合其明，与四时合其序，与鬼神合其吉凶"②一句的主旨有着内在的一致之处。

同时，王阳明又从"人心与天地一体"的角度对良知之道与易道的关系加以说明。他说："'先天而天弗违'，天即良知也；'后天而奉天时'，良知即天也。"③又说："《易》者，吾心之阴阳动静也；动静不失其时，《易》在我矣。"④正如有的学者指出的那样，"就先天而言，良知在先，天即良知，天道不会与良知之道相违而行；就后天而言，天道在前，良知即天，与天一致的良知自然会奉行天道"，"易道在人心，不过是其阴阳动静的自然流行。因此，人心只要能做到动静合于天时，便会一直在天道中运行，自然与天道合而为一"⑤。这样一来，易道所言的天道也就与阴阳之道有了内在的关联。

既然良知即天，易道即天道，那么良知也就具有了与易道相同的特质。问题是如何能够获得"良知"？王阳明认为真正的良知不单单是纯意念上的，还不能完全由纯意念上的推理得出，必须将之体现在具体的行为实践中，"致良知"三字，重点应落在"致"字上。所以，"致良知"不仅要把握个体先天具备的至善本质，又要在事事物物上做足为善去恶的工夫，以去掉蒙蔽于先天"良知"上的昏翳，使先天"良知"在人的修养和行为中得到完满的体现。为此，他说："人须在事上磨炼做工夫乃有益，若只好静，遇事便乱，

---

① 卢祥运：《从王阳明"玩易"到孙应鳌"谈易"》，《贵阳师范高等专科学校学报》2005年第1期。

② （三国魏）王弼、（晋）韩康伯注，（唐）孔颖达等正义：《乾·文言》，《周易正义》卷1，（清）阮元校刻《十三经注疏》，台湾艺文印书馆2001年影印本，第17页。

③ （明）王守仁撰，吴光等编校：《传习录下》，《王阳明全集》卷3，上海古籍出版社2011年版，第125页。

④ （明）王守仁撰，吴光等编校：《与道通书五通》，《王阳明全集》卷32，上海古籍出版社2011年版，第1329页。

⑤ 卢祥运：《从王阳明"玩易"到孙应鳌"谈易"》，《贵阳师范高等专科学校学报》2005年第1期。

终无长进。"① 王阳明也强调："《易》者，吾心之阴阳动静也；动静不失其时，《易》在我矣。自强不息，所以致其功也。"② 也就是说，"心之阴阳动静的自然流行，便是易之道。欲动静皆合于天时，便要使心之流行不出易道"③。因此，若"致良知"得以真正地实现，个体必须在不违合于天时的易道基础之上，作出实实在在的努力，将自我认知、自我体察的良知时时刻刻地贯彻到自身的行为实践中去。

除此之外，王阳明又有许多其他相关论述：

> 致者，至也，如云"丧致乎哀"之"致"。《易》言"知至至之"，"知至"者，知也，"至之"者，致也。"致知"云者，非若后儒所谓广充其知识之谓也，致吾心之良知焉耳。④

> 问："《易》'学以聚之'，又言'仁以行之'，此是如何？"先生曰："也是如此，事事去学存此天理，则此心更无放失时，故曰：'学以聚之。'然常常学存此天理，更无私欲间断，此即是此心不息处，故曰：'仁以行之。'"⑤

> 孰无是良知乎？但不能致之耳！《易》谓"知至，至之"，知至者，知也；至之者，致知也。此知行之所以一也。近世格物致知之说，只一知字，尚未有下落，若致字工夫，全不曾道著矣。此知行之所以二也。⑥

---

① （明）王守仁撰，吴光等编校：《传习录下》，《王阳明全集》卷3，上海古籍出版社2011年版，第104页。

② （明）王守仁撰，吴光等编校：《与道通书五通》，《王阳明全集》卷32，上海古籍出版社2011年版，第1329页。

③ 范立舟：《〈周易〉与阳明心学》，《周易研究》2004年第6期。

④ （明）王守仁撰，吴光等编校：《大学问》，《王阳明全集》卷26，上海古籍出版社2011年版，第1070页。

⑤ （明）王守仁撰，吴光等编校：《传习录下》，《王阳明全集》卷3，上海古籍出版社2011年版，第137页。

⑥ （明）王守仁撰，吴光等编校：《与陆原静二》，《王阳明全集》卷5，上海古籍出版社2011年版，第211页。

其实，"知至，至之"一语本出自《周易·乾·文言》，即"知至至之，可与几也。知终终之，可与存义也"①。王阳明在此将"知至"解释为"知"，即心中本有的良知，同时，又将"至之"解释为"致知"，指的是致良知。不难看出，王阳明如此解释，用意十分明显，其最终目的在于修正程朱理学一脉"欲诚其意者，先致其知；致知在格物，物格而后知至，知至而后意诚"②这一繁琐的认识门径，从而为其心学的践履扫清了障碍。

四、人格境界的易学积淀

毋庸讳言，《周易》推天道以明人事，热切地追求天人合一，要求人们"与天地合其德，与日月合其明，与四时合其序，与鬼神合其吉凶"③，试图从整个宇宙的广阔视野上来考察人生，确定人生的价值取向和行为准则。它一方面要求人们顺天而动，适应自然，使人类与自然相互协调；另一方面又主张发挥人的主体意识和能动作用，"财成天地之道，辅相天地之宜"④，对自然界加以合理引导、开发，使之造福人类。本着这种人生的价值取向和行为准则，《周易》又要求人们效法天地自然生生不已、健动不息的本性，做到"刚健中正"，保持一种积极进取、兢兢业业、自强不息、及时立功的人生态度和开拓精神，即所谓"天行健，君子以自强不息"⑤。还应指出的是，《周易》"自强不息"的精神不仅仅停留在个人内在道德品性的充盈和主体价

---

① （三国魏）王弼、（晋）韩康伯注，（唐）孔颖达等正义：《乾·文言》，《周易正义》卷1，（清）阮元校刻《十三经注疏》，台湾艺文印书馆2001年影印本，第14页。
② （宋）程颢、程颐著，王孝鱼点校：《明道先生改正大学》，《河南程氏经说》卷5，《二程集》，中华书局2004年版，第1126页。
③ （三国魏）王弼、（晋）韩康伯注，（唐）孔颖达等正义：《乾·文言》，《周易正义》卷1，（清）阮元校刻《十三经注疏》，台湾艺文印书馆2001年影印本，第17页。
④ （三国魏）王弼、（晋）韩康伯注，（唐）孔颖达等正义：《泰·象》，《周易正义》卷2，（清）阮元校刻《十三经注疏》，台湾艺文印书馆2001年影印本，第42页。
⑤ （三国魏）王弼、（晋）韩康伯注，（唐）孔颖达等正义：《乾·象》，《周易正义》卷1，（清）阮元校刻《十三经注疏》，台湾艺文印书馆2001年影印本，第11页。

值的实现，而是与"厚德载物"①"振民育德"②"以懿文德"③"进德修业"④的精神结合在一起的。或追求自身的道德修养，或通过著书立说倡导仁德之治，或以自己的政治实践施德于众，造福于民，这些都生动地再现了《周易》"厚德载物"的宽容精神和博大情怀。

受《周易》这种自强不息、刚健有为、及时立功的人生境界的巨大影响和感召，在不同历史时期，传统的政治家和思想家非常重视探讨人生的价值和理想等问题，从而不断地拓展自己的人生境界，而明代的政治家和思想家亦是如此。王阳明对于《周易》经传有着精深的研究，对于蕴含其中的易道更是有着充分的体认，这对他的人格信念的树立和人生境界的开拓产生了巨大的影响。如前所述，他曾说："卜筮者，不过求决狐疑，神明吾心而已。《易》是问诸天人，人有疑，自信不及，故以《易》问天；谓人心尚有所涉，惟天不容伪耳。"⑤正是由于深受《周易》及易学思想的濡染，深刻地领悟了万物变化消长之理和人生进退沉浮之道，使得王阳明在几次处于人生转折的重要关口都作出了正确的抉择。这从其对《五经臆说》中现存《恒》《遁》《晋》三卦的解说中便可窥见一斑。值得注意的是，王阳明对这三卦的解说不像其日后多本于《周易》义理阐释其致良知之旨，而主要是借天道以明人事，表现出了"问诸天人以求决狐疑、开阔心境以恒定心志、明进退以视险若夷的积极乐观精神"⑥。对王阳明就《恒》《遁》《晋》三卦所作出的疏解，也有学者认为是一套奋进创发的哲学，"他从代表目标之真谛的恒卦出

① （三国魏）王弼、（晋）韩康伯注，（唐）孔颖达等正义：《坤·象》，《周易正义》卷1，（清）阮元校刻《十三经注疏》，台湾艺文印书馆2001年影印本，第19页。

② （三国魏）王弼、（晋）韩康伯注，（唐）孔颖达等正义：《蛊·象》，《周易正义》卷3，（清）阮元校刻《十三经注疏》，台湾艺文印书馆2001年影印本，第58页。

③ （三国魏）王弼、（晋）韩康伯注，（唐）孔颖达等正义：《小畜·象》，《周易正义》卷2，（清）阮元校刻《十三经注疏》，台湾艺文印书馆2001年影印本，第39页。

④ （三国魏）王弼、（晋）韩康伯注，（唐）孔颖达等正义：《乾·文言》，《周易正义》卷1，（清）阮元校刻《十三经注疏》，台湾艺文印书馆2001年影印本，第14页。

⑤ （明）王守仁撰，吴光等编校：《传习录下》，《王阳明全集》卷3，上海古籍出版社2011年版，第116页。

⑥ 朱晓鹏：《王阳明龙场〈易〉论的思想主旨》，《哲学研究》2008年第6期。

发，论述至代表当下处境的遁卦，最后在此基础上以晋卦之义追求目标的实现"，"代表了一种将易学宇宙论加以生命化之用的方式，也说明了人何以能在困境中具备昭觉灵明的认识"①，也可谓是允当之论。

《五经臆说》中的第一卦为《恒》卦（☳），其《象》曰："雷风，恒。君子以立不易方。"②《恒》卦所阐发的是"久而不已"的天地之道，而落实到人事层面，就是说君子无论是做人还是做事要有所树立，但同时也要在世间酬酢万变的运动中保有不可移易之方。惟其如此，才算是把握住了《恒》卦的精髓。《周易·恒·彖》曰："日月得天，而能久照。四时变化，而能久成。圣人久于其道，而天下化成。观其所恒，而天地万物之情可见矣。"③ 本于此，王阳明将恒久之道与易之道联系起来，强调"以常道而行"，就能做到"何所往而不利！"④ "君子体夫雷风为《恒》之象，则虽酬酢万变，妙用无方，而其所立，必有卓然而不可易之体，是乃体常尽变。非天地之至恒，其孰能与于此？"⑤ 在他看来，个体生命在雷风变动之际，惟有"体常尽变"，才能恒定心志、砥砺心境。⑥ 而要做到"体常尽变"，还必须坚守"贞"这一"君子之道"⑦。为此，他强调：

故天得贞而说道以亨；地得贞而说道以成；人得贞而说道以生。贞

① ［美］成中英：《从本体诠释论述王阳明释易的良知哲学——深入阳明良知明德之理》，载郭齐勇主编《阳明学研究》创刊号，中华书局 2015 年版，第 5 页。
② （三国魏）王弼、（晋）韩康伯注，（唐）孔颖达等正义：《恒·象》，《周易正义》卷 4，（清）阮元校刻《十三经注疏》，台湾艺文印书馆 2001 年影印本，第 84 页。
③ （三国魏）王弼、（晋）韩康伯注，（唐）孔颖达等正义：《恒·彖》，《周易正义》卷 4，（清）阮元校刻《十三经注疏》，台湾艺文印书馆 2001 年影印本，第 84 页。
④ （明）王守仁撰，吴光等编校：《五经臆说十三条》，《王阳明全集》卷 26，上海古籍出版社 2011 年版，第 1078 页。
⑤ （明）王守仁撰，吴光等编校：《五经臆说十三条》，《王阳明全集》卷 26，上海古籍出版社 2011 年版，第 1078 页。
⑥ 参见朱晓鹏《王阳明龙场〈易〉论的思想主旨》，《哲学研究》2008 年第 6 期。
⑦ （明）王守仁撰，吴光等编校：《白说字贞夫说》，《王阳明全集》卷 24，上海古籍出版社 2011 年版，第 999 页。

> 乎贞乎，三极之体，是谓无己；说乎说乎，三极之用，是谓无动。无动
> 故顺而化；无己故诚而神。……故曰，刚中而柔外，说以利贞，是以顺
> 乎天而应乎人。说之时义大矣哉！非天下之至贞，其孰能与于斯乎！①

王阳明认为，"贞"，即是正道，也是常道。只有体贞守贞，"故贞以养心则
心说，贞以齐家则家说，贞以治国平天下则国天下说"②，人们才真正能够
"体常尽变"，以见天地万物之情。

从《恒》卦所得到的这种推天道雷风之恒以明人道之恒的体悟，对于
当时身陷龙场逆境的王阳明来说，无疑极具启发意义。正是源于龙场体悟易
道，王阳明参透了人生进退之常态，以至于他无论是当时"结庐而居"、自
耕自食，还是日后闲暇讲学、建立事功，都表现出了一种起伏有度、一张一
弛的精神状态和宠辱不惊、从容淡定的人格形态。不能不说，这一非凡的表
现是与他深刻体认《恒》卦"天下之至恒"这一"不可易之理"，充分领悟
"不已"与"不易"之精义密不可分的。

《五经臆说》中的第二卦为《遁》卦（䷠），其《彖》曰："'遁，亨，'
遁而亨也。刚当位而应，与时行也。'小利贞'，浸而长也。遁之时义大矣
哉！"③而"遁"的主要含义是退，即避而去之。全卦是说阴长阳消之时，小
人渐渐得势，君子此时必须退避。对于"退"的缘由，王阳明理解为："夫
子释之以为遁之所以为亨者，以其时阴渐长，阳渐消，故能自全其道而退
遁，则身虽退而道亨，是道以遁而亨也。"④"其时阴渐长，阳渐消"，小人
渐盛，君子虽当退而避之，但是身退而道不能退。道不仅不能退，反而还

---

① （明）王守仁撰，吴光等编校：《白说字贞夫说》，《王阳明全集》卷24，上海古籍出版社
　 2011年版，第998—999页。
② （明）王守仁撰，吴光等编校：《白说字贞夫说》，《王阳明全集》卷24，上海古籍出版社
　 2011年版，第999页。
③ （三国魏）王弼、（晋）韩康伯注，（唐）孔颖达等正义：《遁·彖》，《周易正义》卷4，（清）
　 阮元校刻《十三经注疏》，台湾艺文印书馆2001年影印本，第85页。
④ （明）王守仁撰，吴光等编校：《五经臆说十三条》，《王阳明全集》卷26，上海古籍出版
　 社2011年版，第1078页。

要进一步伸张、凸显。正如《周易·遁·象》所言："天下有山，遁。君子以远小人，不恶而严。"① 特别是当天下无道，身处险恶政局之时，高山峻岭、自然山水带给君子之身的仅仅是寄居可遁之处，但君子之志反不能束缚困陷于此。君子要在退而保其身的基础上以待时变，即通过退遁"自全其道"，最终"道以遁而亨"。由此可以看到，王阳明通过龙场悟道，以《易》理解悟人生，一方面能"知进知止"，深切地体认到了"退"的必要性，另一方面又坚持"以道进退"，即身处政治旋涡之中也能采取以退为"自全其道"的灵活策略，在实际的人生退遁中真正地达到了"道亨"的境界。

　　然而，王阳明并不仅仅满足于以"退"保全其身，其关键在于他是要通过"自全其道"尽最大的可能发挥出主体意识，即"身虽退而道亨"，于退遁中也要"与时消息，尽力匡扶，以行其道"。他说：

　　　　君子虽已知其可遁之时，然势尚可为，则又未忍决然舍去，而必于遁，且欲与时消息，尽力匡扶，以行其道。则虽当遁之时，而亦有可亨之道也。虽有可亨之道，然终从阴长之时，小人之朋日渐以盛。苟一裁之以正，则小人将无所容，而大肆其恶，是将以救敝而反速之乱矣。故君子又当委曲周旋，修败补罅，积小防微，以阴扶正道，使不至于速乱。②

在王阳明看来，真正挺立主体意识的君子即使身处退遁之中，也时时不忘远大的志向和肩负的责任，他们往往"委曲周旋，修败补罅，积小防微，以阴扶正道，使不至于速乱"，从而进退有据，不至于临危方寸大乱。因此，君子退遁于山水自然之中，不是为了一己之利的明哲保身，也不是一味消极的

---

① （三国魏）王弼、（晋）韩康伯注，（唐）孔颖达等正义：《遁·象》，《周易正义》卷4，（清）阮元校刻《十三经注疏》，台湾艺文印书馆2001年影印本，第85页。

② （明）王守仁撰，吴光等编校：《五经臆说十三条》，《王阳明全集》卷26，上海古籍出版社2011年版，第1079页。

悲观厌世，而是"隐居以求其志，行义以达其道"①。即采取一种以退为进的方式，以隐居避世来保全自己的志向，依照义而贯彻自己的主张。②

应该讲，王阳明的"遁世"生活不惟限于他谪居的龙场，其嘉靖元年（1522）以后归越的六年隐居经历，实际上也是一段实实在在的遁世状态。其间，王阳明常以其独特的方式施展其匡扶正义之道，或教化民众、调解政务，或授徒讲学、体悟心学，既体现了对圣传心学的执着追求，又充满了道家式的洒脱意趣。③需要指出的是，王阳明对这种"道家式的洒脱意趣"的向往，也曾通过诗歌的形式酣畅淋漓地表达了出来：

> 投荒万里入炎州，却喜官卑得自由。心在夷居何有陋？身虽吏隐未忘忧。
> 春山卉服时相问，雪寨蓝舆每独游，拟把犁锄从许子，谩将弦诵止言游。④

"隐未忘忧"心态的表露，在一定程度上可以说，确实受到了《遁》卦义理的影响，充满了"天地盈虚，与时消息"⑤的易学智慧。

《五经臆说》中的第三卦为《晋》卦（䷢），其《象》曰："晋，进也，明出地上。顺而丽乎大明，柔进而上行，是以'康侯用锡马蕃庶，昼日三接'也。"⑥《晋》卦主要讲的是升进、明盛之道，《周易·序卦》说："物不

---

① （清）刘宝楠撰，高流水点校：《季氏第十六》，《论语正义》卷19，中华书局1990年版，第665页。
② 朱晓鹏：《王阳明龙场〈易〉论的思想主旨》，《哲学研究》2008年第6期。
③ 朱晓鹏：《王阳明龙场〈易〉论的思想主旨》，《哲学研究》2008年第6期。
④ （明）王守仁撰，吴光等编校：《龙冈漫兴五首》，《王阳明全集》卷19，上海古籍出版社2011年版，第777页。
⑤ （三国魏）王弼、（晋）韩康伯注，（唐）孔颖达等正义：《丰·象》，《周易正义》卷6，（清）阮元校刻《十三经注疏》，台湾艺文印书馆2001年影印本，第126页。
⑥ （三国魏）王弼、（晋）韩康伯注，（唐）孔颖达等正义：《晋·象》，《周易正义》卷4，（清）阮元校刻《十三经注疏》，台湾艺文印书馆2001年影印本，第87页。

可以终状，故受之以晋。晋者，进也。"① 但是，王阳明认为"晋者，进也"中的"进"应是柔进，而不该是冒进。他说：

> 初阴居下，当进之始，上与四应，有晋如之象。然四意方自求进，不暇与初为援，故又有见摧之象。当此之时，苟能以正自守，则可以获吉。盖当进身之始，德业未著，忠诚未显，上之人岂能遽相孚信。使其以上之未信，而遂汲汲于求知，则将有失身枉道之耻，怀愤用智之非，而悔咎之来必矣。故当宽裕雍容，安处于正，则德久而自孚，诚积而自感，又何咎之有乎？②

个体建立功业之初，在"德业未著，忠诚未显，上之人岂能遽相孚信"的情况下，如果急于冒进，则势必出现"失身枉道之耻，怀愤用智之非"而追悔莫及。为避免此种情况发生，个体"当此之时"，只有"苟能以正自守"，才"可以获吉"。

我们知道，在中国传统的政治格局中，士大夫的荣升之路主要操控在拥有无限权力的皇帝手中，而这些统治者因其资质和好恶的不同，往往不是"晋如摧如"，就是"晋如鼫鼠"。这样的政治生态险境，是任何想要博得更大作为的士大夫都必须面对而无法避免的，舍此便无他途。对此，王阳明有着深切的体会。但是，受到《晋》卦的启发，王阳明却找到了应对之策。他指出，面对如此的环境，虽有"晋如"之雄志，也必须深怀戒慎之心，柔进上行。③ 也就是说，"柔顺"是求"晋"的手段，而"顺而丽乎大明"则是获"晋"的方向，如《周易·晋·象》所言"明出地上，晋。君子以自昭明德"④。知此

① （三国魏）王弼、（晋）韩康伯注，（唐）孔颖达等正义：《序卦》，《周易正义》卷9，（清）阮元校刻《十三经注疏》，台湾艺文印书馆2001年影印本，第188页。
② （明）王守仁撰，吴光等编校：《五经臆说十三条》，《王阳明全集》卷26续编1，上海古籍出版社2011年版，第1079—1080页。
③ 参见朱晓鹏《王阳明龙场〈易〉论的思想主旨》，《哲学研究》2008年第6期。
④ （三国魏）王弼、（晋）韩康伯注，（唐）孔颖达等正义：《晋·象》，《周易正义》卷4，（清）阮元校刻《十三经注疏》，台湾艺文印书馆2001年影印本，第87页。

才能自始至终保持一种"宽裕雍容，安处以正"的超然态度，则不仅可以无咎，而且也可以"康侯用锡马蕃庶，昼日三接"，实现以有功有德受到恩宠之晋的期望。

王阳明的这一应对之策与处世心态在其《读易》诗中也得到了鲜明的体现：

> 囚居亦何事? 省愆惧安饱。瞑坐玩羲《易》，洗心见微奥。
> 乃知先天翁，画画有至教。包蒙戒为寇，童牿事宜早。
> 蹇蹇匪为节，虩虩未违道。《遁》四获我心，《蛊》上庸自保。
> 俯仰天地间，触目俱浩浩。箪瓢有余乐，此意良匪矫。
> 幽哉阳明麓，可以忘吾老。①

现代学者方尔加这样予以解读："处世要善于包容万物，使人归向自己，不与自己为敌。碰硬不能以硬，而要以柔。遇事该退就退，不能一味要进。"②这一解读着实将王阳明当时的心态揭示得非常准确。

《晋》卦之《象》曰："明出地上，晋，君子以自昭明德。"这应该如何理解，王阳明作出了如下阐释：

> 日之体本无不明，故谓之大明。有时而不明者，入于地，则不明矣。心之德本无不明，故谓之明德。有时而不明者，蔽于私也。去其私，无不明矣。日之出地，日自出也，天无与焉。君子之明明德，自明之也，人无所与焉。自昭也者，自去其私欲之蔽而已。③

---

① （明）王守仁撰，吴光等编校：《读易》，《王阳明全集》卷19，上海古籍出版社2011年版，第747页。

② 方尔加：《王阳明心学研究》，湖南教育出版社1989年版，第38页。

③ （明）王守仁撰，吴光等编校：《五经臆说十三条》，《王阳明全集》卷26，上海古籍出版社2011年版，第1079页。

就《晋》卦本身卦象而言，上离为明之象，下坤为地之象，实际上意在强调君子须深悟《晋》卦之象，不断自我修养，昭著美德。程颐也认为："君子观明出地上而益明盛之象，而以自昭其明德。去蔽致知，昭明德于己也。明明德于天下，昭明德于外也。"① 可以说，在君子加强自身道德修养方面，王阳明所论与程颐所论并无二致。在他看来，君子无论身处何种心境，都必须表现出"自昭明德"的一面，即充分地发挥主观能动作用，将自身固有之德昭示出来。以本心之明，除己之私欲。通过对"昭明德"这一易道根本的体悟，王阳明不但明彻了如何由"明入地中"之困局，直达"明出地上，顺而丽乎大明"这一道亨之境的门径，而且在体悟易道的过程中，时时彰显了"吾性自足，不假外求"的主体性意识，最终开启了王门以心解《易》、以易证心的"心易"之学，为其心学体系的创建奠立了一块重要的理论基石。②

对于王阳明受易学思想影响的人生境界，清代学人邵廷采曾有过这样的评价：

> 阳明遭迹运会，值昏乱之朝，而能以勋名完立，卓然为一代安国家、定社稷元臣。即其初谪龙场，亦有一纸书剪安之烈，使天下见儒者经纶无施不可，盖皆其学之厚积有以发之。忌者顾从而指为伪，甚矣。石斋黄公称先生气象类孟子、明道，而出处建功之迹近于伊尹，知人知言哉！③

确实如此，王阳明终其一生，一心运时务，"通过演绎《易》理，洞察天道自然之奥秘，并推天道以明人事，进而引向对人生的解悟，达到了'体常尽

① （宋）程颢、程颐著，王孝鱼点校：《晋》，《周易程氏传》卷3，《二程集》，中华书局2004年版，第874页。
② 参见朱晓鹏《王阳明龙场〈易〉论的思想主旨》，《哲学研究》2008年第6期。
③ （明）王守仁撰，吴光等编校：《明儒王子阳明先生传》，《王阳明全集》卷40，上海古籍出版社2011年版，第1734页。

变'‘视险若夷'‘身遁道亨’的人生境界”①。这种人生境界上的圆融和跃动，一方面促成了王阳明精神上的巨大蜕变，使他真正地从理论上充实了“龙场悟道”的思想内涵，完成了立足于己心之良知的心学体系的建构；另一方面，也为王阳明在龙场及日后人生中主体意识的不断挺立、文武事功的不断开拓提供了最为重要的精神资源。“其学之厚积有以发之”，又能“卓然为一代安国家、定社稷元臣”。总之，王阳明这种亦儒亦道、亦仕亦隐的人格结构以及既脚踏实地又境界高远人生理想的最终形成，《周易》及易学思想发挥了重要的作用。

第二节　湛若水易学思想

湛若水（1466—1560），字元明，自号默翁，世称甘泉先生，以综合性的视角建立了以易学为枢纽的心学、气学、理学统合一致的哲学形式，实现了从本体建构到现实关切的人文演进。在中国思想文化发展史上，宋明理学是“以儒学为主干，融摄佛道两家的智慧，综合创造的新形态的哲学”②，中国本土思想文化得以重新焕发出生机与活力，延续着中华固有文化命脉。“宋代的理学家皆为易学家”③，在儒学复兴的过程中，出于哲学思辨性的需要，往往化用深刻的《周易》哲理作为自身重要的思想资源，理学的思想底色因而呈现出“引《易》立论”④的鲜明特征，及至明代这一学术风尚仍在延续。湛若水的易学思想不仅继承了理学的传统，还表现为“一体”“中正”的本体指向以及从个体到社会的现实观照，应是值得深入发掘的思想样态。

一、学术之时代困境

明代学术的发展，是建立在宋代以来积淀的深厚理论基础之上的，宋

---

① 朱晓鹏：《王阳明龙场〈易〉论的思想主旨》，《哲学研究》2008 年第 6 期。
② 冯达文、郭齐勇：《新编中国哲学史》下册，人民出版社 2012 年版，第 10 页。
③ 刘大钧：《周易概论》（增补本），巴蜀书社 2007 年版，第 376 页。
④ 任俊华：《易学与儒学》，中国书店出版社 2001 年版，第 2 页。

学遗泽既为明代学术发展提供了丰富的理论资源，同时也在一定程度上束缚了明代学人的思想创新。在明代程朱理学一尊的格局下，如何冲破固有的理学传统和思想禁锢，展现时代的个性和风貌，以实现理学更为深广的开拓，是明代学人必须面对的问题和努力实现的目标。这其中，湛若水是较为出色的代表性人物。

湛若水初名露，字民泽，后避祖讳，改名雨，再改而为若水。① 湛若水早年因家故而历经奔波、辗转迁移，先是家族与乡人冲突，逃难而避至同知李应家中，后又居于母家。几经曲折，以至于湛若水 14 岁方入小学，16 岁才就读乡校。从年谱上看，22 岁之前的湛若水名声平平，人所不知。及至进学府庠，适逢"都宪临省视学，教官率诸生跪迎于门，先生独昂立"②，此时渐扬其个性。弘治五年（1492），湛若水开始应举试，赴秋闱而"以《书经》中式第一卷"③，惜于次年会试落第。真正算得上人生转折的当属 29 岁那年通过梁景行的介绍，拜师陈白沙先生，从而正式踏上求学问道，建构自己理念世界的道路。白沙先生曾对湛若水说"此学非全放下，终难凑泊"④，湛若水便烧掉会试的部缴，绝意仕进。随后，湛若水便在白沙身边从学 6 年，期间白沙先生常授之以二程著论。如果论学脉渊源和思想承传，湛若水在求学的这段时期至少受到过二程与白沙的影响，即一方面受到了正统、主流的程朱理学教育，另一方面又时刻接受着陈白沙在心学方面对他的启发和引导。

湛若水生活的时代是明成化至嘉靖年间，以成化朝论，此时的明朝发展几近百年，正好处在刚刚消化前代遗泽，努力实现开拓转型的阶段。

宋学遗泽为明代学术的进一步发展，提供了丰厚的思想资源，打下了坚实的理论基础。较之前代，明代义理之学以追求"精微"之旨为表征，已

---

① 黎业明：《湛若水年谱》，上海古籍出版社 2016 年版，第 1 页。

② 黎业明：《湛若水年谱》，上海古籍出版社 2016 年版，第 381 页。

③ 黎业明：《湛若水年谱》，上海古籍出版社 2016 年版，第 11 页。

④ （明）洪垣撰：《墓志铭》，《附录一》，《湛若水全集》第 22 册，上海古籍出版社 2020 年版，第 374 页。

经进入"牛毛茧丝，无不辨晰，真能发先儒之所未发"①的阶段。从明代学者对义理之学的进一步阐发来看，此"精微"之旨更多地呈现出具体化、多面向的一种理论趋势，例如，"宋学在人生问题上是探讨发明的阶段，则明儒是在享受和证实阶段了"②，宋代二程提出"天理"说，明代王阳明将"心即理"③发展到"良知即是天理"④，罗钦顺则视"理"为"气"，后两者比之前者从各自的角度对"天理"的义涵作了更为具体的表达，从而分别开辟出了心学与气学两种学术形态。

也必须清醒地看到，纵观有明一代之思潮，学者所发之思想、议论往往带着深深的程朱烙印。无怪乎钱穆认为，明代学术"只沿袭着正统宋学的一脉，但又于正统宋学中剔去了周、邵、张三家。实际明代学术，只好说沿袭着朱、陆异同的一问题。他们只对此问题之贡献，可说已超过了朱、陆，但亦仅此而止"⑤。显然，在他看来，明代学者基于前代正统学脉的继承，纵有创发，也仅仅是在沿袭的基础上有些许贡献，实际上却还是局限在宋学的框架和范围之内。且不论钱穆的认识和判断是否偏颇，他至少指出了明代学术思潮确实有着鲜明的宋学底色，而宋学遗泽也的确在一定程度上存在着限制明代学人开拓和创新的可能。事实上，明代学术的发展对义理的突破和开拓是有所体现的，尽管程朱理学在有明一代贯穿始终，但其理论内涵的发展却不因此而停滞，很多学人对程朱理学的理解和阐释呈现出从尊崇恪守到发明修正，甚而至突破正轨的历程。在这一转变的历程中，"明初的朱学代表人物薛瑄、蔡清受易学思想浸染，不惟程朱理学是从，对之有所修正、突

---

① （清）黄宗羲著，沈芝盈点校：《明儒学案发凡》，《明儒学案》（修订本）上册，中华书局2008年版，第14页。

② 钱穆：《宋明理学概述》，《钱宾四先生全集》第9册，台湾联经出版事业股份有限公司1998年版，第238页。

③ （明）王守仁撰，吴光等编校：《传习录上》，《王阳明全集》卷1，上海古籍出版社2011年版，第2页。

④ （明）王守仁撰，吴光等编校：《传习录中》，《王阳明全集》卷2，上海古籍出版社2011年版，第80页。

⑤ 钱穆：《宋明理学概述》，《钱宾四先生全集》第9册，台湾联经出版事业股份有限公司1998年版，第235页。

破"①。可见，易学在当时受关注的程度依旧未减，往往会成为学术思潮转变的先导。

二、易学一端统摄天理人心

在明代理学进一步突破和开拓的道路上，湛若水的思想学说展现了深厚的易学底蕴。作为易学名家，湛若水撰有专门的易学著作，是为《修复古易经传训测》。然而，甚为遗憾的是，该书现今所存仅余《修复古易经传训测序》一文。尽管如此，纵观其文集语录及专书，湛若水在易学方面仍保存着丰富的论述，后学亦可循其论迹而明其治《易》大要。

通览湛若水著作及语录，可以发现，他所言的天理就是"易"，而"易"即是人心，这是其理论体系得以展开的核心要旨。从中国思想文化的发展历程来看，宋明理学最为突出的特征，当属天理二字的提出以及与其相适应的理论阐释。除理学形态本身外，宋明之间心学、气学等理论形态皆绕不开对天理的追问，包括天理为何、如何体认天理等关键而重要的问题。尤其到明代中期，经过百年的适应和消化，学人逐渐对宋代以来遗留的理学传统产生了进一步开拓的愿望和目标，即开始进入了一个个性化诠释理学传统的阶段，身处其中的湛若水首先要面对的必然是回应天理为何的问题。

与此同时，也须注意到，随着心学在明代进一步发展，并受到越来越多学人的认可和追随，摆在湛若水面前迫切需要解决的则是天理与人心的关系问题。而对这一问题的回答即是湛若水所谓的"古今往来之宙，上下四方之宇，只是一个天理，即易也"② 与"易道非他也，即人心之天理也"③。从天理、人心与易的联系来看，湛若水的解决方案显然是将具有强烈思辨色彩的易学引入其中，置于天理与人心之间，作为理学与心学的联系纽带。

① 任利伟：《明代易学研究论纲》，《周易文化研究》2016 年第 8 辑，第 142—148 页。
② （明）湛若水撰，郭海鹰整理：《新泉问辩录》，《湛若水全集》第 13 册，上海古籍出版社 2020 年版，第 38 页。
③ （明）湛若水撰，戴斗勇、张永义整理：《审几上》，《诚意格》，《圣学格物通》（一）卷 1，《湛若水全集》第 8 册，上海古籍出版社 2020 年版，第 36 页。

以易学作为阐释心学的立论根基，湛若水就此逐步地建立起了自身的易学体系。

湛若水强调的天理即是"易"，"易"即人心的思想理念，实际上体现出他学归一统的目标和实践。在宋明理学昌明的时代，天理往往被尊为最高的思想范畴，湛若水在此思想背景之下所作的理论转化便是将天理视为"易"，在形而上的层面将两者等量观之，确立了"易"的形而上的地位，奠定了突破宋明理学传统的学理基础。不仅如此，在对心学主旨越发认可的历程中，湛若水又将易视为人心，将两者等同起来，在一定程度上完成了从理学到心学的转化。在湛若水看来，天理、易、心是一体的，说天理就是说易，言易就是言心。因此，他的理论视野也就不仅仅局限于天理、易与人心三者之中的某一方面，而是扩大为一个整体的视角，这样他的理论建构在不同思想形态之间能够游刃有余，从而达到自恰自善的理想境地。需要注意的是，湛若水在此所谓的"心"应当与其《修复古易经传训测序》所谓的"心"① 有所区别，前者趋向于从广义方面理解，后者倾向于可见可感的狭义范围。

而理、易、心三者究竟存在着怎样的逻辑关系？湛若水说：

> 易者非他也，理也。圣人叹《易》理之至，其感深矣。②
>
> 人谋者谋诸人，验其理之同然者也。……盖人心之理即易也，易之理即吾心也。③
>
> 乾易坤简者，造化之理。人得造化之理以生，所谓天理也。天理自然，无所矫强，故谓之易。天理流行，不事安排，故谓之简。……由

---

① （明）湛若水撰，汪廷奎、刘路生整理：《修复古易经传训测序》，《湛若水文集》（一）卷1序上嘉靖十四年乙未，《湛若水全集》第16册，上海古籍出版社2020年版，第280页。

② （明）湛若水撰，戚斗勇、张永义整理：《进德业一》，《圣学格物通》（二）卷26《修身格》，《湛若水全集》第9册，上海古籍出版社2020年版，第362页。

③ （明）湛若水撰，戚斗勇、张永义整理：《审几上》，《诚意格》，《圣学格物通》（一）卷1，《湛若水全集》第8册，上海古籍出版社2020年版，第80页。

守而化则圣矣，其至易至简乎！至易以该乎天下之至博也，至简以该乎天下之至烦也。①

易者至也，易的范畴有至的特性。至则极，极则大，大则全，故易之至，"感深矣"。感深之谓，不仅意味着易的深邃，还表明了易的感通，这是易能够联系理、心的重要条件。而且，理在易和心之间的贯通可以表述为易之理、心之理，理本身无所依托，必得联系易和心以说明其作为规律的抽象性，理在易中又表现为易简的特点。易有"乾易坤简"之谓，而"乾易坤简"是造化之理，人得造化以生是天理的表现。天理自然、流行，不受人为控制，所以能够成就易简之德。因此，基于理对易和心的贯通，便有"人心之理即易也，易之理即吾心也"之谓。上述理、易、心的逻辑贯通，为湛若水以易学统贯自身的学术格局奠定了重要的思想理论基础。

三、易学视野下的"一体"

从理论体系的内在要素来看，湛若水旁涉理、气、心、性、道等范畴，在学术思想史上基本将之归入心学一系，尽管对心学前贤的理念有所继承和借鉴，但其理论体系依然"吸收了理学派的观点"②而自成特色。

首先，就其本体论而言，涵括了理、气、心、性、道、阴阳等诸多范畴而呈现出一体与中正的特点。需要说明的是，"本体"一词及含义"不是舶来品"③，自先秦时期就已有之，如《论语》"君子务本，本立而道生"④，《庄子》"以本为精，以物为粗"⑤。至于"本体"用词的出现，从当前所考文献

---

① （明）湛若水撰，戢斗勇、张永义整理：《进德业一》，《修身格》，《圣学格物通》（二）卷26，《湛若水全集》第9册，上海古籍出版社2020年版，第361—362页。
② 朱伯崑：《易学哲学史》第3卷，昆仑出版社2005年版，第222页。
③ 向世陵：《中国哲学的"本体"概念与"本体论"》，《哲学研究》2010年第9期。
④ （清）刘宝楠撰，高流水点校：《学而第一》，《论语正义》卷1，中华书局1990年版，第7页。
⑤ （清）王先谦撰，沈啸寰点校：《天下第三十三》，《庄子集解》卷8，中华书局年2012年版，第294页。

来看，较早地应当是出自汉代《京氏易传》中的"阴阳二位，各复本体"①。
至于宋明理学时期，则大发"本体"之论，如张载所谓"太虚无形，气之本
体"②，朱熹所谓"天道者，天理自然之本体"③，王守仁所谓"心之本体即是
天理"④。

其次，从哲学意义来看，本体一般被划分为两种含义，一为本然的状
况或性质，二则指向宇宙万物的最终本原或存在根据。前者对本体的解释不
着具体事物，也不立抽象实体，只从万事万物之状况、性质上探究事物的本
然面貌。而后者则常常设立抽象实体，或者立于万物之上，或者贯通万物而
言整体。事实上，两种含义并无本质之高下之别，学者仅从任意一端立下宗
旨，能够形成体系，做到理论自洽，便可谓成立一宗。

再者，以易学视野观之，其学术思想的核心便是"易"，而"易"不是
具体事物，也不是抽象本体。与其说易是确定的对象，不如说易是万事万物
本然的说明来得贴切。实际上，"易的本体世界不是一个决然超越变化现实
的神秘世界。因之也不是一个孤立绝缘的本质世界，甚至也不是一个纯然对
象化的对象，因为它是与主体的人的心灵密切相关的天地人的共同根源"⑤。
基于此，湛若水在建立其易学体系的过程中，对理、气、心、性、道、阴阳
等范畴的关系确定就有了进一步阐发的可能和根据。

"本体"无论是本然恒常还是本根实体，都有本来、真实的指向，这
也是湛若水探讨易学层面本体所是的目的。在他看来，既然要说明理、气、
心、性、道、阴阳等范畴的一致性，那么以"一体"作为前提性的理论回应
便是恰当可行的。《周易·系辞上》有言："形而上者谓之道，形而下者谓之

---

① 郭彧：《京氏易传导读》，齐鲁书社 2002 年版，第 118 页。
② （宋）张载著，章锡琛点校：《太和篇第一》，《正蒙》，《张载集》，中华书局 1978 年版，
　　第 7 页。
③ （宋）朱熹撰：《公冶长第五》，《论语集注》卷 3，《四书章句集注》，中华书局 1983 年版，
　　第 79 页。
④ （明）王守仁撰，吴光等编校：《传习录上》，《王阳明全集》卷 1，上海古籍出版社 2011
　　年版，第 30 页。
⑤ ［美］成中英：《易学本体论》，北京大学出版社 2006 年版，第 24 页。

器。"① 对于此句的理解历代学者各有所别，但都秉持一个基本的立场，即上下之谓、道器之辨，指向现象物质与抽象精神的区别与联系。例如，唐孔颖达解释为："形由道而立，是先道而后形，是道在形之上，形在道之下。故自形外以上者谓之道也，自形内而下者谓之器也。形虽处道、器两畔之际，形在器不在道也。既有形质，可为器用，故云'形而下者谓之器'也。"② 朱熹理解为："设若以'有形、无形'言之，便是物与理相间断了。所以谓'截得分明'者，只是上下之间，分别得一个界止分明。器亦道，道亦器，有分别而不相离也。"③ 相较而言，孔颖达的解释主要突出了两点，一者是道先器后的次序，二者为形质为器用的认识。也就是说，以有形质和无形质的区别而言道器，有形质为器用，无形质为道体，实际上是以器的层面作为道器分际的界限。朱熹则反对以有形、无形来谈道器，坚持认为"器亦道，道亦器"，二者的分别只是一体上下间的分别而已。这两种解释所讲的道器，皆有精神和物质之分。显然，孔颖达持精神与物质相分的观点，朱熹持精神与物质一体不分的立场。

对湛若水来说，《周易》所谓"形而上者谓之道，形而下者谓之器"正好可以用来解释其本体论的"一体"特点。他说："器即气也，气有形，故曰'形而下'。及其适中焉即道也，夫中何形矣？故曰'形而上'。上下一体也，以气理相对而言之，是二体也。"④ 其基本的"一体"立场虽与朱熹无异，却进一步地说明了道、器如何能上下一体的原因。在他看来，器即是气，而气有形质之貌，故说为"形而下"，同时道之为道，在于气恰适其中，中而无形，故称之为"形而上"，这是在器或气的层面，通过其自身的运动

① （三国魏）王弼、（晋）韩康伯注，（唐）孔颖达等正义：《系辞上》，《周易正义》卷7，（清）阮元校刻《十三经注疏》，台湾艺文印书馆2001年影印本，第158页。
② （三国魏）王弼、（晋）韩康伯注，（唐）孔颖达等正义：《系辞上》，《周易正义》卷7，（清）阮元校刻《十三经注疏》，台湾艺文印书馆2001年影印本，第158页。
③ （宋）黎靖德编，王星贤点校：《易十一·上系下》，《朱子语类》卷75，中华书局1986年版，第1935页。
④ （明）湛若水撰，宁新昌整理：《新论》，《湛若水全集》第12册，上海古籍出版社2020年版，第48页。

变化，实现了道器上下的一体或统一。事实上，以现象物质和抽象精神论，湛若水道器"上下一体"之谓，在一定程度上亦可理解为物质与精神的统一，并且这种统一是建立在物质的运动变化之上实现的。可以说，面对世间万象，湛若水依据《周易》形而上下万事万物的概括，形成了"一体"的理论立场，并将其扩展为"天地万物之同体矣，是故宇宙之内一而已矣"①的基本认识，实际上也就是将整个宇宙视作整体，以整体的视角来审视本体的问题。

在此基础上，湛若水将对本体问题的讨论引向了对"同体"的理解。天地万物，囊括了宇宙间诸般复杂多样的现象，对如何在多中取一的问题，湛若水提出了"同体"的方案，即"意、心、身、家、国、天下一贯，圣门切问近思之学也，然而天地万物同体无外矣"②"其上下四方之宇，古今往来之宙，天地人物之同体者乎"③。一般而言，以人类的视角观察天地万物，至少包含两个方面的问题：一是对天地万物的认知问题，包括认知目标、认知方法、认知结果；二是人类自身与天地万物的关系问题。湛若水认为，"天地万物一体尔，何内外之有"④，对这两个问题的回应，以"同体"二字贯通足矣。也就是说，万事万物不能分为内外，皆可在"一体"上获得根本说明，同时，他认识到与天地万物同体的人类自身也包含在"一体"之中，即人与天地万物同为"一体"。不仅如此，湛若水还将这"一体"的关系用人的身体作了较为形象的解释，即"苟知物我之无间而万物同体，如一人之身，手足爪牙之相犯，斯无有校之者矣"⑤。需要注意的是，天地人物有同一性，也有差别性，同一与差别都是在天地人物间客观存在的性质，证明同一

---

① （明）湛若水撰，郭海鹰整理：《雍语》，《湛若水全集》第 12 册，上海古籍出版社 2020 年版，第 61 页。
② （明）湛若水撰，戴斗勇、张永义整理：《圣学格物通大序》，《圣学格物通》（一），《湛若水全集》第 8 册，上海古籍出版社 2020 年版，第 21 页。
③ （明）湛若水撰，汪廷奎、刘路生整理：《浛滨书院记》，《湛若水文集》（二）卷 3，记嘉靖二十六年丁未，《湛若水全集》第 17 册，上海古籍出版社 2020 年版，第 600 页。
④ （明）湛若水撰，郭海鹰整理：《雍语》，《湛若水全集》第 12 册，上海古籍出版社 2020 年版，第 88 页。
⑤ （明）湛若水撰，刘兴邦整理：《约言》，《湛若水全集》第 14 册，上海古籍出版社 2020 年版，第 174 页。

并不意味着把差别抹去。有差别性，天地人物才得以气象万千、各自行进；而有同一性，天地人物才能有所归依、有所根基。

因此，湛若水进一步指出，"人与天地万物之同体而别名也"①，将"同体"与"别名"对举，体现了中国传统体用关系的区别与联系。我们知道，体用，作为一对哲学范畴，自先秦时期始便开始出现在哲学的运思之中。例如，《荀子·富国》"万物同宇而异体，无宜而有用"② 中，"体"主形体、形质义，"用"主功能、作用义。发展至宋明理学时期，学者对体用的认识，更多地倾向于解释为体指本体、本质，用指现象。例如，程颐所谓"至微者，理也，至著者，象也。体用一源，显微无间"③。在湛若水这里，体用的关系更多地倾向于程颐的解释，但同时他自己也有深入的思考，即所谓"一其万矣，万其一矣，万一皆一，是故体用一原"④。

湛若水认为天地人物是宇宙间诸般现象，就个体而言互有差异，就共性而言有其同一，其同一与差异之间遵循着"体用一原"的原则。应该看到，在湛若水的思考里，天地人物诸现象的同一和差异不是只有对立而不可调和，天地人物之不同只是"别名"，本质上天地人物同体，从而将差异纳入到同一体系之中，既扩充了同一的内容，又解决了差异无所主的问题。所以，湛若水所谓"同体"属于能兼顾同一与差别而建立起来的一体学说。推而广之，即使引入如心、性、气等范畴，"同体"之说也能将之纳入其中，正如湛若水所言："知宇宙之义，别犹无别矣。夫上下四方，同此宇也；古今往来，同此宙也。宇宙之内，同此天地也。天地之间，同此气也，同此心、同此性也。同气、同心、同性、同天地、同宇宙，宇宙一家也。本在一

---

① （明）湛若水撰，汪廷奎、刘路生整理：《岳游纪行录》，《湛若水全集》第 22 册，上海古籍出版社 2020 年版，第 251 页。

② （清）王先谦撰，沈啸寰、王星贤点校：《富国篇第十》，《荀子》卷 6，《荀子集解》（上）卷 6，中华书局 2013 年版，第 207 页。

③ （宋）程颢、程颐著，王孝鱼点校：《周易程氏传·易传序》，《二程集》，中华书局 2004 年版，第 689 页。

④ （明）湛若水撰，郭海鹰整理：《雍语》，《湛若水全集》第 12 册，上海古籍出版社 2020 年版，第 75 页。

家，夫何别之云？"① 便又回归到了"宇宙之内一而已矣"的思想主旨。

这里需要进一步反思的是，湛若水将诸般现象收归于"一"之后，"一"的内涵是什么，亦即如何才能认知"一"之为"一"的问题。也就是说，我们可以将宇宙万象视作一个整体来认知，从而寻求诸般现象的共性、普遍性，但同时还需完成"一"是其所是的解释问题。纵观湛若水的理论思索，理、气、心、易、道、阴阳等范畴值得引起足够的关注，尤其是其对气与心的阐发。湛若水对气与心的阐发较为突出的特点是常常与"一"相连，并且基于气或心而论及其他范畴。面对这一理论现象，如果不能看到湛若水"同体""一原"的理论基点，那么极易陷入湛若水思想属于二元论的判断之中。而实际上，若将湛若水的思想视为心气二元论，就意味着湛若水的思想存在两个"一"，所谓"同体""一原"之谓便与其心、气自相矛盾而不攻自破。反过来说，基于"同体""一原"的立场，看待气、理、心、易、道等诸范畴，方能避免湛若水属于二元论甚至多元论的判断。所以，不能轻视湛若水所谓气、理、心、易、道等诸义在"一"的层面所担负的角色和作用。

一体之中，分而观之，无论是气、理，还是心、易，或是其他范畴，都是"一体"基础上不可忽视的理论要素。

以"气"观之，湛若水虽有"宇宙间其一气乎！气一则理一而已"② 之谓，但并不能单纯将"气"视为唯一真实，"气"更多地说明了世界的实有性，为道、理、心、易等范畴提供客观存在性。一般来说，基于湛若水对明代心学的重视和阐扬，学术思想史上大多将湛若水归入心学一系，以表其于心学理论上的建构之功。但值得关注的是，湛若水"并不取道陆、王直接以心撑开体系进而统摄全局的学术路径"③，而是对两宋以来的理学前贤各有摄取。其中，湛若水对张载的气学有所摄取。如张载谓"太虚无形，气

① （明）湛若水撰，郭海鹰整理：《宇宙言送前村王明府还安成》，《湛若水杂著集》卷3，《湛若水全集》第21册，上海古籍出版社2020年版，第169页。

② （明）湛若水撰，宁新昌整理：《新论》，《湛若水全集》第12册，上海古籍出版社2020年版，第47页。

③ 林忠军等：《明代易学史》，齐鲁书社2016年版，第105页。

之本体，其聚其散，变化之客形尔；至静无感，性之渊源，有识有知，物交之客形尔"①，提出了"气"的本体观点。有鉴于此，湛若水在积极地汲取其"气"的本根指向之后，进一步指出：

> 虚无即气也．如人之嘘气也，乃见实有，故知气即虚也。其在天地万物之生也，人身骨肉毛面之形也，皆气之质，而其气即虚无也。是故知气之虚实有无之体，则于道也思过半矣。②

"气"之所指，有虚有实，虚则如"人之嘘气"之不可见而可感，实则谓天地万物之形生。可以发现，湛若水在此虽然沿袭张载的理论逻辑，将"气"放在天地万物的生成层面来谈，并明确了"气"之虚实有无之体。但与此同时，湛若水也强调了天地人物"皆气之质"，也即实有之体。在这一意义上，湛若水对"气"的理论阐发，一定程度上表现出其展现可见可感之客观现实世界的理论愿望。

而承认现实世界为客观存在，则围绕现实世界所形成的思想理念，便有了言说的基础和可能，这也就是湛若水所谓的"知气之虚实有无之体，则于道也思过半矣"。因此，依据于气，他进一步认为：

> 宇宙间一气而已。自其一阴一阳之中者谓之道，自其成形之大者谓之天地，自其主宰者谓之帝，自其功用者谓之鬼神，自其妙用者谓之神，自其生生者谓之易，自其生物而中者谓之性，自其精而神、虚灵知觉者谓之心，自其性之动应者谓之情，自其至公至正者谓之理，自其理出于天之本然者谓之天理，其实一也。③

---

① （宋）张载著，章锡琛点校：《太和篇第一》，《张载集·正蒙》，中华书局1978年版，第7页。

② （明）湛若水撰，宁新昌整理：《新论》，《湛若水全集》第12册，上海古籍出版社2020年版，第45页。

③ （明）湛若水撰，宁新昌整理：《新论》，《湛若水全集》第12册，上海古籍出版社2020年版，第49页。

从表面上看，湛若水似乎是将气这一概念作为超越道、天地、帝、鬼神、神、易、性、心、情、理等范畴的形上本体，万物万理皆由气来统摄，其实不然。湛若水曾谓"道至一无二者也"①。"道至一无二者也"的提出，与"宇宙间一气而已"将"气"置于"一"的层面一样，也是将道置于"一"的层面而言其他。如果还坚持"气"唯一或"道"唯一，恐怕又会与湛若水"同体""一原"的核心主旨相冲突。实际上，就"气"而言，"中国古代哲人是以气体的东西，作为他们运思的模型，作为表示客观存在的概念——物质"②。由此看来，"宇宙间一气而已"中对"气"的强调，便不能超拔于万事万物之上而独言"一体"。

就"气"的形质特点而言，"宇宙间一气而已"则明确了世界的实存实有性，并将"气"作为世界实存实有的物质根基，属于"客观存在"之谓，是可见的、有质感的。惟其如此，继续言道、天地、帝、鬼神、神、易、性、心、情、理等范畴，才不会缺失客观存在性而掉落空无。至于依据"气"而言的道、天地、帝、鬼神、神、易、性、心、情、理等范畴，从"气"运动变化的维度理解似乎更为妥当。即，就气本身言，自其阴阳之性可知道，自其成就形物而知天地，自其主宰知帝，自其功用知鬼神，自其妙用知神，自其生生知易等等，皆不过是建立在客观存在的气之万有而把握之理念，而诸理念范畴与气"其实一也"。"宇宙间一气而已"，无非更多地说明了宇宙万象客观存在的一致性。

如果以"理"观之，"古今宇宙只是一理，生生不息"③，实际上在"同体""一原"的基础上揭示了宇宙万象遵循的法则或规律的一致性。在湛若水这里，宇宙万象因"气"而成其实有，但实有世界遵循什么样的规律运行

① （明）湛若水撰，刘兴邦整理：《答薛尚谦》，《湛若水书信集》，《湛若水全集》第21册，上海古籍出版社2020年版，第300页。
② 徐苏铭、张立文：《中国哲学范畴精粹丛书——气》，中国人民大学出版社1990年版，第15页。
③ （明）湛若水撰，郭海鹰整理：《新泉问辩录》，《湛若水全集》第13册，上海古籍出版社2020年版，第64页。

发展，则是他完成了世界实有说明的基础上需要进一步解决的问题。在这一问题上，湛若水明显地遵循了两宋以来被普遍认可的观点，即承认天理的存在及其功用。湛若水认为："夫理一而已矣。自其太虚无形者谓之天，自其赋予万物者谓之命，自其合虚与气者谓之心，自其具于心者谓之性，自其性之未发而不偏者谓之中。"①"理"是解释万事万物运动变化规律的，而在他看来，万事万物都有各是其所是的理，"太虚无形"之理是为"天"，"赋予万物"之理是为"命"，"合虚与气"之理是为"心"，"具于心者"之理是为"性"，"性之未发而不偏"之理是为"中"，天、命、心、性、中皆由"理"而各成所是。

可见，天、命、心、性、中之理具有内在的一致性，即朱熹所谓的"理一分殊"②，湛若水基本赞同这一观点。"理一分殊，二之则非。理一之中，分殊具焉。如人一身，四肢百体。是故知理一则知分殊矣"③，湛若水形象地以人体"四肢百体"作比喻，将"理一"与"分殊"的关系清楚地呈现在世人面前，实则仍然是对"同体""一原"等理论的进一步诠释。而且，在湛若水这里，理的一致性还表现在两对关系中，一是"物我一理"④，一是"人己一理"⑤。也就是说，在物我关系、人己关系上，万物的运行法则与我的发展规律、他人的人生规律及其自我的人生规律有着内在的一致性。就物我而言，生长消亡之理是统一的；就人己而言，仁义礼智之理是贯通的，无论是物我，还是人己，都处于"同体""一原"之中，因而所行之理，自然统一无二。

① （明）湛若水撰，郭海鹰整理：《中者天下之大本论》，《湛若水杂著集》，《湛若水全集》第21册，上海古籍出版社2020年版，第33页。
② （宋）黎靖德编，王星贤点校：《理气上·太极天地上》，《朱子语类》卷1，中华书局1986年版，第2页。原文为："问理与气。曰：'伊川说得好，曰：'理一分殊。"合天地万物而言，只是一个理；及在人，则又各自有一个理。'"
③ （明）湛若水撰，钟彩钧、游腾达点校：《体认章第十》，《新论》，《泉翁大全集》卷2，台湾"中央研究院"中国文哲研究所2017年版，第47页。
④ （明）湛若水撰，钟彩钧、游腾达点校：《中庸第七》，《湛子约言》，《甘泉先生续编大全》卷29，台湾"中央研究院"中国文哲研究所2017年版，第808页。
⑤ （明）湛若水撰，宁新昌整理：《天关精舍讲章》，《湛若水全集》第12册，上海古籍出版社2020年版，第307—308页。

以"心"观之，"心"有极广极大之谓，万事万物皆在其中，不分内外。湛若水对"心"的意义和作用寄予了厚望，他期望"心"能够将整个现实世界统贯其中，从而实现"心"的升华，"人心与天地万物为体，心体物而不遗，认得心体广大，则物不能外矣"①。按照他的观点，心是广大的，万物不能超脱其外，故能"体物而不遗"。为了进一步扩大"心"的义涵和意义，湛若水在《心性图说》中作了更为深入的回答：

> 曰："何以小圈？"曰："心无所不贯也。""何以大圈？"曰："心无所不包也。包与贯实非二也，故心也者，包乎天地万物之外而贯乎天地万物之中者也。中外非二也，天地无内外，心亦无内外，极言之耳矣。故谓内为本心，而外天地万事以为心者，小之为心也甚矣。"②

在他看来，诸范畴当中"心"是大心，具有无所不包、无所不贯的特点。将"心"的体量无限放大到极致，天地万物都包含其中，但"心"又不能仅仅是包乎天地，如此，"心"也只是相当于在天地万物之外画了个圈，只起到了围栏式的作用，与天地割裂开来。湛若水还认为，"心"应贯乎万物之中，而"贯"之一字就很好地解决了"心"与天地万物一体的问题。这样，由包、贯而言"心"，"心"不但范围了整个天地宇宙，还与天地万物紧密联系在一起，如血肉相连，不分你我，从而消弭了内外之别，宇宙万有也随之体现为一个"心"，所以天地人物皆有此心，意即"同一心也"③。这在某种程度上以"心"替代了宇宙万有，或者说，"心"与宇宙万有得以相合无二。

值得注意的是，"往古来今谓之宙，四方上下谓之宇"④，宙是时间之谓，

---

① （明）湛若水撰，刘兴邦整理：《与阳明鸿胪》，《湛若水书信集》，《湛若水全集》第21册，上海古籍出版社2020年版，第214页。

② （明）湛若水撰，黄明同整理：《心性图说》，《心性书》，《湛若水全集》第14册，上海古籍出版社2020年版，第102—103页。

③ （明）湛若水撰，汪廷奎、刘路生整理：《白沙书院记》，《湛若水文集》（二）卷3，记嘉靖十一年壬辰，《湛若水全集》第17册，上海古籍出版社2020年版，第520页。

④ 何宁撰：《齐俗训》，《淮南子集释》（中册）卷11，中华书局1998年版，第798页。

宇是空间之谓，宇宙即为时空。而湛若水将"心"范围了整个宇宙，实际上也是范围了无限性的时空，"心"由此而获得了时空的内涵和意义。就一定意义而言，理、道、性、气、心、易、阴阳、天地万物等皆不能离开时空而独说各是。离了时间，诸般现象和变化尽皆停止，直至消亡；离了空间，诸般现象和变化尽皆虚无，不复存在。事实上，时间和空间，天地人物任失一端，都会失去任何意义。因此，湛若水将"心"放大到极致，乃至于和合宇宙，在很大程度上论证了将"心"视作"同体""一原"之"一"，进而统摄诸般现象和道理，是具有可行性的。

以"易"观之，"易"具有比"心"更适合被视作"同体""一原"，而具有统摄诸般现象和道理的可能。依湛若水的理解，易与气的关系在于，"阴阳一气也，气一宇宙也，一而已矣"[1]；易与道的关系在于，"日月者，阴阳变易之大端也。变易，即道也"[2]，"一阴一阳之谓道，外阴阳则道不可言矣，阴阳息则无以见道矣"[3]；易与理的关系，"易者非他也，理也"[4]，"蓍卦是《易》理之形见者也，在卦在心，皆是一理，因卦以感通其理，理见而心之邪秽去矣"[5]；易与心的关系，"圣人之作《易》，原于心也"[6]，"心之体即是易体，心之几即是爻变"[7]。综合来看，易有阴阳，阴阳为气，气之形质而为天地万物，同时，一阴一阳的变化是为道也，道不能离开阴阳而独存。湛若

① （明）湛若水撰，钟彩钧、游腾达点校：《阴阳章第八》，《新论》，《泉翁大全集》卷2，台湾"中央研究院"中国文哲研究所2017年版，第42页。
② （明）湛若水撰，汪廷奎、刘路生整理：《修复古易经传训测序》，《湛若水文集》（一）卷1序上嘉靖十四年乙未，《湛若水全集》第16册，上海古籍出版社2020年版，第280页。
③ （明）湛若水撰，宁新昌整理：《新论》，《湛若水全集》第12册，上海古籍出版社2020年版，第44页。
④ （明）湛若水撰，戢斗勇、张永义整理：《进德业一》，《修身格》，《圣学格物通》（二）卷26，《湛若水全集》第9册，上海古籍出版社2020年版，第362页。
⑤ （明）湛若水撰，郭海鹰整理：《新泉问辩录》，《湛若水全集》第13册，上海古籍出版社2020年版，第66页。
⑥ （明）湛若水撰，戢斗勇、张永义整理：《审几上》，《诚意格》，《圣学格物通》（一）卷1，《湛若水全集》第8册，上海古籍出版社2020年版，第34页。
⑦ （明）湛若水撰，郭海鹰整理：《天关语录》，《湛若水全集》第14册，上海古籍出版社2020年版，第56页。

水之"心体"即是"易体"，易据此而跃升，在一定程度上具有了宇宙本体的功能和性质，并随着"心之几即是爻变"的揭示，在宇宙万有间发挥着变化、主导的作用。

这样，在"易"的视角下，湛若水所谓易与气、道、理、心等诸范畴的关系便形成了以易为核心的理论模式。同时，在这一模式下，湛若水以互相成其变化、互相有所包含的方式将易与气、道、理、心等诸范畴组成了以"易"为主体，气、道、理、心等诸范畴为要素的理论体系。当然，以"易"为视角并不意味着要消解气、道、理、心等诸范畴的个性和作用，而是按照湛若水"同体""一原"的理论原则，通过"易"的视角呈现"一"的全貌，或者说，充实"一"的内容并形成各有分工的一体，犹如人之一体，有"四肢百体"以示全貌。所以，"易"既呈现了"一"，也成就了包括自身在内的气、道、理、心等诸范畴的理论价值。

四、易学视野下的"中正"

不难看出，湛若水"一体"或"同体"的主旨，试图融摄理、气、心、性、道、易等范畴，不仅力图在精神世界层面进行统一的努力，还期望在物质世界与精神世界的关系中实现统一的目标。这就不免令人产生进一步的思考或发问，其所谓理、气、心、性、道、易等范畴的统一何以可能的问题。对湛若水来说，"履天下之大道，而决天下之至赜者，莫大乎中正。中正者，救偏之极致也"[1]。换而言之，他认为"中正"是理、气、心、性、道、易等范畴所应具备的理论品格，从而使诸范畴虽各是其所是，但能够齐同一体，而不致偏失，偏失"谓之天地之全体则不可"[2]。而湛若水运用"中正"义涵绾合诸范畴，使诸范畴得以统一的理论阐释，主要以气之"中正"和心之"中正"为重要的门径。

---

[1]　(明)湛若水撰，汪廷奎、刘路生整理：《叙遵道录》，《湛若水文集》(一)卷1序上《正德十四年己卯》，《湛若水全集》第16册，上海古籍出版社2020年版，第107页。

[2]　(明)湛若水撰，郭海鹰整理：《天关语录》，《湛若水全集》第14册，上海古籍出版社2020年版，第12页。

　　湛若水虽然不是以"气"作为核心以建构其思想主旨，但仍然对"气"给予了足够的重视。"天地之与万物一气也，天地之气相感，则太和氤氲，而化育成矣"①，湛若水极大地肯定了"气"之本原性、形质性，将"气"的形质内涵发挥在其哲学运思中，为天地人物、道理心性等提供了客观实在性的说明，打下了形而可见之世界的根基，使精神运思世界有所凭依而成为可能。当湛若水将"一气"进一步展开，理论世界便必然随其运思在"气"的层面趋向一统。惟其如此，"一气"才有意义。可以发现，湛若水在"气"层面的思想统一，基本上将宋明理学的主要核心范畴囊括其中。与此同时，面对这一理论认识，湛若水也必然需要回应为什么诸范畴中惟有在"气"的层面能够实现一统的问题。接下来，湛若水进一步展开对气之"中正"的阐释。

　　第一，道与气之中正。"道"之原意是道路，如《说文解字》曰"道，所行道也"②，后引申为规律等内涵，如韩非《解老》所谓"道者，万物之所然也，万理之所稽也"③。在湛若水的理论体系里，"道"的义涵主要体现为两点，"其一是与理同义，其二是指依理处事应物的过程"④。而"道"何以能与"气"成为一统，湛若水认为恰是气之中正所致，他说：

　　　　易一阴一阳之谓道，即气即道，气之中正者即道，道气非二也。疑周子之说良是，盖阴阳动静运行于天地之间，无有止息，又岂待生？张子知死而不亡者可与语性，知道者也。⑤

　　　　易一阴一阳之训，即气即道也。气其器也，道其理也，天地之原也。器理一也，犹之手足持行也，性则持行之中正者也。⑥

① （明）湛若水撰，戢斗勇、张永义整理：《感应上》，《诚意格》，《圣学格物通》（一）卷7，《湛若水全集》第8册，上海古籍出版社2020年版，第105页。
② （汉）许慎撰：《说文解字》，九州出版社2001年版，第104页。
③ （清）王先慎撰，钟哲点校：《解老》，《韩非子集解》卷6，中华书局2003年版，第146页。
④ 乔清举：《湛若水哲学思想研究》，台湾文津出版社1993年版，第33页。
⑤ （明）湛若水撰，钟彩钧、游腾达点校：《刘廷绎问目二十五条》，《答问》，《甘泉先生续编大全》卷27，台湾"中央研究院"中国文哲研究所2017年版，第727页。
⑥ （明）湛若水撰，宁新昌整理：《新论》，《湛若水全集》第12册，上海古籍出版社2020年版，第50页。

> 观天地间，只是一气，只是一理，岂常有动静阴阳二物相对？盖一物两名者也。夫道一而已矣，其一动一静，分阴分阳者，盖以其消长迭运言之。以其消，故谓之静，谓之阴；以其长，故谓之动、谓之阳。亘古亘今，宇宙内只此消长，观四时之运，与人一身之气可知，何曾有两物来？古今宇宙只是一理，生生不息，故曰："动静无端，阴阳无始。"见之者谓之见道。①

气有一阴一阳，其变化运行，"无有止息"。在这一过程中，湛若水将道与气之阴阳紧密联系在一起。以《周易》所谓"一阴一阳之谓道"为理论依据，提出了"即气即道，气之中正者即道，道气非二也"的主张。不仅如此，湛若水又进一步解释了道何以是气之"中正"，即其所谓"道也者，阴阳之中也"②。在他看来，就阴阳的运动变化而言，阴阳是一对相反相成的范畴，既有相互成就的一面，也有相互压制的一面，这一过程中的阴多于阳和阳多于阴的情况都会导致事物有所偏失，不复和谐。很明显，湛若水设想的最好的情况在于，一阴一阳互不增减而等量抗之，从而恰好保持在一种"中正"的状态，这一状态就是道的真实面貌。

第二，理与气之中正。湛若水认为理也可凭气之"中正"进行解释。理，是为法则或规律，与道的含义有一定的相似性，被宋明理学家推举为最高的理论范畴。但是，如何将理转化为气之"中正"似又存在一定的难度。例如，有人问湛若水："气之中正处便是理，不知其杂糅者独非理耶。"③在宋明理学时代，理往往被学者视为一切事物之理，如果湛若水将气之中正视为理，那么气之杂糅情况又是否可称之为理显然会引发质疑。针对这一疑

---

① （明）湛若水撰，郭海鹰整理：《新泉问辩录》，《湛若水全集》第 13 册，上海古籍出版社 2020 年版，第 64 页。

② （明）湛若水撰，宁新昌整理：《新论》，《湛若水全集》第 12 册，上海古籍出版社 2020 年版，第 48 页。

③ （明）湛若水撰，黄明同整理：《新泉问辩续录》，《湛若水全集》第 13 册，上海古籍出版社 2020 年版，第 191 页。

问，湛若水回应称，"中正即是天理，不中不正即是杂揉，即是人欲。觉之反之，即中正之本体完复矣"①。意即视天理为中正，视人欲为不中不正。联系湛若水所谓"一体"之旨，实际上是将天理从传统范畴至高点上"移开"，置放在"一体"的意义上阐释其与气的关系问题。正是在这一意义上，湛若水完成了理与气之中正的统一。

第三，心与气之中正。我们知道，两宋以来的学者对"心"的阐释和定位从官能以至本体，实现了心学的理论飞跃。在心学一派的主张中，如理学家崇尚"理"那般，"心"也作为至高的范畴而成为核心要旨，尤其是湛若水本人在"心"的层面视"心"为全体宇宙，也同样持有这一立场。因此，如何将心与气之"中正"统一，比之将理与气之"中正"统一又增加了理论难度，至少需要进行一番更为深入复杂的理论阐释。值得注意的是，湛若水的解决方案是将心、人、天地、气联系起来，从而说明心与气之"中正"一体的统一关系。他说：

　　夫圣人之学，心学也。如何谓心学？万事万物莫非心也。《记》曰："人者天地之心。"人如何谓天地之心？人与天地同一气，人之一呼一吸与天地之气相通为一气，便见是天地人合一处。……何以言之？人者，天地之心也。天地与人同一气，气之精灵中正处即心，故天地无心，人即其心。②

学问在乎心，万事万物都是心的呈现，这是其对"心"的前提定位。而心与气如何统一，湛若水通过解释"人者天地之心"，极大地发挥了"气"的理论效力，将人与心皆纳入"气"的范围。从"气"是天地人物所由生的根基这一理论前提出发，湛若水认为人之所以为天地之心。首先，人与天地万物

① （明）湛若水撰，黄明同整理：《新泉问辩续录》，《湛若水全集》第13册，上海古籍出版社2020年版，第191页。
② （明）湛若水撰，宁新昌整理：《泗州两学讲章》，《讲章》，《湛若水全集》第12册，上海古籍出版社2020年版，第256页。

一样，都是"一气"，即其所谓"人之一呼一吸与天地之气相通为一气"，从而完成了人与天地一体的说明。再有，在"一体"的基础上，人是天地之心的根本原因在于，人是"气"之形质中最为"精灵中正"的，能表现出心之精一灵动的面貌，因而能够视人为天地之心。可以说，湛若水从逻辑层面能够恰到好处地说明了"气之精灵中正处即心"的问题。

第四，性与气之"中正"。就哲学意义而言，"性"一般指人性，亦有"天性""物性"等义。对于性与气之"中正"的统一，湛若水认为可以从道器关系入手加以说明，他说：

> 吾观于《大易》，而知道器之不可以二。二也，爻之阴阳、刚柔，器也；得其中正焉，道也。器譬则气也，道譬则性也。气得其中正焉，理也，性也。是故性气一体。[①]

对道器是一体不可分的这一命题的阐释，湛若水则从分析《周易》中爻的特点切入。爻所具有的阴阳刚柔为器，而爻之阴阳刚柔在运动变化过程中达到"中"的程度便是道，在爻的基础上道和器也就实现了统一。正基于此，湛若水认为道可以比作性，器可以比作气，这样道器的关系就顺理成章地转化成性气的关系。所以，器"得其中"为道，亦可证得"气得其中正焉"是"性也"。

与气之"中正"不同的是，心之"中正"更多地表现为对天理的论述。在这一论述过程中，湛若水形成了如下认识：天理是"中正"的，心之本体是"中正"的，心得"中正"便是天理。上述认识又可归为一个结论，即心之中正本体是为天理，其原因在于"中正"乃天理之谓。对天理是"中正"的认识，湛若水在论证理与气之"中正"的统一关系过程中已有所揭示。所谓"中正即是天理"虽然是就气而言的，但不可否认的是，从"中正"的层

---

① （明）湛若水撰，郭海鹰整理：《樵语》，《湛若水全集》第 12 册，上海古籍出版社 2020 年版，第 8 页。

面看，惟有天理也具备"中正"的理论品格，才能与气之"中正"相契合，实现齐同的目标。在这一前提下，天理是中正，原因还在于，心之本体为"中正"。本体的概念历来受学者所重视，纵观其理论内涵的发展演变，可于本然与本根处分论说。湛若水坚持"道，天理也，心之本体也"①"中正者，心之本体也"②之旨，显然，本体的内涵在湛若水这里便更多地表现为本然之谓：一方面，"中正"的义涵主要指"救偏之极致也"，揭示的是事物的某种状态，这种状态不可名而可与偏失相对；另一方面，湛若水将"心"视为无所不包、无所不贯，纳天地于一心而无内外，本来便有将"心"放大为整体、一体的意味，若再设一个概念来统摄"心"，便陷入了重复解释的理论陷阱之中。因此，"中正者，心之本体"之谓，应当以"中正"为心之本然状态来解释更合乎逻辑，自然也就推导出了心之"中正"本体是为天理的结论。

所以，在湛若水看来，对于心与理的关系如何"中正"统一的问题，一方面，天理具有"中正"的理论品格，另一方面，心之本体便是"中正"，心与理因"中正"而出现理论交合的契机。进而，湛若水便提出了"心之中正之本体也，即所谓天理也"③之论，他说：

> 盖心与事应，然后天理见焉。天理非在外也，特因事之来，随感而应耳。故事物之来，体之者心也。心得中正则天理矣。④

对心与理的关系，及其统一的实现问题，湛若水引入了"事"与"应"的因素，以此充实心与理的统一关系。按照他的理解，"心与事应，然后天理见

---

① （明）湛若水撰，郭海鹰整理：《雍语》，《湛若水全集》第 12 册，上海古籍出版社 2020 年版，第 61 页。

② （明）湛若水撰，郭海鹰整理：《雍语》，《湛若水全集》第 12 册，上海古籍出版社 2020 年版，第 71 页。

③ （明）湛若水撰，汪廷奎、刘路生整理：《岳游纪行录》，《湛若水全集》第 22 册，上海古籍出版社 2020 年版，第 275 页。

④ （明）湛若水撰，刘兴邦整理：《答聂文蔚侍御》，《湛若水书信集》，《湛若水全集》第 21 册，上海古籍出版社 2020 年版，第 256 页。

焉"。这就意味着，心与理的统一除了各自具备的"中正"品格外，还需要借助一定的载体或媒介，将心与理从现实世界中联系起来，实现两者在现实层面的统一，即要求心与理发挥感应的功能，通过具体的事物，以"中正"之本然实现统一。

通过分析湛若水的运思过程，我们可以看到，其阐明"一体"之旨，以"中正"实现"一体"可能，不仅解释了惟其一体或同体，宇宙万有诸般现象、理、气、心、性、道、易诸范畴才可能统一而论，各是其是，同时又进一步地对"一体"何以可能的问题作出了回应。但是，这并不意味着其运思的最终完成，事实上，还需要再进一步反思"中正"在诸范畴运动中何以实现的问题。观察其理论行迹，可以发现，对于中正何以实现的问题，湛若水选择了回归易学以作发明。

其一，"中正"在于阴阳合德。湛若水认为"中非有形也，以中而名其不偏也，以其不可名而名之也"①，而"中则正矣，中正一以贯之，而圣学备矣"②，"中正"既无形也不可名，现实物质世界里找不到与"中正"对应的指称对象，这就意味着"中正"不可能是形质之物，即从实体层面无法把握"中正"的路径。然而，总要有所依托而言"中正"，方得木之根、水之源，而不至于使"中正"落入空无。以此为目标，湛若水指出，易之阴阳就能很好地说明"中正"何以可能的问题，故其谓"阴阳合德，见中正焉"③，"《易》曰'一阴一阳之谓道'，则亦有偏阴偏阳者矣，故吾常谓命为中正"④，"阴阳得中者，天之则也"⑤。显然，湛若水看到了阴与阳相反相成的

① （明）湛若水撰，郭海鹰整理：《中者天下之大本论》，《湛若水杂著集》，《湛若水全集》第 21 册，上海古籍出版社 2020 年版，第 33 页。

② （明）湛若水撰，汪廷奎、刘路生整理：《赠别黄太史序》，《湛若水文集》（一）卷 1 序上《嘉靖二年癸未》，《湛若水全集》第 16 册，上海古籍出版社 2020 年版，第 140 页。

③ （明）湛若水撰，汪廷奎、刘路生整理：《来鴈轩记》，《湛若水文集》（二）卷 3，记嘉靖十二年癸巳，《湛若水全集》第 17 册，上海古籍出版社 2020 年版，第 531 页。

④ （明）湛若水撰，刘兴邦整理：《约言》，《湛若水全集》第 14 册，上海古籍出版社 2020年版，第 180 页。

⑤ （明）湛若水撰，刘兴邦整理：《约言》，《湛若水全集》第 14 册，上海古籍出版社 2020年版，第 169 页。

对立与统一，与中正之中而不偏极为契合，所以才有此论。按照湛若水的说法，阴阳合德则可彰显"中正"之义，而其合德之谓，显然并不是随意搭配阴阳的体量可以达到的，必须是一个阴与一个阳，或者说等量的阴和阳相互影响、相互依存，才能实现"中正"的要求。

其二，"中正"在于时位相应。湛若水指出："一部《易》，只在时与位耳。随时随位，即道也。阴盛与未盛之时不同，大臣与新进之位不同，此仕止久速之时，惟达权者能之。"① 在他看来，研《易》谈"中正"不可忽视的一个重要问题是《周易》的时位观念。其时与位，有阴阳盛衰之时的不同，有新旧交替之位的差别，能够知止而定且通达时变的人，一定是对《周易》之时位具有深切领悟之能力。实际上，《周易》的时与位，有着内在的理论根基。例如，王弼《周易略例·明卦适变通爻》曰：

> 夫卦者，时也；爻者，适时之变者也。夫时有否泰，故用有行藏；卦有小大，故辞有险易。一时之制，可反而用也；一时之吉，可反而凶也。故卦以反对，而爻亦皆变。是故用无常道，事无轨度，动静屈伸，唯变所适。故名其卦，则吉凶从其类；存其时，则动静应其用。寻名以观其吉凶，举时以观其动静，则一体之变，由斯见矣。②

据《周易折中》所述，《周易》之时位在于卦爻。《周易》六十四卦反映的是万事万物不同时期的运动变化，而卦内诸爻则是表现各个时期内部所具有的阶段性变化。运用《周易》的智慧观察人伦物理、吉凶祸福，能够看到存在于事物之间的时位内涵，从而随顺动静，趋吉避凶。

值得注意的是，"位有中正不中正之分，又各有善不善之别。时当用刚，则以刚为正而善也；时当用柔，则以柔为正而善也。果其位为中与正，则无

---

① （明）湛若水撰，黄明同整理：《新泉问辩续录》，《湛若水全集》第 13 册，上海古籍出版社 2020 年版，第 201 页。

② 王弼撰，楼宇烈校释：《周易注（附周易略例）》，中华书局 2011 年版，第 409 页。

有不善者"①。《周易》中的爻位有"中正",而"中正"并非只是阴阳刚柔任意一端,惟其与时动静,当时当位,才是真正的"中正"之善。在阐释《同人》卦时,湛若水说:

> 同人者,同于人也。同于人,故能通其志。上《乾》下《离》,故有文明刚健之象。五二皆居中位正,故有中正而应君子正道之象。夫文明者虚灵也,刚健者直方也,中正者不偏倚也。②

《同人》卦(☰),卦象是上乾下离。其《象》曰:"文明以健,中正而应,君子正也。唯君子为能通天下之志。"③在湛若水看来,《同人》卦中二爻和五爻皆处于卦之中,而且得位为正,故而"中正"有应,露"正道之象"。因此,虽然"中正"之谓无法在现实世界中找到与之对应的指称实体,但在易学的解释中却可以得到更为广大的理论视角,从而呈现"中正"的更多可能。可以看出,湛若水正是汲取易学思想资源,在上述方面实现了统合心气理道诸范畴的目标。

湛若水面对本体的问题,基于其理论背景及自我致思,使其易学呈现出"一体"与"中正"的本体论内涵与特征。从概念上看,所谓本体应当是基于整体或一体层面的"中正"本体,而且就本体的指向来看,更多地倾向于对本然的把握。尽管湛若水重视对理、气、心、性、道、易诸范畴的理论阐释,但仍不离一体之旨而言其他,"易"在其中充分地发挥着联系理、气、心、性、道诸范畴的角色和作用。也可以这样讲,湛若水的思想体系从总体上来说,是以易学为视野才得以建立起来的,惟其如此,其"一体"与"中正"之旨才得以完整地呈现出来。

---

① 来裕恂著,卢家明点校:《易学通论》,广东人民出版社 2010 年版,第 552 页。

② (明)湛若水撰,戢斗勇、张永义整理:《正心上》,《正心格》,《圣学格物通》(一)卷18,《湛若水全集》第 8 册,上海古籍出版社 2020 年版,第 254 页。

③ (三国魏)王弼、(晋)韩康伯注,(唐)孔颖达等正义:《同人·象》,《周易正义》卷2,(清)阮元校刻《十三经注疏》,台湾艺文印书馆 2001 年影印本,第 133 页。

五、治学与为政的易学涵养

我们知道，古代思想家言及宇宙与人生，一般未尝离于天、地、人三者，三者的内在关系，往往被称为"三材之道"①。《周易》称"言行，君子之枢机"②，其中"行"是指"个人立身处事的动机和成效"③，此即人道的重要内容。人道区别于天地之道的显著特点在于，紧紧围绕着人的现实存在，以人的生活实践为中心，集中表现为经世致用的理论旨趣。因此，在中国思想文化史上，有许多学人认为真正的学问应当具备指导人的现实生活的实践功能。否则，便如"儒而佛者，自以为有得矣，至于经理世务，若非依傍吾圣人道理，即一步不可行。所得非所用，所用非所得，正所谓由其蔽于始，是以缺于终尔"④。为避免陷入学问偏废、致思无用的境地，在易学体系的建构中，湛若水对人道的内容极其关注，并立足于个人修身、人己交往、社会实践等方面，体现出了强烈的现实人文关怀。

自先秦以降，《周易》作为沟通天道人事的经典，在天神崇拜的时代发挥了卜问吉凶的重要作用，历经古代思想家的发明和充实，形成了以阴阳、乾坤等范畴为主要内容的理念世界，并"逐渐变成指导人们的生活，规范人的言行以及观察和分析问题的指南"⑤。这种指导和规范又逐渐演变成人们修身、齐家、治国、平天下的行为内容和人生目标。对此，湛若水也持有"夫王者之道，修身以齐家，家正而天下治矣"⑥的主张，而如何修身从而达到更高的人生境界，他秉易学思想之沾溉，提出了"收敛精神"的命题。

---

① （三国魏）王弼、（晋）韩康伯注，（唐）孔颖达等正义：《系辞下》，《周易正义》卷8，（清）阮元校刻《十三经注疏》，台湾艺文印书馆2001年影印本，第175页。

② （三国魏）王弼、（晋）韩康伯注，（唐）孔颖达等正义：《系辞上》，《周易正义》卷7，（清）阮元校刻《十三经注疏》，台湾艺文印书馆2001年影印本，第151页。

③ 程石泉：《中国哲学综论》，上海古籍出版社2007年版，第92页。

④ （明）罗钦顺撰，阎韬点校：《困知记》，中华书局1990年版，第89页。

⑤ 朱伯崑：《易学哲学史·北大版序言》第1卷，昆仑出版社2005年版，第38页。

⑥ （明）湛若水撰，戴斗勇、张永义整理：《谨妃匹上》，《齐家格》，《圣学格物通》（二）卷30，《湛若水全集》第9册，上海古籍出版社2020年版，第411页。

嘉靖十年（1531），时年66岁的湛若水上《劝收敛精神疏》，以示君子修身之要：

> 所谓修乎在己者，收敛精神是也。夫二气储精而神生焉，夫精神者，天敛之以生物，地敛之以成物，圣人敛之以生盛德而成大业。帝得之以为帝，王得之以为王，人物得之以为生育。《易》曰："夫乾，其静也专，其动也直，是以大生焉。夫坤，其静也翕，其动也辟，是以广生焉。"解之者曰："不专一则不能直遂，不翕聚则不能发散。"故专一翕聚，以为发生遂成之本，天地之道然也。五行二气藏于冬也，故春得之以为生，夏得之以为长，秋得之以为成。故闭藏者所以为生长、收成之本，四时之运然也。夫天地四时且然，而况于圣人乎！而况于万物乎！是则天地四时之所以为天地四时，帝王之所以为帝王，圣人之所以为圣人，万物之所以为生遂，在收敛精神而已耳。夫精神者，敛之则全，用之则散。故目多视五色；则精神散于五色；耳多听五声，则精神散于五声；心多役于百为，则精神散于百为。是以古之圣帝明王慎之，以保惜其精神焉而不敢散。故帝舜曰："臣作朕股肱耳目，予欲左右有民，汝翼。予欲宣力四方，汝为。予欲观古人之象，日、月、星辰、山龙、华虫作绘，宗彝、藻、火、粉米、黼、黻絺绣，以五采彰施于五色，作服，汝明；予欲闻六律、五声、八音，在治忽，以出纳五言，汝听。"是帝舜之制作图治也，但示以欲为之志，而以耳目股肱之用托之于臣，而使翼为明听焉。大舜不自劳役以散其精神，保养而爱惜之，以为出治之本，化育之原，是亦体天地四时专一翕聚闭藏之道，万物发育之理也。①

《劝收敛精神疏》开篇明义：修己之要在精神收敛，精神收敛之功能在于主

---

① （明）湛若水撰，刘兴邦整理：《劝收敛精神疏》，《湛若水章疏集》，《湛若水全集》第22册，上海古籍出版社2020年版，第44—45页。

生育之大用。精神之谓，离不开阴阳二气相互蕴藉而生，不仅是阴阳二气的内在表现，更是人的心灵外在呈现。收敛即收摄涵养之谓，精神之收敛有其大用，精神收敛之于天地，是其生发万物，形成万有的动力；精神收敛之于人，是圣盛德大业之为圣、帝王之为帝王的凭借。在"易"而言，精神收敛是乾坤广生、大生之谓。乾者，既专也直；坤者，既翕也辟。所以，在湛若水看来，精神收敛是要求人们秉乾坤专一"翕聚"之德，使得精神得以收敛，从而成广生、大生之道。

不仅如此，湛若水还将精神收敛与"易"之闭藏相联系。易所谓闭藏，从四时的角度理解，"五行二气藏于冬也，故春得之以为生，夏得之以为长，秋得之以为成"。闭藏之时义是生、长、成之基，有藏于冬，春乃得以生万物，夏乃得以长万物，秋乃得以成万物。因而，精神收敛是为了在感应万事万物的过程中，能够得以生发精神、长育精神、成就精神。精神只有凝聚，以全示于人，人心才能生发大用，故言精神之敛者，是谓全。在湛若水看来，现实世界存在太多能够诱惑人心、涣散精神的现象和事物，他举出了精神散失的情况，"目多视五色；则精神散于五色；耳多听五声，则精神散于五声；心多役于百为，精神散于百为"。所以，强调收敛精神不仅是要主动秉持专一"翕聚"之德，还要保养精神，时时警惕和杜绝涣散的可能。由此，他提倡世人学习古舜帝的做法，"不自劳役以散其精神，保养而爱惜之，以为出治之本，化育之原"，收敛精神以修其身，从而体悟天地万物之理。

湛若水对精神收敛的论述，意在劝戒人们，一方面要注重精神的作用，另一方面要注意正确壮大精神心力的方法。在《大科书堂训》中，湛若水对诸生如何读书进行了具体的指导：

初学切于读书时调习此心，随其心力所及。如读至一二行，稍觉心为所引，即停卷收敛，少俟有力再读。或有力足以胜之，或至三篇四篇不至失己，验知得力，渐渐接续，至于不息，亦从此始。其应事亦复如是。若舍书册、弃人事而习静，即是禅学，穷年卒岁，决无有

　　熟之理。如欲铁之精，不就炉锤，安可望精？①

他要求诸生读书需注意三点：一则，在进入读书状态的时候，要量力而为，即时时把握自身心力是否完备，一旦觉察自身心力有所劳损，就要"停卷收敛"，等精神恢复，心力具足，才可以继续读书思考。二则，要把读书的工夫当作锻炼自身精神心力的过程，要持续保持读书的状态，锻炼和壮大精神心力。三则，要警惕"舍书册、弃人事而习静"的情形。精神心力的壮大，并不是一味习静就能强大心神，必须千锤百炼，如"铁之精"一般，才有可能凝练精神，更好地读书应事。

　　如何理解与把握人与人之间的关系，这也是古代思想家一直较为关注和重视的问题。例如，孔子"仁"的理念、墨子"兼爱"的观念在历史上产生了深远的影响。而在湛若水看来，人己交往只需着重于两点，一曰感应，二曰同然。感应是人与人之间客观存在的交往行为和交往方式，是交往现象的本质表现，而同然则是人与人之间交往的理想目标和太平盛世的基础，也是天地万物一体的本然体现。因此，湛若水认为"天地之间，一感一应而已。阴阳之屈伸，万物之往来，人事之酬酢，感与应而已矣"②。意即无论是天与地，还是阴与阳，或是万物之间，人事之间，感应是其中互相维系和发生作用的内在能力，是宇宙万有，包括人类存在于自身的能力，只有凭此能力，人与天地万物、万事万理才能发生联系，进而开展体认的工夫。然而，这些感应能力也是要有内在根据的，在解释《周易》之《咸》卦时，他说：

　　　　圣人之与万民一心也，故圣人感之以吾心之理，则丕应徯志而和平致矣。天地以气，圣人以心，其所以感应者，理一而已。理一即性

---

① （明）湛若水撰，程潮整理：《大科书堂训》，《大科训规》，《湛若水全集》第 12 册，上海古籍出版社 2020 年版，第 178 页。

② （明）湛若水撰，钟彩钧、游腾达点校：《性学章第二》，《新论》，《泉翁大全集》卷 2，台湾"中央研究院"中国文哲研究所 2017 年版，第 31 页。

一，性一即情一。情不可见，以其所感而见之尔。故天地圣人之感人物而无不应者，以其情性之同也。故即其所感观之，天地万物之情见矣。人君能得人心同然之理，有感而必通矣，天下其有不和平者乎？故不必求之天下之人心，而求之吾心焉可也。①

《咸》卦（䷞），《彖》曰："咸，感也。柔上而刚下，二气感应以相与。……天地感而万物化生，圣人感人心而天下和平。观其所感，而天地万物之情可见矣。"②在湛若水看来，人与人之间的感应首先是基于"一心"。如前文所述，心体广大，无所不包、无所不贯。人与人之间既同在心体之中，又同时贯有心灵，所以凭借同一心体，人与人之间便能够发生感应。进一步来看，人与人之间能够凭借同一心体而生感应，还需具备"理一"的因素。"理一"，则人与人之间，此方体认得理，彼亦有此体认，人与人之间的感应才有可能。由此，"理一即性一，性一即情一，情不可见，以其所感而见之尔"，能体认相同的理，方能显发共同的性，产生共同的情。虽然情不是具体的可见的事物，但却是人与人之间能够感受到的。

从感应本身具有的内在根据来看，人与人之间的感应自然要求得到"同然"的结果。在解释《周易》之《同人》卦时，他说：

> 同人者，同于人也。同于人，故能通其志。上《乾》下《离》，故有文明刚健之象。五二皆居中位正，故有中正而应君子正道之象。夫文明者，虚灵也。刚健者，直方也。中正者，不偏倚也。同德而应信也，是虚灵方直而不偏心之本体。所谓天理是心也，人人之所同有也。心同则志同，而无不感通矣。盖君子之心，先得人心之所同然也。故视千万人之心犹己之心也，以一己之心推之千万人无间也，所谓"同

① （明）湛若水撰，戢斗勇、张永义整理：《感应上》，《诚意格》，《圣学格物通》（一）卷7，《湛若水全集》第8册，上海古籍出版社2020年版，第105页。
② （三国魏）王弼、（晋）韩康伯注，（唐）孔颖达等正义：《咸·彖》，《周易正义》卷4，（清）阮元校刻《十三经注疏》，台湾艺文印书馆2001年影印本，第82页。

人于野"是也。人皆有之，特君子不失其正尔。①

湛若水认为，天火同人，秉持的是文明刚健的性质，其二爻与五爻揭示了中正的位置，即阴爻阴位、阳爻阳位，正符合"中正而应"的理想配置，这是正道，亦是文明之道。"中正"是不偏不倚的意思，人与人之间的关系若具有中正的性质，则为"同德而应"，能够相互信任。而且，湛若水还再一次强调，天理即是心，而人皆有心，人人同有是理，其结果便实现了"人心之所同然"，意即千万人之心犹是我心，我心亦犹是千万人之心，相互之间没有间隔妨碍，故"同人于野"。

湛若水并没有就此止步，反而不断地追问，在具体的人的行为上，人与人之间的同然如何可能的问题。对此，他的回答是"诚"之一字，示人以真诚，人方能以真诚还之，故而能有同然的条件。在阐发《周易》之《中孚》卦义理时，他说：

> 盖二臣而五君也，君臣感通之道，诚而已矣。诚者，心之实理，上下同然者也。故彼感此应，有不期然而然者。若不诚则心贰，心贰则势离，乱之所由生也。上下一于诚，则上下交而其志同，如腹心手足之一体矣。以之作事，何事不成乎？然则君臣相与感应之际，可不诚哉！②

《中孚》卦（䷼），《象》曰："中孚，柔在内而刚得中，说而巽，孚乃化邦也。"③意在象征中心诚信。湛若水认为，人与人之间的关系存在君臣、父子、夫妇、兄弟、朋友、师生等形态，每对关系都遵循一个"诚"字才能获

---

① （明）湛若水撰，戢斗勇、张永义整理：《正心上》，《正心格》，《圣学格物通》（一）卷18，《湛若水全集》第8册，上海古籍出版社2020年版，第254页。
② （明）湛若水撰，戢斗勇、张永义整理：《感应上》，《诚意格》，《圣学格物通》（一）卷7，《湛若水全集》第8册，上海古籍出版社2020年版，第104页。
③ （三国魏）王弼、（晋）韩康伯注，（唐）孔颖达等正义：《中孚·象》，《周易正义》卷6，（清）阮元校刻《十三经注疏》，台湾艺文印书馆2001年影印本，第133页。

得同然之心。譬如，君臣关系在传统社会中当为人与人之间非常重要且特别突出的一对关系，历代圣贤论人己，其出发点和目的大多系于君臣而言。君与臣，乃上下关系，与《易》之六爻上下正好有所对应，有中正而应之谓。而两者能应，要在诚而已。湛若水强调，诚是心灵客观存在的能力，假如心不诚，则心离为二，心为二则人与人之间必然互相生发异心，无法做到诚恳相待，祸乱也就从此而生。所以，要想实现和谐的目标，必然要求人与人之间，君与臣之间要相互真诚，"如腹心手足之一体"，才能成就大事业。

湛若水所谓同然之论，在其人生经历中也时常有所印证。例如，其在《答王宜学二条》中说：

> 程子曰："格者，至也。物者，理也。至其理乃格物也。致知在所养，养知莫过寡欲。"仆向在山中，忽悟此一段，后检程书见此，深得我心之同然，遂沛然自信。

此例说明，在读书治学的过程中，湛若水也时常有同然之感，即其读程子书而感"我心之同然"。就读书治学而言，在某种程度上最容易体现获得同然之心，如一旦遇见志同道合之朋，便可"一见定交"①，正如湛若水与王阳明之间的交往：

> 嗟惟往昔，岁在丙寅，与兄邂逅，会意交神，同驱大道，期以终身。浑然一体，程称识仁。我则是崇，兄亦谓然。既以言去，龙场之滨，我赠九章，致我殷勤。聚首长安，辛壬之春，兄复吏曹，於吾卜邻。自公退食，坐膳相以，存养心神，剖析疑义。我云圣学，体认天理。天理问何？曰廓然尔。兄时心领，不曰非是。言圣枝叶，老聃、释氏。予曰同枝，必一根柢，同根得枝，伊尹、夷、惠。②

---

① 黎业明：《湛若水年谱》，上海古籍出版社 2016 年版，第 32 页。

② （明）湛若水撰，汪廷奎、刘路生整理：《奠王阳明先生文》，《湛若水文集》（二）卷 4，《祭文嘉靖八年己丑》，《湛若水全集》第 17 册，上海古籍出版社 2020 年版，第 705—706 页。

明正德年间，湛若水与王阳明会于京师，在谈论中，两人互相感叹对方深得己心，故而一见定交而共商大道。在此后的生涯中，湛若水与王阳明虽常隔两地，但来往信件频繁，或是论学，或是问候，同然之得，可见一斑。

在人的社会实践问题上，湛若水以"一体""中正"作为理论前提，提出了"二业合一"的观点。二业，一曰德业，二曰举业。德业，是求学问道之事；举业，是读书做官之事。在湛若水看来，人的社会实践，尤其是读书人的社会实践，主要表现为学思问道与应举仕进两个方面，但两者又不可割裂为二。他说：

> 是故圣人修道以成天之能，君子修身以成己之命。故古之学者本乎一，今之学者出乎二。二则支，支则离，支离之蔽也久矣。故夫文武二而天下无全材矣。岂惟文武为然？才德二而天下无全人矣。岂惟才德为然？体用二而天下无知道矣。岂惟体用为然？知行、动静二而天下无善学矣。岂惟知行、动静为然？德业、举业二而天下支离甚矣，非其本然也。……故自支离之说兴而儒学坏矣，儒学坏而天理几乎息矣。……原本反末，故知合一之说，知合一之说，则可以化举业而之道矣。①

湛若水认为，古之学者为学一以贯之，而今之学者则将为学分为二。对学问的态度分为二端，做出来的学问未免存在支离之患，支离则容易被表象所遮蔽，而不得真正的天理人心。所以，做学问而求一以贯之之道与读书仕进所求之道应是合而言之的。德业和举业合一是学问的本然之道，两者不冲突。将德业所得用之于举业，将举业所得亦用之于德业，两者统贯于一体，才是知本体的学问，"知合一之说，则可以化举业而之道矣"。对湛若水而言，"圣人之大道，在于一念之微耳矣"②，不能将德业和举业割裂开来。正因于此，

---

① （明）湛若水撰，刘兴邦整理：《二业合一训》，《湛若水全集》第 12 册，上海古籍出版社 2020 年版，第 138—139 页。

② （明）黄绂撰，刘兴邦整理：《二业合一训序》，《湛若水全集》第 12 册，上海古籍出版社 2020 年版，第 134 页。

复归圣人大道，应"以举业为德业之发，以德业为举业之本，易其志而不易其业，合本末，兼体用，一以贯之，而无遗也"①。在举业和德业之间，湛若水认为，人们往往会因为举业之失而支离学术，因此他强调"事举业也者，其于立心之初，即分义利焉矣"。人们在从事举业之初，就要在心上做工夫，明辨义利君子小人之分。在此，湛若水是倡导大家在读书之初便要立下君子之义，读书人如若做到这一步便能够正确对待举业一事，也就有二业合一的可能。

与其说德业与举业是读书人进行社会实践的一体两面的重要内容，毋宁说是人们日常德业实践的涵养与发用。湛若水"以举业为德业之发，以德业为举业之本"的主张，明显地采用了以"德业"为中心的表述逻辑，即以德业观之，举业发之于德业、本之于德业，二业合一之谓，实际上是以德业统摄举业之能，这里可以看出他所受的《周易》及易学思想的影响。"进德修业"②语出《周易·乾·文言》，湛若水对此作出了如下论述：

> 臣谓德业非二也，本诸心而体用分焉。德何为而进也？内主忠信而无不实，心与道一而德进矣。业何为而修也？发吾心之诚而达于辞，诚以辞立，而业居矣。德业以言其学之至也，知行其功矣。察见天理之本体，知至矣，而求以至之，知先于行，其知几矣。要终道体之大用，知终矣，而实践以终之。行随知后，其存义矣。德业一理也。知行同功也。知行并进，而德业修；德业修，则居上下之际而骄吝之心亡。③

德业实践存在着内在之体与外在之用的表现形式。简而言之，与道为一和忠

---

①　（明）黄绾撰，刘兴邦整理：《二业合一训序》，《湛若水全集》第 12 册，上海古籍出版社 2020 年版，第 134 页。

②　（三国魏）王弼、（晋）韩康伯注，（唐）孔颖达等正义：《乾·文言》，《周易正义》卷 1，（清）阮元校刻《十三经注疏》，台湾艺文印书馆 2001 年影印本，第 14 页。

③　（明）湛若水撰，戢斗勇、张永义整理：《进德业一》，《修身格》，《圣学格物通》（二）卷 26，《湛若水全集》第 9 册，上海古籍出版社 2020 年版，第 358—359 页。

信充实，既是德业实践的内在涵养，亦是本然自具的本体表现，既而发之于诚心与言辞，乃得以修成也。内在的涵养先于外在的表现，乃谓"知先于行"，外在的表现以内在的涵养为准绳，并作为内在涵养的发用以阐明实践之义，乃谓"行随知后"。事实上，德业实践的内在涵养与外在表现贯通的理是同一个理，所以"知行同功也"。以此为基础，湛若水所谓的德业与举业，在德业之内在与外在的视野之下，就能实现一定程度上的对应与贯通。德业之求，无非万事万物变化万千的不易之理；举业之功，也不过是人之现世实践。以不易之理指导人的现世实践，是《周易》自产生之初便承载着的经典功能，也是易学"穷神知化，德之化也"①的理论大用，在湛若水这里，二业合一确实揭示出了此《易》之大义。

从实际的表现来看，德业、举业还集中表现为治学与为政之中。有人曾向湛若水请教如何为政的问题，湛若水写就论政学关系一文，以明二业合一之旨：

> 或问政。甘泉子曰："政也者事也，学也者心也。子谓事则事，谓心则心乎？"或问要。甘泉子曰："理。是故莫学非事矣，莫政非心矣，莫政莫学非理矣。理达而体用浑、心事合，而政学一矣。然则虽措之天下，其可也，而况一郡一邑乎？"刘生慎令连山，连山荒邑也，无学官，无听政之所。刘生独浩然以往，曰："吾将建厅事而行政焉，建学官而兴学焉。"甘泉子叹曰："壮哉！志士也。"为政学说赠之。②

在赠言中，湛若水扼要地指出政与学的关系应当统一起来，而不是区别对待。他认为，为政虽针对具体事务而言，治学虽指修养心性而言，但并不能将心与事割裂开来。处理具体事务如果没有一定的原则，那么事情就会变得

---

① （三国魏）王弼、（晋）韩康伯注，（唐）孔颖达等正义：《系辞下》，《周易正义》卷8，（清）阮元校刻《十三经注疏》，台湾艺文印书馆2001年影印本，第169页。

② （明）湛若水撰，郭海鹰整理：《政学说赠刘连山》，《湛若水杂著集》，《湛若水全集》第21册，上海古籍出版社2020年版，第97—98页。

糟糕而没有条理；反之，用心对待，将所学运用在具体的事务，才能将事情办得条理分明，有理有据。进而，湛若水强调没有哪一门学问是能离开具体事务而为言的，也没有抛开心性而言政事的，更没有避开真理而谈政事心性的。值得关注的是，湛若水阐明此道而所赠之人，为主政一方之县令，但其所辖之地"无学宫，无听政之所"。在收到湛若水的赠言后，该县令便"将建厅事而行政焉，建学宫而兴学焉"。从中也可以看出，湛若水二业合一之旨在当时受到人们的认可程度。

六、易学新局之开拓

以易学为资鉴，湛若水综合理、气、心、性、道诸范畴而建构的理论体系，无论是在易学史层面，还是在理学史层面，或是在哲学史层面，都有着不同程度的学术贡献。

有明一代，湛若水之前，学者对图书象数的态度或是全盘接受，或是与义理并举，呈现出复杂的易学诠释现象。被称为"月川先生"的曹端，"根据《易传》'河出图，洛出书'一语，把理学道统的内容直接归为河图、洛书"[1]，薛瑄则"遵循了朱子象数、义理兼综的易学路数"[2]，就连独创性突出的王阳明"因受朱熹《本义》的影响，不排斥河洛和先后天等图式，甚至利用这些图式讲内心修养的过程和方法"[3]。与此不同的是，湛若水主张："学者宜体《易》理以有诸己而已矣。故图书者，圣人画卦之刍狗也。后儒未能体《易》理，汲汲焉理会图书，分析配合，是求之圣人画卦之刍狗也，岂不误哉！"[4] 同时，他又认为天理即是易，易即是人心，实际上也就将自己的治《易》路径与前者区别开来，即完全地秉循义理的路径以诠释易学。除此以外，湛若水还是一个古《易》立场的追随者，虽然其著《修复古〈易〉经传

---

① 林忠军等：《明代易学史》，齐鲁书社 2016 年版，第 18 页。

② 林忠军等：《明代易学史》，齐鲁书社 2016 年版，第 31 页。

③ 朱伯崑：《易学哲学史》第 3 卷，昆仑出版社 2005 年版，第 218—219 页。

④ （明）湛若水撰，刘兴邦整理：《与叔辉仲通自正诸同志论图书》，《湛若水书信集》，《湛若水全集》第 21 册，上海古籍出版社 2020 年版，第 347 页。

训测》无法寻见，但就其书名而言，显然，湛若水是有着恢复古《易》传统愿望的。不仅如此，在传世的文献《修复古易经传训测序》中，湛若水还提出了一条探寻《易》理的逻辑进路：

> 夫《易传》，孔子所以体天地之道，尽人物之理，穷变化之奥也，直数焉而已哉？故曰："假我数年，五十以学易，可以无大过矣。"是故韦编三绝以穷夫易之道，由文王、周公之易以穷伏羲之易，由伏羲之易以穷身、心之易，由身心之易以穷天地人物之易。①

对湛若水来说，孔子"十翼"已经足够解释《易经》的道理，而《易经》又是伏羲、文王、周公等古之三圣对《易》理探究的集体智慧。因此，湛若水认为从经典的立场出发，读孔子"十翼"可穷文王、周公之易，进而穷伏羲之易，再进一步穷身心、天地人物之易。按照这样的次第演进，《易》之真貌便能得以贯通。就湛若水推崇古《易》、崇尚义理的治《易》路数来说，其对《易》的把握，在易学史上，至少在明代易学史上是有一定推进之功的。

　　湛若水以易学为视角，绾联理学、气学、心学等学术思想形态，在明代理学渐变的过程中体现了综合与超越的尝试和努力。明代理学在发展过程中，呈现出传统渐变的特点。可以发现，陈白沙之后，学者或是将天理的至上性转化为心的至上性，或者是将其转化为气之至上性，实际上，从思想形态的区别与联系来看，大部分明代学者遵循的路数应该是可以视为形态之间转诠。如罗钦顺"理只是气之理"②，王廷相"气一则理一"③之谓。整体而

---

① （明）湛若水撰，汪廷奎、刘路生整理：《修复古易经传训测序》，《湛若水文集》（一）卷1序上《嘉靖十四年乙未》，《湛若水全集》第16册，上海古籍出版社2020年版，第281页。

② （明）罗钦顺撰，阎韬点校：《困知记》，中华书局1990年版，第68页。

③ （明）王廷相著，王孝鱼点校：《慎言·作圣篇》，《王廷相集》，中华书局1989年版，第764页。

言，湛若水在明代进一步开拓理学或重新解释理学的时代背景中，表现出来的理论趋势应是综合基础上的创造。在这一过程中，他发扬了易学思辨的理论品格，将理学、气学、心学诸形态统括其中，以易之阴阳、道器要素比配诸形态核心范畴，从而打下了不同思想形态之间得以统一的前提条件。不难发现，湛若水在理论阐释中以《易》为联系纽带，建构了易学根基下理、气、心、性、道一统的理论格局。这一理论阐释或创造，表明了湛若水诠释理学的进路，即试图将各个思想形态之间最精华且存在一定联系的概念或范畴以统一的目标来进行理论的融摄，从而试图冲破单一形态统摄其他形态所带来的一定程度上解释的困境。因此，湛若水的这一理论尝试和努力，实际上为理学的进一步发展提供了一种综合创造的视角和可能。

湛若水"一体"与"中正"的本体主旨与随处体认的工夫、合一入神的境界层层推进，最终自成体系，在综合创造的同时，不仅明确了哲学发展中的本体之辨，也创造性地解决了工夫之疑，提供了带有其自身印记的思想面貌，在一定程度上推动了明代哲学的发展。在哲学诠释过程中，湛若水对历来学者所普遍重视的"一体"义涵给予了极大的关注，并以此为出发点和前提，作出了本体论的理论阐释。从众多学者对"一体"的理解来看，鲜有人将之与"中正"统一而言。当然，这并不是说"一体"与"中正"的关系探讨是由湛若水开始的，但至少能够说明的是，鲜有人将"一体"与"中正"如湛若水这般贯通在易学、理学、气学、心学等不同思想形态之中。试就王阳明与湛若水对"一体"的阐释作一比较，王阳明认为，"圣人之心，以天地万物为一体，其视天下之人，无外内远近，凡有血气，皆其昆弟赤子之亲，莫不欲安全而教养之，以遂其万物一体之念"①。这里，王阳明解释天地万物一体方式是以心的广大含义来实现的；湛若水虽然也有类似的做法，如其对"心体物而不遗"的阐释，就是将心体广大扩充至宇宙整体的视角，从而在心的立场上诠释"一体"，但又不仅仅满足于此。湛若水在其理论的

---

① （明）王守仁撰，吴光等编校：《答顾东桥书》，《王阳明全集》卷 2，上海古籍出版社2011 年版，第 61 页。

展开中以"中正"的特性将理、气、心、性、道、易统一起来，从而实现了
范畴之间具体的包含复杂因素的统一，以此诠释"一体"之旨，并进而发明
了"一体""中正"的本体论内涵。就哲学运思来说，湛若水"一体""中正"
之本体在哲学史上也是有理论建树的。

湛若水易学的展开，在理论层面对本体的问题进行了以易统合心、气、
理、性等范畴的回应，在现实层面对如何成就人、如何与人交往、如何从事
社会活动等问题作出了充满易学智慧的回答，很大程度上体现了从理论到实
践、从思想到现实的人类精神文明成果的人文演进，在易学发展史上确实作
出了独特的贡献。

第三节　王畿的易学思想

王畿（1498—1583），字汝中，别号龙溪，王阳明弟子，阳明后学中的
重要人物。王畿的易学思想除体现在其所著《大象义述》一文中，在《先天
后天解义》《河图洛书解义》《易与天地准一章大旨》《民止精一之旨》《易
测授张叔学》《图书先后天跋语》《太极亭记》《学易说》等篇中也多有所阐
述。在传播其师王阳明良知说以及在丰富心学体系的过程中，王畿"唯以世
人之聋瞽为念"[1]，以易学思想作为其理论根据，主张"从先天心体上立根"，
治《易》强调以象明理，使心学派易学思想的发展达到了一个高峰。因王畿
"阐发王门心易之学影响较大而自成系统"[2]，其易学思想对明中后期易学的
深入发展起到了积极的推动作用，不仅具有独特的历史价值，也具有强烈的
现实意义。

一、易学渊源之回溯

就易学渊源而言，王畿不仅继承了宋代周敦颐与邵雍二人象数与义理

---

[1]　（明）李贽撰，张建业主编，张建业、张岱注：《王龙溪先生告文》，《焚书》卷3，《李贽
全集注》第1册，社会科学文献出版社2010年版，第335页。
[2]　朱伯崑：《易学哲学史》第3卷，昆仑出版社2005年版，第220页。

兼采的易学思想，并且加以改造，使之纳入自己的心学体系，而且在充分汲取程颢、程颐、杨简等人易学思想的基础上又予以一定的扬弃，使其易学更加彰显了心学特色。不难发现，在王畿建构其心学易体系的过程中，首先与之展开对话的是宋代理学的开山人物周敦颐。周敦颐的《太极图说》和《通书》都是对《周易》的阐释之作，尤其是他的《太极图说》①，是易学史乃至学术史上的经典文献。但不容忽视的是，自《太极图说》问世以来，后来学者围绕于此，特别是在"无极"和"太极"各自的义涵上以及二者之间的关系上，产生了到底是属于老氏之学还是属于儒学正宗等等一系列的争论。有鉴于"后世解者，尚若未尽其立言之旨"②，王畿专门作有一篇阐发周敦颐《太极图说》主旨的《太极亭记》。

针对《太极图说》所包含的"太极"与"无极"两部分内容，王畿并没有陷入如前所述的学术纷争，而是化用了《太极图说》的思想，予以了心学的改造。他说：

> 夫千古圣人之学，心学也。太极者，心之极也。有无相生，动静相承。自无极而太极，而阴阳五行，而万物，自无而向于有，所谓顺也；由万物而五行阴阳，而太极，而无极，自有而归于无，所谓逆也。

---

① （宋）周敦颐著，陈克明点校：《太极图说》，《周敦颐集》卷1，中华书局2009年版，第3—8页。《太极图说》全文兹录于下："无极而太极。太极动而生阳，动极而静，静而生阴。静极复动。一动一静，互为其根；分阴分阳，两仪立焉。阳变阴合，而生水、火木、金、土。五气顺布，四时行焉。五行，一阴阳也；阴阳，一太极也；太极，本无极也。五行之生也，各一其性。无极之真，二五之精，妙合而疑。'乾道成男，坤道成女'，二气交感，化生万物。万物生生，而变化无穷焉。惟人也，得其秀而最灵。形既生矣，神发知矣，五性感动，而善恶分，万事出矣。圣人定之以中正仁义，圣人之道，仁义中正而已矣。而主静，无故欲静。立人极焉。故'圣人与天地合其德，日月合其明，四时合其序，鬼神合其吉凶'。君子修之吉，小人悖之凶。故曰：'立天之道，曰阴与阳；立地之道，曰柔与刚；立人之道，曰仁与义。'又曰：'原始反终，故知死生之说。'大哉易也，斯其至矣！"
② （明）王畿著，吴震编校整理：《太极亭记》，《王畿集》卷17，凤凰出版社2007年版，第481页。

一顺一逆，造化生成之机也。①

只是"粤自圣学失传"，才导致"心极之义不明"。后世学者所陷入的"有言"与"无言"的争论，其实质是"不知太极本无极"，又"不知无极而太极"。在王畿看来，造成这一弊病的根本原因在于，"无以窥心极之全"②。进而，王畿又作了如下发挥：

> 其曰"定之以中正仁义，而主静"，尤示人以用功之要。夫定之以中正仁义，所谓太极而主静，即所谓无极也，故曰"人极立焉"。静者，心之本体，主静之静，实兼动静之义。……周子数百年后，阳明先师倡明良知之教，以觉天下，而心极之义复大明于世。寂然不动者，良知之体；感而遂通者，良知之用。常寂常感，忘寂忘感，良知之极则也。夫良知知是知非，而实无是无非。无中之有，有中之无，《大易》之旨也。故曰"立天之道，曰阴与阳"，天之极也；"立地之道，曰柔与刚"，地之极也；"立人之道，曰仁与义"，人之极也。人者，天地之心，阴阳五行之秀，万物之宰。良知一至而三极立，天地万物有所不能违焉。③

可以看出，虽然同本于《周易》，王畿却作出了和周敦颐截然不同的理解，他把"定之以中正仁义"解释为"太极"，而把"主静"解释为"无极"。这样一来"无极"就成了"太极"的本体。既然"太极"即"心极"，那么"无极"也就顺势成了心极的本体。通过如此的改造，王畿便为其以易学为基的心学体系的进一步拓展奠定了坚实的思想根基。

---

① （明）王畿著，吴震编校整理：《太极亭记》，《王畿集》卷 17，凤凰出版社 2007 年版，第 481 页。
② （明）王畿著，吴震编校整理：《太极亭记》，《王畿集》卷 17，凤凰出版社 2007 年版，第 481 页。
③ （明）王畿著，吴震编校整理：《太极亭记》，《王畿集》卷 17，凤凰出版社 2007 年版，第 482 页。

　　而且，王畿对程颐的易学思想也多有取鉴。程颐是易学发展史上义理学派的重要代表。南宋时期，随着理学地位的不断攀升，《周易程氏传》广泛流行，特别是程颐的"体用一源，显微无间"①，"动静无端，阴阳无始"②的思想，对明代心学一派的王阳明和王畿也都产生了深远影响。与其师王阳明不同的是，王畿对《周易程氏传》既有所汲取，又有所扬弃。对于程颐在《周易程氏传·易传序》中所提出的"随时变易以从道"③的思想，王畿认为，程颐此说把易与道裂而为二："释者谓'随时变易以从道'，只说得一半，语感而遗寂，语用而遗体，知进而不知退，非藏密旨也。易即是道，若欲从之，是犹二也，二则支矣。"④程颐此说割裂了体用关系，只知讲变易与应感之用，而不知道之变易感应，虽然道是本体，变易是用，但体用之间应该即寂即感，即体即用，所以易即是道，易道不二。对于程颐"随时变易以从道"这一割裂体用的支离之病，王畿继承其一半，批判其一半，仅取其变易之说，去其"语用而遗体"和"知进而不知退"之说，从而将程颐的"随时变易以从道"的思想拉向了其心学体系。毕竟，"良知即是寂然之体"⑤，是无论如何也不能"语感而遗寂"的！⑥

　　作为宋代易学象数派开创者的邵雍，因其主张"心为太极，人心当如止水则定，定则静，静则明"⑦，象数之学出自圣人之心，"乾用九，坤用六，

---

① （宋）程颢、程颐著，王孝鱼点校：《周易程氏传·易传序》，《二程集》，中华书局2004年版，第689页。

② （宋）程颢、程颐著，王孝鱼点校：《易说》，《河南程氏经说》卷1，《二程集》，中华书局2004年版，第1029页。

③ （宋）程颢、程颐著，王孝鱼点校：《周易程氏传·易传序》，《二程集》，中华书局2004年版，第689页。

④ （明）王畿著，吴震编校整理：《藏密轩说》，《王畿集》卷17，凤凰出版社2007年版，第496—497页。

⑤ （明）王畿著，吴震编校整理：《致知议辩》，《王畿集》卷6，凤凰出版社2007年版，第133页。

⑥ 参见方祖猷《王畿评传》，南京大学出版社2000年版，第307页。

⑦ （宋）邵雍著、（明）黄畿注，卫绍生校理：《心学第十二》，《皇极经世书》卷8下，中州古籍出版社1992年版，第425页。

大衍用四十九，而潜龙'勿用'也。大哉用乎，吾于此见圣人之心矣"①，也特别受到王畿的重视。对于邵雍的先后天图式，即伏羲八卦布列方位为先天图式，文王八卦布列方位为后天图式，王畿评价道，伏羲八卦"存体之位，先天之学也"，而文王八卦"入用之位，后天之学也"，所以伏羲、文王这两种八卦图式间的关系应该是"先后一揆，体用一原。先天所以涵后天之用，后天所以阐先天之体"②。在他看来，伏羲八卦"寂然不动之体，即所谓先天也"，文王八卦"感而遂通之用，即所谓后天也"，这一先后天卦位的变化，其根源在于一念之微即良知的触发。所以，"坎离者，乾坤二用，二用无爻位，周流行于六虚，后天奉天时，以复于先天也。坎者，阴中之阳，命宗也。离者，阳中之阴，性宗也。而其机不外于一念之微，寂感相仍，互为体用，性命合一之宗也，吾人可以观学矣"③。

而对先天后天体用关系的论述，也启发了王畿对良知体用关系的思考。他说：

> 寂之一字，千古圣学之宗。感生于寂，寂不离感舍寂而缘感谓之逐物，离感而守寂谓之泥虚。夫寂者未发之中，先天之学也。未发之功却在发上用，先天之功，却在后天上用。④

很显然，王畿以"寂然不动"与"感而遂通"来说明先后天的体用一原关系，不能不说是有其深层用意的，即利用象数一派的先后天图式，为他的即寂即感且"先后一揆，体用一原"的良知学说找理论根据。

---

① （宋）邵雍著、（明）黄畿注，卫绍生校理：《观物外篇·后天〈周易〉理数第六》，《皇极经世》卷7下，中州古籍出版社1992年版，第347页。
② （明）王畿著，吴震编校整理：《先天后天解义》，《王畿集》卷8，凤凰出版社2007年版，第180页。
③ （明）王畿著，吴震编校整理：《先天后天解义》，《王畿集》卷8，凤凰出版社2007年版，第181页。
④ （明）王畿著，吴震编校整理：《致知议辩》，《王畿集》卷6，凤凰出版社2007年版，第133页。

开易学心学派先河的程颢虽没有专门易学著述，但其言《易》主张
"天人本一"说，以个人之心统帅天地万物，也给予王畿以很大的启发。程
颢把《说卦传》"穷理尽性以至于命"中的"穷理"解释为穷理即尽性、至
命，并认为"穷理尽性以至于命，三事一时并了，元无次序，不可将穷理作
知之事，若实穷得理，即性命亦可了"①。对此，王畿深表认同：

　　明道云："只穷理便尽性，以至于命，一也。分为三事则支。"②

他认为程颢的这一观点是完全站在心学立场引发的，"只心便是天，尽之便
知性，知性便知天，当处便认取，更不可外求"③，"心是理，理是心"④。因为
注意到了程颢穷理即穷心中之理的思想与自己的心学主张在一定程度上有着
契合之处，所以王畿又说：

　　《易》曰："穷理尽性以至于命。"心一也，以其全体恻怛而言谓之
　　仁，以其得宜而言谓之义，以其条理而言谓之理，以其明觉而言谓之
　　知。仁极仁而后为穷仁之理，义极义而后为穷义之理。不外心以求仁，
　　不外心以求义，独可外心以求理乎？⑤

可以看出，虽然是受程颢的启发，但是，在王畿那里，穷理、尽性、至命三

---

① （宋）程颢、程颐著，王孝鱼点校：《二先生语二》上，《河南程氏遗书》卷 2 上，《二程
　集》，中华书局 2004 年版，第 15 页。
② （明）王畿著，吴震编校整理：《易与天地准一章大旨》，《王畿集》卷 8，凤凰出版社
　2007 年版，第 183 页。
③ （宋）程颢、程颐著，王孝鱼点校：《二先生语二》上，《河南程氏遗书》卷 2 上，《二程
　集》，中华书局 2004 年版，第 15 页。
④ （宋）程颢、程颐著，王孝鱼点校：《明道先生语三》，《河南程氏遗书》卷 13，《二程集》，
　中华书局 2004 年版，第 139 页。
⑤ （明）王畿著，吴震编校整理：《答吴悟斋》，《王畿集》卷 10，凤凰出版社 2007 年版，第
　245—246 页。

事并存于心于良知之中，完全成了一回事。①

　　除周敦颐、邵雍、程颐、程颢等人以外，还有一位宋易义理派的重要学者，对王畿的易学影响也不能忽视，这就是杨简。作为宋代易学心学派的代表人物，就学脉传承来说，杨简承袭陆九渊，"简之学出陆九渊，故其解《易》，惟以人心为主"②，又能对陆九渊的心学思想加以丰富深化，将易学完全纳入其心学体系之中，终集宋易心学派之大成，对有明一代的学术也产生了积极的影响。王畿在其学术思想体系特别是易学体系的建构中对杨简易学也多有继承，二人的易学思想有着诸多的内在一致之处。

　　杨简强调易之道即指人之本心，人心即易之道。对此，他有很多重要的论述：

　　　　人皆有是心，是心皆虚明无体，无体则无际畔，天地万物尽在吾虚明无体之中。③天地之心即道，即易之道，即人，即人之心，即天地，即万物，即万理。④

　　　　人心即大易之道，自神自明。⑤

　　　　易道不在远，在乎人心不放逸而已矣。⑥

　　　　此易道变化无穷之妙。阴阳变化，无一日不自道心而生者。⑦

---

①　参见方祖猷《王畿评传》，南京大学出版社 2000 年版，第 307 页。

②　(清) 永瑢等：《经部三·易类三》，《四库全书总目》卷 3，中华书局 1965 年影印本，第 13 页。

③　(宋) 杨简著，董平校点：《永堂记》，《慈湖先生遗书》卷 2，《杨简全集》第 7 册，浙江大学出版社 2015 年版，第 1880 页。

④　(宋) 杨简著，董平校点：《杨氏易传》卷 9《复》，《杨简全集》第 1 册，浙江大学出版社 2015 年版，第 157 页。

⑤　(宋) 杨简著，董平校点：《杨氏易传》卷 5《履》，《杨简全集》第 1 册，浙江大学出版社 2015 年版，第 87 页。

⑥　(宋) 杨简著，董平校点：《杨氏易传》卷 4《需》，《杨简全集》第 1 册，浙江大学出版社 2015 年版，第 64 页。

⑦　(宋) 杨简著，董平校点：《杨氏易传》卷 8《蛊》，《杨简全集》第 1 册，浙江大学出版社 2015 年版，第 133 页。

　　　　善学《易》者，求诸己，不求诸书。古圣作易，凡以开吾心之明
而已。①

受杨简上述思想的启发，王畿认为：

　　　　易，心易也，以易为书则泥，是皆未明于大易之过也。善学者能
于一念入微求之，得其所谓虚明寂照一体之机，易不在书而在于我，
可以卧见羲皇、神游周孔之庭，大丈夫尚友之志也。②

既然"易为心易"，易道就应求之于心，而非求之于外，更非求之于书；"以
易为书则泥，是皆未明于大易之过也"，只要心中领悟其意，就可以抛开书
中的言辞，如果拘泥于书，则未必能了解其意。

　　其实，严格地说来，以心求易、不以书求易这一观点，并非始于杨简，
而是始自程颢。在阐发"生生之谓易"时，程颢认为"生生之谓易，天地设
位，而易行乎其中，岂可以今之《易》书为易乎"，"圣人认此洗心，退藏
于密，圣人示人之意至此深且明矣，终无人理会"③，意在强调"善学《易》
者，求诸己不求诸书，古圣作《易》，凡以开吾心之明而已，不求诸己而求
诸书，其不明古圣之所指也甚矣"④。本于程颢之说，杨简又有所发展，强调
"求诸己不求诸书"，而此"己"即"吾心"，并非仅指圣人之心，以"己易"
代替了以圣人之心为易。⑤ 而王畿则紧随杨简，将"《易》，心易也"完全理

---

① （宋）杨简著，董平校点：《家记一·己易》，《慈湖先生遗书》卷7，浙江大学出版社
　　2015年版，第1977页。
② （明）王畿著，吴震编校整理：《易与天地准一章大旨》，《王畿集》卷8，凤凰出版社
　　2007年版，第183页。
③ （宋）程颢、程颐著，王孝鱼点校：《明道先生语二》，《河南程氏遗书》卷12，《二程集》，
　　中华书局2004年版，第136页。
④ （明）黄宗羲著，吴光主编：《慈湖学案》，《宋元学案》卷74，《黄宗羲全集》第10册，
　　浙江古籍出版社2012年版，第2789页。
⑤ 参见方祖猷《王畿评传》，南京大学出版社2000年版，第311页。

解为我心之易，彻底地摆脱了"圣人"及"古圣"之心，在其心学以及易学领域已经完全扫除了"圣人"与"古圣"的地位，强烈地凸显了作为个体的主体意识。

二、"良知即是易"与"易即良知"

在建构心学易思想体系的过程中，王畿虽取鉴于宋代易学颇多，但对其影响最大的还是他的老师王阳明。众所周知，"良知即是易"由王阳明率先提出，从心学派当中开启了易良知学派，"良知即是易，'其为道也屡迁，变动不居，周流六虚，上下无常，刚柔相易，不可为典要，惟变所适'"①。受其师王阳明的影响，为了突出良知在其易学思想乃至其整个学术思想体系中的地位，王畿相应地提出了"易即良知"的观点。他说：

> 良知惟无物始能成万物之变。无中生有，不以迹求，是乃天职之自然，造化之灵体，故曰："变动不居，周流六虚，不可为典要，惟变所适。"易即良知也。②

可以看出，为说明良知具有变易与运动的属性，王畿与其师都援引了《周易·系辞下》中的"变动不居，周流六虚，不可为典要，惟变所适"③，但是二人的侧重点却有所不同，王阳明以此标举"良知即易"，而王畿则得出了"易即良知"的结论。

如前所述，王畿以体用不二，批评了程颐"随时变易以从道"的理学派易学观点：

---

① （明）王守仁撰，吴光等编校：《传习录上》，《王阳明全集》卷1，上海古籍出版社2011年版，第142页。

② （明）王畿著，吴震编校整理：《答季彭山龙镜书》，《王畿集》卷9，凤凰出版社2007年版，第214页。

③ （三国魏）王弼、（晋）韩康伯注，（唐）孔颖达等正义：《系辞下》，《周易正义》卷8，（清）阮元校刻《十三经注疏》，台湾艺文印书馆2001年影印本，第173—174页。

释者谓随时变易以从道，只说得一半，语感而遗寂，语用而遗体，知进而不知退，非藏密旨也。易即是道，若欲从之，是犹二也，二则支矣。①

这里，易为良知，故良知即是易道，是体用不二的，所以程颐讲一"从"字便是支离了体用、寂感。显然，王畿是从心学派"心即理"的观点出发，来批评程朱理学派析心、理为二的，可以说是对阳明良知说的继承与深化。同时，他又特别强调：

易即是道，谓之曰"从"，犹二之也。范围曲成，通乎昼夜之道，而知者，良知也。②

范围者，良知之极于大而非荡也，故不过。曲成者，良知之体乎物而非淆也，故不移。幽明、生死、鬼神即昼夜之谓，通乎昼夜之道而知，变动周流，不为典要，天地万物有所不能违焉。是谓"无方之神"、"无体之易"。才有典要，即著方体，不可以适变。故曰："大哉！易也，斯其至矣！"③

其中，"范围曲成，通乎昼夜之道"源于《周易·系辞上》"范围天地之化而不过，曲成万物而不遗，通乎昼夜之道而知"④。只不过在王畿看来，"通乎昼夜之道而知"中的"知"就是王阳明所倡导的良知，并对"易即良知"发出了由衷的赞叹：

---

① （明）王畿著，吴震编校整理：《藏密轩说》，《王畿集》卷17，凤凰出版社2007年版，第496—497页。
② （明）王畿著，吴震编校整理：《新安斗山书院会语》，《王畿集》卷7，凤凰出版社2007年版，第164页。
③ （明）王畿著，吴震编校整理：《易与天地准一章大旨》，《王畿集》卷8，凤凰出版社2007年版，第183页。
④ （三国魏）王弼、（晋）韩康伯注，（唐）孔颖达等正义：《系辞上》，《周易正义》卷7，（清）阮元校刻《十三经注疏》，台湾艺文印书馆2001年影印本，第147页。

嗟嗟，易学之不传也久矣。自阳明先师倡明良知之旨，而易道始明。不学不虑，天然灵窍，其究也范围天地，发育万物，其机不出于一念之微。良知之主宰即所谓神，良知之流行即所谓气；尽此谓之尽性，立此谓之立命。良知先天而不违，天即良知也；良知后天而奉时，良知即天也。故曰："知之一字，众妙之门"。伏羲之画，象此者也；文王之辞，象录此者也；周公之爻，效此者也；孔子之《易》，赞此者也。魏子谓之丹，邵子谓之丸，致良知即所谓还丹，所谓弄丸。知此谓之知道，见此谓之见《易》，乃四圣之密藏，二子之神符也。①

之所以如此，王畿认为宋易虽然对易道也有所阐发，可直至其师王阳明，易道才得以最终阐明，而其中的关键则在于以良知说易。②

但是，王畿并没有就此止步，而是以易为基，进一步明确了良知的体用关系。对于《周易·乾·文言》中的"先天而天勿违，后天而奉天时"③，王阳明曾作过这样的引申："先天而天勿违，天即良知也；后天而奉天时，良知即天也。"④王畿引用其师的观点来证明"不学不虑，天然灵窍"即是"先天而天勿违"，是良知之体。"范围天地，发育万物"是"后天而奉天时"，是良知之用。其所说"一念之微"即是良知。因此，伏羲画八卦，文王作卦辞，周公作爻辞，孔子作《易传》，乃至道教魏伯阳炼的丹，邵雍所弄的丸，都是阐发良知之义。"知此谓之知道，见此谓之见易"，"此"即良知，无良知，道不可知，易不可见，所以良知之说一出便悟得良知，易道始明。可见，虽有王阳明提出的"良知即是易"在先，但其后学王畿并没有一味地承袭其师，而是在此基础上又有所深入，提出了"易即良知"说，赋予

① （明）王畿著，吴震编校整理：《易测授张叔学》，《王畿集》卷15，凤凰出版社 2007 年版，第 419 页。
② 参见方祖猷《王畿评传》，南京大学出版社 2000 年版，第 314—315 页。
③ （三国魏）王弼、（晋）韩康伯注，（唐）孔颖达等正义：《乾·文言》，《周易正义》卷1，（清）阮元校刻《十三经注疏》，台湾艺文印书馆 2001 年影印本，第 17 页。
④ （明）王守仁撰，吴光等编校：《传习录下》，《王阳明全集》卷3，上海古籍出版社 2011 年版，第 125 页。

了易道以心学内涵的本质属性。

王畿在《建初山房会籍申约》一文，从朋友之间7年的兴会际遇中引发出如下的感慨：

> "复，其见天地之心"。"良知者，造化之灵机，天地之心也"。《复》之六爻皆发此义。初复者，复之始，才动即觉，才觉即化，一念初机，不待远而后复，颜子之所以修身也。学贵近仁，二比于初，谓之休复。学务于恒，三失于中正，谓之频复。四处群阴之中，志应于初，谓之独复。敦复者，服膺勿失，笃于复也，故曰"敦复无悔，中以自考也"。迷复者，非迷而不复，欲求复而失其所主。至于十年不克征，故曰："迷复之凶，反君道也"资有纯驳，故复有远迩、功有难易，学之等也。造者自无而显于有，化者自无有而藏于无。有无之间，灵机默运。故曰"显诸仁，藏诸用"，造化之全功也。立此谓之真志，证此谓之真修，了此谓之真悟，此致知格物之实学，吾人外此，亦无复有求端用力之地矣。初复则吉，迷复则凶，吉凶之机可以立辨。①

王畿将"复，其见天地之心"中的"天地之心"与良知等同起来，认为良知就是天地之心，"复之六爻皆发此义"中的"此义"，实际上就指发良知之义。我们知道，《周易》之《复》卦（䷗），初九是阳爻，爻辞释之为"不远复，无祗悔，元吉"，其《象》释之为"不远之复，以修身也"②，主要讲的是修身的问题。《周易·系辞下》也说："子曰：'颜氏之子，其殆庶几乎？有不善未尝不知，知之未尝复行也'。《易》曰：'不远复，无祗悔，元吉'。"③本

① （明）王畿著，吴震编校整理：《建初山房会籍申约》，《王畿集》卷2，凤凰出版社2007年版，第50页。
② （三国魏）王弼、（晋）韩康伯注，（唐）孔颖达等正义：《复·象》，《周易正义》卷3，（清）阮元校刻《十三经注疏》，台湾艺文印书馆2001年影印本，第65页。
③ （三国魏）王弼、（晋）韩康伯注，（唐）孔颖达等正义：《系辞下》，《周易正义》卷8，（清）阮元校刻《十三经注疏》，台湾艺文印书馆2001年影印本，第171页。

于此，王畿将君子修身的问题与对良知的体认和实践联系起来，他认为"初九"即《复》之始，颜子对此能"才动即觉"，因而做到了"有不善未尝不知"，又因颜子能够"才觉即化"，所以才"知之未尝复行"，其中的关键在于欲念初起之时，"良知"即"知"，只有做到了"知"方能将欲念化去，不用等到"远而后复"。又如，《复》卦六三，阴爻据下卦上位，爻辞为："频复，厉无咎。"阳气回复时，此爻却以阴爻居下卦第三位，其上仍为阴。就《周易》体例而言，阴爻之上为阳爻，称"承"，此则为阴，故失位，失位则"失于中正"。对此，宋代程颐释为"频复频失"[1]。朱熹承袭此说，以"以阴居阳，不中不正"[2]释之，王畿虽汲取程朱之说，却将"务于恒"的"学"指向了"频复频失"的良知之学，进而认为，深悟《复》卦之理，体会此良知之学，才能成就"造化之全功"，可以立辨"吉凶之机"。[3]应该讲，王畿对良知之义所做的进一步阐发，都是其师王阳明"良知即是易"未曾涉及的。

三、"化成天下"的社会政治观

《周易》为忧患之作，经过《易传》的阐发，这种包含有社会责任感和历史责任感的忧患意识变得更为深广、更为浓重。受《周易》及易学思想的影响，明代中叶许多怀着深广忧患意识的易学家、思想家和政治家，对现实社会的政治问题都给予了高度的关注，王畿也同样如此。

禀《周易》及易学思想之沾溉，在坚持学理探讨的同时，王畿的思想也一直秉持着积极入世的态度，以致良知为宗旨，将"内圣外王"贯穿为一体。他说："儒者之学，务为经世，学不足以经世，非儒也。"[4]"千古圣学，本于经世，与枯槁山林不同。吾人此生，不论出处闲忙，只有经世一件

① （宋）程颢、程颐著，王孝鱼点校：《复》，《周易程氏传》卷2，《二程集》，中华书局2004年版，第820页。

② （宋）朱熹撰，廖名春点校：《周易本义》，中华书局2009年版，第111页。

③ 参见方祖猷《王畿评传》，南京大学出版社2000年版，第314页。

④ （明）王畿著，吴震编校整理：《王瑶湖文集序》，《王畿集》卷13，凤凰出版社2007年版，第350页。

事。"① 为此，王畿提出了一系列带有经世理念的社会政治改革主张和设想，这在其《大象义述》中多有论述。

首先，王畿提出了"君以民为体"的思想，主张君主应以民为本，待民宽容。对于《周易》之《剥》卦义理，他作了如下阐发：

> 山高而反附于地，扡剥之象也。观剥之象，以厚其下，而安其居也。民，犹地也；君，犹山也。地惟厚，故载华岳而不重；民惟厚，故莫邦国而无危。民以君为心，君以民为体。心以体全，亦以体伤；君以民存，亦以民亡。知心体之义者，其知剥之道乎？②

《剥》卦（☶），其《象》曰："山附于地，剥。上以厚下安宅。"③ 此卦的象征意义，重点在于居于上位者要巩固统治基础。而王畿在君与民二者之间，关注的重点在于民，却对君提出了很高的要求：君应以"民惟厚"，以"民为体"，"以体全"，"以民存"，"以民亡"。也就是说，只有君宽厚待民，才能巩固政治，令邦国无危。他又说："民好好之，民恶恶之。好恶同于民，然后为民父母可谓知所务矣。"④ 如果君主不好民之好，不恶民之恶，也就无法成为民之父母。明代中后期，政局动荡频仍，社会危机重重，在这一时局背景之下，王畿提出的"君以民为体"以及"君以民存，亦以民亡"思想，确实表现出他深广的忧患意识。

至于如何才能做到以民为本，"厚其下而安其居"？通过对《周易》之《谦》卦的阐释，王畿提出了"平者，施之则"的主张：

---

① （明）王畿著，吴震编校整理：《与唐荆川》，《王畿集》卷10，凤凰出版社2007年版，第267页。
② （明）王畿著，吴震编校整理：《大象义述·剥》，《王畿集》附录一，凤凰出版社2007年版，第660页。
③ （三国魏）王弼、（晋）韩康伯注，（唐）孔颖达等正义：《剥·象》，《周易正义》卷3，（清）阮元校刻《十三经注疏》，台湾艺文印书馆2001年影印本，第64页。
④ （明）王畿著，吴震编校整理：《太平县修建五事记》，《王畿集》卷17，凤凰出版社2007年版，第488页。

> 以卑蕴高，谦之象也。山高则损之，地卑则益之。损高益卑，以
> 趋于平，谦之意也。裒，取也。物之不齐，物之情也。平者，施之则
> 也。君子取有余，以益不足。以善同人，则贤不肖平矣；以财分人，则
> 贫富平矣；以位下人，则贵贱平矣。谦之六爻，无凶德。谦者，内止而
> 外顺，内不止而外顺，则为象恭，为色庄，君子弗贵也。①

《谦》卦（☷），其《象》曰："地中有山，谦。君子以裒多益寡，称物平
施。"② 在王畿看来，"裒多益寡"实则是裒取多者，增益寡者，"称物平施"
就是要做到权衡各种情况，轻重持平，给予公平的分配，而"裒多益寡"和
"称物平施"全在于统治者的掌握。所以，王畿主张统治者在教化上要"以
善同人，则贤不肖平矣"，在经济上要"以财分人，则贫富平矣"，在社会上
要"以位下人，则贵贱平矣"。也就是说，统治者在治理国家时，一方面要
"取有余，以益不足"，损有余以补不足，另一方面又要使远近亲疏大小长
短各得其所。应该看到，明中后期君主集权极度强化，土地兼并日益严重，
思想控制渐趋严密，王畿的上述主张是不可能完全变成现实的。尽管如此，
"平者，施之则"的提出，在当时的历史条件下还是具有积极的社会意义的。

与"平者，施之则"的主张相联系，王畿又提出了"辨上下，定经界"
的经济策略。《周易》之《讼》卦（☰），其《象》曰："天与水违行，讼。
君子以作事谋始。"③ 对此一卦象辞，王畿作出了如下发挥：

> 天左旋而水东注，违行也。天为三才之始，水为五行之始，君子法
> 之，做事谋始。……谋始之道，非但慎交结，明契券，陈礼以教之，象刑

---

① （明）王畿著，吴震编校整理：《大象义述·谦》，《王畿集》附录一，凤凰出版社 2007 年
版，第 657 页。
② （三国魏）王弼、（晋）韩康伯注，（唐）孔颖达等正义：《谦·象》，《周易正义》卷 2，（清）
阮元校刻《十三经注疏》，台湾艺文印书馆 2001 年影印本，第 47 页。
③ （三国魏）王弼、（晋）韩康伯注，（唐）孔颖达等正义：《讼·象》，《周易正义》卷 2，（清）
阮元校刻《十三经注疏》，台湾艺文印书馆 2001 年影印本，第 34 页。

以示之。辨上下，定经界，使各安分而无争，知耻而能让，皆此义也。①

在《山阴县核田平赋岁计序》中，他又说：

> 治邑犹治家，邑之有宰，犹家之有主也。治家以力田为本，治邑以民事为本，事莫先于经界，核田平赋以制其用。经界之事也，如理一家之政，稽其为田几何、为赋几何，量其经费之用几何。……古之善制田赋者，必因土之瘠沃、田之高下，以定其田赋之重轻。田制不明，则赋法不公，二者无纪而能使国用之裕、民生之厚、不至于交受其病者，世无是理也。②

《讼》卦的象征意义是争讼，其卦辞强调始终争讼不息会有凶险，其象辞主张君子办事要先考虑杜绝争讼的本源。受《讼》卦的启发，王畿认为只有"辨上下，定经界"，才能使社会各方面安分无争。"定经界"既然是指划定好田地的分界，经界既定，那么因田地之瘠沃、高下，来决定田赋之多寡的"制田赋"便是其中应有之意，所以必须通过核实田亩，即丈量土地这种手段以确保田赋制度的执行，从而真正地建立因田之瘠沃、高下以立田赋轻重之原则。"则因田而立，赋因则而定，徭役里甲之需，皆视此以为准"③，惟其如此，也就能在很大程度上保障民生免受朝廷赋税积弊的困扰，维护一定的社会公平。严格说来，"定经界"这一思想并不始于王畿④，但他"上述提

---

① （明）王畿著，吴震编校整理：《大象义述·讼》，《王畿集》附录一，凤凰出版社 2007 年版，第 655 页。
② （明）王畿著，吴震编校整理：《山阴县核田平赋岁计序》，《王畿集》卷 13，凤凰出版社 2007 年版，第 354—355 页。
③ （明）王畿著，吴震编校整理：《山阴县核田平赋岁计序》，《王畿集》卷 13，凤凰出版社 2007 年版，第 355 页。
④ 《孟子·滕文公章句上》说："夫仁政必自经界始。经界不正，井地不均，谷禄不平，是故暴君污吏，必慢其经界。经界既正，分田制禄，可坐而定也。"就一定意义而言，王畿的这一主张可视为对先秦儒家所倡导的均富、仁政思想的继承与发挥。参见（清）焦循撰，沈文倬点校《孟子正义》卷 10，中华书局 1987 年版，第 348—349 页。

出的经界平赋的主张，确实是切中时弊"①的。

值得注意的是，当时"一条鞭法"尚未在全国推行，仅仅是在个别地方实施。对于这一简便易行且行之有效的税法，王畿指出：

> 近余姚县邓侯林乔，议处一条鞭法，各折马价等银，攒为一起，在收则为总，在解则为分。官不厌于比併之烦，民亦乐于输纳之便，此所谓四邻有善法，可因者也。侯于何所更定者，既守以画一之法，邓所议行者，既示以乐取之公。不但已也，复虑法久弊生，渐成废弛，勤咨询、核版籍、定疆土，以致屡省之成。……审于述作，慎于沿革，国用裕而民生厚，处官事如家事，视民犹子，而无复人己之分，侯真仁人之用心哉。……既立有恒产，复为贞度张维，以垂久大之业，此尤设险饰《贲》之意也。侯明深于《易》理，故以是终焉。②

上述所论，字里行间充满了对这位余姚县令的赞赏之情。在王畿看来，余姚这位县令依据当地的实际情况，谨慎、稳妥的改革积弊，相应地采取了"累版籍，定疆土"这一"国用裕而民生厚"的措施，不仅取得了"版籍明，则上有定输"的良好社会治理效果，而且饱含了"视民尤子""无复人己之分"的宽厚仁爱用心，颇合《贲》卦之义理。因为《贲》卦象征文饰，其《彖辞》曰"关乎天文，以察时变；关乎人文，以化成天下"③，强调观察自然与人类的文饰情状，即知晓四季的变化规律，又教化天下，促成天下的大治与昌明。而余姚县令主政一方，"与地方同其利害，生民均其休戚，犹治家之主"④，制定的措施和实施的教化能够使社会上下保持一种如此和谐的状态，

---

① 方祖猷：《王畿评传》，南京大学出版社 2000 年版，第 325 页。
② （明）王畿著，吴震编校整理：《山阴县核田平赋岁计序》，《王畿集》卷 13，凤凰出版社 2007 年版，第 356—357 页。
③ （三国魏）王弼、（晋）韩康伯注，（唐）孔颖达等正义：《贲·彖》，《周易正义》卷 3，（清）阮元校刻《十三经注疏》，台湾艺文印书馆 2001 年影印本，第 62 页。
④ （明）王畿著，吴震编校整理：《山阴县核田平赋岁计序》，《王畿集》卷 13，凤凰出版社 2007 年版，第 357 页。

确实深谙"圣人用贲之道"①。

再有，针对明中叶以来专制集权不断加重，以及府库虚耗和兵员不足的时弊，王畿主张恢复"寓兵于农，兵农合一"的井田制。《周易》之《师》卦（䷆），其《象》曰："地中有水，师。君子以容民畜众。"② 象征"兵众"，说明"民"为"兵"之本。受此启发，他认为：

> 水聚于地中，为众聚之象。古者寓兵于农，兵农合一，居则为比闾、族党、州乡之民，出则为伍两、卒旅、军师之众。畜之于无事之时，而用之于有事之日。此民即此众也。此井田法也。自井田废，而兵农分。农之所出，费于兵者十九。民无聊生，世有团结乡兵之法。有司苟能实心举行，立为保长，联以什伍之制，训练以时，调发以度，不惟可以省费御覆，亦寓兵之遗意也。③

《周易》之《井》卦（䷯），其《象》辞曰："木上有水，井，君子以劳民劝相。"④ 意即树木上端有水分渗出，象征"水井"，君子如果效法此"井养"之德，就会勤勉为民众操劳，就会劝勉民众相互资助。对此，王畿进一步诠释道：

---

① （宋）程颢、程颐著，王孝鱼点校：《贲》，《周易程氏传》卷2，《二程集》，中华书局 2004年版，第808页。
② （三国魏）王弼、（晋）韩康伯注，（唐）孔颖达等正义：《师·象》，《周易正义》卷2，（清）阮元校刻《十三经注疏》，台湾艺文印书馆2001年影印本，第35页。
③ （明）王畿著，吴震编校整理：《大象义述·师》，《王畿集》附录一，凤凰出版社2007年版，第655页。
④ 孔颖达《周易正义》曰："劳，谓劳赉；相，犹助也。井之为义，汲养而不穷；君子以劳来之恩，勤恤民隐，劝相百姓，使有功成，则此养而不穷也。"参见（三国魏）王弼、（晋）韩康伯注，（唐）孔颖达等正义《井·象》，《周易正义》卷5，（清）阮元校刻《十三经注疏》，台湾艺文印书馆2001年影印本，第110页。朱熹《周易本义》曰："劳民者，以君养民。劝相者，使民相养。皆取'井养'之义。"参见（宋）朱熹撰，廖名春点校《周易本义》，中华书局2009年版，第175页。

君子观井之德，法井之用，以劳来其民，所谓先之劳之也。"劝相"，劝勉辅相以相生之道，使之自相养也。此即同井相助相友之义，所谓五家相保，五比相受，五间相葬，五族相收，五党相赒，五州相宾是也。①

在他看来，《师》卦和《井》卦寄寓了深刻的养兵、养民之道，将此施用于人，广益于民生，对于缓解时弊是大有裨益的，理当引起统治者的高度关注。我们知道，井田制是西周时期盛行的一种土地制度，在此基础上产生的分封制则是西周王朝巩固统治的重要措施。《周礼·小司徒》所提出的"五人为伍，五伍为两，四两为卒，五卒为旅，五旅为师，五师为军"②的军队编制，实际上就是和当时这种"寓兵于农，兵农合一"的井田制息息相关的，只是后来井田和分封的制度废弃不用，兵农也不再和二为一。而王畿对井田制的推崇，不能不说是和当时专制集权造成的君臣、君民之间日趋尖锐的矛盾，以及兵增饷重、民不聊生的时弊有着直接的关系。

所以，王畿主张恢复"寓兵于农，兵农合一"的井田制。农人无论是平居或是有事，其税纳十九皆用于养兵；实行"乡兵之法"，由有司去立保长，训练农人以闲时，调拨以法度，则不仅能够"戒备于不虞"③，还可以收到"省费御篡"的成效，如此则上述府库虚耗、民不聊生等诸多问题自然也就迎刃而解。应该说，王畿为解决现实问题而直接搬用古制，确实流露出了不少书呆子气，多少显得有些不合时宜，但无论怎样，也"不能称他为'腐儒'，因为他究竟没有完全否认事功与功利"，而且他和"'独善其身，作自了汉'的佛道二教所走的路径方向根本不同"④。至少，他解决社会政治问题

① （明）王畿著，吴震编校整理：《大象义述·井》，《王畿集》附录一，凤凰出版社2007年版，第668页。
② （汉）郑玄注，（唐）贾公彦疏：《小司徒》，《周礼注疏》卷9，（清）阮元校刻《十三经注疏》，台湾艺文印书馆2001年影印本，第168—169页。
③ （明）王畿著，吴震编校整理：《大象义述·师》，《王畿集》附录一，凤凰出版社2007年版，第655页。
④ 方祖猷：《王畿评传》，南京大学出版社2000年版，第322页。

的眼光是较为敏锐的，表现出了"对人类社会公正道义的向往和担当"①，流露出的儒家民本主义思想是极其真诚的。

① 李丕洋：《心学巨擘：王龙溪哲学思想研究》，中国社会科学出版社 2016 年版，第 388 页。

第三章　易学思想与经世实学

第一节　丘濬的易学思想

丘濬（1421—1495），字仲深，号深菴，明代中叶资深的政治家、思想家。作为朝廷重臣，历仕景泰、天顺、成化、弘治四朝，晚年于弘治朝官至户部尚书兼任武英殿大学士。丘濬一生宗奉程朱理学，著作甚丰，其治学虽不以易学名家，但对《周易》也同样做过深入思考和系统研究。为拯救孱弱的明代中期政局和王朝统治危机，丘濬在其皇皇巨制《大学衍义补》中提出了诸多济世良方。受《周易》及易学思想的深刻濡染，丘濬在养民、理财、讼狱、兵事等领域提出了一系列富有价值的理念、措施。"高度的中央集权与君主专制统治强烈地排斥丘濬在儒家经典中发微的'民本政治'思想，现实毕竟不是'理想社会'"①，尽管如此，他的经世理念和易学思想在《大学衍义补》中得到了集中而深刻的体现，充满了强烈的现实关怀和鲜明的时代特色。

一、易学与民本思想

《周易》有着丰富的"民本"思想，丘濬深受这一思想的沾溉，紧密地联系明代中叶社会时局，在《大学衍义补》"固邦本"一目中对此作了进一步的发挥，突出地反映了他对民生问题的关注。丘濬认为，"本"者，根也、

---

① 赵玉田、罗朝蓉：《丘濬经世思想研究》，暨南大学出版社 2018 年版，第 12 页。

基也。本着这一认识，他将有关"民"的论述置于"正朝廷"和"正百官"之后，而这一做法的深层用意在于：人君应当重视其统治基础，视"民"为"治国平天下"的根本。

丘濬生于明王朝全盛时期，可是到他考中进士，开始登上政治舞台之际，明王朝社会矛盾日趋尖锐，国力显著下降，已经逐渐步入衰落时期。当时土地集中日益剧烈，达到很高的程度，朝廷官僚和地方豪绅兼并侵吞了大量土地，却又极力隐匿田产以逃避纳税，这使得大批农民不得不逃亡他乡成为流民。明王朝在征赋田亩不断缩减的情况下，为保证自己的财政收入而不断地额外增加赋税，这又使更多农民不堪重负，陷入了破产、流亡的境地。正是出于对严峻现实的高度关注，丘濬真切地指出：

> 益之为言有所增加之谓也。今而无所增加而有损焉，乃谓之益何哉？有若对鲁哀公之问曰："百姓足，君孰与不足？百姓不足，君孰与足？"盖深有得于《益》卦之义也。①

上与下利害相关，下为上之本，损下则伤本，损下而益上，最终会出现下损上亦损的恶果，即"百姓不足，君孰与足"。因此，真正的益是益下上亦益，"百姓足，君孰与不足"。也就是说，整个统治阶层由上而下若能为民众的利益着想，就会使道义广庇四方，这对巩固自身的统治地位十分有利。对于《周易》倡言的"损上益下，民说无疆"②这一主张，丘濬确实是针对其身处的社会现实有感而发的，他的论述重点在于强调处于上位的人君应当重视其统治基础，表现出对民生问题的高度重视，而这恰恰是其对《周易》蕴涵的民本思想所作的进一步发挥。

与此相关，对于《周易》提出的"天地交，泰。后以裁成天地之道，

---

① （明）丘濬撰，金良年整理：《大学衍义补》（上册）卷13《固邦本·总论固本之道》，上海书店出版社2012年版，第126页。
② （三国魏）王弼、（晋）韩康伯注，（唐）孔颖达等正义：《益·象》，《周易正义》卷4，（清）阮元校刻《十三经注疏》，台湾艺文印书馆2001年影印本，第96页。

辅相天地之宜，以左右民"①的主张，丘濬认为，既然"天地交而阴阳和，万物遂其茂育"②，那么高高在上的君主必须注意下民之生，才会出现"下之情通乎上亦犹地之气通乎天，此世道所以为泰"③的良好局面。对于《周易》提出的"山附于地，剥。上以厚下安宅"④思想，他说：

> 山高出于地而反附著于地，犹君居民之上而反依附于民者。何也？盖君之所以为君者以其有民也。君而无民则君何所依以为君哉？为人上者诚知其所以为君而得以安其位者，由乎有民也。可不思所以厚民之生而使之得其安乎？民生安则君得所依附，而其位安矣。⑤

丘濬强调了生民对于君主巩固统治能够起到至关重要的作用，如果君主对于生民的依赖要想维持长久，就必须拿出切实可行的"厚民之生"措施，否则不会取得很好的社会效果。

在养贤及民方面，《周易》有着这样的表述："天地养万物，圣人养贤以及万民，颐之时大矣哉！"⑥宋代的程颐仅仅是从圣人的角度出发，突出了圣人是发挥天地之正道的表率，将这一思想理解为："圣人极言颐之道，而赞其大。天地之道，则养育万物；养育万物之道，正而已矣。圣人则养贤才，与之共天位，使之食天禄，俾施泽于天下，养贤以及万民也，养贤所以养万

---

① （三国魏）王弼、（晋）韩康伯注，（唐）孔颖达等正义：《泰·象》，《周易正义》卷2，（清）阮元校刻《十三经注疏》，台湾艺文印书馆2001年影印本，第42页。

② （明）丘濬撰，金良年整理：《固邦本·总论固本之道》，《大学衍义补》（上册）卷13，上海书店出版社2012年版，第125页。

③ （明）丘濬撰，金良年整理：《固邦本·总论固本之道》，《大学衍义补》（上册）卷13，上海书店出版社2012年版，第125页。

④ （三国魏）王弼、（晋）韩康伯注，（唐）孔颖达等正义：《剥·象》，《周易正义》卷3，（清）阮元校刻《十三经注疏》，台湾艺文印书馆2001年影印本，第64页。

⑤ （明）丘濬撰，金良年整理：《固邦本·总论固本之道》，《大学衍义补》（上册）卷13，上海书店出版社2012年版，第125页。

⑥ （三国魏）王弼、（晋）韩康伯注，（唐）孔颖达等正义：《颐·象》，《周易正义》卷3，（清）阮元校刻《十三经注疏》，台湾艺文印书馆2001年影印本，第69页。

民也。"① 对于程颐所论，丘濬是赞同的，"天地养万物而人与圣人皆在天地所养之中，圣人于人之中乃其首出者也，体天地养物之仁以养乎人"②。只不过，在此基础上他又有所引申：

> 然天下之大，亿兆之众必欲人人养育之，非独力之不能给，而亦势之所不能及也。是以于众人之中择其贤者而养之，使其推吾所以体天地养物之心以养乎人人，厘之以其职，散之以其民，裂之以其地，付之以吾一视之仁，注之于其心而寄之于其目，而使之代吾之视一以仁之也。然非养之以廪食，则彼不暇而为。③

丘濬对"择其贤者而养之"的必要性作了更为具体的论述。他注意到，"非养之以义理，则彼不知所为"，强调必须导之以"贞正"之道，否则，"苟养之不以正"，社会将陷入动荡，民生会难以为继，人君的统治地位也就无法维持，势必"如战国之田文养士至三千余人，东都之延熹大学诸生至三万余人，适足以起乱"。因此，在丘濬看来，是否遵循"养正则吉，养而不正其凶必矣"④ 的"颐之道"则是养贤及民之关键所在。

所以，对于人君选贤用能的问题，丘濬特别重视，在深入思考这一问题的同时，将本于《周易》的深沉忧患意识流露其间。他说：

> 先儒有言，古之人君，必量力度德而后授之官，古之人臣亦必量力度德而后居其任。虽百工胥吏且犹不可，况大臣乎？为君不明于所

① （宋）程颢、程颐著，王孝鱼点校：《颐》，《周易程氏传》卷2，《二程集》，中华书局2004年版，第833页。
② （明）丘濬撰，金良年整理：《崇教化·设学校以立教》（上），《大学衍义补》（上册）卷68，上海书店出版社2012年版，第505页。
③ （明）丘濬撰，金良年整理：《崇教化·设学校以立教》（上），《大学衍义补》（上册）卷68，上海书店出版社2012年版，第505页。
④ （明）丘濬撰，金良年整理：《崇教化·设学校以立教》（上），《大学衍义补》（上册）卷68，上海书店出版社2012年版，第505页。

择，为臣不审于自择，必至于亡身危主、误国乱天下，皆由于不胜其
任之故也。虽然，人臣不审于自择，一身一家之祸尔，人君不明于所
择，则其祸岂止一人一家哉？上以覆祖宗千万年之基业，下以戕生灵
千万人之身命。呜呼！人君之任用大臣焉，可不量其德、询其知、度
其力而轻授之尊位、与之大谋、委之大任哉？①

在丘濬看来，人君如果不明于"必量力度德而后授之官"，在选贤用能时
"德薄而位尊，知小而谋大，力小而任重"，就会出现《周易》之《鼎》卦
九四爻辞所言"鼎折足，覆公餗"②那样其势必凶的恶果。

一般而言，人君在选贤任能时往往会遇到如何对待小人这一棘手问题，
是对之一味地打压，还是让其各事所事？丘濬对此提出了自己的见解。例
如，《解》卦六三爻辞"负且乘，致寇至，贞吝"③，宋代程颐曾从"人品有
君子小人之别"的角度作出这样的解释：

六三阴柔，居下之上，处非其位，犹小人宜在下以负荷，而且乘
车，非其据也，必致寇夺之至，虽使所为得正，亦可鄙吝也。小人而
窃盛位，虽勉为正事，而气质卑下，本非在上之物，终可吝也。④

与程颐不同，丘濬的着重点却在于"其所事亦有君子、小人之异"⑤，即使是
小人也应有安身立命之所。他说："人君用人当随其人品而使之各事其事，

① （明）丘濬撰，金良年整理：《正百官·戒滥用之失》，《大学衍义补》（上册）卷12，上海
书店出版社2012年版，第118页。
② （三国魏）王弼、（晋）韩康伯注，（唐）孔颖达等正义：《鼎》，《周易正义》卷5，（清）
阮元校刻《十三经注疏》，台湾艺文印书馆2001年影印本，第113页。
③ （三国魏）王弼、（晋）韩康伯注，（唐）孔颖达等正义：《解》，《周易正义》卷4，（清）
阮元校刻《十三经注疏》，台湾艺文印书馆2001年影印本，第94页。
④ （宋）程颢、程颐著，王孝鱼点校：《解》，《周易程氏传》卷3，《二程集》，中华书局
2004年版，第903—904页。
⑤ （明）丘濬撰，金良年整理：《正百官·戒滥用之失》，《大学衍义补》（上册）卷12，上海
书店出版社2012年版，第118页。

则君子、小人各止其所，而无有非所据而据者矣。非惟君子小人各安其心，而天下之人亦莫不安之矣。"只有"上下相安而无暴慢之失，君子而乘君子之器，小人而任小人之事"，上下不敢"萌非分之望"①，才有利于社会的稳定，而不是对小人之属一味地防范打压。

在养贤及民的基础上，丘濬强调了善施教化、完善民风的重要性。《周易·临·象》曾曰："泽上有地，临。君子以教思无穷，容保民无疆。"②丘濬将之与教民保民的思想联系起来，对《临》卦作了较为深刻的诠解：

> 《临》之为卦，有上临下之象，上之临下果何所事哉？曰保之。将欲保之以何为先？曰教之。教之之道驱迫之不可也，操切之不可也，徒事乎法不可也，必刻以期不可也，必也匡之直之、辅之翼之，优而游之使自休之，厌而饫之使自趋之，如江河之润，如湖海之浸，是之谓教思焉。举一世而甄陶之，合万邦而协和之，由无息而至于悠远，由动变而至于能化，无一人而不化，无一地而不到，无一日而或间，岂有穷尽也哉？③

显然，丘濬无非是希望当朝统治者能够受到《临》卦义理的启示，因为《临》卦象征了土地与泽水滋润浸渍、亲密无间，所以受此影响，当朝统治者对下民"教思无穷"，并且要出自诚心，想得深远，永不穷尽，永无止境。

同时，丘濬还认为统治者必须观民设教，振民有德，移风易俗，以便进一步达到稳定社会秩序，巩固统治的目的。秉承《周易》"圣人以神道设

---

① （明）丘濬撰，金良年整理：《正百官·戒滥用之失》，《大学衍义补》（上册）卷12，上海书店出版社2012年版，第118页。

② （三国魏）王弼、（晋）韩康伯注，（唐）孔颖达等正义：《临·象》，《周易正义》卷3，（清）阮元校刻《十三经注疏》，台湾艺文印书馆2001年影印本，第59页。

③ （明）丘濬撰，金良年整理：《崇教化·总论教化之道》，《大学衍义补》（上册）卷67，上海书店出版社2012年版，第496页。

教，而天下服"①和"观先王以省方，观民设教"②的思想，丘濬强调：

> 圣人观天之神道以设教，谓如天之春而夏而秋而冬，当暖而暖，当寒而寒，无一时之差忒，不见其有所作为，自然而然，所谓神也。圣人体之以设为政教。故下人观之，如见春而知其必暖，见冬而知其必寒，其暖其寒皆其所自然，下民观视而感之于心，不待有所设施措注自然化服，所谓以神道设教也。如此，非谓别有一种玄妙幻化之术也。③

先王教化万民的原则措施是根据"天之神道"制定出来的，先王以之巡视邦国，观察民情，推行教化，民众自然就会受到感化而驯顺服从。反之，只将"神明"和"幻化"视为唯一的手段是起不到任何作用的。为此，丘濬对后世俗儒将"神道设教"与"神明""幻化"等同起来的做法提出了强烈的批评，向居于上位者发出了谆谆告诫：

> 后世俗儒不知此义，乃以《河图》《洛书》为神道设教，谓圣人画卦演畴皆以人力为之，而假托神明以为幻化之术，遂启时君矫诬妄诞之端。吁！经旨一言之差，流祸至于如此，可不戒哉！可不戒哉！④

很明显，仅仅借助于"神明""幻化"的"神道设教"实则是开启搅乱舆论、欺上瞒下的祸端，对于巩固统治、教化民众没有任何的益处。

丘濬也注意到，虽然"因民而观之"是朝廷施政的基础，但也不能排

---

① （三国魏）王弼、（晋）韩康伯注，（唐）孔颖达等正义：《观·象》，《周易正义》卷3，（清）阮元校刻《十三经注疏》，台湾艺文印书馆2001年影印本，第60页。

② （三国魏）王弼、（晋）韩康伯注，（唐）孔颖达等正义：《观·象》，《周易正义》卷3，（清）阮元校刻《十三经注疏》，台湾艺文印书馆2001年影印本，第60页。

③ （明）丘濬撰，金良年整理：《崇教化·总论教化之道》，《大学衍义补》（上册）卷67，上海书店出版社2012年版，第496页。

④ （明）丘濬撰，金良年整理：《崇教化·总论教化之道》，《大学衍义补》（上册）卷67，上海书店出版社2012年版，第496—497页。

除会出现"物之不齐，物之情也。俗之不一，俗之习也"的情况。有鉴于此，统治者就必须格外重视对实际民情的体察，做到"约其所太过，勉其所不及，使之一归于礼而不偏"，而不能"一听民俗之所为而不复观之矣"①，对之采取放任自流的态度。所以，在他看来，对于民俗民情，统治者只有以"纲""纪""礼""法"自然疏导，充分做到"三纲在所当正，六纪在所当修，礼节不可失，法度不可斁，吾于是乎化导之，因其自然者加之品节，顺其当然者为之导达，引其性而纳之道义之中，矫其偏而归之中正之域"②，才能将"《大易》'人文化成天下'一语"，这一"帝王继天立极之大纲大本"落到实处，"唐虞雍熙泰和之治"局面的出现也就为期不远。

二、易学与经济思想

《周易》经传对于贯穿天、地、人"三材"的经济问题是非常重视的，在六十四卦的卦爻辞和《易传》中，直接谈论或涉及经济现象的就有 30 多卦，围绕在重财、生财、理财、用财等方面表达了许多深刻的思想。就一定意义而言，《周易》的经济思想是易学研究运用中的一个重要内容，历代的政治家、思想家、理财家在论辩陈事、改革弊政时常常引以为据。明代中叶的丘濬在这方面更是如此，他深受《周易》经济思想的濡染和启发，提出了一系列很有价值的建议、措施。

为实现养民的目的，将民本思想真正地贯彻落实到社会的方方面面，就要"为民理财"，发展经济。丘濬特别重视明王朝的经济发展，《大学衍义补》全书有多达 22 卷的内容是在探讨这类问题。在某种程度上可以说，《大学衍义补》中有关经济问题的论述，是该书中最有思想价值的部分。需要指出的是，从全书内容的逻辑设置来看，丘濬将明王朝的经济问题安排在"正朝廷""正百官"及"固邦本"即君、臣、民三大问题之后进行讨论，又进

---

① （明）丘濬撰，金良年整理：《崇教化·总论教化之道》，《大学衍义补》（上册）卷 67，上海书店出版社 2012 年版，第 497 页。

② （明）丘濬撰，金良年整理：《崇教化·总论教化之道》，《大学衍义补》（上册）卷 67，上海书店出版社 2012 年版，第 497 页。

一步突出了经济民生问题的重要性，充分反映出平素"以经济自负"的丘濬对于明代现实社会的深刻认识。这主要表现在以下几个方面。

首先，丘濬突出强调了"富国先富民"的理念。他说：

> 《易》曰："何以聚人曰财。"财出于地而用于人。人之所以为人，资财以生不可一日无焉者也。所谓财者谷与货而已。谷所以资民食，货所以资民用。有食有用则民有以为生养之具，而聚居托处以相安矣。《洪范》八政以食与货为首者此也。大禹所谓"懋迁有无化居"，此六言者万世理财之法皆出于此。然其所以徙有于无，变化其所居积者，乃为烝民粒食之故耳。是其所以理财者乃为民而理，理民之财尔，岂后世敛民之食用者，以贮于官而为君用度者哉？古者藏富于民，民财既理，则人君之用度无不足者。是故善于富国者必先理民之财，而为国理财者次之。①

本于《周易》"聚人""理财"的理念，丘濬将物质财富视为人类赖以生存的前提，倡导人类对于物质利益的追求，具有正当性与合理性，即"人之所以为人，资财以生，不可一日无焉者"。毕竟，"财者人之所同欲也"，且"人心好利无有纪极"。②在承认人类对于财富追求的正当性和合理性的基础上，丘濬提出了"善于富国者，必先理民之财，而为国理财者次之"，即将"理民之财"置于"为国理财"之上的思想，如果反其道而行之，"则是以理财为讳者乃所以为聚财之张本也"③，当"国用不给"之时，势必会出现"横取诸民"、祸国乱政的动荡局面。上述藏富于民的思想，实际上正是丘濬在"固邦本"

一目中所提出的，以民为本的政治思想在其对经济问题认识上的具体体现。而丘濬对"理国财"和"理民财"的区分及探讨，在一定意义上表明他对当时王朝财政和社会经济相互关系的认识又有所深化，即发展社会经济是增加国家财富的根本要务，而社会经济的发展则是实现国家富强的厚重基石。

丘濬虽然主张"理财之法即所谓生财大道之法"，但认为二者还是有差别的。他说：

> 抑考理财之说昉之《易大传》，而《大学》不言理而言生，何哉？噫！理之为言有人为分疏之意，生之为言有生生不穷之意，有以生之而财之源生生不穷，有以理之而财之流陈陈相因，如是，则存于民也无不足，而用于君也恒有余矣，治平之道端在于此。①

"理财正辞"出自《周易》，"生财有大道"源于《大学》。丘濬抓住了"理"与"生"两个关键词进行了比较，突出了各自在经济政策的制定和措施的执行方面具有的不同义涵，因为"生财"和"理财"在经济过程中都是不可或缺的重要环节，能够分别发挥不同的作用。尽管如此，但总的看来，丘濬还是强调建立在"生财"基础之上的"理财"所发挥的作用至为关键。毕竟，财货之分配、调解得法，"治平之道"的出现才有可能。

其次，受《周易》"理财正辞，禁民为非曰义"②思想的影响，丘濬注意到在发展经济以及追求富民的过程中，经济活动仍然要受到道德规范的约束。他指出：

> 既理财正辞而民有趋于利而背于义者，又必宪法令致刑罚以禁之。使其于财也，彼此有无之间，不得以非义相侵夺。其于辞也，名号称

---

① （明）丘濬撰，金良年整理：《制国用·总论理财之道》（上），《大学衍义补》（上册）卷20，上海书店出版社 2012 年版，第 195 页。

② （三国魏）王弼、（晋）韩康伯注，（唐）孔颖达等正义：《系辞下》，《周易正义》卷 8，（清）阮元校刻《十三经注疏》，台湾艺文印书馆 2001 年影印本，第 166 页。

谓之际不得以非义相紊乱，与凡贵贱、长幼、多寡取予之类莫不各得
其宜焉，是则所谓义也。吁！圣人体天地生生之仁，尽教养斯民之义，
孰有加于此哉？①

丘濬对"义"的理解，意在强调封建社会人际关系的调整，以此缓和社会矛
盾，具有浓厚的道德伦理色彩，从中既可以看出其与先秦儒家义利观的一脉
相承之处，也可以看出其所受到的程朱理学解《易》的深刻影响，至于如何
理财，儒家历来的传统观念是崇俭黜奢，节而有度。孔子曾将"节用而爱
人"②作为治国的重要原则，倡导无论是君主还是臣民，都应力行节俭反对
奢侈。《周易》更是主张君主应"节以制度，不伤财，不害民"③，臣民应"以
俭德辟难，不可荣以禄"④，"安节之亨，承上道也"⑤。宋代的易学家本于此又
作了充分的发挥。例如，程颐的学生杨时就强调"爱民必先于节用"，他说：
"《易》曰'节以制度，不伤财，不害民'。盖用不节，则必至于伤财，伤财
必至于害人。"⑥朱熹也指出"将爱人者必先节用，此不易之理也"，"盖国家
财用皆出于民，如有不节而用度有阙，则横赋暴敛，必先有及于民者。虽
有爱人之心，而民不被其泽矣"⑦。丘濬在思考这一问题时，深受孔子及《周

① （明）丘濬撰，金良年整理：《正朝廷·总论朝廷之政》，《大学衍义补》（上册）卷1，上
海书店出版社 2012 年版，第 29—30 页。

② （清）刘宝楠撰，高流水点校：《学而第一》，《论语正义》卷1，中华书局 1990 年版，第
16 页。

③ （三国魏）王弼、（晋）韩康伯注，（唐）孔颖达等正义：《节·象》，《周易正义》卷6，（清）
阮元校刻《十三经注疏》，台湾艺文印书馆 2001 年影印本，第 132 页。

④ （三国魏）王弼、（晋）韩康伯注，（唐）孔颖达等正义：《否·象》，《周易正义》卷3，（清）
阮元校刻《十三经注疏》，台湾艺文印书馆 2001 年影印本，第 43 页。

⑤ （三国魏）王弼、（晋）韩康伯注，（唐）孔颖达等正义：《节·象》，《周易正义》卷6，（清）
阮元校刻《十三经注疏》，台湾艺文印书馆 2001 年影印本，第 132 页。

⑥ （宋）杨时著：《道千乘之国章》，《杨龟山先生全集》（一）卷5，台湾学生书局 1974 年版，
第 289 页。

⑦ （宋）朱熹撰：《封事》，《晦庵先生朱文公文集》（一）卷12，朱杰人、严佐之、刘永翔
主编《朱子全书》（修订本）第 20 册，上海古籍出版社、安徽教育出版社 2010 年版，第
625 页。

易》节用爱民思想的影响，同时也借鉴了杨时、朱熹等前贤的观点，但他并没有陷于"爱"与"节"孰先孰后，哪个更为重要的纠结，而是认为"帝王为治之道不出乎孔子此言，爱之一言万世治民之本，节之一言万世理财之要"①，将"爱"与"节"二者并重，一同视为国家治民理财的根本原则。

再有，为使富国先富民的思想得到贯彻并收到成效，丘濬极其重视商业在封建国家经济发展中所起的作用，进而提出了发挥市场自发调节作用的问题。我们知道，中国传统社会重农抑商的思想发轫于战国初期的李悝，形成于商鞅和荀况，至韩非时集前代之大成，此后一直长期占据统治地位。而与之相反，《周易》虽主张以农业为本，可对商业却并不排斥，甚至在一定程度上表现出对商业的重视，其中最为鲜明的表述就是"日中为市，致天下之民，聚天下之货。交易而退，各得其所"②，以此突出商业利民、利天下的作用。中国传统社会重农抑商的思想虽然逐步地取得了统治地位，但也应该看到的是，以《周易》为代表的农商并重的思想并没有中断，即使在明代也仍在延续。而这一思想得以在明代有了进一步的发展，在一定程度上，不能不说是与丘濬等人对《周易》及前贤经济思想的充分汲取有着密切的关系。

丘濬认为《周易》中的"日中为市，致天下之民，聚天下之货。交易而退，各得其所"是"后世为市之始"，他充分意识到，"民之于食货有此者无彼，盖以其所居异其处而所食所用者不能以皆有，故当日中之时致其人于一处，聚其货于一所，所致所聚之处是即所谓市也"③。在此基础之上，丘濬指出："人各持其所有于市之中而相交相易焉，以其所有易其所无，各求得其所欲而后退，则人无不足之用，民用既足则国用有余也。"④不仅将"食

① （明）丘濬撰，金良年整理：《制国用·总论理财之道》（下），《大学衍义补》（上册）卷21，上海书店出版社 2012 年版，第 196 页。
② （三国魏）王弼、（晋）韩康伯注，（唐）孔颖达等正义：《系辞下》，《周易正义》卷 8，（清）阮元校刻《十三经注疏》，台湾艺文印书馆 2001 年影印本，第 167 页。
③ （明）丘濬撰，金良年整理：《制国用·市籴之令》，《大学衍义补》（上册）卷 25，上海书店出版社 2012 年版，第 224 页。
④ （明）丘濬撰，金良年整理：《制国用·市籴之令》，《大学衍义补》（上册）卷 25，上海书店出版社 2012 年版，第 224 页。

货"视为"生民之本",而且也强调了互通有无的重要性。

从上述思想认识出发,丘濬对封建王朝直接经营、干预商业的活动完全持否定的态度,主张国家对于商业的管理,要采取宽松适度的政策,不必加以限制。他说:

> 天生众民,有贫有富。为天下主者惟省力役、薄赋敛、平物价,使富者安其富,贫者不至于贫,各安其分,止其所得矣。乃欲夺富予贫以为天下,乌有是理哉? 夺富之所有以与贫人且犹不可,况夺之而归之于公上哉? 吁! 以人君而争商贾之利,可丑之甚也。[①]

国家对于商业的管理,采取富者与贫者各得其所的政策,市场自然就会发挥其自身具有的调节物价、实现供应的作用,而不应"争商贾之利"。对于官营商业可以打击商人操纵市场、稳定物价的说法,丘濬则认为"大抵民自为市则物之良恶、钱之多少易以通融准折取舍,官与民为市,物比以其良,价比有定数,又有私心诡计百出其间,而欲行之有利而无弊,难矣"[②],而准许商人自由经营,"物货居之既多,则虽甚乏其价自然不至甚贵"[③],市场上货物充盈,用不着官府来平抑物价,物价自然就会趋于合理,有利于市场的持续经营。因为在他看来,私人之间通过竞争,能够使商品的价格、数量以至质量都得到合理的调节,是不须假封建官府人为地加以干涉的。

时值明代中叶,丘濬作为官居一品的朝廷大臣,能够本于《周易》对封建王朝的市场经济活动产生上述的看法,尤为难能可贵。同时,丘濬源于《周易》之学的经济思想与措施,也从一侧面反映出明代中叶的商品经济确

---

① (明) 丘濬撰,金良年整理:《制国用·市籴之令》,《大学衍义补》(上册) 卷 25,上海书店出版社 2012 年版,第 228 页。

② (明) 丘濬撰,金良年整理:《制国用·市籴之令》,《大学衍义补》(上册) 卷 25,上海书店出版社 2012 年版,第 227—228 页。

③ (明) 丘濬撰,金良年整理:《制国用·市籴之令》,《大学衍义补》(上册) 卷 25,上海书店出版社 2012 年版,第 232 页。

实有了一定程度的发展。

三、易学与法律思想

《周易》作为中国古代法律思想的重要源头之一，其中的"利用狱""明罚敕法"① 以及"议狱缓死"② 等思想对后世产生了深远影响。丘濬充分汲取这一丰厚的思想资源，在《大学衍义补》中对许多源于《周易》的法律思想又作出了新的阐述，不唯在易学史上，在法律思想史上也占有重要的地位。

我们知道，《周易》中的《噬嗑》一卦主要讲的是天下国家怎样利用刑狱剪除奸佞的问题，集中体现了《周易》以及儒家的法律思想。《周易》虽主张刑狱不可或缺，但也强调一定要正确合理地利用刑狱解决各种问题。《噬嗑》卦（䷔），其卦辞曰："亨，利用狱。"③ 本身从卦名来看，噬是咬，嗑是合，上下腭合拢则能咬碎吃的东西，象征着可以铲除一切障碍物；狱是说刑法，也就是指法律案件以及处理这些案件的整个过程。程颐曾就此指出："天下之间，非刑狱何以去之？不云利用刑，而云利用狱者，卦有明照之象，利于察狱也。狱者所以究治情伪，得其情则知为间之道，然后可以设防与致刑也。"④ 可见，在刑与狱之间，程颐更倾向于后者。应该说，程颐的认识虽给予丘濬一定的启发，但丘濬强调的则是刑与狱二者的并重。

丘濬认为如果社会出现了犯罪行为，就必须施用刑法予以铲除。他说："圣人治天下有为生民之梗者必用刑狱断制之，故噬嗑以去颐中之梗，雷电以去天地之梗，刑狱以去天下之梗也。""人有梗于吾治之间，必断制之而后

① （三国魏）王弼、（晋）韩康伯注，（唐）孔颖达等正义：《噬嗑》，《周易正义》卷3，（清）阮元校刻《十三经注疏》，台湾艺文印书馆2001年影印本，第61页。

② （三国魏）王弼、（晋）韩康伯注，（唐）孔颖达等正义：《中孚·象》，《周易正义》卷6，（清）阮元校刻《十三经注疏》，台湾艺文印书馆2001年影印本，第133页。

③ （三国魏）王弼、（晋）韩康伯注，（唐）孔颖达等正义：《噬嗑》，《周易正义》卷3，（清）阮元校刻《十三经注疏》，台湾艺文印书馆2001年影印本，第61页。

④ （宋）程颢、程颐著，王孝鱼点校：《噬嗑》，《周易程氏传》卷2，《二程集》，中华书局2004年版，第803页。

民得安靖，民不得安，则有所苛扰而生有不宁矣。"① 对于程颐所提出的"得其情，则知为间之道"，丘濬进一步引申，强调了"明与威并行"才是真正的用狱之道，"明以辨之必如电之光焰然而照耀，使人不知所以为蔽。威以决之必如雷之震轰然而击搏，使人不知所以为拒"②。在此基础上，丘濬又提出了统治者在治狱过程中必须贯彻刚柔中和之道的思想。他说："然其施于外者，用其刚如此可尔，若夫存于中者，则又以柔为本。而其柔也，非专用柔。用柔以处刚无太过焉，无不及焉。夫是之谓中，夫是之谓利。"③ 否则，就会陷入偏执一端或过犹不及的境地，"苟偏于一而或过与不及，则非中矣，则为不利矣"④。

但是，在具体的用狱过程中，统治者如何才能做到"明罚敕法"？针对这一关键问题，丘濬充分借鉴前贤的易学研究成就，并结合当时的法律状况，对此又有了新的认识。丘濬认为"法"是"制定于平昔"，而"罚"是"施用于临时"，"法者罚之体，罚者法之用"⑤，二者尽管存在着体与用的分别，但实际上所起的作用是一致的。他说：

> 夫法有定制而人之犯也不常，则随其所犯而施之以责罚必明必允，使吾所罚者与其一定之法，无或出入，无相背戾。常整饬而严谨焉，用狱如此，无不利者矣。
>
> 圣人明罚敕法，惩之于早故也。天生圣人为民造福，既叙彝伦而锡君子以考终命之福，复明刑罚而养小人以全身命之福。盖小人不以

---

① （明）丘濬撰，金良年整理：《慎刑宪·总论制刑之义》，《大学衍义补》（下册）卷100，上海书店出版社 2012 年版，第 139 页。

② （明）丘濬撰，金良年整理：《慎刑宪·总论制刑之义》，《大学衍义补》（下册）卷100，上海书店出版社 2012 年版，第 139 页。

③ （明）丘濬撰，金良年整理：《慎刑宪·总论制刑之义》，《大学衍义补》（下册）卷100，上海书店出版社 2012 年版，第 139 页。

④ （明）丘濬撰，金良年整理：《慎刑宪·总论制刑之义》，《大学衍义补》（下册）卷100，上海书店出版社 2012 年版，第 139 页。

⑤ （明）丘濬撰，金良年整理：《慎刑宪·总论制刑之义》，《大学衍义补》（下册）卷100，上海书店出版社 2012 年版，第 140 页。

不仁为耻，见利而后劝于为仁。不以不义为畏，畏威而后惩于不义，惩之于小所以诫其大惩之于初，所以诫其终，使其知善不在大，而皆有所益。恶虽甚小，而必有所伤，不以善小而弗为，不以恶小而为之。不至于恶积而不可掩、罪大而不可解。①

只不过，丘濬在此特别强调的是，人君在施行刑罚时必须慎重。无论是法与罚，都必须依照公布于众的法律科条来执行，使之有定例可循，一定要避免执法的随意性，而民众摄于法律的严正、威力，才有可能不犯法受刑。这样，法律所具有的惩恶扬善的作用才能得到更好的体现。

必须看到的是，时值明代中叶，法律执行较前期已有所松弛，"今州县治狱，禁勘审复，自有许多节次，过乎此而不决，便是留狱。不及乎此而决便是敢于折狱"②。对于这一严峻的司法现实，丘濬说："若狱未具而决之，是所谓敢折狱也。若狱已具而留之不决，是所谓留狱也。"③ 换言之，无论出于什么原因，"敢折狱"与"留狱"都有损于当朝法律的威严，都是对当朝法制的破坏。进而，他关切地指出：

狱之未具则不敢折，故狱得真情而人不冤狱之，已具则无或留，故狱不停囚而人不滞，治狱之道备于此矣。治狱，君子必象离之明以为之体，象山之止以为之用。明矣，而犹不敢折狱，明矣而犹必慎而不留，皆止之象也。狱不难于治而难于用，故《噬嗑》卦辞曰"利用狱"。④

---

① （明）丘濬撰，金良年整理：《慎刑宪·总论制刑之义》，《大学衍义补》（下册）卷100，上海书店出版社2012年版，第140页。
② （明）丘濬撰，金良年整理：《慎刑宪·总论制刑之义》，《大学衍义补》（下册）卷100，上海书店出版社2012年版，第141页。
③ （明）丘濬撰，金良年整理：《慎刑宪·总论制刑之义》，《大学衍义补》（下册）卷100，上海书店出版社2012年版，第141页。
④ （明）丘濬撰，金良年整理：《慎刑宪·总论制刑之义》，《大学衍义补》（下册）卷100，上海书店出版社2012年版，第141页。

强调即使是发生了刑狱之事，人君也理应遵循《周易》"以明庶政，无敢折狱"①之道，明慎用刑而不留狱。

并且，丘濬也希望人君在法律实践中能够做到"议狱缓死"以"赦过宥罪"。为强调这一思想，丘濬曾对《周易》言及法律、刑罚的卦象作了如下的归纳：

> 卦象言刑狱者五卦，《噬嗑》《贲》《丰》《旅》《中孚》也。《噬嗑》《贲》《丰》《旅》皆有离象，而《噬嗑》《丰》则兼取震，《贲》《旅》则兼取艮。盖狱以明照为主，必先得其情实则刑不滥。然非震以动之则无有威断，非艮以止之则轻以用刑。惟《中孚》一卦则有取于巽兑。先儒谓《中孚》体全似《离》，互体有震艮，盖用狱必明以照之，使人无隐情，震以威之，使人无拒意，而又当行而行，当止而止，不过于用其明而恣其威。②

之所以看重《中孚》一卦，是因为在这五卦之中，唯有《中孚》一卦较为特殊。《中孚》卦（䷼），卦象是泽上有风。泽为止水，风在止水上行，风感水受，有至诚无所不入之象。其《象》曰："泽上有风，中孚。君子以议狱缓死。"③依丘濬的理解：

> 议而又议，缓而又缓，求其出而不可得然后入之，求其生而不可得然后死之，本乎至诚孚信之心，存乎至仁恻怛之意，在我者有诚心，则在人者无遗憾矣。圣人作经垂世立教，惓惓于刑狱之事，不一而足

---

① （三国魏）王弼、（晋）韩康伯注，（唐）孔颖达等正义：《贲·象》，《周易正义》卷3，（清）阮元校刻《十三经注疏》，台湾艺文印书馆2001年影印本，第62页。

② （明）丘濬撰，金良年整理：《慎刑宪·总论制刑之义》，《大学衍义补》（下册）卷100，上海书店出版社2012年版，第142页。

③ （三国魏）王弼、（晋）韩康伯注，（唐）孔颖达等正义：《中孚·象》，《周易正义》卷6，（清）阮元校刻《十三经注疏》，台湾艺文印书馆2001年影印本，第133页。

焉如此，其知天下后世之忧患，而为之虑也深且远矣。①

人君如能观之而受启发，应用到刑法上，就能做到议狱缓死。也就是说，在判决之前一定要进行充分推敲、讨论，把案件中的一切可疑之点或者不应据以定罪的东西都一一调查出来，入中求出，即使是判处死刑，也需要从缓执行，尽可能在必死的罪行中找到可以不死的因素。只有经过议狱而判刑或经过缓死而处决，对人君来说，其诚可谓至矣，对犯人而言，方能死而无怨。

人君能够秉持《周易》"以明庶政，无敢折狱"之道以决刑狱，赦过宥罪，丘濬对此是持赞赏态度的。因为统治者对一般过失免于处罚，对有罪恶亦从轻发落，这种宽大处理的做法，确实能够使社会矛盾有所缓解。但是，"赦过宥罪"又不能一概而论，他认为：

> 然过有小大，过失之小者固不必问，若事虽过失而事体所关则大，如失火延烧陵庙，射箭误中亲长之类，其罪有不可释者，原其情则非故也，故因时赦其罪以宥之。宥如"流宥五刑"之宥也，所谓罪者过失而入于罪者耳。若夫大憝极恶之罪，杀人不死则死者何辜？攫财不罪则失者何苦？"雷雨作，解"，岂为如是之人哉？②

也就是说，凡有关"事体所关则大"之过及"大憝极恶之罪"，是不应在"赦过宥罪"之列的。

我们知道，《周易》在重视"明罚敕法"的同时，力主"讼以中正"，最终从根本上杜绝讼端。就总体而言，《讼》卦认为"讼，上刚下险。险而健，讼。讼，有孚，窒惕，中吉。刚来而得中也，终凶，讼不可成也。利见大

---

① （明）丘濬撰，金良年整理：《慎刑宪·总论制刑之义》，《大学衍义补》（下册）卷100，上海书店出版社2012年版，第142页。

② （明）丘濬撰，金良年整理：《慎刑宪·慎眚灾之赦》，《大学衍义补》（下册）卷190，上海书店出版社2012年版，第210页。

人，尚中正也"①。就是说，但凡争讼萌起，不论胜败均非好事。因此，处理争讼时必须履行中正之道，以至中为本，如果公平、公正、合理地裁断讼诉，便呈露出吉祥之兆。《讼》卦在谈"尚中正"时，它的卦义并不鼓励人们争讼，而是倡导人们息讼最好；《讼》卦主张"终凶，讼不可成也"，争讼不可至于终。由此可见，《周易》中"讼以中正"正是与"明罚敕法"联系在一起的，而这一思想也对丘濬思考、解决明代法律所面临的诸多问题产生了重要影响。

在丘濬看来，正是由于有了争讼，"刑狱"也就会随之而起。"民生有欲不能无争，争则必有讼"是再正常不过的现象。其中的关键在于听讼者能不能履行中正之道，以至中为本。如果听讼者没有做到"中而听不偏，正而断合理"，反而"以是为非，以曲作直"，则会出现"民心是以不平，初则相争，次则相斗，终则至于相杀，而祸乱之作由此始"的严峻事态。所以，人君要"遏争斗之源，而防祸乱之生"，就必须慎重地选择"牧民之官，典狱之吏"，真正地做到"听不偏"，"断合理"。②

四、易学与军事思想

《周易》虽不是专门的军事著作，但蕴含的军事思想特别丰富，因而为历代政治家、军事家所取法运用，以至于有人把《周易》视为言兵之书。《周易》的军事思想主要体现在《师》卦当中。《周易》之《师》卦（☷），其象曰："地中有水，师。君子以容民畜众。"③ 对此，丘濬有这样的评价：

> 《师》之为卦，万世论行师之道皆不出乎此。六爻之间，几军旅之

① （三国魏）王弼、（晋）韩康伯注，（唐）孔颖达等正义：《讼·象》，《周易正义》卷2，（清）阮元校刻《十三经注疏》，台湾艺文印书馆2001年影印本，第33页。

② （明）丘濬撰，金良年整理：《慎刑宪·详听断之法》，《大学衍义补》（下册）卷160，上海书店出版社2012年版，第181页。

③ （三国魏）王弼、（晋）韩康伯注，（唐）孔颖达等正义：《师·象》，《周易正义》卷2，（清）阮元校刻《十三经注疏》，台湾艺文印书馆2001年影印本，第35页。

用。所谓出师、驻师、将兵、将将、与夫奉辞伐罪、旋师班赏，无所不有。先儒谓虽后世兵书之繁，不如《师》卦六爻之略，且所论者王者之师，比后世权谋之书奇正甚远。为天下者制师以立武，立武以卫国，卫国以安民，乌可舍此而他求哉？①

俨然，他将《师》卦看作了一部军事行动指南，其对《周易》所蕴含的军事思想的重视程度，可见一斑。

首先，丘濬指出"能以众正"和"行王者之师"是军事行动必须坚持的首要核心原则。在他看来，真正的王者之师才能够做到"行一不义，杀一不辜而得天下不为"，"非正不兴师，非顺不用众"。虽然说兴师动众进行战争，必然毒害天下，只要师以顺动，行以正义，最终还是可以赢得人心的，但是，即便如此，不到万不得已，绝不可轻举妄动。因为"兵凶战危，所谓险道也，非正不兴师，非顺不用众，是谓王者之师。然而不免有杀戮之惨、供需之费"②，兵戎所至不管最后结果如何，都会给社会、经济、民生带来极大的破坏性，所以"兴师动众如用毒药以攻病，非真有沈痼之疾、症瘕之癖，决不可轻用也，毒之一言，《易》之垂戒深矣"③。

而要做到"能以众正"，丘濬认为有两个问题必须引起注意。一是征伐者需"文德"和"威武"兼备，对征伐对象的"正"与"不正"要有清晰的判断。他说："征者，正也。下有不正，上则正之。下之人非有不正之事，而上之人辄兴师以侵伐之，则上已不正矣，如正人何？""在上之人且谦柔和顺，而下之人乃负固不服，桀骜不驯，其不正甚矣，上之人专尚文德而不奋威武以正之，则流于姑息，失之宽纵，乃谦之过，非谦之益也，又岂所谓称

① （明）丘濬撰，金良年整理：《严武备·总论威武之道》（上），《大学衍义补》（下册）卷114，上海书店出版社2012年版，第245页。
② （明）丘濬撰，金良年整理：《严武备·出师之律》，《大学衍义补》（下册）卷132，上海书店出版社2012年版，第372页。
③ （明）丘濬撰，金良年整理：《严武备·出师之律》，《大学衍义补》（下册）卷132，上海书店出版社2012年版，第372页。

物平施者哉?"① 二是要取信于民,"宁失势于他人,不失心于己众"。他说:"兵师之兴所以为民也。兴师而民心不悦,则其所行必非王者之师、仁义之举也。是以人君举事既揆之己,复询之众。众心和悦然后从而顺之,苟有不悦必中止焉。"②

需要指出的是,受《周易》思想的影响,就如同对刑罚的认识一样,丘濬认为战争也是不得已而为之的手段,兴戎动兵的终极目的是消灭战乱,制止寇扰,以期望出现"神武而不杀"的局面。他说:

> 神武不杀四字虽圣人以赞《易》卦之用,然武而谓之神,神武而谓之不杀,神武而不杀之一言,是诚圣人文化之妙、用武德之至。仁函阴阳生杀之机妙,仁义生成之化,方其事之未来也,运其神妙之机而测度之于几微、朕兆之先,及其事之既往也,敛其明照之用而包函之于幽微阴密之地,用是以立武则变化而莫测,运用而无方,仁厚而不伤,广大而无间,是即帝尧广运之武、成汤天锡之勇也。伏惟圣人在上,体《大易》神智之德,存神武不杀之心,民之有患,不得已而用武,本仁心而运神智,仗道义以施德威,以不杀而为杀也。③

"神武而不杀"是圣人武德的最高境界。而出现"神武而不杀"局面的前提,必须是一方面,人君要体会古之圣人处事之际仁心、神智运用之神妙,施德威以道义为本;另一方面,人君自身要广积仁德,对民众广施教化,真正地做到"能以众正","不失心于己众"。

其次,丘濬对《周易》涉的用兵谋略、制胜之道等军事思想作了进

---

① (明)丘濬撰,金良年整理:《严武备·总论威武之道》(上),《大学衍义补》(下册)卷114,上海书店出版社 2012 年版,第 246 页。
② (明)丘濬撰,金良年整理:《严武备·总论威武之道》(上),《大学衍义补》(下册)卷114,上海书店出版社 2012 年版,第 246 页。
③ (明)丘濬撰,金良年整理:《严武备·总论威武之道》(上),《大学衍义补》(下册)卷114,上海书店出版社 2012 年版,第 248 页。

一步的阐扬，强调戒慎与道义在军事行动中的运用，反对图逞匹夫之勇。例如，对于"莫夜有戎，言小人常伺隙兴，兵以寇君子，不利即戎"的现象，丘濬认为："君子之治小人以其不善也，必以己之善道胜之，养之以善而横逆自若也。则含晦俟时，以冀其机之可乘，仗义执言以明其罪之所在，布诚信以孚众心，申号令以竦众听，相与同心以除害，协力以敌忾。兢兢焉常存危厉之心，不欺彼衰而遂安肆也，业业焉益尽自治之道，不恃己强而事威武也。"惟有自我谨慎戒备，同时占有道义的力量，"举无敌之师，而加诸有罪之人"，方能"虽有仓卒莫夜之戎，亦无所忧矣"。如果"苟或恣其一决之勇，而求大快于吾心，则非徒不能除其害，而反有以致其大害矣"，"其为君子谋至矣，有天下者可不戒哉！"①

如前所述，明中叶内忧外患，国力已开始由盛转衰。表现在军事方面，无论是将领的选拔任用，还是军队的日常操练以及装备的供应，较明代前期乏善可陈。丘濬对当时军事衰敝的局面忧心忡忡，而这种忧患意识在《大学衍义补》里更是有着鲜明的表现：

> 窃惟我圣祖承元政废弛之后，民俗凋弊之余，大振威武以立国，内而畿甸、外而边方，设立卫所，每卫五所，每所千军，错峙郡邑之中以为民生之卫，盖不待民生之萃聚而后戒其不虞也，圣祖思患豫防之心远矣。今承平百余年，生齿之繁比国初几千倍蓰，而兵戎之众反不及什二三焉，岂《大易》因《萃》象以除戎器、戒不虞之义哉？伏惟圣明留心武事，明敕所司，通将洪武年间原设卫所军士队伍并见在数目以闻，下执政大臣，俾其详究军伍前后所以多寡之数，必欲复祖宗之旧，其道何繇，或别有它策，具疏备陈，然后集议，除其旧而新之，收其散而聚之，断断乎必有益于国、必无损于民然后行之，庶几合乎《大易》《萃》卦之象以为国家制治保邦千万年长久之计，宗社生

---

① （明）丘濬撰，金良年整理：《严武备·总论威武之道》（上），《大学衍义补》（下册）卷114，上海书店出版社2012年版，第247页。

灵不胜大幸。①

《萃》卦（䷬），由坤下兑上组成，有泽上于地之象。《周易》认为，泽既上于地，则水必聚之，君子观萃之象，联系到人事方面，有可能会出现物聚人盛、争必有乱的现象，因此为防备混乱局面的出现，应用到治国层面就应该"除戎器，戒不虞"②，整治兵器，加强武备。禀《周易》思想之溉沾，丘濬表现出对时政的高度关注，明代军事力量的改革已经迫在眉睫，统治者必须时时刻刻怀有"豫防之心"，"除其旧而新之"，扩大军事规模，以重振足以保邦长久的军事实力。

在前面论及的军事行动必须坚持的核心原则，以及必须遵循的用兵谋略、制胜之道的基础上，丘濬对将领的任用及赏罚提出了重要的建议：

> 先儒谓用师之道利于得正，则不正不利可知矣；丈人则吉，而不任老成之人则凶可知矣。然师既以正动，而又任夫老成之人，然非在上之人为之主宰，则亦不能以成功也。③

也就是说，能否成为仁者之师，能否取得军事行动的成功，选择有素得力的将帅，人君的总揽部署，往往起着同等重要的作用，不可忽视任何一方。

通过联系明英宗朱祁镇御驾亲征却因指挥不当而被俘虏的惨痛教训，丘濬对人君应该如何选择统帅有着痛切的认识，他说：

> 人君使其臣以统师驭众，固不可以不审，尤不可以不专。不审则

---

① （明）丘濬撰，金良年整理：《严武备·总论威武之道》（上），《大学衍义补》（下册）卷114，上海书店出版社2012年版，第247—248页。

② （三国魏）王弼、（晋）韩康伯注，（唐）孔颖达等正义：《萃·象》，《周易正义》卷5，（清）阮元校刻《十三经注疏》，台湾艺文印书馆2001年影印本，第105页。

③ （明）丘濬撰，金良年整理：《严武备·将帅之任》（上），《大学衍义补》（下册）卷128，上海书店出版社2012年版，第345页。

使非其人或至于丧师而辱国；得其人而任之不专，则事无统摄，或彼
或此，而不归于一，是亦覆败之所由也。使一人焉，以为三军之司命。
人命之生死，疆场之得丧，国家之安危，皆系于斯。苟使之而不当，
使之当矣而又使人参之，皆足以致凶而取祸。人君之使人，固不可以
不谨，而况于任将授师乎？①

必须选将以能，任将以专，还要"于未济之初，审几而缓进"，不能急功近
利。只有这样，"兵虽久用而处之者有道，不至于罢敝中国。师虽远出而任
之者得人，不至于别生他变"②。

　　然而，人君选择出将帅，要赋予应有的专制之权，这种专制之权该履
行到何种程度？丘濬认为应充分汲取《师》卦爻辞"在师中，吉"的思想，
他说：

　　　人臣无专制之义，故受阃外之寄者，有刚中之德而又适时中之宜，
然后可也，然必有王者之锡命，至于再至于三焉。承天宠之优，布怀
绥之德，如后世所谓便宜行事者，然后专之也。不然，非吉善之道也。
故为臣受命必协乎中道，为君命将必锡以宠命，则臣无专擅之过，而
君无中制之失，而师无有不利，功无有不成者矣。③

无论是人君还是人臣，赐命与受命都必须"协乎中道"。只有如此，人君既
能充分放权，人臣又不自作主张。
　　此外，在军事行动后的赏罚方面，丘濬本于《师》卦中的"大君有命，

---

① （明）丘濬撰，金良年整理：《严武备·将帅之任》（上），《大学衍义补》（下册）卷128，
　　上海书店出版社2012年版，第346页。
② （明）丘濬撰，金良年整理：《驭夷狄·征讨绥和之义》（上），《大学衍义补》（下册）卷
　　146，上海书店出版社2012年版，第470页。
③ （明）丘濬撰，金良年整理：《严武备·将帅之任》（上），《大学衍义补》（下册）卷128，
　　上海书店出版社2012年版，第346页。

以正功也。小人勿用，必乱邦也"①，特别提出了对有功的小人如何行赏的问题，将《周易》思想又作了进一步的理解。在他之前，程颐、朱熹都曾讨论过这一问题，"程传谓赏之以金帛禄位，而《本义》则谓不使之得有爵土而但优以金帛"②。丘濬认为，如此还不能完全消弭乱邦之祸，因为"臣窃以为小人难养，而不令人知所以自反，彼见同功一体之人皆有爵土，而己独无焉"，未免会生出怏怏不快之心。因此，应当"如程氏言与之禄位，如朱氏言优以金帛。但俾食邑而不临民，给禄而不莅职如此，则得正功之典而亦无乱邦之祸矣"③，这才是兼顾到各方利益的齐全之策，才能有利于军心乃至政局的稳定。

第二节　张居正易学思想

张居正（1525—1582），字叔大，号太岳，明代中叶著名的政治家，在万历年间出任内阁首辅，主持朝政十年。为了扭转自嘉靖、隆庆以来明王朝积贫积弱的严峻态势，张居正执政期间利用首辅所掌握的权力，以其卓越的才干胆识，在政治、经济、军事等方面大力推行一系列改革措施，使明王朝一度呈现出"帑藏充盈，国最完富"④的治世局面。16世纪中后期，明朝一度"起衰振隳，纲纪修明，海内殷阜，居正之力也"⑤。张居正出台的改革措施之所以能够速见成效，与他一直致力于致用之学，特别是《周易》之学有着颇为密切的关系，他的不少改革的思想与举措就直接承自《周易》及易学

① （三国魏）王弼、（晋）韩康伯注，（唐）孔颖达等正义：《师·象》，《周易正义》卷2，（清）阮元校刻《十三经注疏》，台湾艺文印书馆2001年影印本，第36页。

② （明）丘濬撰，金良年整理：《严武备·赏功之格》（上），《大学衍义补》（下册）卷139，上海书店出版社2012年版，第419页。

③ （明）丘濬撰，金良年整理：《严武备·赏功之格》（上），《大学衍义补》（下册）卷139，上海书店出版社2012年版，第419页。

④ （清）夏燮撰，沈仲九标点：《纪六十七》，《明通鉴》卷67，中华书局2009年版，第2395页。

⑤ （清）夏燮撰，沈仲九标点：《纪六十七》，《明通鉴》卷67，中华书局2009年版，第2399页。

思想或是以其为媒介。《周易》及易学思想，在张居正的改革事功中扮演着极为重要的角色。

一、"涉世妙用，全在此书"

张居正在秉政之前担任皇帝经筵讲臣之时，就特别重视《周易》所载义理。对于《论语》中的"加我数年，五十以学《易》，可以无大过矣"一句，他这样讲评："凡天道之吉凶消长，人事之进退存亡，都具载于其中，学者所当深查而玩味也。但其理深奥精微，我尝欲学之而尽其妙，然今则老矣。天若假借我数年，使我得终其学《易》之功，或观其象而玩其辞；或观其变而玩其占。凡道理精微的去处——都讲究得明白，则吉凶消长之理，进退存亡之道，我皆能融会于心。由是见诸行事，必能审动静之时，得趋避之正。"① 在张居正看来，学者研《易》，对于有关天道与人事的精微道理，"一一都讲究得明白""融会于心"，以做到趋利避害。②

即使是官居首辅，张居正研读《周易》的兴趣与热情依然不减。在明王朝处于非常之时，张居正大刀阔斧地进行改革，政务虽然繁忙，但仍潜心专研《易》理。只不过这一时期，他将易学重点放在了"见诸行事"方面。在《答胡剑西太史》的信中，他谈道：

> 《易》所谓"困亨"者，非以坤能亨人，盖处困而不失其宜，乃可亨耳。
>
> 弟甚喜杨诚斋《易传》，座中置一帙，尝玩之。窃以为六经所载，无非格言，至圣人涉世妙用，全在此书。自起居言动之微，至经纶天

---

① 陈生玺主编：《张居正讲评〈论语〉皇家读本》，上海辞书出版社2007年版，第100—101页。

② 参见陈生玺主编《张居正讲评〈孟子〉皇家读本》，上海辞书出版社2007年版，第388页。张居正特别重视《周易》中的吉凶消长之理和进退存亡之道，对于孟子的"然后知生于忧患，而死于安乐也"一句，他也以饱含忧患意识的易学眼光予以解读："人能于安乐之中，不忘忧患，则有全生之福，无死亡之祸矣。《易经》上说：'危者，安其位者也。忘者，保其存者也。'有国家者宜三复于斯。"

下之大，无一事不有微权妙用，无一事不可至命穷神。乃其妙，即白首不能殚也，即圣人不能尽也。诚得一二，亦可以超世拔俗矣。

　　兄固深于《易》者，暇时更取一观之，脱去训诂之习，独观昭旷之原，当复有得力处也。①

张居正研读《周易》不仅自身获益良多，从中汲取了很多指导改革的智慧。与此同时，他毫不避讳地和同僚、部属交流研《易》心得，借以启发他们推行改革的"涉世妙用"之思和"微权妙用"之法。

　　需要指出的是，张居正研《易》丝毫不受当时思想学术界盛行的"独于言语名色中"体悟"虚寂之说"的影响，反而认为此举"大而不当，诚为可厌"：

　　虚故能应，寂故能感。《易》曰："君子以虚受人。""寂然不动，感而遂通天下之故。"诚虚诚寂，何不可者。惟不务实得于己，不知事理如一，同出之异名，而徒兀然嗒然，以求所谓寂者，宜其大而无当，窒而不通矣。审如此，岂唯虚寂之为病，苟不务实得于己，而独于言语名色中求之，则曰求仁，亦岂得为无弊哉！②

在张居正看来，《周易》也示人以"虚寂之说"，但有着深刻的内涵。他主张的虚寂为本，然后能感而遂通，是工夫之后的实得，"务实得于己"，追求的是"见诸行事"、学以致用以及理对事的指导、理与事的统一。如果没有实功，致曲求仁等孔门宗旨对他来说，只不过是虚无空洞的名言概念而已。可见，张居正认为对《易》理的理解和把握只有与事功的建立紧密地结合起来，才不至于陷入"大而无当，窒而不通"的空虚境地。从上述材料当中，

---

① （明）张居正著，（明）张嗣修、张懋修编撰：《答胡剑西太史》，《书牍》卷15，《张太岳集》（中），中国书店出版社2019年版，第354页。

② （明）张居正著，（明）张嗣修、张懋修编撰：《答楚学道胡庐山论学》，《书牍》卷2，《张太岳集》（中），中国书店出版社2019年版，第36页。

也可以看出张居正之实学，的确不止于经世方面，也包括修身成德。但无论哪一方面，皆主实心实事，不空言欺罔。

我们知道，汉代以后易学分化而为"两派六宗"，但历代的易学家以及有识之士，无论属于何派何宗，大都把《周易》看作是一部拨乱反正之书，并且结合具体的历史条件和时代需要来发挥其中的决策、变通思想。汉代易学强调："凡《易》八卦之气，验应各如其法度，则阴阳和，六律调，风雨时，五谷成熟，人民取昌，此圣帝明王所以致太平法。"① 魏晋时期，阮籍作《通易论》，称《周易》为"乃昔之玄真，往古之变经"②，"圣人以建天下之位，定尊卑之制，序阴阳之适，别刚柔之节。顺之者存，逆之者亡，得之者身安，失之者身危。故犯之以别求者，虽吉必凶；知之以守笃者，虽穷必通"③，认为其中所讲的变化之道是决策管理所必须遵循的规律。

宋代是易学研究的繁荣时期，各家各派的易学都致力于发挥《周易》安邦定国、经世济民、勇于任事的思想，强调《周易》的实践功能。胡瑗视《周易》为明体运用之书，其价值主要体现在"变易之道，天人之理也"，"天之变易则归乎生成而自为常道，若人事变易则固在上位者裁制之"④ 的方面。李觏认为，《周易》之书"炳如秋阳，坦如大达。君得之以为君，臣得之以为臣，万事之理，犹辐之于轮，靡不在其中矣"⑤，其主旨在于"急乎天下国家之用"⑥。欧阳修则指出："六经皆载圣人之道，而《易》著圣人之用。吉凶、得失、动静、进退，《易》之事也"，"君子之用其刚也，有渐而不失

---

① 林忠军：《易纬·通卦验卷下》，《易纬导读》，齐鲁书社 2002 年版，第 199 页。

② （三国魏）阮籍著，陈伯君校注：《通易论》，《阮籍集校注》卷上，中华书局 1987 年版，第 110 页。

③ （三国魏）阮籍著，陈伯君校注：《通易论》，《阮籍集校注》卷上，中华书局 1987 年版，第 130 页。

④ （宋）胡瑗撰，（宋）倪天隐述：《周易口义·周易口义发题》，经部二易类，《景印文渊阁四库全书》第 8 册，台湾商务印书馆 1986 年版，第 171 页。

⑤ （宋）李觏撰，王国轩点校：《易论十三篇·易论第一》，《李觏集》卷 3，中华书局 2011 年版，第 28 页。

⑥ （宋）李觏撰，王国轩点校：《删定易图序论》，《李觏集》卷 4，中华书局 2011 年版，第 54 页。

其时，又不独任，必以正、以礼、以说、以和而济之，则功可成，此君子动以进而用事之方也"①。程颐也强调："易，变易也，随时变易以从道也"②，"凡六爻，人人有用。圣人自有圣人用，贤人自有贤人用，众人自有众人用，学者自有学者用，君有君用，臣有臣用，无所不通。"③ 以程颐易说为基础，杨万里在其《诚斋易传》中进一步阐释道，《周易》不仅讲"变"，也讲"通变"。"变"是就客观事物的变化而言，"通变"则是指人们主观上的应变之方。客观事物的变化，有得有失，有治有乱，并不尽如人意。圣人为此感到忧虑，从管理的角度研究使现实符合于理想的通变之道，这是作《易》的根本用心所在。所以，"变在此，变在彼。得其道者，蛊可哲，噩可淑，眚可福，危可安，乱可治，致身圣贤而跻世泰和犹反手也"④，这种通变之道才能够启发人们的智慧，指导人们的决策。

对于《周易》这部拨乱反正之书所蕴含的决策、变通思想，张居正同样非常重视。结合自身的切实体验，张居正尤其看重宋代杨万里的解《易》名作《诚斋易传》，他认为《周易》中的六十四卦，三百八十四爻，每一卦代表一种受时间、地点、条件制约的具体情境，而每一爻则代表在相应的情境下人们的具体行为。行为是否得当，后果是凶是吉，是福是祸，并不取决于行为主体本身，而是取决于行为是否适应具体情境，能否对各种偏差进行批判和调整，从而采取正确的决策，促进事物朝着和谐的方向转化。《周易》所言的"困"是穷困之义，"亨"是亨通，指出了客观环境与行为主体之间的关系。也就是说，人如果遇到困境，不能消极无为，坐以待亨，而必须"处困而不失其宜"，积极地找出合理的对策，采取正确的行动，才能转"困"为"亨"。

① （宋）欧阳修撰，李逸安点校：《序传·送王陶序》，《欧阳修全集》第2册卷44，中华书局2001年版，第633页。
② （宋）程颢、程颐著，王孝鱼点校：《周易程氏传·易传序》，《二程集》，中华书局2004年版，第689页。
③ （宋）程颢、程颐著，王孝鱼点校：《伊川先生语五》，《河南程氏遗书》卷19，《二程集》，中华书局2004年版，第249页。
④ （宋）杨万里撰，宋淑洁点校：《诚斋易传·序》，九州出版社2008年版，第1页。

张居正根据历代王朝更迭在社会政治秩序方面客观呈现出来的治乱兴衰的规律，指出了《周易》所蕴含的最大智慧——"涉世妙用"，而这一"涉世妙用"，实际上也就是杨万里所强调的"通变之道"。正是由于对《周易》"通变之道"有着深切的体悟，对《周易》所蕴含的"涉世妙用"能够心领神会，张居正对改革中出现的每一个关键问题都能作出相应的调整，使改革取得了明显的社会实效。

二、"极则必变"的改革思想

毋庸讳言，变革是易学一贯倡导的重要思想。《周易》对此作过经典的表述，"《易》之为书也不可远，为道也屡迁，变动不居，周流六虚，上下无常，刚柔相易，不可为典要，唯变所适"①，"天地革，而四时成。汤武革命，顺乎天而应乎人。革之时大矣哉"②。历史上许多政治家、思想家在国家艰难、政局危困的严峻关头所进行的改革，在很大程度上，都深受《周易》变革思想的影响。

受《周易》变革思想的启示，通过对历史与现实的考察和总结，张居正认为"天下之事，极则必变，变则反始，此造化自然之理"③。也就是说，人类历史是不断进化的、发展的，并且呈现出盛极而衰、物极必反的趋势。通过联系历代王朝兴衰的史实，张居正指出：

> 尧舜以前，其变不可胜穷已。历夏、商至周而靡弊已极，天下日趋于多事。周王道之穷也，其势必变而为秦。举前代之文制，一切划除之，而独持之以法，此反始之会也。然秦不能有，而汉承之。西汉

---

① （三国魏）王弼、（晋）韩康伯注，（唐）孔颖达等正义：《系辞下》，《周易正义》卷8，（清）阮元校刻《十三经注疏》，台湾艺文印书馆2001年影印本，第173—174页。

② （三国魏）王弼、（晋）韩康伯注，（唐）孔颖达等正义：《革·彖》，《周易正义》卷5，（清）阮元校刻《十三经注疏》，台湾艺文印书馆2001年影印本，第111页。

③ （明）张居正著，（明）张嗣修、张懋修编撰：《杂著十三》，《文集》卷12，《张太岳集》（下），中国书店出版社2019年版，第306页。

之治，简严近古，实赖秦为之驱除，而贡、薛、韦、匡之流，乃犹取
周文之糟粕，用之于元、成衰弱之时，此不达世变者也。历汉唐至宋，
而文弊已甚，天下日趋于矫伪。宋颓靡之极也，其势必变而为胡元，
取先王之礼制，一举荡灭之，而独治之以简，此复古之会也。然元不
能久，而本朝承之。国家之治，简严质朴，实藉元以为之驱除。而近
时迂腐之流，乃犹祖晚宋之弊习，而妄议我祖宗之所建立，不识治理
者也。①

在他看来，三代以后，从秦到元，改朝换代，兴亡盛衰，而"其势必变"
则是历史发展的必然。只是由于各个历史时期社会发展状况的不同，其中
"变"的方式因朝而异罢了。虽然历史的发展"其势必变"，但其中的关键
在于必须对前代有所承袭，认识不到这一点，只能是"不识治理"的迂腐
之见。

对前代有所承袭、因循是否就是"法前王"？因本朝实际而作的更张、
变革是否就是"法后王"？对于时人也颇感困惑的问题，张居正并没有纠缠
于"法前王"与"法后王"的孰优孰劣，而是将两者放到了"综核之实效"
之前加以检验。"孟轲、荀卿皆大儒也，一谓法先王，一谓法后王，何相左
于我"，"法前王"与"法后王"与他自身进行的改革事业并不矛盾，关键
是"国家之法鸿纤具备于古鲜俪矣，然亦有在前代则为弊法，在熙朝则为
善制"②，因此必须将前代之法与当今之法审慎地比较考核一番，才能得出结
论。张居正进一步指出：

　　法不可以轻变也，亦不可以苟因也。苟因，则承弊袭舛，有颓靡
不振之虞，此不事事之遏也。轻变则厌故喜新，有更张无序之患。此

---

① （明）张居正著，（明）张嗣修、张懋修编撰：《杂著十三》，《文集》卷 12，《张太岳集》
（下），中国书店出版社 2019 年版，第 306 页。

② （明）张居正著，（明）张嗣修、张懋修编撰：《辛未会试程策二》，《文集》卷 10，《张太
岳集》（下），中国书店出版社 2019 年版，第 272 页。

太多事之故也。二者，法之所禁也，而且犯之，又何暇责其共能行法哉？①

也就是说，"苟因"则无进取之心，毫无作为；"轻变"则变化无常，没有一定之规。必须"去二者之过，而一求诸实法斯行矣，执事发策考荀孟之异，论稽国家之旧章，审沿革之所宜，求综核之实效"，这才是施政者应该持有的正确态度。

尽管如此，张居正还是倾向于荀子的看法，毕竟"后王之法"能够因时制宜，遵循了社会发展的必然规律。为了批驳迂腐文人用祖制反对革新，张居正强调：

> 法制无常，近民为要，古今异势，便俗为宜。孟子曰："尊先王之法而过者，未之有也。"此欲法先王矣。荀卿曰："略法先王，而足乱世术；不知法后王而一制度，是俗儒者也。"此欲法后王矣。两者互异，而荀为近焉。何也？法无古今，惟其时之所宜，与民之所安耳。时宜之，民安之，虽庸众之所建立，不可废也。戾于时，拂于民，虽圣哲之所创造，可无从也。后王之法，其民之耳而目之也久矣。久则有司之籍详，而众人之智熟，道之而易从，令之而易喻，故曰法后王便也。②

可以看到，张居正"后王之法"的变革思想已经和当时"腐儒不达时变，动称三代云云，及言革除事，以非议我二祖法令"③，一味地空谈比较"法前

---

① （明）张居正著，（明）张嗣修、张懋修编撰：《辛未会试程策二》，《文集》卷10，《张太岳集》（下），中国书店出版社2019年版，第272页。

② （明）张居正著，（明）张嗣修、张懋修编撰：《辛未会试程策二》，《文集》卷10，《张太岳集》（下），中国书店出版社2019年版，第272—273页。

③ （明）张居正著，（明）张嗣修、张懋修编撰：《杂著十四》，《文集》卷12，《张太岳集》（下），中国书店出版社2019年版，第307页。

王"与"法后王"二者高下的论调有着本质的区别。与此同时，"后王之法"思想的提出，也能够看出张居正确实深谙"道之而易从，令之而易喻"的不变、易简之道。

张居正坚持"后王之法"，却又说"方今国家要务，惟在遵守祖宗旧制，不必纷纷更改"①，"朝廷体统之当尊，国家典制之当守"，"自今以后，凡为制诰，必须复古崇实，毋得徇情饰辞，以怀制体"②，坚持认为"祖宗旧制"不可改变。不仅不能改，还必须严格恪守。这一主张看似前后矛盾，实则不难理解。在张居正看来，遵守祖宗旧制，主要是继承先朝善政、礼制，而非先朝的失德和废典。祖宗之法虽在产生之初至精至当，但历经数世，难免会纰漏纵生，近乎"废弛"。③ 而改革弊政在于培植国家的元气，不能治标不治本。他说：

> 国势强，则动罔不吉；国势弱，则动罔不害。譬人元气充实，年力少壮，间有疾病，旋治旋愈，汤剂针砭咸得收功。元气虚弱，年力衰惫，一有病患，补东则耗西，实上则虚下，虽有扁卢，无可奈何。……是以君子为国，务强其根本，振其纪纲，厚集而拊循之，勿使有衅。脱有不虞，乘其微细急扑灭之，虽厚费而不惜，勿使滋蔓，蔓难图矣。④

张居正认为，善于继承祖宗之法与适应社会发展的必然趋势，从而及时地改变不符合客观形势发展的弊政，这两者并不矛盾。如果等到国家"元气虚弱，年力衰惫"，即使"补东则耗西"，对症下药，也为时已晚。对此，张居正宣称不改变"祖宗旧制"，此举正是为其大规模地推行改革措施而在应对

---

① （明）张居正著，（明）张嗣修、张懋修编撰：《谢召见疏》，《奏疏》卷2，《张太岳集》（上），中国书店出版社2019年版，第19页。

② （明）张居正著，（明）张嗣修、张懋修编撰：《明制体以重王言疏》，《奏疏》卷3，《张太岳集》（上），中国书店出版社2019年版，第49页。

③ 展龙：《试论张居正的历史思想》，《河南科技大学学报》2007年第2期。

④ （明）张居正著，（明）张嗣修、张懋修编撰：《杂著十一》，《文集》卷12，《张太岳集》（下），中国书店出版社2019年版，第305页。

舆论方面所作出的权宜之计，他"逐步将改革的纲领纳入'恪守祖制'的框架之内，收到避免疑忌，减少阻力的效果。所以，'惟在遵守祖制'云云，应是策略性的运用，而非政策导向的规范"①。可见，张居正虽坚守"祖宗旧制"，其背后实已寄寓了"圣人乘弊而达变，智者因难而显功"②的思想。

张居正为推行改革而主张的变革思想，有着深刻的理论作为基础，而这一基础的渊源就是《周易》。禀循《周易》"通其变，使民不倦，神而化之，使民宜之。易，穷则变，变则通，通则久"③的思想，通过深入地思考历朝历代的兴衰和明王朝面临的现实危机，张居正形成了坚实厚重的，且符合历史发展潮流的变革思想，并以之为指导，一步一步地将他的改革事业推向了深入。

三、上下交而志同的君臣关系

我们知道，中国古代的政治结构是由君、臣、民构成的。作为最高权力的唯一世袭的君，其一言一行可以影响天下，而作为君民之间的臣，即由科举而产生的士大夫官僚群体，则是政治的实际操作者，更在其中起着关键的作用。而因政治架构的搭建所产生的君臣关系，一般指向的是"君主与臣僚间的权力分配与运作状态，以及交往过程中牵涉的道德伦理观念"④。

明代的君臣关系自明初以降，已经形成了皇权日益强固的局面，其间也有变化，主要体现在士大夫的话语权对政治运作的实际影响力方面。有明一代的君权专制程度超越了以往的一些历史阶段，就一定程度而言，仍可称为士大夫政治活跃的时代，但是，这一切并没有改变皇权不断强化的固有格局。明代的君臣关系情形复杂充满张力，君臣相处之道纹理复杂，就待臣下

---

① 韦庆远：《张居正与明代中后期政局》，广东高等教育出版社 1999 年版，第 477—478 页。
② （明）张居正著，（明）张嗣修、张懋修编撰：《又一首》，《文集》卷 2，《张太岳集》（下），中国书店出版社 2019 年版，第 107 页。
③ （三国魏）王弼、（晋）韩康伯注，（唐）孔颖达等正义：《系辞下》，《周易正义》卷 8，（清）阮元校刻《十三经注疏》，台湾艺文印书馆 2001 年影印本，第 167 页。
④ 李佳：《君臣关系与明代士大夫政治研究》，吉林大学出版社 2018 年版，第 1 页。

之道而言，皇帝一方面对阁臣较为优礼，另一方面也不乏对中、下级官员的廷杖之辱，至伤、至死者所在多有。明中期以后，皇帝或者荒怠，或者君心难测，君臣关系愈趋恶化。应该看到，明代诸帝虽然认同君臣一体，臣为君辅，如果遇有君臣意见分歧之时，以礼待臣之道往往搁置不行，转而抬出强势君权，要求无条件服从皇帝的个人意愿；就臣下事君之道来看，尤其是明代中后期，士大夫士风张扬，以好谏著称，言行虽有忠君之内涵，却并不仅仅限于对皇帝个人意愿的服从。①

　　作为内阁首辅的张居正，对有明一代君臣关系的格局认识得较为透彻。为了使其改革措施的推行能够获得朝野上下最大程度的支持，减少不必要的阻力，对于如何遵循一定的君臣之道以及如何捋顺君臣之间的关系等问题，张居正也特别重视。之所以如此，是因为他十分清醒地看到，其改革方略能否最终实现，关键在于作为国家首脑的君主能否下定决心，励精图治。如果君主有了改革的决心，"拯罢困之民，诛贪贼之吏"，乱世局面尚可以逐渐扭转；反之，如果君主心术不正，骄奢淫佚，以私害公，乱政的局面出现如"焱至火烈，一旦遂欲扑灭之"②，再图谋划也于事无补，为时已晚。张居正所要极力解决的最大问题，就是争取君主的支持。毕竟，君臣关系处理得好坏关系到其改革措施能否得到贯彻实施，进而关系到政治社会能否实现真正的安定和谐。

　　在众多中国传统经典中，不乏对君臣与上下关系的讨论，而《周易》是其中重要的且具有深远影响力的著作之一，《周易》六十四卦当中，《泰》卦对此阐发的义理最为集中和突出。《泰》卦（䷊），下乾（☰）上坤（☷），象征着"通泰"之道。其《彖》曰："'泰，小往大来。吉，亨。'则是天地交而万物通也，上下交而其志同也。内阳而外阴，内健而外顺，内君子而外小人，君子道长，小人道消也。"③其《象》曰："天地交，泰。后以裁成天地

----

① 参见李佳《君臣关系与明代士大夫政治研究》，吉林大学出版社 2018 年版，第 1 页。
② （明）张居正著，（明）张嗣修、张懋修编撰：《杂著十》，《文集》卷 12，《张太岳集》（下），中国书店出版社 2019 年版，第 304 页。
③ （三国魏）王弼、（晋）韩康伯注，（唐）孔颖达等正义：《泰·象》，《周易正义》卷 2，（清）

之道，辅相天地之宜，以左右民。"①

　　"泰"意为通畅、平安，凸显了《泰》卦总体形势的特征。《泰》卦的卦象是乾阳在下，坤阴在上，看似颠倒了上下之分的等级秩序，违背了循礼而行的原则，但也正是由于这种表面形式上的颠倒违背，才使得总体形势通畅平安，形成"天地交而万物通""上下交而其志同"的和谐局面。传统儒家思想一贯主张"礼之用，和为贵。先王之道，斯为美"②。这一命题包含有两层意思。一是说礼之运用，贵在和谐，循礼而行的宗旨所在和趋向目标是社会内部关系的融洽；一是说美的理想是建立在礼与和的有机统一基础之上的，不能单有礼的节制而没有和的融洽。《周易》站在"推天道以明人事"的思想高度对儒家的这一人文理想进行理论上的论证，依据《泰》卦的卦象阐明的和谐通泰的原理，明确指出阴阳两类势力由混乱到秩序，再进而发展为和谐，关键在于两类势力内部结成了一种往来交通的关系，而不是否塞不通，上下隔绝。其实，社会、政治、人事的局面也同样如此，作为统治者的君主居于高位，作为被统治的臣民卑处一隅，如果把这种等级之分的秩序僵化固定起来而不交通往来，就会使二者的关系陷入对立与僵化的局面，整个社会运转机制、政治组织架构就会由于缺乏共同的目标，无法形成"上下交而其志同"的和谐整体，所以必须进行位置的互换，君主就下屈尊以体察下情，臣民地位提升以使下情能够上达。天地阴阳交合则万物生养之道如若畅通，君臣上下交流沟通则思想意志合同。这种位置的转换是一个"小往大来"的动态的变化过程，之所以吉祥亨通，是因为总体上呈现出一种"君子道长，小人道消"的发展趋势，毕竟事物对立面的交合、统一，往往是走向亨通的先决条件。

　　因此，本于《周易》之《泰》卦，张居正联系历代以及先朝君臣关系

　　阮元校刻《十三经注疏》，台湾艺文印书馆 2001 年影印本，第 41 页。

①　（三国魏）王弼、（晋）韩康伯注，（唐）孔颖达等正义：《泰·象》，《周易正义》卷2，（清）
　　阮元校刻《十三经注疏》，台湾艺文印书馆 2001 年影印本，第 42 页。

②　（清）刘宝楠撰，高流水点校：《学而第一》，《论语正义》卷1，中华书局 1990 年版，第
　　29 页。

的不同表现，结合自身与皇帝交往的经历多次谈及天地交泰、君臣道合的道理。在这方面张居正有着丰富的论述，现兹录于下：

> 问《易》之《泰》曰："天地交而万物通也。上下交而其志同也。"言"泰"者，固在君臣相与间矣。夫泰之时，和气洽而理道昌，一有壅阏，不足为泰。在昔明君良臣，相与开泰于先，保泰于后者，用何道欤？君臣遇合，盖古以为难，而胡以交欤？唐、虞、三代尚矣。汉而下，有讲经论理，夜分乃寐者，有制谏官，随宰相入议政事者；有降于手诏，给笔札者；有请轮侍从直宿，以待宣召者；亦庶几所谓交泰欤？尝伏读《大诰》，首君臣同游，圣谟远矣。颂圣德者，谓开泰莫如二祖，保泰莫如宣、孝二朝。当时谋臣策士，耆旧老成，侍帷幄，图国政，以佐致升平者可悉数欤？朝讲之仪，载在令甲备矣。乃又不时宣召，得无凡且劳欤？皇上临御以来，讲学勤政，嘉与百执事，共登太平之理，湛恩威命，即叙遐荒，斯亦交泰之验矣！抑古人有言："行百里者半九十。"且夫平能忧陂，往能思复，《泰》之旨也。愿推广其说，以为今日保泰之助。①
>
> 夫君臣之际，其天地之交乎？是后先天而开泰也，相与定一代之鸿图；后天而保泰也，相与建万世之长策。聚精会神，相得而益彰；显志弘业，相须而共济。盛美溢乎当世，声光流于无穷。盖自唐、虞以及昭代，致理之原，古今一揆矣。愚请绎《泰》之义，先著君臣之所以交，然后铺张我祖宗休裂可乎？《易》："天地交，泰。后以裁成天地之道，辅相天地之宜，以左右民。"夫《泰》之言通也，后以裁成辅相为事，盖身视臣庶，而家视寰宇。使元首与股肱弗相联属，则精神不贯而身病，使主伯与亚旅弗相亲比，则意气不洽而家睽。固天道下济，地道上行，絪缊欣合，以生万物。交也者，天地之所不能违也，而况

---

① （明）张居正著，（明）张嗣修、张懋修编撰：《辛未会试程策一》，《文集》卷10，《张太岳集》（下），中国书店出版社2019年版，第267页。

于人乎？人臣怀忠信之心，抱匡济之画，孰不欲委质清时，结心明主？然而官履之分严，而宫廷之地隔，其情易涣，而其势易疏也。明主知其然，故"首出庶务"，而下乌莵；兼制四海，而先暬御，朝而议政，坐而论道，所以忧体也；虚怀而听，造膝而筹，所以至亲也；日晏侍食，夜分彻炬，所以示渥也；辟左右，借颜色，披衷愫，忘忌讳，所以尽情也。君咨与内曰："尔惟曲蘖"，"尔惟盐梅"；臣顺于外曰："斯谋惟后，斯猷惟后"，所以一德也。《泰》九二，以刚中应五，而五以柔中，虚己以从之，此之谓君臣之交。故《泰》之初，据茅彙征，与共开焉。《泰》之极，"艰贞无咎"，与共保焉。二，言所为；五，不言所为。二，臣道也，以仁事为忠。五，君道也，以任人为大。二胜其任，则五可无为。故曰"以祉元吉"而已，此之谓君臣交而为泰也夫。①

何以庶几于交泰哉？愚尝伏读《大诰》，首君臣同游。曰历代君臣，同心一气，立纲陈纪，昭示天下，为民造福，是以感格天地，时和年丰，家给人足。大哉！圣谟！我皇祖列圣之所以交群臣而昌泰运者，率用此道矣。②

臣闻天下之势，譬如一身。人之所恃以生者，血气而已。血气流通而不息，则熏蒸灌溉乎百肢，耳目聪明于手足，便利而无害。一或壅淤，则血气不能升降，而臃肿痿痹之患生矣。臣窃推今之事势，血气壅淤之病一，而臃肿痿痹之病五，失今不治，后难疗之，恐不易为力矣，臣敢昧死以闻。臣闻天地交而其道通；上下交而其志同为泰。泰者，通也。天地不交其志不同为否。否者，塞也。故天地交而能成化育之功；上下交而后能成合同之治。臣不敢以久远喻，直以近事言之：昔者，孝宗皇帝之急于求治也，早朝晏罢，亲信大臣。大臣奏事，辄屏左右近侍之人；或日昃不倦。台谏有言，皆虚己纳之，虽甚狂悖，不

---

① （明）张居正著，（明）张嗣修、张懋修编撰：《辛未会试程策一》，《文集》卷10，《张太岳集》（下），中国书店出版社2019年版，第268页。

② （明）张居正著，（明）张嗣修、张懋修编撰：《辛未会试程策一》，《文集》卷10，《张太岳集》（下），中国书店出版社2019年版，第268页。

罪也。当此之时，百工奉职，官无留事，德泽旁洽，流于无穷。一时
际会之盛，至今可想也。①

通过梳理有关君臣遇合的论述，我们可以发现，张居正对于《泰》卦以上下
交通、阴阳应合阐明事物和谐的"通泰"之理及阴阳消长之理，有着深刻的
理解和把握。

可以说，张居正对于君臣之道的认识、省察在很大程度上是和《周易》
及易学思想的影响分不开的。在他看来，"天地交泰""时和年丰，家给人足"
是王朝最高的理想目标，"后以裁成天地之道，辅相天地之宜"，皇帝作为国
家管理的最高决策者，只有从《泰》卦的卦象中领悟到"天地之道"与"天
地之宜"的普遍规律，才能制定出一系列适合民生的实际政策措施，进行
"裁成""辅相"的工作。也只有遵循客观的"天道下济，地道上行"规律，
从君道来说，"以任人为大"；从臣道来说，"以仁事为忠"，才能做出左右民
生、治理天下的正确决策。

化用《泰》卦义理对于君臣关系的反复申说，张居正意在强调君与臣
只有"聚精会神"，和衷共济，才能"显志弘业"。而保持和谐畅通的君臣关
系，双方共同营造出一种亲密融洽的气氛，对于能否"定一代之鸿图"，"建
万世之长策"显得尤为重要。就君臣二者而言，其中的关键在于君，而不在
于臣。人臣"怀忠信之心，抱匡济之画"，"以裁成辅相为事"，希望结交明
主，这就需要人君虚怀以纳，创造好的言论氛围，打消人臣谏言的顾虑。所
以，人君必须以国家的长治久安为重，亲近臣下，上下交心，励精图治，克
服血气壅阏、政治瘫痪的积弊。这样，无论是"君咨与内"，还是"臣顺于
外"，双方都以德为本，"交而为泰"，就会出现君臣共图大业，成就"合同
之治"的良好局面。

其实，《周易》的《泰》卦中还有一个重要的政治观点，就是当统治

① （明）张居正著，（明）张嗣修、张懋修编撰：《论时政疏》，《文集》卷9，《张太岳集》
（下），中国书店出版社2019年版，第255页。

者处于"泰"的时候，一定要谨小慎微，做到"包荒，用冯河，不遐遗，朋亡"①，既要隐忍宽容，也要锐意进取；既要兼顾亲疏，也要杜绝朋比。需要提及的是，近年来有学者对传统政治文化中"大臣之道"进行了较为深入的研究，提出了如下观点："大臣之道亦离不开天理之信心，对于事理、时势之洞察以及将理与势二者完全打成一片之把握，此即心与理之最终达到合一，理与势之最终达到合一，故大臣之道与心性之学、理势合一观实为三位一体，大臣之道绾合心性之学、理势合一观于一体，在彰显中国政治传统之伟大。"②不惟对君臣之道的处理与把握，如果联系张居正改革的形势、思想与实践，"顾任天下之劳易，任天下之怨难。先生以一身系社稷安危，爱憎毁誉，等于浮云"③，前述观点在某种程度上用于评价张居正自身，或许也是合适的。

四、"为大过之事"的史治整顿

张居正在万历年间出任首辅之前，曾两次满腔热忱欲锐意改革。一次是嘉靖年间上陈《论时政疏》，另一次是隆庆年间上奏《陈六事疏》，希望君主能够励精图治，革除弊政，遗憾的是这两次改革谏言并没有付诸实施，结果都成为一纸空文。出任首辅后，张居正根据多年的观察和思考，清醒地意识到，嘉、隆以来出现的种种政治积弊，根源在于"上失其道"，即国家由上至下的一整套权力机构的功能严重失调，朝廷对各级机构的控制力严重削弱。有鉴于此，张居正认为，"一方之本在抚按，天下之本在政府"④，"一切以尊主、庇民，振举颓废为务，天下始知有君也"⑤，必须以"尊主权"作为"方

①　（三国魏）王弼、（晋）韩康伯注，（唐）孔颖达等正义：《泰》，《周易正义》卷2，（清）阮元校刻《十三经注疏》，台湾艺文印书馆2001年影印本，第42页。

②　谢茂松：《大臣之道——心性之学与理势合一》，中华书局2013年版，第5页。

③　（明）吕坤撰：《书太岳先生文集后》，载（明）张居正著，（明）张嗣修、张懋修编撰：《张太岳集》（上），中国书店出版社2019年版，卷首序录第3页。

④　（明）张居正著，（明）张嗣修、张懋修编撰：《答两广刘凝斋论严与取》，《书牍》卷11，《张太岳集》（中），中国书店出版社2019年版，第247页。

⑤　（明）张居正著，（明）张嗣修、张懋修编撰：《答奉常陆五台论治体用刚》，《书牍》卷8，《张太岳集》（中），中国书店出版社2019年版，第159页。

今急务"，充分发挥政府的职能，建立高效率的令行禁止的权力机构，以做到"张法纪以肃群工，揽权纲而贞百度"①，取得"事权归一，法令易行"②结果。十分明显，"'尊主权'就是把尊君、集权和执法联为一体"③，张居正欲进行的政治改革，是以强化中央集权、整顿政府机构、巩固统治秩序为重点的。

然而，明王朝自正统以后，特别是自嘉靖以来，社会积弊日甚一日，已成积重难返之势。"宁抗朝廷之明诏，而不敢挂流俗之谤议；宁坏公家之法纪，而不敢违私门之请托"④，"近岁以来，士习浇漓，官方刓缺，钻窥隙窦，巧为躐取之媒，鼓煽朋俦，公事排挤之术，诋老成恬退为无用，谓谗佞便捷为有才，爱恶横生，恩仇交错，遂使朝廷威福之柄，徒为人臣酬报之资"⑤。虽然张居正以"帝王师"的身份取得了万历皇帝的支持，但要真正地发动一场自上而下的改革，遇到的阻力可想而知。对此，他深有体会：

> 古之贤圣，所遇之时不同，而处之之道亦异。《易·大过》："栋挠。"象曰"刚过乎中。"当大过之时，为大过之事，未免有刚过之病，然不如是，不足以定倾而安国，栋挠而本末弱矣。伊、周当大过之时，为大过之事，而商、周之业赖之以存，虽刚而不失为中也。仆以一竖儒，拥十余龄幼主。而立于天下臣民之上，威德未建，人有玩心。况自隆庆以来，议论兹多，国是靡定，纪纲倒植，名实混淆。自仆当事，始布大公，章大信，修明祖宗法度，开众正之路，杜群枉之门……而疾之者乃倡为异说，欲以抑损主威，摇乱朝政，故不得不重处一二人，

① （明）张居正著，（明）张嗣修、张懋修编撰：《陈六事疏》，《奏疏》卷1，《张太岳集》上册，中国书店出版社2019年版，第3页。

② （明）张居正著，（明）张嗣修、张懋修编撰：《与蓟辽总督谭二华》，《书牍》卷1，《张太岳集》（中），中国书店出版社2019年版，第7页。

③ 刘志琴：《张居正评传》，南京大学出版社2006年版，第165页。

④ （明）张居正著，（明）张嗣修、张懋修编撰：《请申旧章饬学政以振兴人才疏》，《奏疏》卷4，《张太岳集》（上），中国书店出版社2019年版，第76页。

⑤ （明）谈迁著，张宗祥校点：《穆宗隆庆六年》，《国榷》第5册卷68，中华书局1958年版，第4196页。

以定国是，以一人心。盖所谓刚过乎中，处大过之时者也。而丈乃以为失士心，误矣！吾但欲安国家、定社稷耳，怨仇何足恤乎？①

在张居正看来，此时的明王朝已经"圮而未圮，其外窿然，丹青赭恶未易其旧，而中则蠹"②，正处于"非常之时"，面对"非常之时"，就必须以异于常道处之。就《周易》中的《大过》卦象（䷛）而言，下巽（☴）上兑（☱），四阳爻居中，象征"大为过甚"。卦中六爻分别说明了如何善处"大过"之道，即上下两阴爻须取刚济柔，中间四阳爻须取柔济刚，惟其如此，才能救"大过"之弊，成调和之功。而且，《大过》一卦诸爻处时各异，也蕴涵了"非同寻常"义。也就是说，无论处于何种状态，都应该调动一切积极因素解决所面临的问题，"大过之时大矣哉"，"君子以独立不惧，遁世无闷"③。由于深谙《大过》一卦的精髓，张居正坚定地认为"当大过之时，为大过之事"，改革弊政已经刻不容缓，否则"不足以定倾而安国，栋挠而本末弱"。从中也可以看到，对于这场改革所遇到的困难，张居正有着清醒的认识，做好了充分的准备。正是由于有着"大过之时，为大过之事"这种刚毅明断的见识和魄力，张居正得以把他的政治改革以迅雷之势推向了全国。

为了遏制办事拖沓成性及公文繁多无效的严重官僚习气，整饬积习太深且萎靡不振的官僚机制，张居正着力施行"考成法"。吏部通过询事考言，以言核事，以事核效，评定官员的勤惰，定期考勤，随事考核，以一套严密的监察制度防范玩忽职守。"考成法"一改过去六部、六科直接对皇帝负责的政治体制，转而向内阁负责。这样一来，内阁、六科、部院、抚按形成了垂直的制约关系。因为理顺了上下级的关系，沟通了信息交流的渠道，内阁

---

① （明）张居正著，（明）张嗣修、张懋修编撰：《答奉常陆五台论治体用刚》，《书牍》卷8，《张太岳集》（中），中国书店出版社2019年版，第159页。

② （明）张居正著，（明）张嗣修、张懋修编撰：《京师重建贡院记》，《文集》卷3，《张太岳集》（下），中国书店出版社2019年版，第134页。

③ （三国魏）王弼、（晋）韩康伯注，（唐）孔颖达等正义：《大过·象》，《周易正义》卷3，（清）阮元校刻《十三经注疏》，台湾艺文印书馆2001年影印本，第70页。

也就成为真正的政治中枢。张居正身为内阁首辅，所以向内阁负责，实际上就是向他自己负责。通过这种"考成法"，由张居正主导的内阁对于全国汇总过来的信息，能够及时地掌握，作出决策，督促检查，从而保证政令严格迅速地贯彻执行。"居正为政，以尊主权、课吏职、信赏罚、一号令为主。虽万里外，朝下而夕奉行"①，这说明，在张居正严厉督责下，"考成法"在整肃吏治的行动中收到了明显成效。

"考成法"有力地保障了各项改革能够向纵深处进一步推进，在安顿民生方面起到了重要的作用。因为考成法的最终目的，在于以理财作为考核的标准，而"致理之道，莫急于安民生；安民之要，惟在于核吏治"②。当时但凡增加赋税，各级官府便向下层民众搜刮，而不敢向豪强权贵督缴正赋田税。有鉴于此，张居正毅然提出对官员"以钱谷为考成"③的主张，凡是追缴欠税不足的官员，都要受到批评、调离或撤职的处罚。以追索田粮评定政绩，迫使官员打击不法权贵，使贪官无处藏匿，不用加税而补足国家亏损，在一定程度上减轻了民众的负担。

历来的改革都是一场剔除积弊，推陈出新的变法运动，如果没有改变不合时宜的法规，也就谈不上是真正的变法。然而，"行之已久的法规已形成传统的制度和社会意识，对新政是一股惰性的力量，改革本身又要触动一批既得利益者，面临他们顽强的抵制。要突破种种阻力，首先要有一批勇于任事的革新者去改变现状"④，"夫世必有非常之人，然后有非常之事，有非常之事，然后有非常之功"⑤。为培植改革的中坚力量，张居正在用人方面破

① （清）张廷玉等撰：《列传第一百一·张居正》，《明史》卷213，中华书局1974年版，第5645页。
② （明）张居正著，（明）张嗣修、张懋修编撰：《请定面奖廉能仪注疏》，《奏疏》卷3，《张太岳集》（上），中国书店出版社2019年版，第59页。
③ （清）古应泰撰：《江陵柄政》，《明史纪事本末》第3册卷61，中华书局1977年版，第961页。
④ 参见刘志琴《张居正评传》，南京大学出版社2006年版，第200—201页。
⑤ （明）张居正著，（明）张嗣修、张懋修编撰：《答蓟镇抚院王鑑川论蓟边五患》，《书牍》卷2，《张太岳集》（中），中国书店出版社2019年版，第37页。

除了论资排辈的偏见，不拘一格地大胆使用"非常之人"。"立贤无方，唯才是用。采灵菌于粪壤，拔姬姜于憔悴"①，即使出身卑微，只要出类拔萃，仍可"咸得为九卿"，成为国家的栋梁。也可以这样讲，如果没有"大过之时，为大过之事"的胆识，如果没有"有非常之事，然后有非常之功"的魄力，张居正是不可能将众多的人才吸纳至其麾下，更不可能用短短十年的执政时间，就把一个陷入全面紊乱状态的封建帝国治理得井井有条，逐步地显露出生机与活力的。

五、"损上益下"的固本之道

明中叶以来皇室、贵族、官僚的奢侈浪费、贪赃受贿情况十分惊人，张居正认为这是造成当朝财政危机的一个重要原因。在给属下的信函中，他说：

> 至谓今之财赋，不窘于国用之繁。而亏于士大夫之侈纵，诚膏肓之药石也。即使国用果繁，为士大夫亦当分任其咎。盖以下奉上，臣民之分，而士大夫者又朝廷所用以治民者也。今乃剥上剥下，以厚自俸，可胜叹乎！顾积习沉痼已久，非痛惩之，不能挽也。②

如果不限制统治阶级的这种奢侈腐化的行为，整个国家的财政状况就难以好转。为此，张居正把厚本节用作为他治理国家财政的一条重要原则予以优先考虑。

必须指出的是，张居正这一原则的提出同样与《周易》及易学思想对他的濡染有着密切的关系。前已提及，《周易》蕴涵着丰富的固本厚民思想。在《周易》看来，君主应该关心人民的生活，推行"损上益下"的惠民

---

① （明）张居正著，（明）张嗣修、张懋修编撰：《西陵何氏族谱序》，《文集》卷 2，《张太岳集》（下），中国书店出版社 2019 年版，第 126 页。

② 张舜徽主编，王玉德等校注：《答总宪李渐菴言人臣节俭之义》，《书牍》卷 22，《张居正集》第 2 册，湖北人民出版社 1994 年版，第 655 页。

政策，建立"不伤财，不害民"的制度，使人民能够安居乐业，衷心悦服。"天地之大德曰生，圣人之大宝曰位。何以守位曰仁，何以聚人曰财。"①"天地养万物，圣人养贤以及万民。颐之时大矣哉。"②"山附于地，剥。上以厚下安宅。"③"损上益下，民说无疆。自上下下，其道大光。"④"天地节而四时成，节以制度，不伤财，不害民。"⑤受《周易》固本厚民思想的启发，张居正对他所期待的天地养万物、圣人养万民、人民安居乐业的仁政境界发出了由衷的赞叹：

　　《易》曰："天地之大德曰生，圣人之大宝曰位"，夫圣人之以位为宝也，岂徒崇高富贵云哉？其畜德宏而备道广，志在生民而量包天地，匪位将无以究厥施耳。龙之为灵也，道能神化。然必乘云气，凌太清，茫洋穷乎玄间。然后能霖雨下土，而泽被九垓，圣人之于位也亦然，故《乾》之九五曰："飞龙在天，利见大人。"孔子系之曰："圣人作为而万物睹。"又曰："首出庶物，万国咸宁。"皇上德令天地，明并日月，序参四时，先后乎天而不违，正《易》之所谓"大人"也。乘龙御天，德广被而道大施。怀生之类，靡不沾润乎汪濊之泽。洪厖茂和，信矣哉！云行雨施，天下平矣，登极之日，时雨沾旱，万象咸新。岂非天固示之以象哉？天且弗远，而况于人乎！⑥

————————

① （三国魏）王弼、（晋）韩康伯注，（唐）孔颖达等正义：《系辞下》，《周易正义》卷8，（清）阮元校刻《十三经注疏》，台湾艺文印书馆2001年影印本，第166页。

② （三国魏）王弼、（晋）韩康伯注，（唐）孔颖达等正义：《颐·象》，《周易正义》卷3，（清）阮元校刻《十三经注疏》，台湾艺文印书馆2001年影印本，第69页。

③ （三国魏）王弼、（晋）韩康伯注，（唐）孔颖达等正义：《剥·象》，《周易正义》卷3，（清）阮元校刻《十三经注疏》，台湾艺文印书馆2001年影印本，第64页。

④ （三国魏）王弼、（晋）韩康伯注，（唐）孔颖达等正义：《益·象》，《周易正义》卷4，（清）阮元校刻《十三经注疏》，台湾艺文印书馆2001年影印本，第96页。

⑤ （三国魏）王弼、（晋）韩康伯注，（唐）孔颖达等正义：《节·象》，《周易正义》卷6，（清）阮元校刻《十三经注疏》，台湾艺文印书馆2001年影印本，第132页。

⑥ （明）张居正著，（明）张嗣修、张懋修编撰：《龙飞记》，《文集》卷4，《张太岳集》（下），中国书店出版社2019年版，第155—156页。

臣观《易·益》之繇曰："利涉大川。"孔子赞曰："损上益下，民悦无疆，自上下下，其道大光。"而五之辞曰："有孚惠心，勿问，元吉。"夫惟弘济大川，而损己之有，不伤民财，是以举措光大，而阎泽无疆也。夫天下未有十利之事也，劳民以便民，病寡而利多，仁者犹将为之。兹役也，诚不忍斯民之热溺，而思以拯之也，即上以诏令水衙出钱，间左兴役，责之有司如期而办。凡以利民，夫谁曰不可！乃圣母与皇上，视民之溺由己溺之，既已涝濛引救之矣。而又不烦有司，不扰间阎，至出其脂膏之资，以为万姓造福，兹非所谓"损上益下"而有"孚惠"心者乎？以是而获"元吉"，受介福，奚俟问矣？①

这一由衷的赞叹蕴含了张居正对固本厚民思想的深刻思考。天地长养万物，其大德曰生，君主处于宝贵的权位，不仅要体现出天地之大德，以仁爱之心关怀民众，还要充分地意识到民是天下的根本，把养育万民的问题置于首位，在施政的过程中着重维护民众的利益，这是国家政权的根本职责。只有使民众生活安定，民本得以巩固，君主之位才能不断加强，最终一定会出现"万国咸宁""天下平"的良好局面。而君主为了保住自己的权位，取得人民的欢心，就应该遵循《周易》的"损上益下"之道，施惠于民，"损己之有，不伤民财"，视民之困苦如己之困苦，而不是横征暴敛，擅兴徭役。正是禀于上述认识，张居正认为哪怕是出现了"劳民以便民病，寡而利多"的情形，也应该引起统治者的高度重视和警觉。

据此，张居正对统治者提出了具体的要求，即无论是在收入还是在支出方面，都必须做到"节漏费"。在国家处于困境，物质上不能增加总量的情况下，国家征求增多，百姓占有就会减少，结果只能是"病民"。在上位者如果适度地节用，改变君民之间的物质分配比例，民众的生计就会得到相应的改善。所以，张居正说："天地生财，止有此数，设法巧取，不能增多，

---

① （明）张居正著，（明）张嗣修、张懋修编撰：《敕建涿州二桥碑文》，《文集》卷6，《张太岳集》（下），中国书店出版社2019年版，第194页。

惟加意撙节，则其用自足。"① "天地生财，自有定数。取之有制，用之有节
则裕；取之无制，用之不节则乏。"② 在他看来，社会生产财富的数量或能力
是一定的，生产方面若不能增加，则只有在消费或支出方面加以节制，这
样才能使财政收支达到平衡，不至空乏。"治国之道，节用为先；耗财之源，
工作为大"③，"与其设法征求，索之于有限之数以病民，孰若加意省俭，取
之于自足之中以厚下乎？"④ 在此基础上，张居正提出了农商并重以济物力之
穷的思想，他强调："欲物力不屈，则莫若省征发，以厚农而资商，欲民用
不困，则莫如清关市，以厚商利农。"⑤ 不难看出，他对传统的重农抑商思想
并非一概而论，而是主张应该正确处理农业和商业之间的关系以有利于经济
的全面发展。

　　同时，由于"今风俗侈靡，官民服舍俱无限制"⑥，张居正认为也不应
一味地节用，应在节用的基础上广开利源，使国家的财用得到长久的保障，
"古之理财者，汰浮溢而不骛厚入，节漏费而不开利源，不幸而至于匮乏，
犹当计度久远，以植国本，厚元元也"⑦。从这种认识出发，张居正希望君主
秉持以节用为先的治国之道，要量入为出，"总计内外用度，一切无益之费，
可省者省之；无功之赏，可罢者罢之。务使岁入之数，常多于所出"⑧。当时，

---

① （明）张居正著，（明）张嗣修、张懋修编撰：《看详户部进呈揭帖疏》，《奏疏》卷 8，《张
　太岳集》（上），中国书店出版社 2019 年版，第 193 页。
② （明）张居正著，（明）张嗣修、张懋修编撰：《论时政疏》，《文集》卷 9，《张太岳集》
　（下），中国书店出版社 2019 年版，第 257 页。
③ （明）张居正著，（明）张嗣修、张懋修编撰：《请停止内工疏》，《奏疏》卷 5，《张太岳集》
　（上），中国书店出版社 2019 年版，第 107 页。
④ （明）张居正著，（明）张嗣修、张懋修编撰：《陈六事疏》，《奏疏》卷 1，《张太岳集》
　（上），中国书店出版社 2019 年版，第 6 页。
⑤ （明）张居正著，（明）张嗣修、张懋修编撰：《赠水部周汉浦催竣还朝序》，《文集》卷 2，
　《张太岳集》（下），中国书店出版社 2019 年版，第 103 页。
⑥ （明）张居正著，（明）张嗣修、张懋修编撰：《陈六事疏》，《奏疏》卷 1，《张太岳集》
　（上），中国书店出版社 2019 年版，第 6 页。
⑦ （明）张居正著，（明）张嗣修、张懋修编撰：《赠水部周汉浦催竣还朝序》，《文集》卷 2，
　《张太岳集》（下），中国书店出版社 2019 年版，第 104 页。
⑧ （明）张居正著，（明）张嗣修、张懋修编撰：《看详户部进呈揭帖疏》，《奏疏》卷 8，《张
　太岳集》（上），中国书店出版社 2019 年版，第 193 页。

万历皇帝要修缮慈庆、慈宁二宫，张居正则劝止道：

> 今查慈庆、慈宁，俱以万历二年兴工，本年告完。当其落成之日，
> 臣等尝恭偕阅视，伏睹其巍崇隆固之规，彩绚辉煌之状，窃以为天宫
> 月宇，不是过矣！今未逾三年，壮丽如故，乃欲坏其已成，更加藻饰，
> 是岂规制有未备乎？抑亦败坏所当新乎？此事之可已者也。……方今天
> 下民穷财尽，国用屡空。加意撙节，犹恐不足；若浪费无已，后将何以
> 继之？①

在张居正据理劝阻之下，万历皇帝放弃了修理二宫的打算。此外，对于贪墨
所造成的奢纵之风，张居正坚持必须予以严惩，"上损则下益，私门闭则公
室强。故惩贪吏者，所以足民也；理逋负者，所以足国也。官民两足，上下
俱益，所以壮根本之图，建安攘之策，倡节俭之风，兴礼义之教"②，从而把
"严治侵渔揽纳之奸"，视为足民足国的一条重要措施。

六、"易""简"的赋役制度

一般而言，中国历代封建王朝每到中后期，土地兼并往往会发展到较
为严重的程度，成为政治以及财政危机的焦点。为解决土地兼并的瘤疾，历
代的思想家纷纷提出了各种各样的整治方案，然而能收到成效的屈指可数。
于是一些富于忧患意识的政治家，避开了土地兼并本身这一棘手的问题，转
而从限制土地兼并的后果，即从简化各种赋税方面想出了许多权宜之计。

历史上，《周易》及易学在赋税简化方面能够提供较为直接的思想资源，
因而往往会受到不同程度的关注。《周易》主张：

---

① （明）张居正著，（明）张嗣修、张懋修编撰：《请停止内工疏》，《奏疏》卷5，《张太岳集》
（上），中国书店出版社2019年版，第107页。
② （明）张居正著，（明）张嗣修、张懋修编撰：《答应天巡抚宋阳山论均粮足民》，《书牍》
卷6，《张太岳集》（中），中国书店出版社2019年版，第129页。

> 乾以易知，坤以简能。易则易知，简则易从。易知则有亲，易从
> 则有功。有亲则可久，有功则可大。可久则贤人之德，可大则贤人之
> 业。易简，而天下之理得矣，天下之理得，而成位乎其中矣。①

乾的作为体现在自然万物的创始，而坤的生成则于简约见其功能。因此，乾
以平易就容易为人所知，坤以简约就可以使人顺从。对于乾坤"易简"的
道理，《周易·系辞上》经过层层阐释，最后将之归结到人事，说明人类社
会若能效法此道，即可造就"贤人"的"德业"。②对此，朱熹《周易本义》
认为：

> 人之所为，如乾之易，则其心明白，而人"易知"；如坤之简，则
> 其事要约，而人"易从"。"易从"，则与之同心者多，故"有亲"；"易
> 从"，则与之协力者众，故"有功"。"有亲"则一于内，故可久；"有
> 功"则兼于外，故可大。德，谓得于己者；业，谓成于事者。上言乾坤
> 之德不同，此言人法乾坤之道，至此则可以为贤矣。③

朱熹此论意在强调禀循"易简"之道的重要性。惟其如此，天下的道理尽显
其中，人得其理，就能参合"天地"所宜而居处适中的地位。可见，《周易》
虽然讲的是天道和地道，但如果将"易简"之道运用于人类社会，"乾坤之
理，分见于天地，而人兼体之"④，依然能够发挥积极的作用。

所以，"易简"之道作为古代的重要管理思想，启示治国者制定政策
要善于抓关键，抓主要矛盾，制定的措施要简单易行。"古之善治其国而爱
养斯民者，必立经常简易之法，使上爱物以养其下，下勉力以事其上，上

---

① （三国魏）王弼、（晋）韩康伯注，（唐）孔颖达等正义：《系辞上》，《周易正义》卷7，（清）
阮元校刻《十三经注疏》，台湾艺文印书馆2001年影印本，第144页。
② 参见黄寿祺、张善文《周易译注》，上海古籍出版社1989年版，第528—530页。
③ （宋）朱熹撰，廖名春点校：《周易本义》，中华书局2009年版，第223页。
④ （宋）朱熹撰，廖名春点校：《周易本义》，中华书局2009年版，第223页。

足而下不困"，反之，则"经常之法坏，而下不胜其弊焉"，"盖愈烦而愈弊"。① 只有立简易之法，才能"下令如流水之原者顺民心"②，便于上下沟通，毫无滞碍，减少弊端，从而收到事半功倍之效。③ 可以说，中国古代许多经济措施的改革大都体现了由繁及简的趋势，从曹操的租赋制度改革，到杨炎为简化税制而改租庸调制为两税法，再到王安石变法所采取的方田均税法等等一系列重要的改革，在很大程度上无不汲取了《周易》的"易简"之道。

承秉"易简"之道沾溉，明代张居正处理均赋税问题所遵循的思路也正是如此。明中叶以来土地兼并与赋役不均的情况及后果已经极为严重，"豪强兼并，赋役不均"④ 是造成国家财政困竭的一个重要原因。"先是，高皇帝时天下土田八百五十万顷，岁久伪滋，编户末民无所得衣食，其势必易常产，令豪民得以为奸，以故田赋之弊孔百出"，"然民愁无聊，亡逃山林，转为盗贼，则其势又不得不请减额"，"盖自所减额，以日益多，而国家又受其病矣"。⑤ 因此，限制兼并，均平赋役，也就成为改变国家财尽民穷状况必须采取的一条基本措施。本于"若求其害财者而去之，则亦何必索之于穷困之民，以自耗国家元气"⑥，在经济改革中，张居正的一项重大举措就是在全国广泛地推行"一条鞭法"，这也是对包括田赋和徭役制度在内的整个赋役制度的全面改革。

在张居正看来，丈田"实均天下大政，然积弊丛蠹之余，非精核详

---

① （宋）欧阳修、（宋）宋祁撰：《新唐书·志第四十一·食货一》，《新唐书》卷51，中华书局1974年版，第1341—1342页。

② 郭沫若：《牧民篇第一》，《管子集校》（一），《郭沫若全集·历史编》第5卷，人民出版社1984年版，第49页。

③ 牛占珩：《〈周易〉与古代经济政策》，《周易研究》1999年第2期。

④ （明）张居正著，（明）张嗣修、张懋修编撰：《陈六事疏》，《奏疏》卷1，《张太岳集》（上），中国书店出版社2019年版，第6页。

⑤ （明）张居正著，（明）张嗣修、张懋修编撰：《行实·太师张文忠公行实》，《张太岳集》（下），中国书店出版社2019年版，第388页。

⑥ （明）张居正著，（明）张嗣修、张懋修编撰：《陈六事疏》，《奏疏》卷1，《张太岳集》（上），中国书店出版社2019年版，第7页。

审，未能妥当"①。惟有丈田，才能够"粮不增加，而轻重适均，将来国赋，既易办纳，小民如获更生"②。万历六年（1578），张居正正式下令度田，将"天下田亩通行丈量，限三载竣事，用开方法，以径围乘除，畸零截补。于是豪猾不得欺隐，里甲免赔累，而小民无虚粮。总计田数七百一万三千九百七十六顷，视弘治时赢三百万顷"③。由于张居正态度坚决，采取了各种切实有效的措施，使清丈取得很大效果。在清丈过程中，虽然有官吏以田亩溢额为功的情况，所增之田确有不实之数，但毕竟查出了大量隐田，使一些豪强地主多少受到了抑制，对于改变"小民税存而产去，大户有田而无粮，害及生民，大亏国计"④ 的不合理现象产生了积极影响。

明代立国之初，虽沿袭唐宋以来的两税制，但除正税外还立有很多苛派，特别是皇家所需各种消费品以及各项大工程费用都向民户征收，诸如坐办、派办、杂办、额办等等。而且，当时役法也颇为复杂混乱，总共有里甲、均徭、杂泛三大类且又名目繁多。此外，在税粮征解过程中也逐渐生出许多弊端。明初以来实行粮长制，即启用地方大户充任粮长，管理本地的税收，目的是防止吏胥中饱，便于民户就地交纳，同时，政府还可以省去亲征督征的劳费。应该说，粮长制的实行在保证政府赋税征收方面不乏可取之处。但是，粮长制在具体实施的过程中却易衍生出许多问题。例如，有的粮长避强凌弱，将富豪不肯交纳的加耗钱粮转嫁到贫户身上，有的则用大斛收进，牟取暴利。因此，针对上述种种弊端，自嘉靖以来不少地方出现了归并里甲、均徭二役而按丁田征收的改革，即"征一法"：里甲、均徭合并，赋、役归一。明代中叶，针对里甲正役以及杂役的各种改革，体现了一种由繁

① （明）张居正著，（明）张嗣修、张懋修编撰：《答江西巡抚王又池》，《书牍》卷13，《张太岳集》（中），中国书店出版社 2019 年版，第 303 页。

② （明）张居正著，（明）张嗣修、张懋修编撰：《答山东巡抚何来山言均田粮核吏治》，《书牍》卷 13，《张太岳集》（中），中国书店出版社 2019 年版，第 302 页。

③ （清）张廷玉等撰：《志第五十三·食货一》，《明史》卷 77，中华书局 1974 年版，第 1883 页。

④ 《明世宗实录》第 5 册卷 204，台湾"中央研究院"历史语言研究所 1962 年校印本，第 4270 页。

化简的趋势，就是将户丁役和人头税摊入田亩。正是在这一历史背景之下，"一条鞭法"逐渐成熟起来。嘉靖九年（1530）十月，大学士桂萼根据他过去在地方任内改革赋役法的经验，提出了编审徭役新法，即"斟酌繁简，通融科派，造定册籍，行令各府州县，永为遵守，则徭役公平，而无不均之叹"①。这个办法不久被称为"一条鞭法"，并上疏建议在全国推广。嘉靖、隆庆两朝，虽在个别地区"忽行忽止"，但在应天、浙江、江西等地还是执行得有一定的成效。

在上述清丈田亩以及试行"一条鞭法"的基础上，张居正的赋役改革推行开来。万历九年（1581）正月，张居正把"一条鞭法"作为通行的赋役制度正式向全国颁布。"一条鞭法"的推行，使得赋役均按田亩征收，"皆计亩征银，折办于官"②。徭役与田赋合并，占有土地多的"大户"就要多纳税，而无地少地的"小民"就可以少纳税。这样就减少了各级官吏从中渔利作弊的机会，田产少的民户减轻了额外的负担，从而使赋役以土地为基础实现了初步的均平。更为重要的是，由于"一条鞭法"的施行，中国传统的赋役制度发生了重大的变革，封建国家的征役对象由人转向了土地等实物资料，由征收实物、调发劳力转为征收货币。不仅免除了百姓的冗役、冗费之苦，使封建国家对农民的束缚有了很大的松动，增加了国家的财政收入，而且在一定程度上，刺激了商品经济的发展，对于明代中叶以后经济的进一步繁荣功不可没。

改革伊始，对于当时无论是朝廷还是地方上出现的向百姓筹措钱粮的摊派之举，张居正曾发出这样的感慨："地方多一事，则有一事之扰；宽一分，则受一分之赐。"③为让百姓分享到"宽一分，则受一分之赐"的实惠，张居正出台了一系列赋役改革措施。这些改革措施既与历代前贤的财税思想

---

① 《明世宗实录》第 3 册卷 123，台湾"中央研究院"历史语言研究所 1962 年校印本，第 4270 页。

② （清）张廷玉等撰：《志第五十三·食货一》，《明史》卷 77，中华书局 1974 年版，第 1902 页。

③ （明）张居正著，（明）张嗣修、张懋修编撰：《请罢织造内臣对》，《书牍》卷 9，《张太岳集》（上），中国书店出版社 2019 年版，199 页。

一脉相承，同时又做到了"损益盈虚，与时偕行"①，"立法颇为简便"②，真正顺应了历史的潮流。就某种意义而言，这其中不能不说是《周易》及易学思想对张居正的启发和影响，发挥了至关重要的作用。

第三节　李贽的易学思想

李贽（1527—1602），字宏甫，号卓吾，别号温陵居士，在明中后期以其极具张扬的个性和思想，屡屡与封建正统思想相摩擦、碰撞，是一位饱受争议的"异端"思想家。在经学领域，特别是易学研究，李贽取得了突出成就，其晚年治《易》的成果——《九正易因》，集中而鲜明地展现出浓厚的经世启蒙色彩，《初潭集》《焚书》《续焚书》等较有影响的著作对《周易》也有深刻的阐发。在史学领域，李贽对传统的观点丝毫不迷信盲从，提出了大量"不合时宜"却极有创见的思想，具有很高的造诣。李贽出入于史而深究于《易》，以《易》解史，援史证《易》，易学成为李贽史学思想的哲学基础，史学则是其易学观念运用于历史研究的学术实践。

一、治《易》之历程

《九正易因》是李贽唯一的专门易学著作，在该书的序中记述了他从《易因》的著述到《九正易因》成书的经过。《易因》一书是李贽蛰居南京时所作，当时天寒夜永，他每每卧听读《易》者说《易》，心中不解，惨然感慨道："此岂吾孔氏之书哉！"从此，遂闭门潜心钻研《周易》，历时三年终于撰成。李贽《易因》于万历二十八年（1600）刻成，第二年，即万历二十九年（1601）二月，他以74岁高龄经好友马经纶携颔北上通州，专程造访马经纶在通州的读《易》精舍。由于马经纶以《易》名家，号称通于

①　（三国魏）王弼、（晋）韩康伯注，（唐）孔颖达等正义：《损・象》，《周易正义》卷4，（清）阮元校刻《十三经注疏》，台湾艺文印书馆2001年影印本，第95页。

②　（清）张廷玉等撰：《志第五十三・食货一》，《明史》卷77，中华书局1974年版，第1902页。

《易》，于是李贽就与他一起"昼夜参详，才两年，而《易因》之旧者，存不能一二，改者且七八矣"①。从中也可以确定，《九正易因》恰是在万历三十年（1602）完稿的。

在人生的最后两年，李贽对这第一部研《易》之作，也是最后一部学术著作的要求是极其苛刻的。"故余仍于每日之暇，熟读一卦两卦，时时读之，时时有未妥，则时时当自知，今又已改正十二卦矣。此非一两年之力，决难停妥，是以未甘即死也。"②所做的多处改动几近于推倒重来，"另起炉灶"。其间，李贽表现出精益求精的治学态度，从他与友人论学的书信中也能得到最好的说明，"我此处又读《易》一回，又觉有取得象者，又觉我有稍进处。可知人生一日在世未死，便有一日进益，决无有不日进之理；不有日进，便是死人。虽然，若是圣人，虽死去后与活时等，决时时进。惟时时进，故称不死底人"③。

有关李贽《九正易因》的研读和修改情况，其弟子汪本轲在《卓吾先师告文》中也有详细的记载：

> 庚子（1600）冬，师又读《易》于黄蘗山中，改正《易因》。适马诚所先生自北通州来访师山中。越春二月，师与马先生同至通州。既至，又与读《易》，每卦自读千遍，又引坡公语轲曰："经书不厌百回读，熟读深思子自知。"近一年所，而《易因》改正成矣，名曰《九正易因》。轲计从师先后计九载，见师无一年不读《易》，无一月不读《易》，无一日无一时刻不读《易》，至于忘食忘寝，必见三圣人之心而后已。④

---

① （明）李贽撰，张建业主编，邱少华注：《九正易因·序》，《李贽全集注》第15册，社会科学文献出版社2010年版，第1页。

② （明）李贽撰，张建业主编，张建业、张岚注：《与友人》，《续焚书》卷1，《李贽全集注》第3册，社会科学文献出版社2010年版，第119页。

③ （明）李贽撰，张建业主编，张建业、张岚注：《与方伯雨》，《续焚书》卷1，《李贽全集注》第3册，社会科学文献出版社2010年版，第38页。

④ 张建业主编，张建业、白秀芳等编著：《哭李卓吾先师告文》，《李温陵外纪》卷1，《李贽全集注》第26册附录，社会科学文献出版社2010年版，第206页。

实际上，早在与好友焦竑交游期间，李贽乐"易"不疲的势头表现得非常强烈，"又我自十月到今，与弱侯刻夜读《易》，每夜一卦。盖夜静无杂事，亦无杂客，只有相信五六辈辩质到二鼓耳"①。之所以如此，李贽确实能够从中发现真正的乐趣，"读《易》辈皆精切汉子，甚用心，甚有趣，真极乐道场也"②。

李贽从50岁开始读《周易》，用了20多年的功夫加以精心钻研。时值暮年，李贽除了不时会见老友与一些客人外，还在倾尽全力修改他从前写成且已刊刻的《易因》，直到他辞世的万历三十年，一直将治《易》作为头等大事。最终，李贽根据马经纶的意见，"乐必九奏而后备，丹必九转而后成，易必九正而后定，宜仍旧名《易因》，而加'九正'二字即得矣"③，将凝聚其大量心血的研《易》著作定名为《九正易因》。从李贽处受学的方时化，事后曾回忆当时的情形，"既久侍先生也。值先生与漪园先生绍明'十翼'，弟子有千古不破之疑，先生有千古无两之识，弟子窃效汉儒重经，竭诚致力。虽然，弟子即托通家询经术，先生无少昵焉。弟子所以日严先生如父，日奉先生如羲、文、孔子，实察哓哓，愈益倾服，先生心如皎日"④。

对于李贽的易学成就，同一时期及其后来的明代学者给予了很高的评价。与李贽同时的著名佛教高僧释袾宏敏锐地发现，李贽关于宇宙万物生成本原的思想就是以《易》为宗的，同时又与传统的观点有很大的不同⑤，他评价道：

> 以世界人物具肇始于阴阳，而以"太极生阴阳"为妄语。盖据

① （明）李贽撰，张建业主编，张建业、张岚注：《复刘肖川》，《续焚书》卷1，《李贽全集注》第3册，社会科学文献出版社2010年版，第94页。
② （明）李贽撰，张建业主编，张建业、张岚注：《复刘肖川》，《续焚书》卷1，《李贽全集注》第3册，社会科学文献出版社2010年版，第94页。
③ （明）李贽撰，张建业主编，邱少华注：《九正易因·序》，《李贽全集注》第15册，社会科学文献出版社2010年版，第1页。
④ 张建业主编，张建业、白秀芳等编著：《哭李卓吾先生文》，《李温陵外纪》卷1，《李贽全集注》第26册附录，社会科学文献出版社2010年版，第199页。
⑤ 参见许苏民《李贽评传》，南京大学出版社2006年版，第222—223页。

《易传》，有天地然后有万物，而以天阳地阴、男阳女阴为最初之元本，更无先之者。不思"《易》有太极，是生两仪"，同出夫子传易之言，而一为至论，一为妄语。①

释袾宏认为李贽通常"不以圣言为量，常道为凭"，而"好为惊世矫俗之论"。时值明末清初，"文坛宗盟五十年"的钱谦益，纵观古今易学，于魏晋推崇王弼、韩康伯，于明代则推崇李贽、管志道。他在给方以智的信中说：

> 古人所谓心《易》已易也，学《易》者于此求之足矣。若夫古今学《易》者，精微之旨，无过于王辅嗣、韩庸伯之流，宋人一往抹杀，则过也。纂集之家，远则李鼎祚，近则俞琰、熊过。近代之谈《易》者，自李卓吾、管东翁之外，时未免为时人讲章、兔园册子，若欲一一取之，恐尼父之韦编有不胜绝，而铁挝之有不胜折也。②

李贽研《易》确实能够做到有一己之心得，不人云亦云，而钱谦益所赞赏的也恰恰是这一点。

而清代的四库馆臣，对于李贽的《九正易因》则这样评论："是书每卦先列《经》文，次以己意总论卦象，又附录诸儒之说于每卦之后。书止六十四卦。其《文言》与《系辞》等传，皆未之及。经文移《大象》于《小象》之后，则赘臆改也。朱彝尊《经义考》载其原《序》述马经纶之言曰：'乐必九奏而后备，丹必九转而后成，《易》必九正而后定。'故有是名。贽所著述，大抵皆非圣无法。惟此书尚不敢诋訾孔子，较他书为谨守绳墨云。"③除

---

① （明）释袾宏著述：《竹窗三笔·李卓吾》（一），《竹窗随笔》，北京图书馆出版社 2004 年版，第 136 页。

② （清）钱谦益著，（清）钱曾笺注，钱仲联标校：《书一·复方密之馆丈》，《牧斋有学集》（下）卷 38，《钱牧斋全集》第 6 册，上海古籍出版社 2003 年版，第 1322 页。

③ （清）永瑢等：《经部·易类存目一》，《四库全书总目》卷 7，中华书局 1965 年影印本，第 55 页。

了对《九正易因》主体内容的安排略有微辞外，四库馆臣认为该书唯一可取之处在于"不敢诋訾孔子"，"谨守绳墨"，而不像《藏书》和《续藏书》那样"非圣无法"。

何以要在晚年将学术之路转向到包括《易》《学》《庸》在内的儒家经典的研读？对此，李贽自己曾剖析道：

> 余自幼读圣教不知圣教，尊孔子不知孔夫子何自可尊，所谓矮子观场，随人说研，和声而已。是余五十以前真一犬也，因前犬吠形，亦随而吠之，若问以吠声之故，正好哑然自笑也已。五十以后，大衰欲死，因得友朋劝诲，翻阅贝经，幸于生死之原窥见斑点，乃复研穷《学》《庸》要旨，知其宗实，集为《道古》一录。是遂从治《易》者读《易》三年，竭昼夜力，复有六十四卦《易因》锓刻行世。
>
> 呜呼！余今日知吾夫子矣，不吠声矣；向作矮子，至老遂为长人矣。①

李贽在 50 岁以前，虽尊信儒学，但仅是"随人说妍，和声而已"，并没有真正地了解儒学。随着对儒学认识的加深，同时又受到佛学和道家思想的浸染，其思想也是在不断地向纵深处推进的。然而，李贽的思想无论怎样的复杂而多元，其学术思想始终倡导三教归儒，以儒学为根基。曾有学者认为是李贽在晚年经历了诸如麻城毁寺、坏塔驱逐等一系列的迫害后，变得小心拘谨的缘故。② 这一观点实际上仅仅看到了表面现象，而对其思想变化的深层次原因并没有进一步探究。

二、《九正易因》的结构脉络

李贽著《九正易因》，以《周易》上经和下经为依据，在结构上分为卷

---

① （明）李贽撰，张建业主编，张建业、张岚注：《圣教小引》，《续焚书》卷2，《李贽全集注》第3册，社会科学文献出版社2010年版，第196页。
② 参见容肇祖《记李贽〈九正易因〉》，《李贽年谱》附二，三联书店1957年版，第123页。

上与卷下两部分。卷上部分的卷首题有自序，再附有《读易要语》，接下来便是按《易经》六十四卦顺序分别加以解说。每卦解说当中先列卦象、卦辞、象辞、爻辞与小象辞、大象辞于前，之后为李贽对《周易》经、传的具体解说。在每卦解说结尾，设有附录部分，收入了上至先秦时期，下至明代与李贽同时，且与其观点较为接近的众家相关研《易》论说。

《九正易因》并没有按原《周易》经文体例在乾、坤两卦后载有《文言》部分。之所以如此，李贽认为"乾、坤不载《文言》者，以《文言》宜自为传，不宜独摘乾、坤两卦，而遗其它，以破碎圣人之经传也"。而且，《九正易因》也没收入《系辞》《说卦》《序卦》《杂卦》，因为在李贽看来，"待未死，尚当穷究《系辞》之奥，不但发明《文言》而已"。① 虽说这有可能是他的自谦之辞，但也能够说明，当时他对"十翼"的大部分内容的确思考得不成熟，不便于匆忙作出详释，而是期以来日，从一侧面也表现出他严谨的治学态度。

值得注意的是，李贽在对每一卦解说之前寥寥数语，都有非常精到的点评。李贽对六十四卦的点评可以归为三大类。其一，李贽认为六十四卦在很大程度上来说，就是"文王之卦"。其中，《履》《同人》《豫》《随》《蛊》《大畜》《颐》《习坎》《晋》《明夷》《家人》《困》《井》《旅》等十四卦与周文王有着直接的关系。其二，李贽认为《周易》卦象的设置特别绝妙惊险。例如，有《屯》《需》《讼》《比》《小畜》《噬嗑》《无妄》《大过》《大壮》《睽》《解》《损》《益》《夬》《姤》《鼎》《渐》《归妹》《兑》《涣》《节》《小过》《中孚》等卦就属此类。其三，李贽认为，《周易》六十四卦能够反映出"道问学"与"学问事"等重要问题，对此"学者宜细思"，这主要涉及《蒙》《观》《复》《恒》《咸》《震》《艮》《丰》等卦。可以说，通过李贽对各卦的点评，我们可管窥出他的解《易》主体脉络，即以卦象为基础，借卦象联系史实来阐发《周易》主旨，并探讨问学之道。

---

① （明）李贽撰，张建业主编，邱少华注：《乾》，《九正易因注》卷上，《李贽全集注》第15册，社会科学文献出版社2010年版，第7页。

《易因》一书刻成后，面对好友焦竑的大加称赞，李贽内心却忐忑不安，"余心实未了"。何以会出现这样的心态？在写给友人的书信中，李贽披陈心迹，对此作了一番解释：

> 文王因象以设卦，因卦以立爻，而夫子为之传，直取本卦爻之象而敷衍之，即所系之辞而解明之，极易看，亦极难看。何者？后儒不知圣人之心，而徒求之于高远，是以愈离而愈穿凿，至今日遂不成文理耳，何以能使人人修身齐家而平天下乎？夫文王系《易》，在羑里时也。此何时也！字字皆肺腑，一人之心通乎天下古今人之心，然后羑里可出也。故余以为夫子者实文王之所攸赖，不然，虽有《易》无人读之矣。何也？不知所以读也。惟夫子逐字逐句训解得出，而后文王之易灿然大明于世。然后之读夫子之《易》者，又并夫子之言而失之，则如李卓吾者又夫子所攸赖。不然，虽有夫子之善解，而朱文公先辈等必皆目之为卜筮之书，是以幸不见毁于秦。其精者又徒说道理以诳世，何益于人生日用、参赞化育事耶！①

文王以象为本设置卦爻，孔子直取卦爻之象而为之作《易传》，都是事关修身齐家治国平天下的微言大义，后学对之要真正地理解，实际上是非常困难的。况且，文王拘于羑里系《易》，身处困境却仍保持博大之心胸，以至于"通乎天下古今人之心"，这也不是常人所能够体会到的。再有，文王之《易》之所以"灿然大明于世"，孔子功不可没。可以看出，李贽是从以承传儒家学说为己任，以及推进后世儒生践行儒家"修齐治平"人生道路的高度来看待《周易》的，读《易》的最终目的不是"徒说道理以诳世"，而是对于人伦日用、为学问事有所裨益。尽管李贽自身当时的境遇与文王有相似之处，其研究易学又有孔子《易传》"所攸赖"，他却谦虚地认为，《易因》这

---

① （明）李贽撰，张建业主编，张建业、张岚注：《与友人》，《续焚书》卷1，《李贽全集注》第3册，社会科学文献出版社2010年版，第118—119页。

一解《易》之作并未达到自己崇尚的理想状态。此外，李贽这一番批陈心迹的解释，就某种意义而言，也对他自己何以将六十四卦归结为"文王之卦"、绝妙的卦象及"道问学"这三大类作了最好的说明。

受传统易学观点的影响，李贽认为象辞、爻辞是文王所作，特别推崇孔子对《易》的发挥，但是，对于孔子以后历代所作的《周易》注释，李贽的心态却是矛盾的。他在《读易要语》中说：

> 文王象辞、爻辞，其言约，其旨深，非夫子读而传之，后之人终不可得而读也。唯夫子于《易》终身焉，是故举其象，指其义，陈其辞，以至圣之心，合前圣之心，而后羲画文理灿然详明，其功大矣。虽谓夫子以注解文王之《易》可也，后之人又何以赘为。夫唯不免有赘矣，以故夫子之传明而复晦，赘赘无已，晦晦相仍，易道大丧。后之用《易》者，反师其所训诂，即以为真圣人之神化，自入于过，而欲人寡过也，不亦甚与！故世之读《易》者，只宜取夫子之传详之，必得其《易》象之自然乃已。不然宁不读《易》，不可误述医方，以伤人也。①

可以看出，李贽对孔子以后出现的《周易》注释进行了全盘的否定。其原因在于，自孔子以后，历代学者或是把《周易》当作卜筮之书，或是把《周易》作为义理之书，研《易》著作汗牛充栋，解《易》方法也花样翻新，特别是到了宋代，更是出现了用《河图》《洛书》等图形解《易》的方法。不可否认的是，这种解《易》方式在使得易学研究内容日益拓展丰富的同时，无形当中也使得《周易》偏离了人伦日用的目标，渐渐滑向了烦琐、荒谬、神秘的边缘，但不能由此而忽视或否定历代前贤治《易》所取得的成就。例如，易学发展到三国时期出现了一次根本性的转变，其主要标志是王弼以

---

① （明）李贽撰，张建业主编，邱少华注：《读易要语》，《九正易因注》卷上，《李贽全集注》第 15 册，社会科学文献出版社 2010 年版，第 1 页。

"扫象阐理"这一崭新研《易》学派的独树一帜。王弼"将道家哲学引入注《易》方法"①，改定《周易》体例，提倡"得意忘象"，深入阐释、辨析《周易》哲理的精奥意蕴，由此推动了易学的进一步发展。王弼"扫象阐理"这一易学体系的建立，并没有全盘否定两汉的易学成就，而是在对两汉易学有所继承、有所批判的前提下才得以建立起来的。所以，李贽笼统地将孔子以后的研《易》成就说成是使孔子的解释"明而复晦，赘追无已，晦晦相仍，易道大丧"的根源，则未免有失片面。

李贽虽然对孔子的《易传》推崇备至，但他自己对前人的注释又并非一概地排斥，而是作了认真充分的研究。如前所述，李贽在每一卦的解说之后，集录了从庄子、子夏一直到同一时期的好友焦竑等历代关于《周易》的解说约 60 家，分别附在每一卦解说之后。而且，在《九正易因》一书中，李贽还保存有好友马经纶和弟子方时化、汪本轲等人的解释十余条。这又充分地表现出他治学时虚心接纳别人见解的一面。

三、"夫妇之为物始"的历史观念

明代中叶中国社会处在剧烈的变动之中。面对错综复杂的各种社会矛盾，李贽禀《周易》及易学思想之沾溉，以一种深刻的历史识见，在继承传统历史观的基础上，对社会历史的存在动因、发展规律重新加以审视，形成了极富特色的历史观念。

李贽的历史观念，首先是基于他对世界的认识。我们知道，关于宇宙万物的创生模式，程朱理学以"理"为宇宙万物之源，将既有社会秩序看成是上天的意志，即"天理"的直接呈现。集程朱理学之大成的朱熹，在解释"《易》有太极，是生两仪"②时认为，"易者，阴阳之变。太极者，其理也"③，

① 王晓毅：《中国文化的清流——正始之音》，中国社会科学出版社 1991 年版，第 191 页。
② （三国魏）王弼、（晋）韩康伯注，（唐）孔颖达等正义：《系辞上》，《周易正义》卷 7，（清）阮元校刻《十三经注疏》，台湾艺文印书馆 2001 年影印本，第 156 页。
③ （宋）朱熹撰，廖名春点校：《周易本义》，中华书局 2009 年版，第 240 页。

"阴阳只是阴阳，道是太极"①，"未有天地之先，毕竟也只是理。有此理，便有此天地"②。在朱熹看来，太极之理借助阴阳之气的动静、变化才产生了世界，而且太极"生两仪，两仪生四象，四象生八卦"③等无限序列，也能够说明宇宙间自然万物的一切联系与变化。对于朱熹"理"为万物之源的观点，李贽则本于《周易》及易学思想予以反驳。他说："夫妇，人之始也。有夫妇然后有父子，有父子然后有兄弟，有兄弟然后有上下。夫妇正，然后万事万物无不出于正矣。……夫厥初生人，惟是阴阳二气，男女二命耳。初无所谓一与理也，而何太极之有？以今观之，所谓一者果何物？所谓理者果何在？所谓太极者果何所指也？若谓二生于一，一又安从生也？"④

李贽认为宇宙万物不能凭空而出，实乃天地之所生，天地就是"夫妇"，"夫妇"不仅为"物之始"，也为"人之始"。人世间夫妇虽最为平常，却至关重要，只有通过"阴阳之气，男女二命"的结合方式，天地万物才得以产生。所以，"天下万物皆生于两"而"不生于一"⑤这种自然万物乃至人类社会的生成模式是毋庸置疑的。由此，李贽不仅彻底地否定了以朱熹为代表的程朱理学一派以"太极"为"天地万物之根"⑥的宇宙生成模式，还从社会人伦的角度对"阴阳之气，男女二命"的思想作了深入论证，以突出"男女之位既正"，在推动历史发展、维护社会运行、营造政治和谐方面所起的重要作用：

---

① （宋）黎靖德编，王星贤点校：《周子通书·通书》，《朱子语类》卷 94，中华书局 1986 年版，第 2390 页。

② （宋）黎靖德编，王星贤点校：《理气上·太极天地上》，《朱子语类》卷 1，中华书局 1986 年版，第 1 页。

③ （宋）朱熹撰，廖名春点校：《周易本义》，中华书局 2009 年版，第 240 页。

④ （明）李贽撰，张建业主编，籍秀琴注：《夫妇篇总论》，《初潭集注》卷 1，《李贽全集注》第 12 册，社会科学文献出版社 2010 年版，第 1 页。

⑤ （明）李贽撰，张建业主编，邱少华注：《乾》，《九正易因注》卷上，《李贽全集注》第 15 册，第 5 页。

⑥ （宋）朱熹撰，朱杰人、严佐之、刘永翔主编：《答杨子直》，《晦庵先生朱文公文集》（一）卷 45，《朱子全书》（修订本）第 24 册，上海古籍出版社、安徽教育出版社 2010 年版，第 2071 页。

　　　　夫今日之夫妇，他日之父母也。今日之男女，他日之严君也。今
　　　日男女之位既正，即他日父父子子，兄兄弟弟，夫夫妇妇，一家之位
　　　无不出于正之明验也。故又曰：一家正而天下定矣。吁！天下之定，观
　　　乎家人；家人之正，始于男女。①

　　难能可贵的是，已近暮年的李贽在《九正易因》开篇对《乾》卦的解
说中，提出了"一物各具一乾元""各具有是首出庶物之资"这一极富启蒙
色彩的历史观念。他说：

　　　　一物各具一乾元，是性命之各正也，不可得而同也。万物统体一
　　　乾元，是太和之保合也，不可得而异也。……各具有是首出庶物之资
　　　也。乃以统天者归之乾，时乘御天者归之圣，而自甘与庶物同腐焉，
　　　不亦伤乎！②

李贽将传统观念中至高无上的"天"视为万物之一物，认为"天"统于"乾
元"，"乾元"中的"元"是每一个生命个体与生俱来的，能使每一个人都具
备"首出庶物之资"。因此，每一个人都不应该把自身的命运，完全托付给
仅是"万物之一物"的"天"，更不能交给所谓的"圣人"，而是应该由自己
来把握、主宰。

　　这样一来，李贽强调的重点，并不完全在于独置一"乾元"以凸显其
高高在上的支配地位，而是将之与每一个人所具有的主观能动性以及人的
本性、"真心"紧密地联系起来。继而，李贽指出既然"天"仅是万物中之
一物，那么无论是圣人贤哲还是凡夫俗子，也都是万物之一物；又因为每一
类物都具备"乾道变化"的特质，所以每一类物在社会历史的发展与变化

① （明）李贽撰，张建业主编，邱少华注：《家人》，《九正易因注》卷下，《李贽全集注》第
　　15 册，社会科学文献出版社 2010 年版，第 224 页。
② （明）李贽撰，张建业主编，邱少华注：《乾》，《九正易因注》卷上，《李贽全集注》第 15
　　册，社会科学文献出版社 2010 年版，第 5 页。

中都能够获得自身所特有的存在价值和应有地位，从而各得其正，各得其所，"不可得而同也"。李贽此论，意味着每一个社会成员"各从所好，各骋所长，无一人之不中用"①，都可以秉持坚定的意志，怀有真挚的情感，萌发独特的思想，能够不待圣人而真正地实现自我完足，真正地创造出属于自己的生活。既然"万物统体一乾元"，每一类物必须禀循气化流行、生生不已的乾元之道，不能逃脱自然与社会的规律。但是，每一类物又都是"不可得而异也"，自然不甘"与庶物同腐"。在"各具有是首出庶物之资"的社会氛围中，每个人只有彼此良性互动，社会才能形成一种既有调节、控制又有自由、率性的祥和局面。② 每一类物的"同"与"异"终将在"乾道之终始"之中达到和谐的统一。

受《周易》及易学思想之启发，李贽形成了以"夫妇之为物始"为内核、以"一物各具一乾元"为特色的历史观念。同时，这一历史观念又显露出浓厚的"一世界自为一世界，不可得而同"③的平等意识。他说：

> 圣人知天下之人之身，即吾一人之身，人亦我也；知吾之身，即天下人之身，我亦人也。是上自天子，下至庶人，通为一身矣。④
> 庶人非下，侯王非高。在庶人可言贵，在侯王可言贱。⑤

从《乾》卦生发出的"一物各具一乾元"思想，包含了尊重每一个生命个体在历史与社会发展进程中的生存价值。这一思想也意在表明，人人不分贵贱

---

① （明）李贽撰，张建业主编，张建业、张岱注：《答耿中丞》，《焚书注》卷 1，《李贽全集注》第 1 册，社会科学文献出版社 2010 年版，第 41 页。

② 许苏民：《李贽评传》，南京大学出版社 2006 年版，第 234 页。

③ （明）李贽撰，张建业主编，邱少华注：《读易要语》，《九正易因注》卷上，《李贽全集注》第 15 册，社会科学文献出版社 2010 年版，第 1 页。

④ （明）李贽撰，张建业主编，牛鸿恩注：《道古录注》卷上第 4 章，《李贽全集注》第 14 册，社会科学文献出版社 2010 年版，第 239 页。

⑤ （明）李贽撰，张建业主编，牛鸿恩注：《老子解注》第 39 章，《李贽全集注》第 14 册，社会科学文献出版社 2010 年版，第 61 页。

高下，都具有基本的物质需求，而重视个体生命所必需的物质需求，肯定人生价值取向等基本原则，则能做到"从人的道德价值转换为人的生命价值"①。可以说，李贽主张的人人皆圣、人人平等的思想，对当时弥漫程朱教条、趋于僵化的思想文化界造成了强有力的冲击。

需要特别强调的是，李贽在对"一物各具一乾元"的阐释中，"乾"与"元"虽连并使用，但两者义涵各不相同。在他看来，"乾"蕴涵有"元、亨、利、贞"四德，能够呈现出万物生长的自然规律，而四德之中"元"才真正地居于主导地位，万物发展、生成的自然规律无不在"元"的掌控之下。"元"不仅能够"行云雨施，使品物流通"，还能够"统天而万化生于身"，使万物发展、变化。为此，李贽对作为万物主宰之"元"发出了由衷的赞叹："举四德以归乾，而独以'大哉'赞元，其旨深矣。"②李贽认为天是"万物之一物"，这样，人人所各正之一乾元不是来自于天，而是得自于"万物统体之乾元"。③十分明显，李贽所论是从处于历史进程中的个体生命价值取向的角度切入的，自然与程朱一派有着本质的不同。

四、史《易》互参的治学门径

作为明代中叶的史学大家，李贽在治《易》的过程中往往运用"引史入《易》""以史证《易》"的方法，以一种深邃的历史眼光解读《周易》，阐发《易》理。同时，李贽以史事解《易》又高度地关注现实，借此以明人事得失，治乱兴亡，欲为当时的社会找到有益于人生日用的参赞化育之道，表现出强烈的经世理念。

我们知道，以史事参证《易》理的治《易》方法，并非始于明代，更不是李贽所独创。先秦时期出现的"十翼"，其中对六十四卦义旨的阐说，

---

① 张立文：《李贽与中国文化的走向》，《李贽学术国际研讨会论文集》，首都师范大学出版社 1994 年版，第 53 页。
② （明）李贽撰，张建业主编，邱少华注：《乾》，《九正易因注》卷上，《李贽全集注》第 15 册，社会科学文献出版社 2010 年版，第 5 页。
③ 容肇祖：《记李贽〈九正易因〉》，《李贽年谱》附二，三联书店 1957 年版，第 125 页。

就已经显露出"以史证《易》"的倾向。汉魏两晋时期，虽然以象数解《易》占据易学主流，但也有以马融、郑玄、虞翻、宋忠、干宝等人为代表的一些学者援引历史典型事例，阐发卦爻取象之旨。北宋时期的程颐，主要以儒家义理阐释《易》旨，有时对《易》理要作进一步的揭示，也会经常结合历史上的相关人物或史实。但是，史例在研《易》时应用得如此广泛，与《易》理联系得如此密切，以至于在易学史上形成一个较有特色的"援史证《易》"流派，则是由南宋的李光、杨万里开创的。虽说以史证《易》的治《易》方法，前代易学家也曾使用过，但李贽在汲取前贤易学成果的基础上，立足于明代中叶以来的社会文化生态，通过引据大量的说明人物得失成败与事件正反教训的历代史实，来参证《周易》经传的旨趣义涵，又理解出了诸多新意。

在对《周易》之《豫》卦的解说中，李贽通过结合本卦九四爻和上六爻之象，对《豫》卦六五爻的象辞"六五贞疾，乘刚也。恒不死，中未亡也"[①]作了如下阐发。他说：

> 六五阴柔不正，又乘九四之刚，但知逸豫以为乐，而不知权柄之下移，威福之尽去，岂非君人者真正不起之疾，若刘后主者乎？……苟非有由豫之忠武侯，则所谓乘刚者，乘王莽之刚，乘司马懿等之刚，欲其恒不死，得邪？……豫已成，不可复渝也。使成而能有渝，更又何咎！但早不渝，至成而后渝，亦无及矣。[②]

《豫》卦（☷☳）下坤上震，其《象》曰："雷出地奋，豫。先王以作乐崇德，殷荐之上帝，以配祖考。"[③]此卦象征着欢乐，有物皆顺性以动、安逸和悦之

---

① （三国魏）王弼、（晋）韩康伯注，（唐）孔颖达等正义：《豫》，《周易正义》卷2，（清）阮元校刻《十三经注疏》，台湾艺文印书馆2001年影印本，第49页。

② （明）李贽撰，张建业主编，邱少华注：《豫》，《九正易因注》卷上，《李贽全集注》第15册，社会科学文献出版社2010年版，第96页。

③ （三国魏）王弼、（晋）韩康伯注，（唐）孔颖达等正义：《豫》，《周易正义》卷2，（清）阮元校刻《十三经注疏》，台湾艺文印书馆2001年影印本，第49页。

义。全卦之中，六五以阴柔居君主之位，下侍九四之阳刚强臣，有阴柔凌乘阳刚、处于危难之象。而上六以阴柔之德位于《豫》卦之极，有"冥豫"已成昏昧纵乐之象，如不改变，将危害无穷。李贽援引汉代和三国的史例来印证这三爻的义理：刘禅虽居蜀汉君主之位，可愚弱无能，幸亏有忠武侯诸葛亮这一强臣为中坚，才使得蜀汉名号维持多年。但是，并非所有人臣都如忠武侯一样，汉代王莽取代孺子婴自立新朝，曹魏司马懿凌驾于魏元帝之上，"欲其恒不死，得邪"。李贽并没有满足于"豫已成，不可复渝也。使成而能有渝，更又何咎"这一结论，而是进一步指出，"但早不渝、至成而后渝，亦无及矣"，表现出了一种强烈的忧患意识。也就是说，任何事物不能坐视其任意发展到无可挽回的地步时，才想到要去改变，那样只能于事无补。不如在事物发展处于最初状态之时就密切注意，严加防范，才能做到"恒不死"，"中未亡"。

与此同时，李贽注意到《豫》卦的彖辞所言极具"盛美"之色彩，而《豫》卦之爻辞和象辞却"极言享豫之祸凶"。对于这一看似矛盾的现象，他进行了深入分析：

> 岂豫可致，终不可得而享邪？非然也。盖今之亡国败家相寻而不绝者，咸以豫也，非盱豫、鸣豫，即死于豫。苟能如六二介然若不终日，又何以不能保终豫邪！即此便是能享于豫，便是顺动，便是致豫之由。亦岂有他！①

李贽认为所言"盛美"之辞与"极言享豫之祸凶"并不矛盾，"豫可致"，也终"可得而享"，但前提是必须重视"致豫之由"，既要如六二爻辞"介于石，不终日，贞吉"②那样，保有耿介如石、坚持操守之象，也要"顺动"，

---

① （明）李贽撰，张建业主编，邱少华注：《豫》，《九正易因注》卷上，《李贽全集注》第15册，社会科学文献出版社2010年版，第96页。

② （三国魏）王弼、（晋）韩康伯注，（唐）孔颖达等正义：《豫·象》，《周易正义》卷2，（清）阮元校刻《十三经注疏》，台湾艺文印书馆2001年影印本，第49页。

顺时代、社会发展的潮流而动。否则，"福反为祸"，必然会招致"亡国败家"惨剧。而对于当时学者把由《豫》卦引申出的"圣人之乐"理解为"能乐能忘忧，纵欲肆志，唯务极乐"，李贽则驳正道：

> 圣人之乐，端如是哉？此与鸣豫而卒死于豫者，何以别哉？圣人之乐，初不出于发愤之外，舍发愤而言乐。曾是知乐？圣人忘忧，原与忘食同致……唯终身发愤为乐是知。则其视人世逸豫之乐，真不能以终日矣。①

在他看来，"学道者""人世逸豫之乐"与圣人"终身发愤为乐"不能同日而语，"学道者，必介如石，非独于豫"，才能"知几之神"，体会出接近于圣人的"彻上彻下之道"②。

面对明王朝自中叶以来日益加深的经济政治危机，李贽并没有置身事外，而是对当下的社会现实予以高度关注。在结合史实阐述《周易》经传义理的基础上，他满怀深沉的忧患意识，针对纷繁复杂而又紧迫严峻的现实问题提出了许多很重要的见解。对于明代当时所处之危难局面，李贽虽不能如万历年间的张居正那样，亲自指导推进社会、政治、经济方面的改革，但也同有志之士一道表达了强烈的改革意愿。这在其对《革》卦的阐释中体现得尤为强烈。他说：

> 天下之事，不可轻也，而况变革之大事乎！如商君，非不变革，而令秦强。然行之期年，民之言不便者，以千数。至于刑其傅，黥其师，卒致车裂而民不哀，则以民心未孚，而遽变革以惊其民，谁其信之！故曰"巳日乃孚，革而信之"。言"巳日乃孚"，已革乃信也。盖

---

① （明）李贽撰，张建业主编，邱少华注：《豫》，《九正易因注》卷上，《李贽全集注》第15册，社会科学文献出版社2010年版，第97页。

② （明）李贽撰，张建业主编，邱少华注：《豫》，《九正易因注》卷上，《李贽全集注》第15册，社会科学文献出版社2010年版，第97页。

民可使由，不可使知。唯顺而孚，是以可革；及其已革，自然乃孚。孚之者，孚圣人之非喜革也，孚其不得已而革之当也。思之审，筹之熟，文明以说，元亨而利贞焉。革而当，故其悔乃亡耳。人但见圣人之革而人孚之，而岂知其虑悔之心，与革实相终始乎！故六爻皆言革，皆言孚。①

《周易》之《革》卦（☲），其《彖》曰"天地革而四时成，汤武革命，顺乎天而应乎人。革之时大矣哉"②，有象征变革之义。在李贽看来，像改革这样的大事应该非常慎重地进行，尤其不能够掉以轻心。"天下之事，不可轻也，而况变革之大事乎！"否则就会出现惨痛的后果而不可收拾。秦国的商鞅变法，虽然见到成效，让秦国立刻强大起来，但仅行之一年，"民之言不便者，以千数。至于刑其博，黔其师，卒致车裂而民不哀"。商鞅变法为什么出现这种结果？李贽认为是因为"民心未孚，而遽变革以惊其民，谁其信之"的缘故。为使改革能顺利持久地进行，李贽主张"唯顺而孚，是以可革；及其已革，自然乃孚"，意在强调推行改革必须找到适当的时机，同时还要取信于众，只有这样才能减少改革的阻力，使天下之民纷纷信从。而且，真正意义上的改革是由一系列关键环节组成的，缺一不可。改革之前，"思之审，筹之熟"，推进过程中，教化施行，措施到位，"文明以说，元亨而利贞焉"，这样的改革方能"革而当，故其悔乃亡耳"。此外，李贽也对改革的执行者提出了明确的要求，"人但见圣人之革而人孚之，而岂知其虑悔之心，与革实相终始乎"，就是说，在改革的整个过程中，改革者的忧患之心必须贯穿变法始终，不能有毫厘的偏离。

明代中叶以来，社会的方方面面急需一场变革才能扭转颓势，而起衰振隳的人才在其中所起的重要作用则不言而喻。李贽认为人才为治国安邦的

---

① （明）李贽撰，张建业主编，邱少华注：《革》，《九正易因注》卷上，《李贽全集注》第15册，社会科学文献出版社2010年版，第288页。
② （三国魏）王弼、（晋）韩康伯注，（唐）孔颖达等正义：《革·彖》，《周易正义》卷4，（清）阮元校刻《十三经注疏》，台湾艺文印书馆2001年影印本，第111页。

根本，只有保持和谐良好的君臣关系，统治者才能审时度势，以自己刚柔并济的用人标准，重视、聚集天下英才。在对《周易》之《大壮》卦的解说中，李贽就特别谈到了这一问题：

> 夫文帝，柔中之君也。平易近民，宽简驭世，群阳虽壮，自无所用其壮。……无藩以待其触，其柔能胜刚之善道与！然而大壮之时，未可以一概也。……如伊尹之于汤然。在世人，固以割烹疑之，而咎其为要。在汤，则实详察其为咸有一德之臣，始虽艰而终则吉，保不致长咎者。信矣哉，大壮之难遇也！……若汉文之君，非不美矣，卒使李广不得封侯，贾生抱恨以死，何其太不惜才也！是岂视人之技若已有，好人之彦圣若自口出者邪！①

《大壮》卦（☳），《彖》辞曰："大壮，大者壮也。刚以动，故壮。"②《大壮》一卦其本义象征着大而强盛，有利于守持正固，但是，李贽通过分析此卦各爻之间的关系，将重点放在了对君臣关系的探讨方面，即如果君臣任何一方凭借强壮实力和贞固品性而一味用壮，逞匹夫之勇，则都有可能招致很大的风险。受此卦启发，李贽联系了历史上商汤对待伊尹以及汉文帝对待李广、贾谊的不同史实，喻示了"为人上者"应该如何与人臣相处，创造和谐、良好用人环境的道理，史实的对比值得后世深省。对于如何解决君臣相处的历史难题，李贽认为，统治者应该掌握"无藩以待其触，其柔能胜刚之善道"，在"大壮之难遇"之时，详察人臣"赢角之艰，会合之难"，将"视人之技若已有，好人之彦圣若自口出"的纳贤与重贤之道落到实处。惟其如此，才能真正地"广开众正之门"，以成就人君与人臣彼此之正道。李贽以史为据而阐发的《易》理在一定意义上也可视为史论，史学与易学的相互发

---

① （明）李贽撰，张建业主编，邱少华注：《大壮》，《九正易因注》卷下，《李贽全集注》第15 册，社会科学文献出版社 2010 年版，第 206 页。

② （三国魏）王弼、（晋）韩康伯注，（唐）孔颖达等正义：《大壮·彖》，《周易正义》卷4，（清）阮元校刻《十三经注疏》，台湾艺文印书馆 2001 年影印本，第 86 页。

明，的确表现了他对社会现实的高度关注，体现了"史事宗易学"的鲜明特色。

五、"史即《易》"的经史立场

自汉武帝推行"罢黜百家，独尊儒术"之后，儒家经典作为传统社会王朝意识形态的理论来源，在整个思想文化领域始终以正统自居。而史学由于具有资鉴的政治功能虽然也受到统治者的重视，但在传统学术观念中，其地位远远逊色于"六经"。因此，如何认识经史关系的问题也就随之产生，成为学术思想史上一个不断辩驳的论题。宋元以前的学者对此多有论及，然而在其理论层面取得突破性的进展则是在明代中叶，心学代表人物王阳明提出了"五经皆史"①的明确主张。后来，王世贞也提出了"天地间，无非史而已。三皇之世，若泯若没，五帝之世，若存若亡。噫！史其可以已耶？六经，史之言理者"②的重要观点。

对于经史关系的问题，作为史学大家的李贽自然也格外重视。他说：

> 经、史一物也。史而不经，则为秽史矣，何以垂戒鉴乎？经而不史，则为说白话矣，何以彰事实乎？……而《易经》则又示人以经之所自出，史之所从来，为道屡迁，变易匪常，不可以一定执也。故谓六经皆史可也。③

在此，李贽提出了"经、史一物"的思想，而这一思想的提出与他不迷信经书有着直接的关系。虽然主张"经、史一物"，但李贽对"六经"并不是

---

① （明）王守仁撰，吴光等编校：《传习录上》，《王阳明全集》卷1（上），上海古籍出版社2011年版，第11页。
② （明）王世贞撰：《艺苑卮言一》，《弇州四部稿》卷144，集部二二〇别集类，《景印文渊阁四库全书》第1281册，台湾商务印书馆1986年版，第350页。
③ （明）李贽撰，张建业主编，张建业、张岱注：《经史相为表里》，《焚书注》卷5，《李贽全集注》第2册，社会科学文献出版社2010年版，第199页。

等量齐观的，在"六经"之中他更为推崇的是《周易》。李贽认为，《周易》不仅"真是圣贤学脉"①，也是一种史书，具有"示人经之所自出，史之所从来"的学术价值，能够向人昭示"为道屡迁，变易匪常"的历史发展观念，教人以"不可以一定轨"的历史思考方式。"在破除一个已经依靠政权的提倡保护而蔓延到整个社会的巨大信仰体系的初期"②，李贽对经传权威地位的挑战，对经史关系的认识，在当时确实表现出了极大的理论勇气。

　　正是有着上述对经史关系的深刻认识，李贽自然强调学者在研读《周易》时，一定要体悟其作为史书所蕴含的"为道屡迁，变易匪常"的道理。为此，李贽在《初潭集》"六经子史"一节中，就引述了史籍中的魏晋名士是如何研《易》的。他说：

　　　　宣武集诸名胜讲《易》，日说一卦。简文欲听，闻此便还，曰："义自当有难易，其以一卦为限邪！"郑玄序《易》曰："《易》之为名，一言函三：简易一也，变易二也，不易三也。"何尚书言《易》义精了，所不解者九事。一日，迎管公明共论，公明为剖析玄旨，九事皆明。时邓玄茂亦在坐，言："君见为善《易》，而语不及《易》中辞义，何也？"公明寻声答言："夫善《易》者不论《易》。"尚书含笑赞之曰："可谓要言不烦。"刘道光潜心《玄》《易》，不好读史。尝言："读书当昧义根，何为费功于浮辞之文？《易》者义之源，《太玄》者理之门。"③

在引述之后，李贽作出了"谁知史即《易》也"的点评，可谓史与《易》关系的点睛之笔。

　　众所周知，中国传统史学的重点往往集中在治乱兴衰、君臣关系、爱

---

① （明）李贽撰，张建业主编，段启明等注：《柞林纪谭注》，《李贽全集注》第18册，第307页。

② 朱维铮：《中国史学史讲义稿》，复旦大学出版社2015年版，第197页。

③ （明）李贽撰，张建业主编，籍秀琴注：《六经子史》，《初潭集注》卷12，《李贽全集注》第12册，社会科学文献出版社2010年版，第361页。

民固本等方面。史学的价值取向始终重视治乱兴衰的彰显与示戒、君臣形态的关注与发挥、政策风俗的运用与发挥、道德价值的展开与崩解；易学的核心观念则强调"阳正阴邪"的消长与冲突、"乾健坤顺"的崇尚与追求、"阳刚阴柔"的互补与调和、"阳尊阴卑"的倒错与还原。而在李贽看来，因经以通史，凭史以通经，史学的价值取向与易学的核心观念在很大程度上存在着暗合与附会之处，所以就一定意义而言读史也就是读《易》。只有通晓历史，才能把握《易》义之本源，深刻地理解《易》理，而不是一味地昧于义根，陷入浮辞空谈。可以说，李贽所论不惟当时，对于后来学者深入把握史学与经学，特别是史学与易学之间的内在联系仍然具有很大的启发意义。

对于经史关系，李贽秉持了"史即《易》也""经、史一物"的见解与立场，其价值不是体现在空谈易道与易变，而是体现在对社会现实充满关怀的实践理性方面，并由此催生出其起衰振蹶的应对之方。明代中后期，社会与政治的变化激起了世人的满腔热忱，继承与革新并举，争鸣与切磋互随，经世致用渐趋成为主流。生逢此一时代的文人从现实出发，希望从历史中找到出路，他们以经典为载体，尽情挥洒自己的抱负，试图在熟悉的经典中有所突破。毕竟，注解经典其实也是对经典的反思，在反思中也承载着著者的理想。而明朝史学的进一步发展，不仅在史学自身中纵向深入，同时也在横向发展中渗透到经学领域，广泛地扩大了影响范围。有识之士用史学表达自己的社会认识，用史学参证《周易》的义理，在对《周易》卦爻辞的诠释中，援引众多历史事实加以注解，不仅推动了易学的繁荣，也推进了史学的拓展。这样，历史的经验教训与《周易》的解释阐发相结合，加之前贤在史学与易学领域的积极探索，以李贽为代表的重要学者凭借以史解《易》与以《易》证史的治学门径不仅抒发了自身的政治思想和政治抱负，也为他们所处的王朝提供了充分的理论根据与统治借鉴。

作为明代中后期易学研究的代表人物，李贽治《易》注重人事义理的发挥，更重视援引史事为证，充分彰显了其学"明体达用"与经世致用的双重功能，从而为"史事宗易学"这一传统易学范型的渐趋成熟、深化作出了重要的学术贡献。《周易》这部儒家经典本身就具有天然的刚健入世的理念，而明代中后期政治局势处于艰难之时，自然能够触动和唤醒李贽的担当精神与忧患意识。可以说，李贽上述经史关系的认识与明中叶以来日益恶化的政治生态有着极为密切的关系。李贽所持经史关系的立场，注定了他需要有一种历史的眼光来诠释《周易》，以历史为源泉来阐发儒家经典的观念，用历史人物和事件来印证《周易》经典的义理，通过对现实中的治国之道、统治之术所作的分析，最终以学术的形式为当时的政治统治提供了一种历史借鉴，从而使《周易》中的经世思想得到了充分的阐扬。

《周易》对史学的影响突出表现在，学者多以《周易》的哲学思想、思维范式等对社会进程、历史人物、事件进行评判等方面。而史事蕴涵了历史变革思想与历史兴衰教训，与《周易》义理在一定程度上相互融通。诚如有学者指出，"以易学的思维方式认识人类历史，洞察古今兴衰，评论行事得失，这在中国史学史上是主要的一面"①。的确如此，李贽紧扣《周易》之变易思想来审视历史的演进与社会的发展，无论对于其史学研究抑或易学研究，均是重要的面向。通过运用以史解《易》这一治学门径，李贽借此展现了对人生、时代的反省与思考，架构起了和谐的社会与政治理念，形成了以经世致用为目的之治学思想。李贽在史学与易学两个领域的学术实践，不仅凸显了义理与象数并重、史与《易》互证的学术进路，同时也深化了《易》之微言大义，丰富了治《易》的方法，拓展了史学自身的历史观念。在传统"史事宗易学"的发展中，李贽发挥了承上启下的关键作用，对当时乃至后来众多学者的史学与易学实践产生了深刻的启示和影响。以易学与史学的密切交融作为探讨对象，将研究重点措置于李贽如何运用与发展了以史解《易》的治《易》方法，以及这一方法如何推动了当时易学领域与史学领域的扩展、深化等方面，对于进一步认识明清时期易学与史学的特征、发展规律及其经世面向，具有重要的学术启迪价值。

---

① 吴怀祺：《易学与史学》，中国书店出版社 2004 年版，第 5 页。

第四节　吕坤的易学思想

吕坤（1536—1618），字叔简，自号抱独居士，其一生历明世宗（嘉靖）、明穆宗（隆庆）、明神宗（万历）三朝，由于力主拨正理学且言辞凿凿而享誉盛名。吕坤年近不惑之时正式踏入仕途，其后在万历朝仕宦 20 余载[1]，因其刚正不阿、为政清廉，故与沈鲤、郭正域同被誉为明万历年间天下"三大贤"[2]。今人整理点校的《吕坤全集》含括了现阶段所能见到的吕坤全部作品，其中《呻吟语》《实政录》《去伪斋集》等十余种，内容涉及政治、经济、刑法、军事、水利、教育、医学等各个方面。吕坤易学专著可考的只有《易广》一书，惜其不传，仅存的易学成果——许多与现实联系密切的治《易》心得，主要体现在上述著作之中，具有不容忽视的思想价值。吕坤，作为一位学术与事功并重的儒者和政治家，他的著作除了能说明"个人的经世思想外，其内容和主旨还能展现明代经世思想的传衍"[3]，这对于充分认识吕坤思想体系中易学思想的地位和作用显得尤为重要。

一、从疑经到正经

"经"在中国古代具有典范性、权威性、神圣性等特征。在思想文化层

---

① 嘉靖四十年（1561），吕坤中河南乡试第三，万历二年（1574）殿试中三甲第五十名，同赐进士出身，出任山西省襄垣知县，万历四年（1576）至万历五年（1577）任大同知县。万历六年（1578）至万历十六年（1588）任山东省右参政，万历十七年（1589）至万历二十年（1592）任山西按察使、巡抚、陕西省右布政使、山西巡抚。万历二十一年（1593）至万历二十二年（1594）任都察院左、右金都御史，万历二十三年（1595）至万历二十五年（1597）任刑部左、右侍郎。万历二十五年（1597）上《忧危疏》劝明神宗励精图治，随后称病致仕还乡。万历四十六年（1618）病逝于家，之前将其未刊行的手稿焚烧，死后葬宁陵县。天启元年（1621）被追赠为刑部尚书。

② （清）张廷玉等撰：《列传第一百十四·吕坤》，《明史》卷 226，中华书局 1974 年版，第 5943 页。

③ 谢扬：《治政与事君——吕坤〈实政录〉及其经世思想研究》，三联书店 2011 年版，第 303 页。

面，经是历代学人思想的传承载体和媒介，在政治架构层面，则是统治者用来教化民众、选拔人才，维护等级秩序的法理依据和精神工具。纵观历朝历代对"经"的注或疏都层出不穷，这些成果或出于官府或起于民间，其共性却都是对一时一事之新问题的新见解与新探索。而"新"的发轫处或立足点则通常表现为"疑经"思潮。"疑经"与"变古"可谓是"与时偕行"的关系，对"经"的疑与信则是中国古代经学发展的内在动力和历史线索，这期间既有共性也有个性。明代，作为经学颇受诟病的一个历史阶段，当时的学者也面临着特殊的经学命题。① 落实到个人处，出于自身知识信仰和社会身份的巨大差异，居庙堂者和处江湖者的尊经态度和依经释道的实践也大相径庭。科举出身者往往饱读诗书，不论出于理想信仰抑或功名富贵的考虑，他们大多是纲常名教的维护者。然而，乱政之下亦有诤臣，吕坤就是这样一位注重民生、崇尚实行的儒家士大夫。

阳明心学的产生与流行，可谓是明代思想发展演变历程中之一大事因缘。明中后期，阳明之学已取代程朱理学的主导地位，从而开创了王学流派的思想信仰。② 但是，随着阳明后学的分化，本体派舍弃工夫的路径已展露出务空蹈虚、流于狂禅的末流倾向。对于这种学术分派和为学方法，吕坤评价道：

近日学问，不归陆则归朱，不攻陆则攻朱。③

---

① 如甄洪永提出"恢复经书的原始面貌、揭示经书的原始内涵、批评不利于经旨诠释的错误路径、抵御'异端'思想对经书的侵蚀，建构明代的经学诠释谱系就是明代学者所面临的命题"，另"内圣与外王构成了明代经学发展的动力之源"，见《明代经学学术编年·前言》，凤凰出版社 2015 年版，《前言》第 10、14 页。

② 黄宗羲在《明儒学案》中主张以地域分派，将阳明后学划分为浙中王门、江右王门、南中王门、楚中王门、北方王门、闽粤王门、止修学派、泰州学派 8 个门派。参见（明）黄宗羲著，沈芝盈点校《明儒学案》（修订本），中华书局 2008 年版。亦有近人嵇文甫尝试打破地域分派说的局限，从思想特征上进行区分。参见嵇文甫《晚明思想史论》第二章"王学的分化"，北京出版社 2016 年版。

③ （明）吕坤撰，王国轩、王秀梅整理：《答姜养冲》，《去伪宅文集》卷 4，《吕坤全集》，中华书局 2008 年版，第 217 页。

> 古之圣贤，会天地万物为一身，不曾谢却天地万物，摘出此身作
> 自家另行修治；而今学者，起念便觉天地万物不亲不故，与我无干，不
> 痛不痒，与我罔觉。及其聚会讲求，不过理会古人多年卷宗，拈起磨
> 勘，深文细索，无了无休。①

吕坤眼中的朱陆之争，可谓在其所处时代程朱理学与陆王心学双方关系的一
个客观写照。吕坤思想中最为突出的特征表现在对"仁"之观念的尊崇，即
以仁为核心，视天地万物为一体。②"仁者，以天地万物为一体"语出北宋
学者程颢，程颢曾举"手足痿痹"之症譬喻：

> 医书言手足痿痹为不仁，此言最善名状。仁者，以天地万物为一
> 体，莫非己也。认得为己，何所不至？若不有诸己，自不与己相干。
> 如手足不仁，气已不贯，皆不属己。故"博施济众"，乃圣之功用。③

二程乃至北宋五子其余诸家的思想渊源，很大程度上都是来源于《周易》，
而《周易·系辞上》所提倡的"一阴一阳之谓道"④和乾元善长⑤之德，更是
在宋代理学家那里被赋予了天地与人为一，人可与天地并列为叁，即"与天

---

① （明）吕坤撰，王国轩、王秀梅整理：《答顾泾阳》，《去伪斋集》卷4，《吕坤全集》，中华
书局 2008 年版，第 209 页。

② 万历二年，吕坤在襄垣任知县时曾撰《僚友约》，其中他初次表述了"万物一体"的思
想。今《吕坤全集》仅存序言一篇，见（明）吕坤撰，王国轩、王秀梅整理《僚友约
序》，《去伪斋集》卷3，《吕坤全集》，中华书局 2008 年版，第 112—113 页。

③ （宋）程颢、程颐著，王孝鱼点校：《河南程氏遗书》卷2上，《二程集》，中华书局 2004
年版，第 15 页。

④ （三国魏）王弼、（晋）韩康伯注，（唐）孔颖达等正义：《系辞上》，《周易正义》卷7，（清）
阮元校刻《十三经注疏》，台湾艺文印书馆 2001 年影印本，第 148 页。

⑤ "乾元善长"，语出《周易·乾·彖》"大哉乾元，万物资始，乃统天"和《周易·乾·文
言》"'元'者，善之长也"。参见（三国魏）王弼、（晋）韩康伯注，（唐）孔颖达等正义
《乾》，《周易正义》卷1，（清）阮元校刻《十三经注疏》，台湾艺文印书馆 2001 年影印本，
第 10、12 页。

地参"的独特精神追求和价值准则。从吕坤与顾宪成的书信中不难看出，其学宗程朱的学术立场和对脱离实际而空谈经书行为的极力抨击。吕坤主张去伪存真、实学实用，从《去伪斋集》一书的命名就可以看出其心志所在。

除了阳明心学之繁盛以外，"三教合一"思潮也是明代思想发展的一大趋势。吕坤学宗程朱，却并不以程朱理学的卫道者自居。当有人询问吕坤的学派归属时，他坦然宣称，"我不是道学"，"我不是仙学"，"我不是释学"，"我不是老庄申韩学"，如若非要划分门户，那"我只是我"。① 吕坤撰有《〈阴符经〉注》一书，就此书的注解方法，他说："余注此《经》，无所倚着，不儒、不道、不禅，亦儒、亦道、亦禅。"② 吕坤以这种既非且是的类似禅机的话语来表明他的思想立场看似自相矛盾，但如果将其置于整个社会思潮的大背景下来理解，便不再显得那么突兀。

吕坤疑经的主张和经历，是将人们的视角从经典中的理性精神牵引回到现实领域当中来，即呼吁人们重新正视经典的人伦日用价值。必须说明的是，吕坤对理学家们的重要理论渊薮《周易》和《中庸》颇有回避之势，他说："不是与诸君不谈奥妙，古今奥妙不似《易》与《中庸》，至今解说二书，不似青天白日，如何又于晦夜添浓云也？"③《易》与《中庸》素被理学家称作"性命之书"，其中高谈巫觋占筮、人天性命的内容的确容易使人陷入某种神秘主义的迷宫。清代四库馆臣在谈及易学发展史也评价道："《左传》所记诸占，盖犹太卜之遗法。汉儒言象数，去古未远也。一变而为京、焦，入于禨祥，再变而为陈、邵，务穷造化，《易》遂不切于民用。"④ "不切于民用"虽属后出之语，但在一定程度上也可视作吕坤避谈《周易》的重要原因。再有，符箓谶纬学说的流行不仅容易使人陷入迷信境地，更会有居心

---

① （明）吕坤撰，王国轩、王秀梅整理：《谈道》，《呻吟语》卷1，《吕坤全集》，中华书局2008年版，第664页。
② （明）吕坤撰，王国轩、王秀梅整理：《黄帝阴符经注·阴符经注序》，《吕坤全集》，中华书局2008年版，第1395页。
③ （明）吕坤撰，王国轩、王秀梅整理：《谈道》，《呻吟语》卷1，《吕坤全集》，中华书局2008年版，第656页。
④ （清）永瑢等：《经部·易类一》，《四库全书总目》卷1，中华书局1965年影印本，第1页。

叵测之徒借机散布不利统治者的流言蜚语，这种事例在历史上可以说不胜枚举。

因为吕坤崇尚实务，所以他对带有神秘主义色彩的《周易》避之不谈是可以理解的。这或许也可以从新的《周易》出土文献中找到答案，从长沙马王堆汉墓帛书《周易》之《要》篇所记孔子对《易》的评价，应该可以看到《周易》的核心精神在于发扬德义。① 吕坤虽然没有专门易学著作诠解《易》理，但在其论著中时常可见他对《周易》之文辞的引用及对《周易》之经义，特别是有关德义、伦理等内容的阐发。从这些文论中发掘吕坤易学思想的价值与意义，或许将对今人重新认识、研究吕坤提供一种新的诠释视角和学术方向。

二、"《易》之有百家"

吕坤虽没有研易专著存世，但基于中国古代的教育模式和其儒家士大夫的身份，他对《周易》一书应该是熟识的。既然如此，那么他也就不能回避一些易学的基本问题，必然要予以回应。② 吕坤撰有《易广序》一文，这不仅是其传世文献中直接以"易"为题的文论，也可以作为今人理解阐释其易学思想的纲领和门径。

如何认识易学文献及其思想地位，一直是儒家学者论辩的重要问题，也可谓易学史上的一大公案。《易广序》开篇便称：

> 道非圣人所得专也，圣人亦未尝专道。亘古今，盈六合，瓦砾厕牏间，何莫非道？卦六十四，爻三百八十四，圣人特偶见《河》《图》而推极之耳！万物皆有象以显道，不必《图》；万物皆可指以尽道，不

---

① "《易》，我后亓（其）祝卜矣！我观亓（其）德义耳也。……吾与史巫同涂而殊归者也。"参见裘锡圭主编《长沙马王堆汉墓简帛集成》（叁），中华书局2014年版，第118页。

② 易学基本问题包括《周易》名称含义、著者为何人、何时成书等问题，古人关于此类问题的汇编和回答可参见（唐）孔颖达主持编纂《周易正义》"卷首八论"，今人著作参见朱伯崑《周易基础教程》《周易知识通览》等。

必卦与爻也。①

　　"道"在中国古代，作为思想层面的最高范畴始终是一种形而上的存在，而圣人则是将这种形而上的存在依据经文进行形而下转化的媒介。关于"何为圣"的问题，古人有着广泛的论述，《尚书·洪范》篇载"睿作圣"，孔安国传曰："于事无不通谓之圣。"②《庄子·天下》篇云："以天为宗，以德为本，以道为门，兆于变化，谓之圣人。"③东汉《白虎通·圣人引辨名记》释曰："五人曰茂，十人曰选，百人曰俊，千人曰英，倍英曰贤，万人曰杰，万杰曰圣。"④可见，先秦及秦汉时期对圣人的理解含义十分丰富，一般有事神义、道德人格义、智慧聪明义，往往被视为政治理想的化身。相较而言，宋明时期的学者对圣人的理解少了些许宗教色彩，认为圣人也并非是不可怀疑的权威领袖。吕坤提出"道"不是圣人专有的，圣人也从未曾把持对道的解释权，这不仅是他疑经思想的体现，更是他对其所处时代思想趋于禁锢的直接批判。吕坤说古今六合、瓦砾厕牏间，都有道的存在，这很容易让人联想到《庄子·知北游》中所记："东郭子问于庄子曰：'所谓道，恶乎在？'庄子曰：'无所不在。'东郭子曰：'期而后可。'庄子曰：'在蝼蚁。'曰：'何其下邪？'曰：'在梯稗。'曰：'何其愈下邪？'曰：'在瓦劈。'曰：'何其愈甚邪？'曰：'在屎溺。'"⑤庄子的回答坚持了万物齐一的原则，从而将形而上的道落实到具体事物之中，便消弭了老子所谈道的神秘性。

　　在吕坤看来，《周易》的六十四个卦象和三百八十四个爻象，是圣人通

---

①　（明）吕坤撰，王国轩、王秀梅整理：《序跋·易广序》，《去伪斋集》卷3，《吕坤全集》，中华书局2008年版，第82页。

②　（汉）孔安国传，（唐）孔颖达等正义：《洪范第六》，《尚书正义》卷12，（清）阮元校刻《十三经注疏》，台湾艺文印书馆2001年影印本，第170页。

③　（清）王先谦撰，沈啸寰点校：《天下第三十三》，《庄子集解》卷8，中华书局2012年版，第344页。

④　（清）陈立撰，吴则虞点校：《圣人》，《白虎通疏证》卷7，中华书局1994年版，第334—335页。

⑤　（清）王先谦撰，沈啸寰点校：《知北游第二十二》，《庄子集解》卷6，中华书局2012年版，第231页。

过《河图》《洛书》推演出来的，如果再结合前面所说，道是无处不在的，万事万物都是道的具体表现，都可以体现道的功用，把握住这一点便不再需要《河》《洛》及卦、爻。应该说，吕坤这种"得意忘象"的主张实则继承了王弼解《易》的思想主旨。

关于作《易》者为谁？及如何看待卦爻的象征意义所具有的普遍性问题，吕坤指出：

> 夫龙马出《图》，天地之一见也。则为之卦，伏羲之一见也。卦之为吉凶，文王之一见也。爻之指事，周公之一见也。在天地为偶然呈象，不足以尽造物之秘；在四圣为因象见道，不足以尽万物之理。而谓《图》外无象数，则《洛》书赘书也；《易》外无道，则经史赘谈也。假设群千古之圣人同日而试之《易》，其卦之吉凶，爻之事物，岂能尽同邪？此无他，理一而象数万也。卦与爻，所谓万者也，恶能同？又恶可以是限道也，而无容赞一辞哉！《易》固有之，其曰："引而伸之，触类而长之。"用知夫《易》之有百家也，圣人之流派也，非圣人之所禁也。①

《周易》经典是怎样形成的？针对这一问题，班固在《汉书·艺文志》中曾提出"易道深矣，人更三圣，世历三古"②的说法。作为清初期系统总结中国古代思想的集大成者，王船山提出了"四圣一揆"③的观点，即《周易》的形成经历了"伏羲—周文王—周公—孔子"这样一个传承和完善的谱系。在此之前，宋儒为了解决华夷之辨在现实政治中的尴尬困境，便将"孔颜乐

---

① （明）吕坤撰，王国轩、王秀梅整理：《序跋·易广序》，《去伪斋集》卷3，《吕坤全集》，中华书局2008年版，第83页。

② （汉）班固撰，（唐）颜师古注：《艺文志第十》，《汉书》卷30，中华书局1962年版，第1704页。

③ （明）王夫之撰：《周易内传发例·二十五》，《周易内传》，《船山全书》第1册，岳麓书社2011年版，第683页。

处"提升至很高的道德价值地位，而孔子晚年对《易》的称赞也令他们专注从《易传》探讨的性命道德内容当中寻求生命的出路，因此对《易》的研究便成为宋儒乃至程朱理学的重要功课。吕坤认为，龙马、河图的产生展现了天地自然的无穷奥秘，伏羲因象制卦表现了人类匠心独具的非凡智慧，周文王通过卦象推演吉凶则蕴含了对世事运行的深邃思考，同样道理，周公将爻象与众多事物一一匹配，也是依据爻象的性质所做的发挥和衍生。但是，事物之繁多与卦爻之有限无法完全达成彼此相互对应关系，所以前贤对《易》的创作和完善也必然是一个不断持续改进的过程，并不能把《易》简单地归于某一圣人的名下。这一对《周易》经典形成问题的理解当属吕坤的创见，就其所处时代而言，确实难能可贵。

此外，对于《易》包含一切，"《易》外无道"的观点，吕坤也予以反驳，他认为这一观点间接否定了其他经书的存在意义。应该讲，吕坤所论实际上是章学诚"六经皆史"①观点的另类表达。在他看来，假如让古今圣人同时起卦测算吉凶，又如何能够保证结果全都一样。因为理虽然是同一的，事物的情况却千差万别，是不能够一概而论的，这也正体现了《周易·系辞上》所说的"引而伸之，触类而长之"②的道理。所以，学习、使用《易》的流派有百家之多，思想虽不尽相同，但他们都秉承了圣人因象喻道、借象明道的精神，这是古圣贤人所乐于见到，而非前贤所呵斥禁止的。从这段引文中不难看出，吕坤在《周易》"言—象—意"的表意模式中，更加注重"意"的作用，从而摆脱言、象的束缚，抛弃百家流派的门户之见，更加彰显出《周易》之学熔铸百家、抱独自立的气象。

虽然说对《周易》的研习、运用可以遵循得意忘象的原则，但如果完全不顾卦爻文辞的意义，则又容易流于务空蹈虚的歧途。就此，吕坤强调：

---

① （清）章学诚撰，叶瑛校注：《内篇一·易教上》，《文史通义校注》卷1，中华书局 2014 年版，第 1 页。

② （三国魏）王弼、（晋）韩康伯注，（唐）孔颖达等正义：《系辞上》，《周易正义》卷 7，（清）阮元校刻《十三经注疏》，台湾艺文印书馆 2001 年影印本，第 153—154 页。

憧憧朋从，众人浮泛之思，歧杂之虑也，不可有。思曰睿、慎思
之、九思、再思，君子穷理之思也，不可无。然至理本在"同归""一
致"之中，而求之"殊途""百虑"之内，不胜其劳，必须清静其心，
到那"何思何虑"之地，然后凝神于"精义入神""穷神知化"之天，
此乃圣思之极功。若众人以昏散一无所思之心，应万感纷沓之事，听
其自然，胡酬乱应，不须如之何，如之何，此与禅家"任心即是、动
念便乖"何异？谈道者不可不辨。①

"憧憧朋从"出自《周易》之《咸》卦（䷞），其九四爻辞曰"憧憧往来，朋
从尔思"②，意即心意不定频频往来，朋友终究顺从你的思念，但心志不坚、
思虑混杂的情绪和表现是需要戒除、克服的，否则会对穷理、修身会造成很
大的干扰。所以，要在纷繁复杂的现象中寻求至真的道理，就需要清静其
心，精义入神，穷神知化，这也是圣人宣扬的工夫，慎思、反复思考这样的
工夫不可或缺。然而，禅门宣扬的心悟到即是，动念间便可成佛，实乃误导
众人之歧途，追求真理大道的人不能不辨别清楚。在此，吕坤强调的是"慎
独"工夫的必要性，严厉地批评了佛学"任心即是、动念便乖"的错误观
点，一方面展示了他儒家本位的学术立场，另一方面则向世人说明了穷理修
身工夫的重要意义。

三、数理并重的易学方法

如前所述，吕坤对于有关《易》的基本理论和实践工夫有着自己独到
的见解。这其中不乏因循与承袭前人的因素，同时又有超迈于同时代学人
的新思考。在与孙鑛的书信答问中，吕坤就前人解《易》之得失予以如下
评说：

---

① （明）吕坤撰，王国轩、王秀梅整理：《杂著·系辞解》，《去伪斋集》卷6，《吕坤全集》，
　　中华书局2008年版，第300页。
② （三国魏）王弼、（晋）韩康伯注，（唐）孔颖达等正义：《咸》，《周易正义》卷4，（清）
　　阮元校刻《十三经注疏》，台湾艺文印书馆2001年影印本，第83页。

《易》，孔子愿假数年，弟以为毙而后已者。然于爻象，终是强从，于心不快。汉以来诸儒，惟王、郑二家，玄主象数，弼主名理，不可偏废。其余互有得失，只可取其所长，又须脱却糟粕，默契至理。大都一卦，各有所重，如夬、姤、剥、复，各以一爻为主，五爻皆宾，或贞、或悔、或互，不得各生意见。若与主卦无情，便是别卦，不得以夬、姤、剥、复名之矣。邵、项两传不曾见，宋人惟有杨诚斋恢豁爽朗，稍优程正淑。我朝孙淮海通变不拘，又大过于马伯循也。弟鄙见不能尽录，略录一、二卦及《系》中一二说，以见大意，惟兄是正之。①

孔子晚年学《易》"无大过"成为儒家弟子景从的重要理论依据，这确实表现出了一种死而后已的精神追求，如果从卦爻象的释读来说，后人的理解却大多牵强附会，并不能使众人满意。汉代以降，诸儒者解《易》的差异分别，事实上只有以郑玄为代表的象数派和以王弼为代表的义理派占据主流。一个卦象的含义大都是有所侧重的，如《夬》《姤》《剥》《复》都是只有一阳爻或一阴爻，所以会有贞、悔、忧、吝等寓意。邵雍、项安世的著作不曾见到，宋人中仅有杨万里解《易》恢宏爽朗，比二程要更加中正温和。本朝只有孙淮海、马伯循懂得变通，而且能够不拘一格。吕坤这样的评说是否公允暂且不论，但从这段论述中，不难看出他的治《易》倾向：其一，象数与义理不能偏废；其二，杨万里解《易》参证史事的方法要优于二程高谈性命的醇儒路数。

除了对易学发展史作出评述外，吕坤还就宋儒惯谈的"太极""阴阳五行""理气"等范畴表达了自己独特的见解，他说：

太极不分而为阴阳，不散而为五行，浑浑沦沦，孰得而汩焉？一

---

① （明）吕坤撰，王国轩、王秀梅整理：《答大宗伯孙月峰》，《去伪斋集》卷4，《吕坤全集》，中华书局2008年版，第152页。

　　著阴阳五行，如金在沙，如玉在石，不淘汰而斧凿之，其真不见。故
　　太极不能不散而为万物，有万物而太极漓矣，吾欲敛而还之，作《会
　　太极》。先天一粒，纯粹以精。不落气质，孰载以行。既落气质，便属
　　后天。清浊纯驳，杂糅万端。气质所生，是曰情欲。情欲气质，雄据
　　灵窟。子子一粒，奔突窜伏。张主七尺，惟此两孽。两孽横行，七尺
　　乃灭。我天安在？①

《周易·系辞上》说"《易》有太极，是生两仪"②，历代注经家大多把两仪释
做"阴阳"。吕坤认为"太极"不分裂而成为阴阳，不离散而成为五行。这
样一种浑浑沦沦的状态，谁又能去扰乱它，一旦划分成为阴阳五行，那便如
同金沙、玉石混处，不通过淘洗、雕琢，是无法见到其本来面目的。太极不
能不通过离散本真而展现为万事万物的形态，万物的出现也就代表着太极本
真的离析，因要把离散的本真聚集起来，所以他才会撰《会太极》以探讨、
理解"太极"的真正义涵。紧接着他又说，先天是纯粹精微的，这样一种状
态不掺杂现实之气质，任何事物无法使它迁移；一旦落入气质之域，则归入
后天范畴，便会清浊杂糅，自然就产生情欲。如果让情欲气质之"两孽"主
导了人的心智，那么一个人的道德良知就会丧失，作为个体的人也将无处
安身。

　　宋明儒者习惯于谈论理气心性之学，吕坤也不例外，自会受到很大的
影响。对于太极纯粹精微的本真状态，吕坤首先大加称道，然后指出太极分
化为阴阳、五行后情伪乃生。虽然太极化生万物是不得已而为之，但吕坤却
想要"敛而还之"，重新显现出大道的本来面目。应该说，将太极视作圆满
之存在、万物之根源，明显是受到朱熹理本论的影响，而"太极不能不散而

①　（明）吕坤撰，王国轩、王秀梅整理：《会太极》，《去伪斋集》卷10，《吕坤全集》，中华
　　书局2008年版，第565—566页。
②　（三国魏）王弼、（晋）韩康伯注，（唐）孔颖达等正义：《系辞上》，《周易正义》卷7，（清）
　　阮元校刻《十三经注疏》，台湾艺文印书馆2001年影印本，第156页。

为万物"则明显是张载"太虚即气"①的另类表述。况且，吕坤谈先天、后天与气质清浊之间的关系，这已经把天地之性和气质之性自觉地运用到对易学的理解方面。由此可以看出，吕坤不仅对宋明理学在易学领域关注的问题有着深刻的了解，而且还能够对情伪的产生根源问题作出一种形而上的理论说明。

关于传统哲学论辩的一个基本问题——"性善恶"的问题，吕坤试图从阴阳理论出发给予解答。他说：

> 一阴一阳，不二不杂，纯粹以精，此天地之道也。降生于人而人即承继此纯粹，不杂于气禀之阴阳，是之谓善。既得此善而凝成此纯粹之理，是之谓性，此君子之道也。孟子言性善指此。仁者得偏阳东方生长之气，只谓仁为道。智者得偏阴北方灵明之气，只谓智为道。百姓得一阴五阳、一阳五阴、二阴四阳、四阴二阳杂糅之气多，故"日用而不知"。以不知者为道，而"君子之道鲜矣"。②

可以看出，吕坤对性善恶问题的解释思路也是遵循着"一阴一阳之谓道，继之者善也，成之者性也"③的逻辑路径。而"仁者得偏阳东方生长之气，智者得偏阴北方灵明之气"这种将道德属性与方位相匹配的做法则明显是象数之学的运用。以阴阳成分的纯粹与杂驳，以及数量多少作为个人气禀和天资高低的评判依据，固然有牵强附会、主观臆断的成分，但在当时的知识信仰中，这不仅是一种天道与人道相沟通的逻辑展开，更蕴含着个人化性起伪、复性成圣的实践要求。所以，从这一方面来看，吕坤对易学理论与实践工夫

---

① （宋）张载著，章锡琛点校：《正蒙·太和篇第一》，《张载集》，中华书局 1978 年版，第 8 页。
② （明）吕坤撰，王国轩、王秀梅整理：《杂著·系辞解》，《去伪斋集》卷 6，《吕坤全集》，中华书局 2008 年版，第 299 页。
③ （三国魏）王弼、（晋）韩康伯注，（唐）孔颖达等正义：《系辞上》，《周易正义》卷 7，（清）阮元校刻《十三经注疏》，台湾艺文印书馆 2001 年影印本，第 148 页。

内在联系的认识与宋儒是基本一致的。

四、《闺范》的易学伦理观

《闺范》初撰于万历十六年（1588）吕坤任山西按察使一职时，撰成于万历十八年（1590）。吕坤自为序，述其撰作之缘起与全书之内容：

> 女训诸书，昔人备矣，然多者难悉，晦者难明，杂者无所别白，淡无味者不能令人感惕，闺人无所持循以为诵习。余读而病之，乃拟《列女传》，辑先哲嘉言，诸贤善行，绘之图像。其奇文奥义，则间为音释。又于每类之前各题大旨，每传之后各赞数言，以示激劝。①

全书共分 4 卷。首卷述"嘉言"辑自六经及《女诫》《女训》等书，并详细地加以解说。后 3 卷类列"善行"，计女子、夫妇为 1 卷，妇人为 1 卷，母道以及姊妹、姒娣、姑嫂、嫡妾、婢子之道等共 1 卷。每一卷内，根据需要又细加分类。例如，"女子"中分孝女、烈女、贞女廉女、贤明之女、诗女 6 类。"妇人"中分为兼德、孝妇、死节、守节、贤妇、守礼、明达、文学之妇 8 类。"母道"中分有礼母、正母、仁母、公母、廉母、严母、智母、慈继母、慈乳母 9 类等。其中，首卷可视为全书的理论部分，后 3 卷共收人物计 151 人，构成了全书的主体部分。《闺范》虽然以通俗的语言宣扬封建伦理对女子道德规范的要求，但是也体现了一些维护妇女权益的思想，在明清两代社会中广泛流传，"弱侯以使事至，吕所序刊行"②，焦竑时任翰林院修撰，他在出使山西时得见此书，并为之作序，此书影响可见一斑。

在《闺范》中，吕坤虽认为女性在为人女、为人妇、为人母等方面应当遵守道德规范，在今人看来，其所传达的思想带有那一时代的印记，与

---

① （明）吕坤撰，王国轩、王秀梅整理：《闺范序》，《吕坤全集》，中华书局 2008 年版，第 1409 页。

② （明）朱国祯撰，王根林校点："己丑馆选"条，《涌幢小品》卷 10，上海古籍出版社 2012 年版，第 182 页。

《女训》等书并无本质不同，但实际上是在强调良好的女德教育对于家庭整体家风的重要影响，以及怎样的夫妇之道才是值得称道并对社会国家安定有所裨益。他说："近来世道人心陷溺已极……推其原故，皆由家庭失教，并不知因果报应之所致。"① 吕坤将人心陷溺的根源归咎于家庭失教，这是否准确值得商榷，但他看到了良好的家庭教育对国家安定所起到的积极意义，无疑是正确的。《中庸》说："君子之道，造端乎夫妇；及其至也，察乎天地。"②君子之道作为古人修身、齐家、治国、平天下的道德根基和人生理想，是从最根本的家庭关系——夫妇之道肇始的，此一德行扩充到极致，则可以洞悉天地奥秘。这种认识确实带有一定的理想主义和神秘主义的色彩，但如果联系到古人对"夫妇—男女—阴阳"等物象和属性的关联方式，通过把夫妇之道扩充到极致则完全有察乎天地的可能，或许可以说，这是传统意义上的"一阴一阳之谓道"的另类表达。

我们知道，《周易》的婚姻家庭伦理思想是相当丰富，也是较为深刻的。《序卦传》说："有天地然后有万物，有万物然后有男女，有男女然后有夫妇，有夫妇然后有父子，有父子然后有君臣，有君臣然后有上下，有上下然后礼义有所错。"③《系辞下》说："天地絪缊，万物化醇。男女构精，万物化生。"④ 在《易传》看来，天地为万物之本，夫妇为人伦之始。宇宙的自然秩序是由阴阳之分与阴阳之和共同建构起来的。"天地""男女"指阴阳之分，"絪缊""构精"指阴阳之和。正是由于这两方面的结合，自然界呈现出一种秩序井然而又生生不息的运动过程。人类社会的各种人际关系都是由夫妇关系派生演化而来的。为了人际关系的可控与稳定，虽人为创设了一套伦理规

---

① （明）吕坤撰，王国轩、王秀梅整理：《释印光石印闺范缘起序》，《吕坤全集》附录二，中华书局 2008 年版，第 1715 页。

② （汉）郑玄注，（唐）孔颖达等正义：《中庸第三十一》，《礼记正义》卷 52，（清）阮元校刻《十三经注疏》，台湾艺文印书馆 2001 年影印本，第 882 页。

③ （三国魏）王弼、（晋）韩康伯注，（唐）孔颖达等正义：《序卦》，《周易正义》卷 9，（清）阮元校刻《十三经注疏》，台湾艺文印书馆 2001 年影印本，第 187—188 页。

④ （三国魏）王弼、（晋）韩康伯注，（唐）孔颖达等正义：《系辞下》，《周易正义》卷 8，（清）阮元校刻《十三经注疏》，台湾艺文印书馆 2001 年影印本，第 171 页。

范，却是效法天地，以宇宙自然秩序作为自己存在的坚实基础。《周易》有《家人》一卦来探讨家庭问题，对于家庭内部成员之间的伦理关系也有着特殊的规定。

既然家庭伦理对社会的安定有序乃至治国安邦具有如此重要的作用，夫妇之道又是家庭伦理中至为关键的枢纽，那么怎样的夫妇之道才值得肯定并能够广泛流传？对于这一问题，吕坤通过在《闺范》卷2中引用《家人》卦的象辞来诠解何为夫妇之道的典范，并对此作出了回答。他说：

> 《易》之《家人》曰："夫夫。妇妇，而家道正。"夫义妇顺，家之福也。故择夫妇之贤者，以示训焉。使知刑于之化，不独责之丈夫，而同心协德，内助亦有力焉，得九人。①

《周易》之《家人》卦（☲），《象》曰："父父、子子、兄兄、弟弟、夫夫、妇妇，而家道正。正家，而天下定矣。"②受《周易》及易学的影响，吕坤认为父、子、兄、弟、夫、妇，各尽其责，这样家道就能端正，家道端正，天下就能安定。而且，"刑于之化"将恩与威、严与宽、爱与敬很好地统一起来，这也符合各尽其伦、各尽其职的"天地之大义"。上述认识也在一定程度上体现出吕坤的家国天下、一体同构的思想。毕竟，儒家一贯主张家齐而后国治，国治而后天下平，家庭伦理是社会伦理和政治伦理的重要基础。在吕坤看来，为夫者恩义待妻，为妻者对夫顺从，实为家庭之福。为此，他"得九人"，列举了九对模范夫妻，分别是鲁黔娄妻、柳下谥惠、楚于陵妻、郤缺如宾、梁孟夫妻、王章夫妻、王霸夫妻、鲍桓夫妻、吕范夫妻。③吕坤

---

① （明）吕坤撰，王国轩、王秀梅整理：《善行·夫妇之道》，《闺范》卷2，《吕坤全集》，中华书局2008年版，第1467页。

② （三国魏）王弼、（晋）韩康伯注，（唐）孔颖达等正义：《家人·象》，《周易正义》卷4，（清）阮元校刻《十三经注疏》，台湾艺文印书馆2001年影印本，第89页。

③ （明）吕坤撰，王国轩、王秀梅整理：《善行·夫妇之道》，《闺范》卷2，《吕坤全集》，中华书局2008年版，第1468页。

借此想要表达的是，如何选择夫妇贤德的典范，目的无非是作为训示之用，使世人知道夫妇和睦要以礼法对待，不仅是丈夫的责任，也是双方同心同德的结果，女性应当起到助力的作用。

吕坤心目中理想的夫妻之道是"夫义妇顺"式的家庭关系。"夫义妇顺"在家庭殷实的环境中不难实现，而身处家境困顿中的夫妻又当如何？吕坤以汉朝的鲍桓夫妻为例对此作了充分的说明。鲍宣娶桓少君为妻，鲍宣曾跟少君的父亲求学，其父赏识鲍宣便将女儿嫁给他，并陪嫁丰厚的钱财。鲍宣以自己出身贫贱为由加以拒绝，其新婚妻子说："大人以先生修德守约，故使妾侍执巾栉。既承奉君子，惟命是从。"[1] 桓氏于是归还父亲赠予的锦衣华服，而穿着粗布衣裳和鲍宣乘车回家，她的行为受到乡人邻里的称赞。在吕坤看来，鲍桓夫妻的事迹无疑是"夫义妇顺"的典范，但是，我们更应该关注的是吕坤所重视的桓少君行为背后的思想依据。

《周易》一书还有专门表现婚恋、女德内容的卦，如《渐》《归妹》《咸》《恒》等卦，还有一些卦爻辞散见于它卦。吕坤在《闺范》一书中就设有一节，以《易经》为题，将《周易》中有关婚恋、女德的卦爻辞几乎全部搜集到一起，以此追溯古代女子嘉言懿行的思想根源。其中，反映出的主要思想倾向一般为婚姻要慎重，要符合礼制，符合伦理；女子要守正、守妇道；男女之间要两情相悦、真诚相待，要保持恒久不变之心等等。这些观点除了"女以男为家"[2]，要求女子守妇道，对男性没有要求而对女性抱有一定的偏见之外，其余类似"妇人顺位，而一家无事"[3]，给予妇女应有的家庭地位，女子应保持良好的品德等内容，这在当时还是具有积极意义的。

在阐释《周易》之《归妹》卦时，他说：

---

① （明）吕坤撰，王国轩、王秀梅整理：《善行·夫妇之道·鲍桓夫妻》，《闺范》卷2，《吕坤全集》，中华书局2008年版，第1491页。

② （明）吕坤撰，王国轩、王秀梅整理：《嘉言·易经》，《闺范》卷1，《吕坤全集》，中华书局2008年版，第1419页。

③ （明）吕坤撰，王国轩、王秀梅整理：《嘉言·易经》，《闺范》卷1，《吕坤全集》，中华书局2008年版，第1419页。

归妹，兑下震上。

归妹，征凶，无攸利。

归妹，女之终，妇之始也。君子以理御情，虽和乐而不失恭敬，虽亲爱而不损威仪。今兑以少女适人，有喜悦心，无贞静态。震以长男娶少，有动荡之意，无庄雅之容。以此相与，所谓欲动情胜，既不可以正家，又不可以终好，无往不凶矣，何利之有？

六五，帝乙归妹，其君之袂，不如其娣之袂良，月几望，吉。

六五以阴居尊，有帝妹之象。应九二之阳，有下嫁之象。帝妹下嫁，富贵骄人，何饰不盛？今观其衣袂，淡妆雅束，殊无灿烂之华，不似帝王之女，反不如娣之袂之良焉。即此崇真尚朴，可知清德素心，天下之贤女矣。然恐其有初鲜终也，故勉之曰："月几望，吉。"盖爱之至而望之深也。①

《归妹》卦（䷥），从卦象来看，上震，为长男，下兑，为少女，女上承男、欣悦而动，为少女出嫁之象。其卦辞曰："征凶，无攸利。"② 意即要是行为不当往前进发必有凶险，无所利益。在吕坤看来，此卦九二和六五爻居位不当，爻象寓意凶险，但他并未完全以象数解卦，而是认为少女"有喜悦心，无贞静态"，这样的妇人不可以端正家道，做什么都难逃凶厄。对《归妹》卦六五爻辞所显示出的吉利征兆，吕坤解释道：六五爻虽然阴居阳位，但有帝王姊妹之象，下应九二阳爻，有下嫁的征兆。帝王之妹下嫁原本该是富贵逼人的场面和阵势，但观察她的衣袖却是淡妆素雅，没有奢华之气，还不如侧室的服饰华丽。崇尚简朴理应是天下贤德女子的典范，但又害怕她不能贯彻始终，所以借用月亮接近圆满而不过盈亏，这一吉祥的征兆来勉励她。吕坤如此解卦，一方面可以了解到他受易学影响的婚姻伦理观念，另一方面也

① （明）吕坤撰，王国轩、王秀梅整理：《嘉言·易经》，《闺范》卷1，《吕坤全集》，中华书局2008年版，第1420—1421页。

② （三国魏）王弼、（晋）韩康伯注，（唐）孔颖达等正义：《归妹》，《周易正义》卷5，（清）阮元校刻《十三经注疏》，台湾艺文印书馆2001年影印本，第118页。

可以看出他解《易》虽主要立足于人事，宗主德义，但也不排斥象数的易学风格。

五、《实政录》的易学底蕴

《实政录》是吕坤在山西从政时期的著作汇编，主要由吕坤在提刑、按察使任内所著《风宪约》《刑狱》，以及在督抚任内所作《明职》《民务》《乡甲约》《安民实务》《督抚约》等组成。《实政录》的结构编排可以从明中叶经世名臣丘濬的《大学衍义补》中找到沿袭的线索。与《大学衍义补》相比，《实政录》更具体地细化了经世举措的实施方案，"从两书包含的知识线索来看，它们先后相承，代表了经世思想系统的延续"[①]。其中《明职》《民务》诸篇，对如何深化改革，吕坤提出了诸多具有创发意义的具体措施，他将自己为政追求实效、崇真尚实的特点和准则概括为"罢一切虚文，省一切靡费，绝一切馈遗，戒一切奔走。无废法以市恩，无徇情以避怨，无借安静名以养极敝之祸，无生喜事心以开难塞之衅"[②]。如果将以上文辞置于吕坤的整个施政生涯来看，他与沈鲤、郭正域并称万历年间天下"三大贤"则是当之无愧的。

吕坤所处的时代，正是朱明王朝由盛转衰的重要转折点。政治上，君主专制权威的加强导致重大政务皆裁决于皇帝，但自小养于深宫的嘉靖、隆庆、万历三帝不知民间疾苦，主要依靠票拟和批红来维持皇帝与朝臣的日常政务联系，为日后的政令不畅和党争埋下了隐患。万历年间，社会时局动荡，农村骚动和农民起义时有发生[③]，"民心如实炮，捻一点而烈焰震天；国势如溃瓜，手一动而流液满地"[④]。有鉴于此，吕坤在万历二十五年四月初，

---

① 谢扬：《治政与事君——吕坤〈实政录〉及其经世思想研究》，生活·读书·新知三联书店 2011 年版，第 303 页。

② （明）吕坤撰，王国轩、王秀梅整理：《书启·寄巡抚李养愚》，《去伪斋集》卷 5，《吕坤全集》，中华书局 2008 年版，第 206 页。

③ 参见马涛《吕坤评传》，南京大学出版社 2011 年版，第 42 页。

④ （明）吕坤撰，王国轩、王秀梅整理：《书启·答孙月峰》，《去伪斋集》卷 5，《吕坤全集》，中华书局 2008 年版，第 215 页。

上《忧危疏》直陈天下安危:

> 窃见元旦以来,天气昏黄,日光黯淡,占者以为乱徵。今天下之
> 势,乱象已形,而乱势未动。天下之人,乱心已萌,而乱人未倡。今
> 日之政,皆播乱机使之动,助乱人使之倡者也。臣敢以救时要务,为
> 陛下陈之。自古幸乱之民有四。……陛下约己爱人,损上益下,则四民
> 皆赤子,否则悉为寇仇。[1]

从这份奏疏中,可以窥见吕坤作为传统的儒家士大夫,他的政论叙事风格和
家国责任担当。自先秦以降,儒生惯于将天象与人事相比附,董仲舒是这类
理论的突出代表,吕坤亦不例外。吕坤并未直陈君王为政之失,而是借天象
和占者之语来规劝君王应该主动反省自身为政的得失。这种奏对方式,一方
面借天谴加强了自身观点的合理性,另一方面也尽可能避免了臣下与君主的
直接冲突。他说"天下之势,乱象已形,而乱势未动。天下之人,乱心已
萌,而乱人未倡",这实际上是深谙时弊的真知灼见,为此他不惜冒险进言
劝万历皇帝"约己爱人,损上益上"。

　　也正因这份《忧危疏》,吕坤遭到弹劾,但他不辩一言,"引疾乞休"
后"中旨许之",结束了他 20 余年的仕宦生涯。之后,吕坤回乡专心著书
立说,终于成为一代大儒。值得关注的是,在这份奏疏中,吕坤以时局之
危急,劝谏万历皇帝应当"约己爱人,损上益下"。"损上益下"语出《周
易·益·彖》,"益,损上益下,民说无疆。自上下下,其道大光"[2]。意思是
灭损于上、增益于下,这样民众就欣悦不可限量;从上方施利于下,这种道
义必能大放光芒。《周易·益·象》曰:"风雷,益。君子以见善则迁,有过

---

① (清)张廷玉等撰:《列传第一百十四·吕坤》,《明史》卷 226,中华书局 1974 年版,第
　　5937—5938 页。另《忧危疏》原文见《奏疏·忧危疏》,《去伪斋集》卷 1,《吕坤全集》,
　　中华书局 2008 年版,第 7—20 页。
② (三国魏)王弼、(晋)韩康伯注,(唐)孔颖达等正义:《益·彖》,《周易正义》卷 4,(清)
　　阮元校刻《十三经注疏》,台湾艺文印书馆 2001 年影印本,第 96 页。

则改。"从风雷相益之象，着眼于修身之道，推阐迁善改过的义理。吕坤以"损上益下"作为君王应有的为政准则，实际上是在变相地进谏万历帝正确地理解"为君之道"①，他认为如果君主能够时时地省察自身并约束自己的行为，常怀关爱民众的念头，那么天下百姓都会对君王爱戴、对朝廷忠诚，反之，则君王与百姓的关系便会如同仇敌一般。显而易见，吕坤主张的关于君民关系的相处之道，在一定程度上是和《周易》及易学思想对他的影响分不开的。

《忧危疏》所言的乱征预示着明朝已日暮穷途，这固然首先要万历皇帝负起责任。清人修撰的《明史·神宗本纪》说："故论考谓明之亡，实亡于神宗。"②清高宗乾隆帝所作《明长陵神功圣德碑》中则说得更为透彻：

> 明之亡非亡于流寇，而亡于神宗之荒唐，及天启时阉宦之专横，大臣志在禄位金钱，百官专务钻营阿谀。思宗即位，逆阉虽诛，天下之势，已如河决不可复塞，鱼烂不可复收矣。而又苛察太甚，人怀自免之心。小民疾苦而无告，故相聚为盗，闯贼乘之，而明社遂屋。呜呼！有天下者，可不知所戒惧哉？③

万历帝在位48年，其在位的前十年由张居正主持变法，社会经济得以持续发展，对外军事也接连获胜，朝廷呈现中兴气象，史称万历中兴。但是，这样一位原本可以有所作为的君王，亲政后却不常视朝、大事营建、挥霍无度，万历二十四年起，派遣宦官到各地任矿监、税监，搜括无厌，不断地激

---

① 关于《周易》文本中的"为君为臣之道"思想，可参见孙亚丽《〈周易〉为君为臣之道研究》，中国社会科学出版社2018年版。该书从《乾》《中孚》《大畜》《临》《观》《震》《丰》《革》《鼎》诸卦爻考论《周易》为君之道，从《坤》《离》《随》《小畜》《节》《小过》《艮》《遁》诸卦爻考论《周易》为臣之道，可资借鉴。

② （清）张廷玉等撰：《本纪第二十一·神宗二》，《明史》卷21，中华书局1974年版，第295页。

③ 十三陵特区明代帝陵研究会编：《明长陵神功圣德碑清代刻文》，北京燕山出版社2011年版，第32页。

起民众的反抗。确实如乾隆帝所言，"明亡于神宗之荒唐，及天启时阉宦之专横"。然而，不能否认，"大臣志在禄位金钱，百官专务钻营阿谀"也加速了明朝的灭亡。

那么，为君之道需要"损上益下"，为臣、为官之道又当如何？吕坤首先指出，当时众多为官者"昏昏若卧穴之狼，泄泄如处堂之燕，不求济事，止是扰民"①。在他们未获官位前满口忠君爱国，一旦身居庙堂，"如何为官，此心遂纵，志得意骄，惟知尊重。旌旗鼓吹，数里扬尘，奔走百司，饥困千人。筵设庭陈，绮靡丰洁，但恨弗精，宁怜膏血。心不念民，口不谈政，养交市恩，论资计俸。饥者汝饥，寒者汝寒，尔自尔民，我自我官"②。这是吕坤对当时官场懒政和乱政现象的直接批判。仅以刑狱为例，他说：

> 至于牢头狱霸，行暴殴人，当衣夺食，放钱卖饭。或囚饭入门而本囚未得入口，或囚粮到狱而本囚不得沾恩。秽污不肯扫除，疾病不报调理。忍寒受热，叫号不彻于公堂；抱屈含冤，心事难白于官府。女监纵吏卒奸淫，轻犯将重枷凌虐。如此作官，必有天祸。③

此段记载，一方面揭露了当时狱治的黑暗，另一方面也是欲以此为反面教材，警醒、规劝为政者需为官清廉、为民着想。在很大程度上来说，吕坤这一思想的直接来源即是《周易》之《艮》卦。《周易·艮·象》曰："兼山，艮；君子以思不出其位。"④《艮》的卦象为䷳，为两个经卦《艮》重叠而成，《艮》的象征物为"山"，有"停止"义。两山重叠，象征"抑止"，君子见

---

① （明）吕坤撰，王国轩、王秀梅整理：《奏疏·摘陈边计民艰疏》，《去伪斋集》卷1，《吕坤全集》，中华书局2008年版，第33页。

② （明）吕坤撰，王国轩、王秀梅整理：《杂著·公署箴》，《去伪斋集》卷7，《吕坤全集》，中华书局2008年版，第405—406页。

③ （明）吕坤撰，王国轩、王秀梅整理：《明职·司狱官之职》，《实政录》卷1，《吕坤全集》，中华书局2008年版，第911页。

④ （三国魏）王弼、（晋）韩康伯注，（唐）孔颖达等正义：《艮·象》，《周易正义》卷5，（清）阮元校刻《十三经注疏》，台湾艺文印书馆2001年影印本，第116页。

此卦象而自我抑止内心邪欲，所思所虑便不会超出本位，实际上是告诫当朝的为臣者和为官者，应该谨守本分、各司其职，做到在其位谋其政。

在吕坤看来，设置官吏的初衷是为了更好地管理民众，从而实现天下政治的和谐有序，但随着官员权力和欲望的扩大，官吏往往变成了压迫、蚕食百姓的民贼。因此，他说："不知先王以刑弼教，非以刑为教也。嗟夫！道之以政，而后齐之以刑，犹为末务。矧一言不教，而惟五刑是加，岂朝廷设官之本意哉？"① 因为以德治国、行仁政是儒家的政治主张，德主刑辅则是儒家传统的治国方法，所以对百姓的教化要采取道德教育，而非刑法威吓，这样才能出现孔子所说"道之以政，齐之以刑，民免而无耻。道之以德，齐之以礼，有耻且格"② 的社会局面。

其实，吕坤上述所论也可以从《周易》之《兑》卦和《周易》之《序卦》中找到思想根源。《周易·兑·彖》曰："兑，说也。刚中而柔外，说以利贞，是以顺乎天，而应乎人。说以先民，民忘其劳。说以犯难，民忘其死。兑之大，民劝矣哉！"③ "兑"的意思是欢欣，譬如阳刚居中心怀诚信而柔和处外逊顺接物，就能导致物情欣悦并利于守持正固，正确的"欢欣"既顺乎天的道理而又应合人情。君子大人欣悦于身先百姓不辞劳苦，百姓也必然能任劳忘苦；欣悦于趋赴危难不避艰险，百姓也必然能舍生忘死。假如君王能做到"损上益下"，官员施政都能做到"顺乎天而应乎人。说以先民，说以犯难"，这样自然能实现"民说无疆""民劝矣哉"，国家便能长治久安。而且，《周易·序卦》也说："兑者，说也。说而后散之，故受之以《涣》。"④ 心中欣悦而后能推散其所悦，所以接着是象征"涣散"的《涣》卦。《涣》

---

① （明）吕坤撰，王国轩、王秀梅整理：《乡甲约》，《实政录》卷5，《吕坤全集》，中华书局 2008 年版，第 1061—1062 页。

② （清）刘宝楠撰，高流水点校：《为政第二》，《论语正义》卷2，中华书局 1990 年版，第 41 页。

③ （三国魏）王弼、（晋）韩康伯注，（唐）孔颖达等正义：《兑·彖》，《周易正义》卷6，（清）阮元校刻《十三经注疏》，台湾艺文印书馆 2001 年影印本，第 130 页。

④ （三国魏）王弼、（晋）韩康伯注，（唐）孔颖达等正义：《序卦传》，《周易正义》卷9，（清）阮元校刻《十三经注疏》，台湾艺文印书馆 2001 年影印本，第 188 页。

卦卦辞曰:"涣:亨。王假有庙。利涉大川。利贞。"① 《周易·序卦》所言意在强调,因坚守《兑》卦的美德而感召神灵得到庇祐保有宗庙祭祀,不仅有利于涉越大河巨流,还有助于守持正固,无疑是万国宾服的征兆。由此可见,吕坤的治国实政思想中确实蕴含着较为丰富的易学思想,不仅具有重要的学术意义,同时也包含着深刻的现实启迪。

---

① (三国魏)王弼、(晋)韩康伯注,(唐)孔颖达等正义:《涣》,《周易正义》卷6,(清)阮元校刻《十三经注疏》,台湾艺文印书馆 2001 年影印本,第 131 页。

第四章　易学思想与三教融合

第一节　管志道易学思想

　　管志道（1536—1608），字登之，号东溟，在色彩斑斓的晚明思想界是一位极为特殊、极为重要的人物。宋明时期理学的萌芽、生成、演变与佛道二教，特别是佛教有着不解之缘，儒、释、道三教交融始终是中国自唐宋以来思想史衍变与创生的主要动力。[①] 至明代中后期，三教互动过程中产生的

[①] 在展开本章讨论之前，有必要先介绍关于儒、释、道三家关系的两种主要观点。有学者认为，谈及中国思想文化史的儒、释、道三者之间的关系，一般认为儒、释、道三教中的任何一个，摄取其他二教的教义，以编入自家的理论体系，称为三教调和思想、三教一致、三教合一、三教融合等，以此来描述自北宋初期以来的中国宗教界、思想界的发展大势。但是，近些年来，有关三教关系的上述说法越来越受到中外学界的质疑，理由无非是儒、释、道三家的思想形态各不相同，迥异其趣，或因时代而有差异，不能笼统地称之为三教调和。参见［日］窪德忠《金代的新道教与佛教——从三教调和思想来看》，载刘俊文主编，黄约瑟等译《日本学者研究中国史论著选译》第7卷，中华书局1993年版，第478页。也有学者认为，"三教合一"未必足以安立三方，便采用了"三教会通"的说法，理由是，"不认同三教势同水火，亦未必先假定其高下优劣，而力求彼此间之相互了解，相互补充、相互融会、相互增益；同时又不随意以为三教同源、同旨或一致，概念间可由表面相似性径作等同或并论。由此立场所展开与他教间之深刻对话，既能外于自身以亲近他者，又能回归自身以自持其学。此迂回往返，轨迹叠复，乃所以成其会通"。参见徐圣心《青天无处不同霞——明末清初三教会通管窥》（增订版），台湾大学出版中心2016年版，第5—6页。忽视三教彼此迥异的立场，很容易导致泛泛而论，上述两种观点确实具有一定的代表性，反映出中国哲学史及思想史研究领域中较为细致与慎重的一面，对于深入思考和衡定三教之间的关系具有很大的启发意义。本章及其他章节在讨论或评价明中后期弥漫当时社会上的儒、释、道三教之间互动交融这一特定的

多样化思想形态不断融贯汇流，最终达到了顶峰。管志道的易学思想立足于儒、释、道三教碰撞与融合的视野，以"乾元统天"和"群龙无首"为关键枢纽，融摄了不同样态的思想资源，关联了三教关系的评判、理学流弊的反思、礼教秩序的重建、经世和出世的调适等问题，多方面地反映了晚明思想文化领域的风貌，具有鲜明的时代特色。自清代以后，作为明清学术思想研究本应值得关注的学人，管志道却不断地被赋予"狂禅""异端"的形象，日渐边缘化，直至20世纪中后期才逐渐受到学界的重视。

一、《周易六龙解》之撰写

万历二十年（1592），管志道在赴任湖广按察司佥事途中，以非边材及母老病为由，两度乞归。"壬辰夏，从采石再发乞休疏，至江西湖口县泊舟待命，驻足邮亭"，"于时身心闲寂，忽动训《易》之思，先草《六龙解》，次乃会通乾坤、彖、象、文言，次及六子，又次及屯、蒙以后反对诸卦……至蛊之上九而停笔"，"时值中秋，见银汉间云物结戎龙象，头足宛然，移时不散，旋复结戎魅象，亦久不散。庭中异香扑鼻。二客异之，以为此解当传人世"。[①] 通过上述资料可以看出，管志道从《乾》卦开始，再拓展至其他诸卦，意欲对《周易》义理做一系统而全面的研究。遗憾的是，当时管志道解《易》曾被寄予厚望，但他并没有完成全部创作。现通行本《周易六龙解》，也作《易测六龙解》，仅有诠解《乾》卦之《六龙解》刊刻流通。

《周易六龙解》以"群龙无首"统摄全卦，分论《乾》卦六爻，依次诠解"解潜龙""解见龙""解惕龙""解跃龙""解飞龙""解亢龙"，最后以"统论六龙"来收束全篇。《周易六龙解》"发明乾元用九之奥义"[②]，每爻义理均

文化现象时，并没有固定采用上述某一说法，或是直接使用"三教会通"的表达。只不过更应该注意的是，关注这一特定的文化现象，对儒、释、道三教之间关系的梳理、分析一定要依据历史文献，要与时代和社会的思潮紧密地结合起来，这样才有可能得出较为合理的认识和结论。

① 魏佩伶：《管志道年谱》，台湾台南大学2010年硕士论文，第83页。
② （清）钱谦益著，（清）钱曾笺注，钱仲联标校：《行状三·朝列大夫管公行状》，《牧斋初学集》（中）卷49，《钱牧斋全集》第2册，上海古籍出版社2003年版，第1259页。

借重要的历史人物加以发挥，具有较为深奥的思想义涵，"是书实即综述乾卦耳，发挥经义，不乏可取者"①。管志道自述其书主旨，"为姚江泰州之遗脉，执见龙为家舍，而不知有潜、惕二龙者发也"②。之所以如此，是因为当时姚安泰州学派在《乾》卦六龙之中特别推崇、标榜九二"见龙"，欲以庶人讲学明明德于天下。③管志道《周易六龙解》全篇则主要发挥"潜龙""惕龙"深妙之义理，直指当下时世，期以改变"天则不见，龙德隐而世变日下"④的社会现实，可以说是对姚安泰州阳明后学一派直接有力的回应，时代关怀与批判流弊的意味尤为明显而强烈。

对于管志道立志著述以后的第一部易学阐释之作，其师友评价极高。曾健斋为此书作序，甘士价、曹胤儒则题有跋文。董其昌更是倾囊相助，出资刊刻并作《刻六龙解题词》，赞叹这部易著："先生尔时秉直蒙忌，进退维谷，意尚有所谓劳落孤愤者，而横口所之绝无衡气，唯觉忧时诚世之微旨。"⑤管志道治学受教于耿天台，但为学的精博程度却后来居上，对于其弟子的释《易》力作，耿天台欣然题词：

> 是编弘纲要旨，大都深获我心。其中精思卓识，多发我所未发，且多发我欲发而未能者。若见、惕二龙解，尤为精绝。赏心爱录之，篋头书之庭屏，以代箴铭，衷谓尼父可作此编，当亦三绝也。惟天若假我以年，不苦以病，吴门虽遥，亦当彻比席，负笈以往，受《易》卒业。管子负世俊才，而所遭多连遭，诸所诠解，盖以身所备尝者

① 潘雨廷：《读易提要》，上海古籍出版社 2006 年版，第 310 页。

② （明）管志道撰：《答韩文学恩中弟子》，《问辨录》贞集卷，《四库全书存目丛书》子部第 87 册，齐鲁书社 1995 年版，第 806 页。

③ （明）管志道撰：《答韩文学思中弟书》，《问辨牍》，贞集卷，《四库全书存目丛书》子部第 87 册，齐鲁书社 1995 年版，第 55 页。

④ （明）管志道撰：《周易六龙解》，《无求备斋易经集成》，复性书院校刊儒林典要续辑 1944 年影印本，第 1 页。

⑤ （明）董其昌撰：《容台集》卷 3，《四库禁毁书丛刊》集部第 32 册，北京出版社 1997 年影印版，第 196 页。

解也。①

其晚年弟子钱牧斋则认为："近代之谈《易》者，自李卓吾、管东翁之外，时未免为时人讲章、兔园册子。"② 可以看出，管志道论《易》高绝标奇，不蹈前人窠臼，不从学界流俗，让学人耳目一新，呈现出新的气象。

《周易六龙解》所阐发的《易》理，当时也招来不少诘难之辞。对于管志道六龙之说提出最为详尽商榷意见的，莫过于许敬菴。许敬菴对《乾》卦六爻的理解，大体本于程朱的传注，他曾对管志道的《周易六龙解》逐段加以评论，管志道也逐条回应辩驳，最终编纂成为《六龙剖疑》一书，可以视为对《六龙解》阐释《易》理的进一步发挥，同时也是研究管志道易学思想的重要文献。黄宗羲的《明儒学案》并没有为管志道专门立传，而是特意转引了一段管志道自身讲述儒、释、道三教关系的文字：

> 乾元无首之旨，与华严性海浑无差别，易道与天地准，故不期与佛老之祖合而自合，孔教与二教峙，故不期佛老之徒争而自争。教理不得不圆，教体不得不方，以仲尼之圆，圆宋儒之方，而使儒不碍释，释不碍儒。以仲尼之方，方近儒之圆，而使儒不滥释，释不滥儒。唐、宋以来，儒者不主孔奴释，则崇释卑孔，皆于乾元性海中自起藩篱，故以乾元统天，一案两破之也。③

转引管志道的观点，却批评他的三教立场为"肤廓之论""不见道"之学，"然决儒、释之波澜，终是其派下人也"。④ 可见，黄宗羲对管志道有关三教

---

① （明）耿定向撰：《题管子六龙解》，《易测六龙解》，日本尊经阁文库藏明万历刊本影印本，第1—2页。

② （清）钱谦益著，（清）钱曾笺注，钱仲联标校：《书一·复方密之馆丈》，《牧斋有学集》（下）卷38，《钱牧斋全集》第6册，上海古籍出版社2003年版，第1322页。

③ （清）黄宗羲著，沈芝盈点校：《泰州学案一》，《明儒学案》（修订本）下册卷32，中华书局2008年版，第708页。

④ （清）黄宗羲著，沈芝盈点校：《泰州学案一》，《明儒学案》（修订本）下册卷32，中华书局2008年版，第708页。

的思想主张也并非一味地赞同。

　　需要指出的是，管志道仅仅阐论《乾》卦的《周易六龙解》，"浩瀚宏肆，论辨蜂涌，囊括百氏，熔铸九流"①，见解颇为独到，"其见自不可易"②，在明清之际就引发了众多治《易》者较为广泛的关注和讨论。例如，钱启新《易像钞》《像象管见》、张次仲《周易玩辞困学记》、胡世安《大易则通》、钱澄之《田间易学》、逯中立《周易札记》等易学著作，上述学者的易学立场和治学旨趣各不相同，无论是崇尚义理，抑或主推象数，大都不同程度地借鉴、汲取了管志道的阐《易》之说。这确实能够较为充分地说明，《周易六龙解》本身蕴含的为时贤所重、流传甚广的学术价值。

二、"乾元统天"：三教交融之内核

　　明代中叶以后的阳明后学，在心学思想及其体系的讨论与建构过程中特别重视对易学思想的吸收和运用。然而，在阳明后学内部对《周易》义理的讨论和诠释有时却不尽一致，仅对《周易》中《乾》卦象辞"大哉乾元，万物资始，乃统天"③内涵的理解就可见一斑。例如，有的基于宇宙本原的视角，将"乾元"理解为"生天地、生人物、生一生万、生生不已之理"④，视"乾元"为宇宙本体，而视"元"为"生理"⑤"一团生生之意"⑥；有的从"性"与"命"维度切入，"乾性坤命之理，合天地万物为一体者也。悟性修命之学，还复其性命之本然，通天地万物为一贯者

---

① （清）钱谦益著，（清）钱曾笺注，钱仲联标校：《行状三·朝列大夫管公行状》，《牧斋初学集》（中）卷49，《钱牧斋全集》第2册，上海古籍出版社2003年版，第1259页。
② 钟泰：《〈周易六龙解〉·跋》，《国师季刊》1941年第9期。
③ （三国魏）王弼、（晋）韩康伯注，（唐）孔颖达等正义：《乾·象》，《周易正义》卷1，（清）阮元校刻《十三经注疏》，台湾艺文印书馆2001年影印本，第10页。
④ （清）黄宗羲著，沈芝盈点校：《南中王门学案二·太常唐凝菴先生鹤征》，《明儒学案》（修订本）上册卷26，中华书局2008年版，第603页。
⑤ （清）黄宗羲著，沈芝盈点校：《江右王门学案六·万思默约语》，《明儒学案》（修订本）上册卷21，中华书局2008年版，第502页。
⑥ （清）黄宗羲著，沈芝盈点校：《江右王门学案六·万思默约语》，《明儒学案》（修订本）上册卷21，中华书局2008年版，第507页。

也"①，以乾元为"性"，以坤元为"命"阐释乾坤之义；有的聚焦于"盈天地间一气而已"，以此认为"知天地之间只有一气，则知乾元之生生，皆是此气。乾元之条理，虽无不清，人之受气于乾元，犹其取水于海也"，"性是气之极有条理处"。② 其实，阳明后学对于《乾》卦象辞几种具有代表性的理解，彼此之间在思想内涵上并没有实质上的冲突，因为无论从哪一门径、哪一视角出发，阳明后学均不同程度地将"乾元"理解为"道体"抑或"本体"，藉以探寻宇宙万物的生成根源。

但是，在管志道看来，"孔圣心法在《易》，《易》之蕴不出乾坤二元，坤元又统于乾元"③，因此"乾元统天"作为融通儒、释、道三教的共同思想根源，是三教合一论述的重要理论统摄依据。管志道曾深入研读《楞严》《华严》《法华》三部佛教经典，在方法论上以佛理与《易》理互为发明、印证，探寻"《大易》群龙无首之义"④，从中体悟"今日之道枢，不属见而属惕；今日之教体，不重悟而重修"⑤ 的人生境界，并将之贯注到他一生重要的学术思想发展历程与社会政治实践活动当中。由于受到《华严经》教义的影响，管志道对"乾""坤"二卦的义理有着深刻的理解：

　　嘉靖末，幸有所闻，猛然欲透达摩之宗而力不逮。入隆庆，偶从《楞严》《华严》《法华》三经有省。印诸易道，恍然照入乾元统天法界、群龙无首行门，而知大乘菩萨之变化，尽在乾坤二传中。孔子下学上

---

① （清）黄宗羲著，沈芝盈点校：《江右王门学案六·陈蒙山先生嘉谟》，《明儒学案》（修订本）上册卷21，中华书局2008年版，第495页。

② （清）黄宗羲著，沈芝盈点校：《南中王门学案二·太常唐凝菴先生鹤征》，《明儒学案》（修订本）上册卷26，中华书局2008年版，第604页。

③ （明）管志道撰：《周易六龙解》，《无求备斋易经集成》，复性书院校刊儒林典要续辑1944年影印本，第20页。

④ （明）管志道撰：《托翟从先转致见罗公书》，《惕若斋集》卷1，日本尊经阁文库藏明万历刊本影印本，第48页。

⑤ （明）管志道撰：《托翟从先转致见罗公书》，《惕若斋集》卷1，日本尊经阁文库藏明万历刊本影印本，第48页。

达，真吾师也。①

他把"乾元统天"喻为"法界"，把"群龙无首"喻为"行门"。在华严教义里，"法界"含有实相、根源之意；"行门"则有教法、实践之意，二者本来属于体用不二的关系。但是，在管志道看来，依据"法界"和"行门"体用不二的关系，也可以推导出"儒佛不二"的理解，这与华严教义所言的"体用不二"丝毫没有本质上的冲突。毕竟，"不二"属于一体的两面，可以相互转化：不仅"大乘菩萨之变化，尽在乾坤二传中"，而且"《华严经》之贤胜如来，为乾坤二元之转窍"②，能够在很大程度上说明儒佛两家之间的融摄与会通。

同时，管志道也注意到，华严教义中"法界"与"行门"还牵涉另外一个重要问题，即"实"与"权"二者关系究竟该如何处理。他说：

> 吾观劘尾有为世为道良苦之言，正有疑于权实之际。岂犹未透大圣人出世，定是权中有实，实中有权，亦即权而即实也。何谓实？天命之性是也，通于毗卢性海。何谓权？修道之教是也，通于普贤行海。吾侪透此二关，则目前为世为道之机权。孰不从毗卢性海中敦化，亦孰不从普贤行海中分流，谁可谁不可，而偏向明哲保身一路行也。③

相较于其他宗派，华严宗教义认为"一切中知一，一中知一切"④，"一中多多

---

① （明）管志道撰：《柬东陶宫谕石篑文》，《酬咨续录》卷3，日本尊经阁文库藏明万历序刊影印本，第29页。

② （明）管志道撰：《又分欵答文台疑义五条》，《析理书》，日本尊经阁文库藏明万历刊本影印本，第22页。

③ （明）管志道撰：《又分欵答文台疑义五条》，《析理书》，日本尊经阁文库藏明万历刊本影印本，第32页。

④ （东晋）佛驮跋陀罗译：《大方广佛华严经》卷9，《大正藏》第9册，台湾佛陀教育基金会出版部1999年版，第453页。

中一，一即多多即一"①，事事无碍法界。换而言之，任何一个事物都包含一切事物，每一事物都包含有其他事物。同理，一切事物都包含于每一个事物之中，一切事物都可以归结为任何一个事物。总之，事事融通，遍摄无碍，重重无尽，宇宙万物无不处于大调和、大统一之中。为了阐发事事无碍、重重无尽的思想内核，华严宗经义擅长以大海为比喻，意在描绘出佛之开悟和佛之体性的广大无边，具有不可思议的境界，犹如大海盛大浩瀚、难以量度。管志道认为天命之性通于毗卢性海，而修道之教通于普贤行海。也就是说，以天命之性为"实"，贯通华严性海，以修道之教为"权"，贯通华严行海，将"实"指向本性之境，以"权"归入实践之途。所以，禀华严宗教义之溉沾，牢牢地把握本性之境与实践之途，既是管志道在学理上注重儒佛互通的表现，也是他在为道为世的现实中从容应对的关键所在。

我们知道，佛教一般将"不二"解释为"一实之理，如如平等，而无彼此之别，谓之不二"②，强调其真理性，将之体现在一切修行中。其中，"不二"与"一实"相应，"一实"也就是"真如"，是指世间万事万物"真实不虚，如如不动"的本真。"一实不二"，意即世间万事万物原本就是一体平等，而无分别差异。受华严宗教义思想的影响，管志道非常重视"不二"的观念，在此基础上提出"实""权"二关如何透悟的问题，也就进一步地揭示出超脱生死之境的"出世法"和指向人天教门的"世间法"。只不过，管志道的"不二"观念并没有偏离宋明理学的思想脉络，因为"天命之性"指的是合乎先天之性的至善，"修道之教"指的是后天的教化和修行，二者本源自《中庸》首句："天命之谓性，率性之谓道，修道之谓教。"③如此一来，管志道通过"乾元统天"和"群龙无首"、天命之性和修道之教，以及毗卢性海和普贤行海，将本体和工夫有层次地对应起来，勾勒出了一个以易学为

---

① （隋）杜顺说、（唐）智俨撰：《华严一乘十玄门》，《大正藏》第45册，台湾佛陀教育基金会出版部1999年版，第515页。

② 丁福保编：《佛学大辞典》上册，中国书店出版社2011年版，第585页。

③ （汉）郑玄注，（唐）孔颖达等正义：《中庸第三十一》，《礼记正义》卷52，（清）阮元校刻《十三经注疏》，台湾艺文印书馆2001年影印本，第879页。

主轴，儒学与佛学，乃至儒学与道家相互贯通的"体用不二"之思想图景。

如何看待儒佛关系及其本源的问题在当时引起学者广泛的关注，但大多数意见倾向于儒家义理浅显而佛家教义深奥，极力将儒、释二者分出高低。然而，管志道没有刻意贬低任何一家。他说：

> 愚言"乾元"，不但始万物，亦始天地；不但统六合之内，亦统六合之外，正佛氏之所谓最初大觉。此非无极太极，而何先后？有何矛盾？第玩孔子从乾元上发出资始统天之义，显是缘有物后之太极，表无物前之太极者也，故曰：逼真露出毗卢遮那境界。盖有物之后，太极非有；无物之先，太极非无，一言以蔽之曰：太极本无极。而此中尚有隐意，只为儒一咸认释氏之标毗卢法界，究及无始；深于孔子之标大哉乾元，言资始而不及无始，将起轩轾于其间，故作此回护之说。以为儒圣揭乾元，是含无极于天地万物之内；释圣言大觉，是显无极于天地万物之先。各有攸当，不可浅儒而深释也。①

乾元代表天德的基始，是万物孳生的力量来源。孔子所称扬的"大哉乾元"含"无极"于天地万物之内，而佛教的"无始"旨在凸显"无极"为天地万物的本原，其义理之深奥远非孔子"大哉乾元"能比，"浅儒而深释"，也就意味着贬儒以崇释。儒圣从乾元上生发出资始统天之义，释圣以身智无碍光明，遍照理事无碍法界，历经无量劫海之修习功德而得到正觉，"乾元正最初劫之无上法王，其清净法身之谓乎？报化在其中矣，岂非至健"②，两家学说没有先后之别，更无抵牾之处。所以，管志道认为，不能简单地就得出"浅儒而深释"的结论，特别是儒家所揭示的"乾元"不仅为天地万物的本原，也统摄于天地四方之内外，这与释圣所言的"大觉"在义理的内涵与外延上并无本质的不同。

---

① （明）管志道撰：《答敬庵先生书》，《理要酬咨录》卷上，日本尊经阁文库藏明万历刊本影印本，第26页。

② （明）管志道撰：《先生答书》，《析理书》，日本尊经阁文库藏明万历刊本影印本，第63页。

在强调"三教同源"的基础上，管志道进一步揭示了儒、释二家通极于"乾元"的思想宗旨。他说：

> 三教之源本同，无待于还。不还同而还异，则二氏偏能以出世法该世法，而吾儒却遗出世法矣，孔子必不乐闻此言。权言还同还异，亦必如吾之说而后可。盖以孔子之一贯二氏之一，则同者还其同矣，以孔子之矩别二氏之矩，则异者还其异矣。愚虽不德，颇自信得元神。分诸净土，又自验得一贯印诸帝心。姑舍参禅念佛等课，而纯向孔子下学上达路中行矣。独念儒门豪杰，不染伪则染狂，只为迷于出世深因，无以夺其功名富贵之志，故不得不援二氏之宗旨以提之。提及二氏宗旨，而不通极于乾元，儒者终以出离生死为异途，增长世情为庸德也。故又以乾元收二氏，尊孔子一贯之脉焉。①

魏晋以降，儒学受到佛道的挑战，儒、释、道三家之学开始了互相排斥和逐步融合的进程。至唐宋时期，道学影响减弱，而佛学影响则成扩张之势，士大夫崇佛之风日益浓烈。两宋诸儒，门庭路径多半出入于佛老，在排斥佛学和道学问题上力图超越唐代诸儒，试图从理论源头上昭明儒学与佛道的界限，从根本上揭明佛道之非。唐宋诸儒急起排斥异端之学，尤其着力于排佛，造成了中国思想文化史中三种信仰体系的冲突，其中也掩藏着儒学发展的曲折历程。在管志道看来，过分强调出世之因藏于佛家，不识孔子之"乾元统天"，才导致"儒门淡薄，收拾不住，皆归释氏耳"②的局面，而以"乾元"收摄儒、释二家，既可以破解对"太极""无极"持有的过度迷信，也能够抑制对佛家"出世法"的盲目信仰。值得关注的是，管志道特别强调的是借助佛教思想要义以证诸乾元，而不是将乾元收纳于佛教思想要义。

① （明）管志道撰：《答敬庵先生书》，《理要酬咨录》卷上，日本尊经阁文库藏明万历刊本影印本，第20页。
② （清）潘永因编：《宋稗类钞》卷28，《景印文渊阁四库全书》第1034册，台湾商务印书馆1986年影印本，第618页。

"佛于晋宋齐梁隋唐以迄于宋，圣学几为禅学所夺。而周元公以太极重开之，传诸两程，以及紫阳夫子，儒宗大振，而影响支离之弊亦起，乖五百年，理障横生，入圣无路。"① 正是自宋代濂溪、明道以降，一代代儒者对佛老的入室操戈，儒家才有了对佛老二氏的总体优势。所以，摒弃一味宣扬儒佛调和的论调，"以乾元收二氏"，援引儒、释二家以贯融、统摄于"乾元"，在某种程度上确实凸显了管志道"尊孔子一贯之脉"的思想立场。

管志道认为"乾元"不仅是三教会通的起点，也是三教合流的终点，既然三教同源于"乾元"，那么必须坚持一贯之学，发挥乾元之道，以彻底改变自孟子之后乾道无法彰显的局面。他说：

> 会同三教，正今海内相知之泛论鄙人者，皆有引儒入墨，推墨附儒之隐讥。伏于胸中，故有此揣，迹岂不然而实非也。三教何必会通哉？不问三教中人之智愚贤不肖，其始必资于乾元，其终必反于乾元。孟氏以后，坤道之学尚在，乾道之学尚湮。而二氏之祖却有潜相发明而不显其光者，吾安得不借之以尊一贯之道哉？天命我太祖高皇帝，继文王之文以合周衰之所分者。分时，三教必各出一大圣人以川其流，合时，三教必总出一大圣人以敦其化。敦化本高皇帝之事，而三教中之承下风者，亦必有其人。……吾侪，孔子之徒也，故以五夫子之一，贯佛老之一。……我则欲明孔子之学以开后学，亦易耳。开后学，岂以会通三教标哉？以孔子之"乾元统天"立标耳。②

当三教分离时，儒、释、道各有一圣人使本教衍变发展、盛行不衰；而当三教融合时，也必会出现一大圣人为"集三教之大成者"，才能担负起仁爱敦厚、化生万物的重任。管志道认为，明太祖集政治权威、礼法权威和道德权

---

① （明）管志道撰：《祭先师天台耿先生文》，《惕若斋集》卷 4，日本尊经阁文库藏明万历刊本，第 2 页。

② （明）管志道撰：《先生答周符卿书》，《析理书》，日本尊经阁文库藏明万历刊本影印本，第 47—48 页。

威于一身，使君道与师道乃至儒、释、道三教都恢复到了统一状态，所以"以敦其化"做到集大成者的圣人便非明太祖莫属。既然明太祖以三教总教主的面目出现，那么三教各自所属的圣人自然只有居于下位，退避次席。

至于为何"祖述尧舜而径祖仲尼"，以及"不宪章文武而近宗圣祖"？通过联系明王朝的社会与政治生态，管志道对此作出了清晰而明确的回答：

> 其评我祖述宪章二语以为祖述仲尼者，挽儒归禅之善术也，宪章圣祖者，明哲保身之道也，可谓好察迩言，且能稽卓吾杀身之弊者，但执以尽吾原学孔子之意则恐毫厘千里，弊孔滋多。夫吾之所以不祖述尧舜而径祖仲尼者，何也？尧舜之道统在执中，而仲尼之赞《周易》曰："大哉乾元，万物资始，乃统天"，又中统所自来也。乾元实统诸佛，诸佛实受统于乾元，何言挽儒归禅？倘曰：乾元之秘藏难参，当借内典以参之，亦为中人以上说则可，而上智殆不必也。吾所以不宪章文武而近宗圣祖者，何也？圣祖本昭代之文武，而其主孔宾释，功又不下于文王之重兴羲易也。明哲保身之道，岂不该于《易》中，然特用九、中之一用弄。若究宪章之义，及其至也，便可兼世出世间之道而两圆之，奚重保身一着。倘曰：吾侪义在居下不倍，当以危行言逊学仲尼，无若李卓吾辈之轻君重佛，恣横议以贾祸也，则亦宪章之权说，而非实说也。①

对管志道来说，历史与现实的经验教训就在眼前。在以"乾元实统诸佛"之说驳斥"挽儒归禅"谬论的同时，管志道并不讳言宪章圣祖。在他看来，圣祖"主孔宾释"的文治之功不在文王之下，足可为效法的典范，而且表彰圣祖亦可视为一种权宜之计，能够为其寻求"兼世出世间之道"，达到一种政治实践方面的圆融与平衡。毕竟，如取法孔子，贯彻谨言慎行，即使面临冲

---

① （明）管志道撰：《又分歧答文台疑义五条》，《析理书》，日本尊经阁文库藏明万历刊本影印本，第31—32页。

突也可保全自身；如效仿李贽，漠视世俗，横议礼法，最终只能招来祸端。

如果联系到明代三教关系形成的思想文化和社会政治背景，对管志道为何要近宗圣祖的问题或许有更深一步的理解。我们知道，明王朝建立后，尊崇理学，以儒家思想为治国之本，推行以儒学为主、释道为辅的宗教政策，扶持佛、道二教，同时也加强对它们的管理。对明代儒、释、道三教发展影响最大的，当首推明太祖朱元璋所作的《三教论》，"天下无二道，圣人无两心，三教之立虽持身荣俭之不同，其所济给之理一"①。明太祖因循以儒为主，以佛道为辅的策略，并不认为佛道二教与儒家相违背，儒、释、道三教反而可以互补。在管志道看来，"圣祖揽三教以同文而主实之，此并行不悖之道也。故儒者穷理不厌旁参，而修道必循孔辙，方契子思《中庸》之旨。宋儒外二氏而力排之，其流使人小吾夫子之道，盖亦有遗弊焉，然其卫道之意则至矣"②，以儒为主，以佛道为宾，"主则不主二氏，而主孔子，奴则不奴二氏，而两宾之，妙在圆其宗而不圆其矩，鼎其教而不鼎其心"③，明太祖将三教并立的深意揭示出来，为三教并立提供了治统和道统的依据，"足堪媲美伏羲、文王、周公、孔子之圣"④。

明太祖以儒为主，重视发挥三教共同治世的社会功能，同时又强调了人伦礼法的重要性，而管志道通过追溯儒、释、道三教并立的历史，不仅赞誉了太祖融合三教的治世功绩，也证明了三教都是经世和出世合一之教。尽管有三教并立的历史依据，管志道的三教同源于乾元和立极于孔子之道的思想主张，仍然受到了当时诸多学者的强烈质疑。诸多学者纷纷指责管志道此举过度推崇佛典，恐会造成孔子乃为佛门弟子的误导，不仅如此，若士大夫

---

① （明）朱元璋，胡士萼点校：《三教论》，《明太祖集》卷10，黄山书社2014年版，第216页。
② （明）管志道撰：《续订中庸章句说》，《惕若斋集》卷3，日本尊经阁文库藏明万历刊本影印本，第8页。
③ （明）管志道：《题程君房墨苑》，《惕若斋续集》卷1，日本尊经阁文库藏明万历刊本影印本，第19页。
④ 刘增光：《寻求权威与秩序的统一——以晚明阳明学的"明太祖情结"为中心的分析》，《文史哲》2017年第1期。

终日围聚一起，推崇一统三教，可能会公然破坏名教礼法。面对群起而攻所引发的责难，管志道始终秉持"出世法"的思想立场，他说：

> 二氏与吾儒之同异尤为难穷，其致知诚意正心也若同，而始之格物与终之齐治均平也若异，盖本同而末异也。圣人应机立教，不可执其末而议其本也。二氏岂能外天下国家以成身心意知，而其流必至于以本遗末；吾儒何尝外身心意知以成家国天下，而其流必至于以末忘本。则其教迹之所必趋，而彼此亦可以互格也。然儒者道大学之道，乃不反二氏之本于圣人，而滥圣人之末于二氏，亦难以语格物之正脉已。①

> 然愚之所以辗转推求而作是说者，何也？端为孔子庸言庸行之教，易为释门之一大事所夺，不得不深穷而力振之也。盖二氏不可以儒门之威力伏，而可以乾元之至理伏；孔子亦不能以儒宗之体面尊，而能以乾元之道岸尊，昔贤亦有威力伏二氏者。②

儒门和释门所擅领域各异，虽然都以"致知诚意正心"为本，以"始之格物与终之齐治均平"为末，但不可执念于"本"或"末"之一端，应仿效圣人，因事制宜，通达机变。否则，不知儒门和释门"本同而末异"，一味争辩双方之深浅高下，很难参透到"乾元之至理"。而孔子偏向庸言庸行的教义，容易为释门"出世法"所夺，众人没有体悟到孔子也深谙"出世法"，其理论依据就在于"乾元之至理"，所以必须深穷此一至理，并且不断地擢拔彰显。管志道在此提及的"乾元之道"，也正是孔子的引而不发和蕴而不出之处，那些尊佛老于孔子之上的丧心病狂之徒对此是无法理解的。

"儒、释、道思想与《易》文化的相互资取，为三教学理的会通、融合

---

① （明）管志道撰：《录大学删存测义八条》，《惕若斋续集》卷2，日本尊经阁文库藏明万历刊本影印本，第28—29页。

② （明）管志道撰：《答敬庵先生书》，《理要酬咨录》卷上，日本尊经阁文库藏明万历刊本影印本，第31页。

搭建了对话的平台，并由此开辟出了一条三教合一的思想发展路径。"① 确实如此，极具易学之内涵和精神的"乾元统天"，经由管志道的揭橥与提炼，对于理解儒、释、道三教之间的会通融合有着重要的思想史意义。依于管志道的学术立场，乾元为天地万物的本原，也能够成为三教的共同根源，三教实是"同源"于"乾元"；再者，"乾元"属于本原，是"敦化"的根基，而"川流"则是由《乾》卦生发出的各种物象的变化，经由六龙不同的姿态而呈现，六龙变化之情态表征了具体物象的不同层面。从中不难发现，管志道把"群龙无首"喻为"行门"，正是建立在以"乾元统天"的理论依据之上的，如果我们将"群龙无首"措置于真实具体而又错综变化的社会政治情境中加以历史地考察，"群龙无首"包蕴的现实意义与实践精神才能得到深刻而清晰的彰显。

三、"群龙无首"：生命履践之鹄的

在《周易六龙解》中，管志道明确地提出了"群龙无首，可矣"② 的观点，赋予"群龙无首"以新的义涵。在诠释六龙的功能与性质时，管志道认为"群龙无首，不可以一爻定其位，以一位定其用"③，须依一身、一世、一时、一事而变化，不可执于一位一用。这一思想主张的提出，恰恰针对的是姚江泰州的阳明后学。在他看来，"此为姚江泰州之遗脉，执见龙为家舍，而不知有潜、惕二龙者发也。此义不发，小人的然之学日盛，而四民争持木铎以卑国法矣"④。例如，王艮就曾提出"圣人虽时乘六龙以御天，然必当以见龙为家舍"⑤ 的论断。以"见龙为家舍"，实际上就是尊"见龙"为六龙之

---

① 张涛：《〈周易〉与儒释道》，《世界宗教文化》2018 年第 4 期。
② （明）管志道撰：《周易六龙解》，《无求备斋易经集成》，复性书院校刊儒林典要续辑 1944 年影印本，第 25 页。
③ （明）管志道撰：《答周符卿二鲁丈书》，《问辨录》亨集卷，《四库全书存目丛书》子部第 87 册，齐鲁书社 1995 年版，第 696 页。
④ （明）管志道撰：《答韩文学恩中弟书》，《问辨录》贞集卷，《四库全书存目丛书》子部第 87 册，齐鲁书社 1995 年版，第 806 页。
⑤ （明）王艮撰，陈祝生等点校：《王心斋全集》，江苏教育出版社 2001 年版，第 4 页。

首，这在姚江泰州阳明后学的脉络中比较具有代表性。

与王艮等人不同，管志道认为乘六龙的圣人，既惕中有亢，又亢中有惕，既潜中有见，又见中有潜，不能被束缚固定于某一爻位。他说：

> 圣人乘龙，乘一乎？乘六乎？曰乘一，即以乘六也。圣学以潜为基，而见以表潜，惕以持见，跃以行惕，飞以伸跃。亢龙飞之极，复反于潜。六德之在人心，犹昼夜回圈无端，随时随地无不可乘。若以时位论六龙，亦无并乘之理，虽道全德备之，圣所乘不过一龙。①

"时乘六龙以御天"，语出《周易》的《乾》卦，孔颖达《周易正义》释为："言乾之为德，以依时乘驾六爻之阳气，以控御于天体。六龙，即六位之龙也。以所居上下言之，谓之六位也。"②"六龙"之"六"，为《乾》卦六爻，而"龙"作为六爻变化的象征，通常呈现出隐现无常的样态。"乘一"即"乘六"，意谓乘一龙，无异于乘六龙，一龙有六德，六德合一龙。"圣所乘不过一龙"，无非是说明圣人行事必须依据时机、条件的变化，采取不同的姿态与反应。虽然有时暂且处于幽暗艰难的环境，但只要怀以警惕之心，在适当的时机是能够把真正的龙德展现出来的，圣人发现自身处于激烈亢昂之时，就应当归返于潜，"正谓不潜不亢，乃龙德之本然，而潜与亢俱当别论也"③。正是由于对《乾》卦六龙之德有着深刻的认识，管志道尖锐地指出，"自姚江、泰州之流日漫，学者知有见龙，不知有潜龙，能以巧说圆六龙之局，不能以深心尽一龙之性"④，如果人人以见龙为务，坐视见龙之狂风若

---

① （明）管志道撰：《周易六龙解》，《无求备斋易经集成》，复性书院校刊儒林典要续辑 1944 年影印本，第 21—22 页。

② （三国魏）王弼、（晋）韩康伯注，（唐）孔颖达等正义：《乾·彖》，《周易正义》卷 1，（清）阮元校刻《十三经注疏》，台湾艺文印书馆 2001 年影印本，第 10 页。

③ （明）管志道撰：《答王相公荆石国亢龙说》，《续问辨牍》卷 1，《四库全书存目丛书》子部第 88 册，齐鲁书社 1995 年版，第 6 页。

④ （明）管志道撰：《答王太常塘南先生书》，《问辨录》元集卷，《四库全书存目丛书》子部第 87 册，齐鲁书社 1995 年版，第 641 页。

长，势必会危害到明王朝的社会政治秩序。

不仅如此，管志道对六龙之用的阐释也极具现实关怀。如前所述，一龙有六德，六德合一龙。但是，如果从实践的环节着眼，一龙并不等于兼六位，"德"可以转换，"位"却泾渭分明。管志道敏锐地发现，当时学者刻意地把潜、惕的义涵收摄于"见"，将"见龙"的地位提升至其他五龙之上，使"见龙"成为六龙之中的独尊和主导，之所以如此，根本原因在于对"圣人"权威地位的盲目遵从。其实，儒家的圣人形象自先秦以来，在不同历史时期不断地被塑造，直到唐宋时期，随着复古运动的推进，才具有了极尊之位和完美之德的内涵。为打破在世儒心目中存在已久、凝滞僵化的圣人观，管志道对"六龙"作出新的诠释，展示了圣人之德具有的多样化的生命样态。在他看来，只有消除"圣"为独尊的认识误区，还原圣人的本来面目，才能使圣人真正地"所乘不过一龙"，因为六德并无高下之别，果真有高下之别，又何必独尊孔子，以孔子为群龙之首？所以这种六德有高下之分，奉"见龙"为一尊的主张是"不合时宜"，也是极不妥当的。

进而，管志道指出儒者必须以潜龙之心，行惕龙之事，"惕意也，亦潜意也"①，方能从根本抑制"见龙"的欲望。他认为圣人虽时潜时见，仍需"以潜含惕，龙德乃纯"②，"龙德比本乎潜。圣人主静立极，其体常潜"③。"潜"，勾勒出"君子依乎中庸遁世，不知见而不悔"④ 这一真实合理的生存状态，体现了圣人的藏用之学。而且，"群龙体潜而用显，故其道可用；潜龙体潜而用亦潜，故其道不可用。不用不足为潜龙病"⑤，潜体可用可不用，

① （明）管志道撰：《周易六龙解》，《无求备斋易经集成》，复性书院校刊儒林典要续辑 1944 年影印本，第 21 页。
② （明）管志道撰：《周易六龙解》，《无求备斋易经集成》，复性书院校刊儒林典要续辑 1944 年影印本，第 21 页。
③ （明）管志道撰：《周易六龙解》，《无求备斋易经集成》，复性书院校刊儒林典要续辑 1944 年影印本，第 5 页。
④ （明）管志道撰：《周易六龙解》，《无求备斋易经集成》，复性书院校刊儒林典要续辑 1944 年影印本，第 4 页。
⑤ （明）管志道撰：《周易六龙解》，《无求备斋易经集成》，复性书院校刊儒林典要续辑 1944 年影印本，第 5 页。

依乎情况而定，吉凶与民同患才是真正的潜。但是，众人仅以"见龙"为体，终不察孔子执木铎"为其川流之用"①。那么，何谓"惕"？惕即"人道"，在"人道"之中君子只需孜孜进修，下学上达，进修学问以示"无言之天道"②，更何况孔子虽居见龙之位，却存惕龙之心。

由于对"潜"与"惕"有着深刻的洞察，管志道以潜龙之心，行惕龙之事，劝人抑制好为人师的初衷，对讲学务必敬而远之。他说：

> 今日之道枢，不属见而属惕；今日之教体，不重悟而重修。倘亦与翁所揭修身为本之宗合否？而近世诸公，每执见龙为首，而其尾遂入于浮伪。吾惧中庸遁世之学脉渐湮，而大易群龙无首之义日晦也。③

> 夫子述而不作，逊于作者，遁世不悔。逊于圣人，智不感，仁不忧，勇不惧。逊于君子，实以惕意行于见龙之中，而无天于上，无地于下，无帝王于中，此禅宗之心法也。今儒者既隐然用禅家盖天盖地之心法，而尊孔子为群龙之首，又显然用孔子庸言庸行之家法，而诋佛氏为杨墨之论，是圣人之矩本方，而吾乃以圆毁之。圣人之道本圆，吾反以方格之。④

汲汲钻营于师道的学者实则是秉持"见龙"的俗套，真正的学者必须兢兢业业，躬身践行，不能使"群龙无首"湮没无闻、晦而不彰，真正的道统学脉不应该属于"见"的领域，而应该归入"惕"之范围。毕竟，"群龙无首"是作为"中庸遁世之学"的核心要义与根本境界而存在的。在此需要提及的

---

① （明）管志道撰：《续答杨认庵书》，《问辨录》卷贞，《四库全书存目丛书》子部第87册，齐鲁书社1995年版，第785页。
② （明）管志道撰：《周易六龙解》，《无求备斋易经集成》，复性书院校刊儒林典要续辑1944年影印本，第8页。
③ （明）管志道撰：《托翟从先转致见罗公书》，《惕若斋集》卷1，日本尊经阁文库藏明万历刊本影印本，第48页。
④ （明）管志道撰：《惕见二龙辨义》，《惕若斋集》卷1，日本尊经阁文库藏明万历刊本影印本，第61页。

是，道统论曾是宋明理学发展史上不断引起讨论的重大问题之一，哪些儒学传承人物可以进入历千年而不绝的道统系谱之中，在很大程度上取决于学者对理学的诠释和理解，特别是其诠释和理解被当时社会接受的程度。如果就儒、释、道三教交涉的视角而言，道统论无疑是理学家捍卫儒学立场，抵御佛道侵蚀的重要理论武器与政治依据。由此可见，"群龙无首"论的提出，则是管志道意欲冲破当时道统藩篱的合理主张和手段。

在管志道看来，时人不领悟"中庸遁世"之意，徒落入"有首"的窠臼不能自拔，势必会引发当时社会"讲学家以见龙为家舍而不归根"①"不儒不禅，往往以狂宗扫孔矩"②的种种乱象。而要从这一乱象中摆脱出来，惟有"知道脉之流行，飞龙必禅于见龙，见龙必禅于惕龙，见者显露其脉，而惕者阴持其脉。"③否则只知进而不知退，非但不能真正地效法圣人，更有甚者，还有可能使自身陷入欺世盗名的境地。如何矫正这一社会乱象，管志道说：

> 主见而不主潜，群龙亦有首矣。其流之弊，将有素隐行怪之徒，妄自拟为帝王师者，而大盗仍起于孔孟之间，与伪儒之盗佛，一间耳。故复揭群龙无首一语，与同志共参之。④

在《中庸测义》中，管志道则对"素隐行怪"一义作了较为直接的解释：

> 夫子之戒"素隐行怪"，何也？盖以杜异教而塞乱源也。王制非天

---

① （明）管志道撰：《〈万子易原〉引》，《惕若斋集》卷3，日本尊经阁文库藏明万历刊本影印本，第16页。

② （明）管志道撰：《祭先师天台耿先生文》，《惕若斋集》卷4，日本尊经阁文库藏明万历刊本影印本，第2页。

③ （明）管志道撰：《复李中丞罗公赴漳后书》，《惕若斋集》卷1，日本尊经阁文库藏明万历刊本影印本，第46页。

④ （明）管志道撰：《耿子学象引》，《师门求正牍》卷上，日本尊经阁文库藏明万历刊本影印本，第26页。

子不议礼、不制度、不著文。故凡不帝王而任道统，不卿士而议朝纲，不史官而撰国书，不都鄙之师儒，及有道有德之可祀于瞽宗者，而聚徒立帜，皆行怪之伦也。①

孔子力戒"素隐行怪"的目的，在于"杜异教""塞乱源"。通过历数"杜异教""塞乱源"的种种表现，管志道对扰乱社会礼节制度的"聚徒立帜"者进行了严厉批评。这一方面流露出他对于"素隐行怪"者败坏学风的强烈不满，另一方面则表现出他对于王朝政治纲纪能否持续有效运作的深切忧虑。

需要着重指出的是，管志道虽不是"素隐行怪"之徒，但往往以此躬身自省，这应与他当时面临的较为严酷的政治生态有着密切的关系。对于自身宦海沉浮的政治遭遇，管志道的"夫子自道"可谓刻骨铭心，他说：

愚德非圣人，不宜亢；位非要路，不必亢。而前在江陵柄国之时，惘然不度德、不量力，以犯位卑言高、交浅言深之戒，亢已甚矣。于时进退维谷，不得已而以宪纲代膰肉之行，悔兹深焉。不龙而亢，不龙而悔，愚实蹈之。所以读到孔子之论亢处，不觉踌躇满志，而深有味于"其唯圣人乎"之叹也。翁也言顾其行，而愚也行不顾言，能无愧乎！言已顾行，而不敢变儒先训亢之说，尤见宅心之下。行不顾言，而敢变儒先之说，以判文王孔子之案，不已重亢乎！然此训亦有所本，不全出于己意也。②

毋庸讳言，张居正冠居首辅，掌握朝中大权期间，为扭转自嘉靖、隆庆以来明王朝积贫积弱的严峻态势，充分地利用所掌握的权力，以其卓越的才干胆识，在政治、经济等方面大力推行一系列的改革措施，"大过之时，为大过

---

① （明）管志道撰：《素隐行怪》，《中庸测义》，日本尊经阁文库藏明万历刊本影印本，第13页。
② （明）管志道撰：《答王相公荆石国亢龙说》，《续问辨牍》卷1，《四库全书存目丛书》子部第88册，齐鲁书社1995年版，第8页。

之事"①，曾一度卓见成效。但是，张居正在改革弊政之时，也暴露出人格、处事方面"方操博陆重权，威福侔于人主"②的严重缺陷。特别是在震动朝野的夺情事件发生之时，赵用贤、沈懋学等官僚对张居正破坏大明祖制的行为极为不满，便联合管志道商订奏疏内容，得以上奏朝廷。后来，赵用贤等人竟遭受到张居正党羽的打击报复，几乎暴毙于梃杖之下，为参奏张居正付出了惨痛的代价。

但管志道并不惧怕，仍不断地上疏陈述政事，欲以宪纲取代梃杖，这同样地触犯了以张居正为首的权力集团。对于政局的惊涛骇浪和政争中的艰难处境，管志道有着深切的体悟。在与友人的书信中，他亦多次言及：

> 万历戊寅之春二月，弟既浪陈九事讫，续以揭帖补送诸大老。……盖人间私语，天闻若雷，岂有奏揭而不达天府者？于时先慈在京邸，方有恸于吴、赵诸君受杖之惨，弟恐以危事惊母怀，托所知密写揭于城外，委有许多讹字当正，其谓命尽今夕，显是江陵于是夕动削籍锢余之念也。后兄以两疏嘘我于死灰中，则索萧寺相雠之兆应也，此亦天命也。③

威逼肃杀的气氛与异常紧张的心理相互交织，可谓当时政治生态的真实写照。在管志道看来，"圣人与时偕极，不能复留退步也"，"曰潜曰亢，皆圣人之变局也，变局不可以为训"。④所以，处于非常时期，管志道不能不沉"潜"于明哲保身的中庸状态，正如他曾将自身定位于"愚德非圣人，不宜

---

① （明）张居正著，（明）张嗣修、张懋修编撰：《答奉常陆五台论治体用刚》，《书牍》卷8，《张太岳集》中册，中国书店出版社2019年版，第159页。
② （明）管志道撰：《张瓶山先生文集叙》，《惕若斋续集》卷1，日本尊经阁文库藏明万历刊本影印本，第15页。
③ （明）管志道撰：《续答二鲁书乙道又志隐余言乙道》，《问辨牍》亨集卷，《四库全书存目丛书》子部第87册，齐鲁书社1995年版，第716页。
④ （明）管志道撰：《答王相公荆石国亢龙说》，《续问辨牍》卷1，《四库全书存目丛书》子部第88册，齐鲁书社1995年版，第5页。

亢；位非要路，不必亢”，但有时他又会以"亢龙"的姿态屡屡向朝廷上疏陈辩。对管志道而言，即使能暂且逃过梃杖之刑与牢狱之灾，往后的官宦之路注定要颠簸震荡。这样一来，辞官隐居于"惕若斋"，行"中庸遁世"之学，走"潜""惕"自省之路，实属他迫不得已情势之下的必然选择。

当时，风会所趋，"辄以宗风扫孔矩，而吾复无以裁之，相寻于不儒不佛之场。日以心斗，而曰烦恼即菩提也，珍此敝帚，利于游大人以成名，仕路染其风，亦成养交猎誉之习，而真伪至于难辨。于是处士之横议乱乡评，而胡广之《中庸》乱国是矣"①。管志道标举"群龙无首，可矣"，用以说明六龙原无固定格位、可以依据条件和形势的改变而随时变化，否则"或执一象一格，何能见龙德之变化哉？"② 这一主张对于纠正学问之流弊，把个人从"见龙"的束缚中，即"弄良知高标道统，果于开坛聚党，急于垂世立言"③的状态中解放出来，从而推动社会政治、思想文化的发展，无疑具有非常重要的典范与启迪意义。其实，未尝不可以这样理解，面对严峻的社会环境与苛酷的政治氛围，个人以潜龙之心，行惕龙之事，主惕不主见，本无可厚非。但是，在关键时刻无所畏惧，仿效圣人"亢不以已，为天下万世而亢，其悔亦不以已，为天下万世而悔也"④，开拓生命应有的格局与境界，"以其当君弱臣强之日，而欲以道易无道也，故不能不亢"⑤，以一己之力，向跋扈擅势、恣肆误国的权力集团发出挑战，这也应该是"群龙无首，可矣"的重要义涵。不能不说，"群龙无首，可矣"的论断虽极具浓厚的易学色彩，也确实深深地打上了管志道个人生命历程体验的烙印。

---

① （明）管志道撰：《惕见二龙辨义》，《惕若斋集》卷1，日本尊经阁文库藏明万历刊本影印本，第60页。

② 潘雨廷：《读易提要》，上海古籍出版社2006年版，第310页。

③ （明）管志道撰：《惕见二龙辨义》，《惕若斋集》卷1，日本尊经阁文库藏明万历刊本影印本，第61页。

④ （明）管志道撰：《答王相公荆石国亢龙说》，《续问辨牍》卷1，《四库全书存目丛书》子部第88册，齐鲁书社1995年版，第5页。

⑤ （明）管志道撰：《答王相公荆石国亢龙说》，《续问辨牍》卷1，《四库全书存目丛书》子部第88册，齐鲁书社1995年版，第8页。

第二节　焦竑的易学思想

焦竑（1540—1620），字弱侯，号漪园，又号澹园，也曾号龙洞山农，为晚明杰出的思想家、藏书家、古音学家、文献考据学家。万历十七年（1589），焦竑会试于北京，在知天命之年得中状元，授翰林院修撰，皇长子侍读等职，万历二十五年（1597）因丁酉科顺天乡试获罪并于次年出京，去世后新帝赐谥"文端"，南明时又改谥"文宪"，足见其在晚明时期的社会地位。焦竑博览群书、严谨治学，尤精于易学、文史，撰有《〈易纂言〉序》《子夏易说》《陈第〈伏羲图赞〉序》等文章，晚年著有《易筌》6卷，是其学《易》、解《易》的代表作。其治《易》以义理为主而旁及象数，主张以佛道之学与《易》理沟通，常以道家经典诠释《周易》经文，却不偏于汉、宋两家之学，往往据《易》理博采众说以论《易》。焦竑的易学研究致力于考据学方法的运用，以及对易学与三教融合的探索，在明代易学史上作出了重要的学术贡献。

一、学思历程述略

焦竑一生经历大致可分为三个阶段：自青年起直至高中状元，是为第一阶段。年少的焦竑不仅勤奋好学，而且早期仕途较为顺利[①]，在心性之学和考据辞章方面的突出才华，令其成长为阳明后学泰州学派的一位佼佼者，徐光启曾赞曰"道德经术，标表海内"[②]。自焦竑进士及第至辞官归乡，是为第二阶段。焦竑任职北京期间做了许多实务，如任翰林院修撰，参与国史编修，讲会良知之学，任皇长子侍读，编纂《养正图解》等，但因宦海浮沉，

---

① 焦竑16岁时参加家乡童生考试，获得南都地区第一名；25岁参加应天府乡试中举，但次年（嘉靖四十四年）参加北京会试却名落孙山，此后25年间他7次参加会试，直到万历十七年己丑科会试高中，并在殿试被钦点为第一甲第一名。

② （明）徐光启：《尊师澹园焦先生续集序》，《澹园集》附编二，中华书局1999年版，第1219页。

最终辞官归乡，这也使其回归到作为纯粹的学者和文人的生活轨道上来。自其返回江宁直至辞世，是为第三阶段。这一期间，焦竑专心著书立说、写作、讲学，思想日趋成熟，学问不断精进，并有大量著作问世，遂成为晚明时期文人争相结识、效仿的学林精神领袖。

　　有关焦竑的生平及学思进程，在《明史》《明名臣言行录》《焦竑年谱》等文献中有着较为详细的记载。考虑到进一步研究、检索之便，以当代学者李剑雄所撰《焦竑年谱（简编）》为据，特捡取一两条以证焦竑学思之进路及研《易》之契机。《年谱（简编）》记嘉靖三十八年己未：

　　　　（焦竑）二十岁，在南京。读书于南京金陵天界、报恩二寺，得见宝幢居士顾源。本年，得苏辙《老子解》，读而奇之，又在唐顺之处借得苏轼《易书》二解，竑读苏氏经解自此始。又按，竑早年家贫，鲜藏书，所读书多借自藏书家，手自抄录。后登公车，始广搜经籍，藏书数万卷，建五车楼以贮，五楹俱满，南中藏书称大家。本年杨慎逝世。竑极推崇杨氏，但未谋面。李贽为南京国子监教官，才数月而去，亦似未与竑谋面。①

从这条记录中，可以看到焦竑的主要学术轨迹。焦竑年少时就对佛老学说有着广泛涉猎，这也为其晚年成为"三教领袖"奠定了思想理论基础。据《年谱》介绍，焦竑对《易》的关注始于苏轼的《东坡易传》，而其晚年与李贽等人兴起读《易》之会，并自著《易筌》即发轫于此。在任翰林院修撰及参与国史编修的过程中，焦竑"广搜经籍"的嗜好为他带来了极大便利。他致仕后所著《国朝献征录》《国史经籍志》等都成为后人研究明代学术思想史的重要"原始资料"。值得注意的是，焦竑与李贽等人的交往以及双方学术宗旨的趋同也有着深层次的思想渊源，而这一思想渊源在很大程度上，与其对杨慎学术成就地极力推崇有着密切的关联。

---

① 李剑雄：《焦竑年谱（简编）》，《澹园集》附编四，中华书局1999年版，第1282页。

　　焦竑的人生可以用"学思并进"来形容，他不仅有着精深的学术思想，同时还撰著了大量的学术专著，可以称得上是"著作等身"。李剑雄撰《焦竑评传》于第一章第六节专设"焦竑的著作"用以介绍焦竑著述流传情况，台湾地区出版《中国学术思想研究辑刊（八编）》第 21 册有林桐城撰《焦竑及其学术研究》第一章第二节"焦竑之著述考"①。以《澹园集》《焦氏笔乘》为主要文献依据，辅以今人研究之二手资料，对焦竑易学，特别是对他就《易》与三教关系展开的思考进行述评，希望借此发掘出焦竑易学思想之新精神与新风貌。

二、研《易》体例及方法

　　如前文所引《年谱（简编）》，焦竑对《易》的关注始于其 20 岁初见苏轼《易书》二解，这成为他日后学《易》、用《易》、治《易》的契机。焦竑的晚年生活与《易》有着密切联系：焦竑致仕回乡后，恰巧李贽从黄安回到南京，二人遂兴起读《易》之会，与会者 6 人，一面读《易》，一面研讨性命之学；万历二十七年（1599），焦竑与李贽一起进行《九正易因》的删定工作②；时人陈懿典在为焦竑所作七十寿序中说"行年七十而昕夕披诵，不减少壮。……自少壮而老，恒如一日。同乾之刚，同乾之健而自强不息也"③。这虽不是焦竑的自述，但通过其门人弟子的记述，对于研究焦竑的学术思想同样具有重要的参考价值。

　　焦竑晚年著有《易筌》6 卷，是其学《易》、解《易》之作，刊刻于万历四十年（1612）。需要提及的是，对焦竑易学的探析首先应该重视对《易筌》文本的发掘，但同时也要注意到，古人的治《易》活动大多是与其生命历程有着密切关联的，因而除了易学专著外，还应深入发掘他们的笔记、文集类资料，以求开掘"二重证据法"之新意。通过检索焦竑主要著作后发

①　林桐城：《焦竑及其学术研究》，花木兰文化出版社 2010 年版，第 32—46 页。
②　李剑雄：《焦竑评传》，南京大学出版社 1998 年版，第 49 页。
③　（明）陈懿典撰：《寿尊师焦先生七十序》，《陈学士先生初集》卷 5，《四库禁毁书丛刊》集部第 79 册，北京出版社 1998 年版，第 28 页。

现，在《澹园集》和《焦氏笔乘》等著作中亦蕴含着丰富的易学思想，以下就其作品的初刻时间顺序简要论述其易学思想的演变过程。

《焦氏笔乘》为焦竑的学术笔记，共1000余条，内容包括了经、史、子、集、佛、道、医、方等，书中既记录了他考据学研究的诸多成果，也记录了他不少重要的思想观点及学术活动，是研究焦竑哲学思想与考据学成就的重要文献。此书有正集6卷，初刻于万历八年（1580），后经补充与别集6卷合刻于万历三十四年（1606），别集未见传本。该书有《周易举正》《子夏易说》《飞遁》《希夷易说》《佛典解易》《古易》《龟山不轻解易》等条目，从这些条目中，可以看出焦竑易学研究的领域相当广泛，他在《周易》版本、融佛入《易》、《易》音、《易》象等方面的研究多有创获。其实，上述领域的易学研究，也可以视作焦竑早期研《易》的学术积累，正是这些积累为他后来创作《易筌》打下了坚实的基础。

《澹园集》是研究焦竑学术思想最为重要的文集汇编，该书又名《欣赏斋集》，正集有49卷，续集35卷，另有别集若干卷。正集刻于万历三十四年（1606），续集刻于万历三十九年（1611），别集仅见于文献著录，未见原书，不知有无刻本。从《〈伏羲图赞〉序》《〈易纂言〉序》《答乐礼部》《答邓孺孝》《刻〈苏长公集〉序》诸文的讨论中，可以得知焦竑不仅深谙《易》理，而且对于易学在历史上的发展演变也非常了解，《〈易纂言〉序》有云：

> 易者，象也。昔圣人赜天下之故，穷造化之隐，而其妙有难以示者。于是拟诸形容，若身与物，皆取而寓之于象。象立而易斯见矣。盖不求之显则幽不阐，不取之近则远不明。古六十四卦，三百八十四爻，皆象也。触类可为其象，合义可为其变，而辞与占皆举之矣……吴幼清氏洞契于斯，作纂言一编，总若千万言，而一决之象，超然卓诣，绝不为两可之词，稽疑抉奥，契于我心者抑何多也。学者执是以求之，则可以见羲文之心，见羲文之心则能见天地之心矣。羲文之心

即天地之心，而天地之心即吾心也。见吾心则见易矣。①

引文开宗明义阐明易就是象，"象立而易斯见矣"，足见焦竑对象数易学的推崇。因为象的意义在于帮助人们触类旁通，将一类事物的共同属性合并后就能把握到易之变化的精义，而文辞和占筮仅仅是帮助理解的便宜之举。进而，他又举元代易学家吴澄的《易纂言》为例，提出了"总若千万言，而一决之象"的论断，可谓是对吴氏易学作了提纲挈领的总结，而其中"文义之心、天地之心、吾心"的阐发，以及"见吾心则见易"的评价，又能看出焦竑的思想也带有较为鲜明的心学色彩。

《易筌》一书有正文 6 卷，另卷前有《易筌序》，后有《附论》。透过《易筌》可以看到焦竑博采众说以诠解《易》之方式丰富至极，有引先秦诸子之言以解《易》、引儒者之言以解《易》、引《说文》以解《易》、引经史之言以解《易》。在《易筌》之后的《附论》中，焦竑又论《易》经传之分合、重卦之人、论《系辞传》之"大衍之数"、论河图洛书之数等。焦竑治《易》较为新颖之处在于，他把《乾·文言》《坤·文言》放在《乾》《坤》两卦经文之中，《象》《彖》反而放到六十四卦相应卦辞之后，然后逐卦进行阐释。《易筌》的卷次排列如下：

卷 1：乾、坤、屯、蒙、需、讼、师、比、小畜、履、泰、否、同人、大有

卷 2：谦、豫、随、蛊、临、观、噬嗑、贲、剥、复、无妄、大畜、颐、大过、坎、离

卷三：咸、恒、遁、大壮、晋、明夷、家人、睽、蹇、解、损、益、夬、姤、萃、升、困、井、革

卷四：鼎、震、艮、渐、归妹、丰、旅、巽、兑、涣、节、中孚、

① （明）焦竑撰，李剑雄点校：《易纂言序》，《澹园集》，中华书局 1999 年版，第 811—812 页。

小过、既济、未济

    卷 5：系辞上、系辞下

    卷六：说卦、序卦、杂卦

    卷 7：附论

将《文言》《象》《彖》置于经文中的做法，可以看出焦竑"以传解经"的释《易》方法，同时结合其《〈易纂言〉序》中的象数易学立场，也可见《易筌》一书的基本易学体例。

除上述易学基本体例外，焦竑还博采诸家思想和典籍用来佐证、阐释其易学观点。例如，《诗经》《尔雅》《论语》《庄子》《楚辞》《列子》《韩非子》《春秋左传》《谷梁传》《考工记》《淮南子》《史记》《法言》《说文解字》等诸家学说典籍，在《易筌》中都有不同频次的出现。这既足以说明焦竑思想、学术储备的广博程度，也可以看出焦竑试图融通百家、考据求真的易学思想表征。

清代四库馆臣曾将传统易学的治《易》方法论总结为"推天道以明人事"①，意在强调治《易》的最终目的应关乎人伦日用。因为，《易》所关注的并非仅仅是形而上的玄妙高思，同时也应包含指导人们趋吉避凶的生产生活规则，真正能"切于民用"②。焦竑虽然对象数易学非常精通，但对易学"推天道以明人事"的功能与目的同样非常熟悉，这在他为学治《易》的过程中体现得尤其明显。焦竑任皇长子东宫讲读官时曾著《养正图解》，作为嗣君课外辅导读物，《养正图解序》云：

    独念四子五经，理之渊海，穷年讲习，未易殚明。我圣祖顾于遗文故事拳拳不置，良由理涉虚而难见，事征实而易知。故今古以通之，图绘以象之，朝诵夕披，而观省备焉也。某诚不自揆，仰遵祖训，采

① （清）永瑢等：《经部·易类一》，《四库全书总目》卷1，中华书局1965年影印本，第1页。
② （清）永瑢等：《经部·易类一》，《四库全书总目》卷1，中华书局1965年影印本，第1页。

古言行可资劝诫者，著为图说，名曰《养正图解》。……夫圣须学也，学须正也，而功必始于蒙养。①

焦竑著《养正图解》的直接动机，是希望凭此书培育、告诫储君如何成为一名理想的贤君圣主，其实这也是儒家一贯的政治理想。鉴于皇长子的年龄和智力水平，且道理虚而难见，而事物则实在易知，所以焦竑"图绘以象之"，这里不仅体现出其教育思想，更能够看出他重"征实"、以象见理的思路，是典型的易象思维。而"学须正也，而功必始于蒙养"的观点则明显来源于《周易》之《蒙》卦，其《象》曰："蒙以养正，圣功也。"②

焦竑自撰《易筌序》，对《易》的"经世致用"特征特别重视。他说：

圣人之微言备载于《易》，所谓穷理尽性至命之书也。儒者习而弗察，而易浸不传。于是矜激于名义，没溺于训诂，而失弥于远矣。二氏因驾其说而与儒角。不知皆儒之固然也。善乎李觐之言。无思无为之义晦而心法胜，积善积恶之识泯而因果作。譬诸饥渴之饮食，不可一日无，二氏乘其饥渴而鼓行之，焉往而不利。余窃非之，晚而学《易》戛戛乎，难入也。时群同志谓焉，研味久之，知禔躬涉世穷深入微理无弗具，而异学之果无以为矣。会同学者渐以散去，所闻恐至于遗忘，辄命儿子籍记之，为就正之地。嗟呼！是编出，学者知二氏所长，乃《易》之所有。而离类绝伦不为国家者，则《易》之所无也。彼攻乎异端者，其病可少疗已乎。③

---

① （明）焦竑撰，李剑雄点校：《养正图解序》，《澹园集》卷15，中华书局1999年版，第144页。
② （三国魏）王弼、（晋）韩康伯注，（唐）孔颖达等正义：《蒙·象》，《周易正义》卷1，（清）阮元校刻《十三经注疏》，台湾艺文印书馆2001年影印本，第23页。
③ （明）焦竑撰：《易筌》，《四库全书存目丛书》经部第14册，齐鲁书社1997年版，第520—521页。

通过《易筌序》，可以看到，焦竑认同《易》为圣人立言之书，关乎道德性命，体贴圣人立言之旨趣。在他看来，汉、唐、宋、元以来诸儒注重名教、文字考释的治《易》方法，全然脱离了《易》所承载的"道统"，佛、道两家之学和儒学之间的角逐，完全是没必要的举动，儒、释、道三家之学实则"同归而殊途"①，同样的概念范畴在儒家文化系统中甚至比释道两家更加超类绝伦。在《易筌序》中，焦竑还指出，易学理应关乎国家、民众命运，否则，不能称其为《易》。如此认识，便在很大程度上决定了，焦竑易学的思想结构中不可避免地会体现对社会政治和百姓命运的现实关怀。

三、易学与三教同一论

明代晚期社会普遍流行三教会通或三教融合的思潮与实践，也是当时学界普遍关注的思想文化现象。对三教同异的评价，可以说是焦竑易学思想中的重要组成部分。有关三教同异及三教合一的历史线索，前人已有详尽叙述，此处不再赘述。接下来，仅就焦竑三教同异论的立场归属，以及焦竑三教观与其易学思想之关联试做一简要的探讨。

三教会通或三教融合有着悠久的历史渊源和发展过程，当代学人钱新祖将之称作"宗教折中"，这一特殊的历史文化现象在晚明社会则突出地表现为"从传统出发创新"，其所谓的"传统"即是衍生自《周易》"殊途同归"的一种表达方式。②钱新祖在此注意到了三教折中可一的思想共通点。但是，如果从分析明代的思想特征入手，对于三教之间关系的认识可能会呈现出更加清晰的历史画面感。

我们知道，明代思想的突出特征表现为程朱与陆王两派的争衡，正如吕坤所言"近日学问，不归陆则归朱，不攻陆则攻朱"③。程朱和阳明之学

① （三国魏）王弼、（晋）韩康伯注，（唐）孔颖达等正义：《系辞下》，《周易正义》卷8，（清）阮元校刻《十三经注疏》，台湾艺文印书馆2001年影印本，第169页。
② 钱新祖：《焦竑与晚明新儒思想的重构》，东方出版中心2017年版，第3页。
③ （明）吕坤撰，王国轩、王秀梅整理：《答姜养冲》，《去伪宅文集》卷4，《吕坤全集》，中华书局2008年版，第217页。

的形成或多或少都与释、道二家有着密切的学理联系。黄宗羲在《明儒学案·姚江学案》中论述王阳明心学的发展进路时，曾谓"其学凡三变始得其门"。这三变是由泛涉词章而"遍读老亭之书"，但从程朱理学"无所得入"，于是"出入于佛、老久之"，最后，"忽悟格物致知之旨，圣人之道，吾性自足，不假外求"，终于造就了"心即理"的"致良知"的信念。① 这个结论确实是根据王阳明一生治学的实际状况总结得出的。

但是，如果稍微考察一下明代中后期在思想文化领域较为活跃、较有成就的学者文人，他们不管是不是王阳明心学的景从者，几乎都有类似的学思历程，即因王朝功令和考试进身之需而首选孔孟、程朱之书，同时又根据不同时期的人生经历，在各自思想的发展中自觉不自觉地掺杂浸染了佛、老二氏之学，从而形成了颇有个性的独立识见。师从王学的学者文人则更是如此，焦竑亦不例外。特别是到了晚明，由于利玛窦等一批西方学者的到来，较开明的士大夫又不同程度地接触了泰西之学，学术内容则更加呈现出多元化的特征。

焦竑自然不能"免俗"，其治学也涉及了若干泰西之学术。这在利玛窦相关著作中有相关的叙述：

> 当时，在南京城里住着一位显贵的公民，他原来得过学位中的最高级别（状元），中国人认为这本身就是很高的荣誉。后来，他被罢官免职，闲居在家，养尊处优，但人们还是非常尊敬他。这个人素有我们提到过的中国三教领袖的声誉。他在教中威信很高。②

利玛窦将儒、释、道三家理解为西方意义的宗教，这是否符合三派的原始宗旨，此处暂且不论，但通过利玛窦的论述，确实可以窥见焦竑当时在明代文

---

① （清）黄宗羲著，沈芝盈点校：《姚江学案》，《明儒学案》（修订本）上册卷10，中华书局2008年版，第180—181页。

② ［意］利玛窦、［法］金尼阁：《利玛窦中国札记》著，何高济、王遵仲、李申译、何兆武校，中华书局1983年版，第358—359页。

人心目中享有极高的地位。这不仅缘于焦竑崇高的人格魅力，更因为焦竑在当时流行的三教会通中起到了极佳的学术典范作用。

其实，论及三教会通，首先必须阐明三教在何种层面、何种意义上才能会通。对于这一重要的学术问题，台湾地区学者林钦经在《论焦竑会通三教思想》一文有较深的论述，"回溯历代三教会通思想之发展，可以其心性本体义涵之融通与否为判准，而能就心性论述三教会通思想在唐、宋时已蔚为风潮，时至宋、明，为儒学复兴时期，排二氏、辨异同之论每为儒者所重，此学风至王阳明则有较大之转折。阳明不严斥佛、老，反而从包容理解角度，肯定佛、老之优点，再强调儒家之胜出处，其对二氏宽容含摄态度影响其后学，使明末三教会通氛围更为加温"①。应该讲，王阳明对待佛老的态度，在焦竑处也同样适用。如此，焦竑成为三教领袖便不难理解。而"以其心性本体义涵之融通与否为判准"，则向我们展示出三教宗旨的差异，正在于心性论层面不同的致思方式和处世原则。因此，三教会通除了基础性的语言文字互释互证外，最为关键之处在于对三教心性理论的折中调和，而焦竑对三教调和的努力从其采用的援佛、老入《易》的治《易》方法中可见一斑。②

收录于《焦氏笔乘》中的《支谈》3卷，就集中地谈到了心学与孔、老、释三教之间关系应该如何调适的问题。《支谈中》记：

> 《易》曰："无思也，无为也。寂然不动，感而遂通天下之故。"夫内无思则心不知心，外无为则身不知身。内不见心，外不见身，则寂然不动；感以寂通，则不以心知，不以身为。无思而无不知，无为而无

---

① 林钦经：《论焦竑会通三教思想——兼比较焦竑与林兆恩之会通思想》，台湾《"中央大学"人文学报》2012年第49期。

② 《易筌·附论》曰："班固《汉书》云：'易道深矣，人更三圣，世历三古。'以伏羲为上古，文王为中古，孔子为下古也，与周公绝无干涉。故系辞传累举庖羲、文王，而略不及周公，亦自可见。扬子云曰：'宓羲絭络天地。经以八卦。文王附六爻，孔子错其象，象其辞，然后发天地之藏，定万物之基。'班、扬去古未远，较世儒所传当得其实。"可见焦竑遵从《易》为孔门所创的观点，故其三教调和仅援佛老入《易》。

不为，是谓通天下之故，此即常应、常净之说也。①

在焦竑看来，《易》由身心讲"无思""无为"，期冀达到"无不知""无不为""通天下"的效用，而对于自我身心的涵养，似乎有些过犹不及，或者容易使人陷入玄思，操劳神形，因此，他主张道家学说中关乎"常应""常静"之说，这样就能在关乎《易》的诠释、解读方面不至于"神乎其神"。除沟通《易》《老》外，焦竑对佛《易》一致也作出了积极的回应，他说：

> 《易》曰："圣人以此洗心，退藏于密，吉凶与民同患。神以知来，智以藏往。"心者七情之根，有喜、有怒，有爱乐，非心体也。涤情归性，谓之"洗心"。心不离情，精纯自注，谓之"退藏于密"。在我知此，则涉世而未尝涉世，谓之"吉凶与民同患"，内无我，外无物，则其始无知，故曰，"神以知来"，其终无终，故曰"智以藏往"。
>
> 《易》言"复以自知"，又言"复则不妄"，复者回光自照也。盖反本还源，方为自知；反本还源，方为无妄。若非鞭心入里，而空事多闻，定复何益？故云："阿难多闻，总持积秽，不登圣果；息缘反照，暂时即证无生。"②

在这两段引文当中，焦竑援引《大正藏·禅源诸诠集都序》的"复性"之说，主张"直指本心""反求诸己"的"心学"工夫论，并对佛学层面的心性"修持"、相关果位的设定以及"智慧"产生于"心"的观点表示赞同，进而认为佛学与易学在关乎"心"的层面着实有着共通之处。由此可以发现，在焦竑的思想体系里，《易》的文辞是古代圣贤"洗心藏密"的经验总结，同时《易》的心性理论与佛学的修养工夫在根本上都属于心性的契合，

① （明）焦竑撰，李剑雄点校：《支谈中》，《焦氏笔乘续集》卷2，中华书局2008年版，第288页。
② （明）焦竑撰，李剑雄点校：《支谈中》，《焦氏笔乘续集》卷2，中华书局2008年版，第289页。

这也是他主张《易》佛会通的一个重要理论支点。

焦竑以《易》之"无思无为""感而遂通天下之故",以及"洗心藏密""复则不妄"来沟通儒、释、道三家的心性理论,在一定程度上打下了三教可一、三教同一的理论前提。如他所说:

> 道一也,达者契之,众人宗之。在中国者曰孔孟老庄,其至自西域者曰释氏。由此推之,八荒之表,万古之上,莫不有先达者为之师,非止此数人而已。昧者见迹而不见道,往往瓜分之而又株守之。①

焦竑以中国人所熟悉的"道"为例,指出此道不论何时何地,古今中外皆"一也",在中国表现为孔孟老庄之道,而在西方则是佛教思想,而古今八荒的先达者又非仅有这几人,蒙昧的人只能得见迹象却无法得观大道,往往分裂大道又墨守成规。从这段论述可以看到,焦竑确实是一个思想开明,不拘一格的文化学人,其思想主张与当时的李贽、耿定向乃至后来的方以智等人有着高度契合。有着这样的思想基础,在焦竑等人的努力之下,会通三教的思潮蔓延开来,逐渐地成为晚明最为显著的社会特征之一。

但是,这是否可以得出焦竑的思想主轴是三教归一的结论?关于这个问题的答案,还需回到焦竑的文本中去加以探寻。在为和他生活在同一时期的著名学者管志道所作的《管东溟墓志》中,焦竑写道:"大归冀以西来之意,密证六经,东鲁之矩,收摄二氏,以是行于己,亦以是言于人。"②管志道生前力主三教合一之论,但从这段记述中可以看出,管志道的思想核心仍是以儒学统摄佛道,并未真正地做到三教一致平等。显然,这种三教关系并非是焦竑所追求的。

既然管志道式的三教合一并非是焦竑所期许的理想模式,那么,他心中的三教互通之道又是怎样的?他在《支谈上》中说:

---

① (明)焦竑撰,李剑雄点校:《赠吴礼部序》,《澹园集》卷17,中华书局1999年版,第195页。
② (明)焦竑撰,李剑雄点校:《澹园集续集》卷14,中华书局1999年版,第1047页。

性命之理，孔子罕言之，老子类言之，释氏则极言之。孔子罕言……然其微言不为少矣，第学者同习白纷，翻成玩狎；唐疏宋注，锢我聪明，以故鲜通其说者。内典之多，至于充栋，大抵皆了义之谈者。……故释氏之典一通，孔子之言立悟，无二理也。张商英曰："吾学佛然后知儒。"诚为笃论。[①]

如前所述，三教异同的讨论需着眼于三教心性理论的基础之上。焦竑认为读佛经有助于理解孔子之说，主要有两个原因：其一是性命之学在儒、释、道三家中，佛典讲得最详尽；其二是三家学说皆不离性命之理，因此可以互相贯通解释。从以上材料可以大致窥测出，焦竑基于易学心性理论调和三教的尝试，为的是实现三教和平相处、共同发展，而绝非是谋求三教的合并归流。所以，焦竑的真实宗旨应该是倡导三教同一道，并非是一般意义上的三教合一。

第三节　智旭的易学思想

智旭（1599—1655），字藕益，号八不道人，又称灵峰老人，为明末高僧。智旭少时初习儒书，乃发灭释老之誓，曾经撰述《辟佛论》数十篇，但在读到云栖袾宏的《自知录序》及《竹窗随笔》之后，开始笃信佛教，尽焚所著辟佛之论。24 岁时，智旭随憨山弟子雪岭剃度出家，从此博涉诸宗，力主禅、教、律三学融合，佛、道、儒三教一致，与憨山德清、紫柏真可、云栖袾宏并称为明代"四大高僧"。智旭作为高僧，佛学著述甚丰，所著佛教典籍的目录学著作《阅藏知津》44 卷，是研习诸经进阶的重要著作。同时，其治《易》也有突出的成就，本于"诱儒以知禅"的初衷，撰《周易禅解》一书。全书共 10 卷，卷 1 至卷 7 是为解经之作，阐发六十四卦《易》

---

① （明）焦竑撰，李剑雄点校：《支谈上》，《焦氏笔乘续集》卷 2，中华书局 2008 年版，第283—284 页。

理；卷8、卷9为解传之作，阐释《系辞上》《系辞下》《说卦》《序卦》《杂卦》诸传；卷10附有《图说》8篇，以佛理简要解读《易》图，确为禅《易》会通的集大成之作。

一、《周易禅解》的易学观

《周易》是极深而研几之书，寄寓了深刻的圣人之道。智旭虽为僧人，但对《周易》却格外重视，所以不论是在日常生活的杂著中，还是在佛经注疏相关著作里，他都不断地引用《周易》以申说己意：

> 《易》其至矣乎！夫《易》，乃圣人所以崇德而广业也。……盖自天地设位以来，而《易》理已行于其中矣！但随顺其本成之性，而不使一念之或亡，则道义皆从此出，更非性外有少法可得也。……《易》理不乱，太极不乱，阴阳不乱，则天下之至动亦何可乱乎？是以君子当至赜至动中，能善用其拟议，拟议以成变化，遂能操至赜至动之权。①

在智旭看来，"自天地设位以来，而《易》理已行于其中"，人居于此天地之间，"随顺其本成之性，而不使一念之或亡，则道义皆从此出，更非性外有少法可得也"。以此观念来看，便符合佛教教义所说的，只要不失现前一念之心，方能寻找人的本来面目，这"现前一念""本来面目"也只是在天地设位的一人一身之中。因"天地设位"自有《易》理，其间亦自有佛理，《易》理和佛理并无二致。圣人见天下之迹，象其物宜，拟物之形容而作《易》，设爻辞、系辞以昭示其变化吉凶，深意寓于其中。所以，天地一切，从物象之迹、到阴阳、太极，乃至于《易》，都不外乎在人之一心当中。

由于有上述观念，在注解《周易·系辞上》"夫易，圣人之所以极深而研几也。唯深也，故能通天下之志；唯几也，故能成天下之务；唯神也，故

---

① （明）智旭著，方向东、谢秉洪校注：《系辞上传》，《周易禅解》卷8，广陵书社2006年版，第172页。

不疾而速，不行而至"①一章时，智旭说：

> 《易》之为书，乃圣人所以极深而研几者也。苟极其深，则至精者在我，而能通天下之志。苟研其几，则至变者在我，而能成天下之务。苟从极深研几处悟其无思无为寂然不二之体，则至神者在我，故能不疾而速不行而至矣！谓圣人之道不全寄于《易》书中可乎？今有读《易》而不知圣人之道者，何异舍醇酿而味糟粕也。②

《周易》既为圣人极深研几之作，则圣人之道自然全在《周易》之中。然而，若要能极其深，研其几，则又只能内求于己，而无法借助任何旁人。毕竟，至精者在我，至变者在我，能寂然不动、感而遂通，乃至不疾而速、不行而至，皆在于个人是否能够体悟到圣人借助爻、象、辞而寄寓在《周易》中的深意。所以，在智旭看来，读《易》而不感悟圣人之道，仅仅专注于爻、象、辞的变化，一味讲究争辩，不论是汉代的象数之《易》，或者是宋儒的义理之《易》，都没有触及圣人之道的核心，只是陷入外在表象，夸夸其谈，盲目争论而已。可当时普遍存在的情况却是，绝大多数人正以各种世间之法谈论《周易》，纷纷自我标榜为正宗。

智旭之所以肯定《周易》为圣人所作，除了源于其研《易》心得和感受外，也与他深厚的佛学修养有密切关系。因为对天台教义十分精熟，智旭在解读《周易》时化用了诸如"一念心""观心释""六即""四悉檀"等大量的佛教教义。《维摩经玄疏》卷1有云：

> 如是等一切论，无不依四悉檀而造义。问曰："诸论天人所有经书依何而造？"答曰："法身菩萨住诸三昧，生人天中为天人师，造论作诸

---

① （三国魏）王弼、（晋）韩康伯注，（唐）孔颖达等正义：《系辞上》，《周易正义》卷7，（清）阮元校刻《十三经注疏》，台湾艺文印书馆2001年影印本，第155页。
② （明）智旭著，方向东、谢秉洪校注：《系辞上传》，《周易禅解》卷8，广陵书社2006年版，第178页。

经书。如《金光明经》云：'五神通人作神仙之论，诸梵天王说出欲论，释提桓因种种善论。'亦是诸番悉檀之方便也。故《造立天地经》云：'宝应声闻菩萨示号伏牺，以上皇之道来化此国。'又《清净法行经》说：'摩诃迦叶应生振旦，示名老子，设无为之教，外以治国；修神仙之术，内以治身。'彼经又云：'光净童子名曰仲尼，为赴机缘，亦游此土。文行诚信，定《礼》删《诗》，垂裕后昆。'种种诸教，此即世界悉檀也。"……问曰："世间何得有第一义？"答曰："此皆约世界悉檀通明四悉檀，非出世第一义也。"问曰："若佛、菩萨、老子、周、孔，皆是圣人，人教有何差别？"答曰："本地不可思议，何可分别？但迹教殊别，高下深浅，不可一概也。"①

智顗大师引《造立天地经》所云"宝应声闻菩萨示号为伏羲，以上皇之道来化此国"，又引《清净法行经》所说"摩诃迦叶应生振旦示名老子，设无为之教，外以治国；修神仙之术，内以治身"，"光净童子名曰仲尼，为赴机缘，亦游此土。文行诚信，定《礼》删《诗》，垂裕后昆"。上述内容无非强调，不论是伏羲、老子还是孔子，都是菩萨应众生之利益而变成与众生同类之形象，为佛教在中土的广泛传播夯实了文化方面的基础。智顗大师因人问："若佛、菩萨、老子、周、孔，皆是圣人，人教有何差别？"而答以："本地不可思议，何可分别？但迹教殊别，高下深浅，不可一概也。"其中所含"本虽无别，但迹教自有深浅高下之分"的看法，可以视为智旭儒佛合观思想来源的最好说明。《周易》自古便有是由"伏羲、文王、周公、孔子"所作的说法，智旭虽身为佛教高僧，谙熟天台教义，但又有很高的易学造诣，不难发现任何经典中都寄寓着圣人深意，因此自然会萌发出会通儒、佛的看法。

　　值得注意的是，对于传统的"《易》历四圣"观点，智旭是赞同的。

---

① （隋）智顗撰：《维摩经玄疏》卷1，《大正藏》第38册，台湾佛陀教育基金会出版部1999年版，第523页。

他说：

> 伏羲设六十四卦，令人观其象而已矣！夏、商各于卦爻之下系辞焉以断吉凶，如所谓《连山》《归藏》者是也。周之文王，则系辞于每卦之下，名之曰《彖》。逮乎周公，复系辞于每爻之下，名之曰《象》。孔子既为《彖传》《象传》以释之。今又统论伏羲所以设卦，文、周所以系辞，其旨趣、纲领、体度、凡例，彻乎性修之源，通乎天人之会，极乎巨细之事，贯乎日用之微，故名为《系辞》之传，而自分上下焉。①

因为孔子集伏羲、文王、周公三家易学之大成，"彻乎性修之源，通乎天人之会"，创作了"十翼"。所以，在会通《易》、佛之时，智旭多有引用《系辞》上下原文，从中也可以看出他对《系辞》的重视程度。

《易传》的作者究竟是谁，一直以来是传统易学研究史上争论不断的重要问题。智旭在注解《周易·说卦》时，就"乾为天、为圜、为君、为父……坤为地、为母、为布、为釜……艮为山、为径路……兑为泽、为少女……为妾、为羊"②一节内容，对这一问题进行了如下的分析。一般人认为，《说卦传》中的叙述内容过于混乱，"乾、兑、离、震、巽、坎、艮、坤"八卦，在天地间各自所代表的物象与义涵没有任何规律可循，而智旭却认为，八卦一章"尤见《易》理之铺天匝地，不间精粗，不分贵贱，不论有情无情"。③乾可以为天、圜、君、父、玉、金、寒、冰、大赤、良马、老马、木果；坤可以为地、母、布……子母牛、文、众、柄，乃至于八卦各可表天

---

① （明）智旭著，方向东、谢秉洪校注：《系辞上传》，《周易禅解》卷8，广陵书社2006年版，第166页。

② （三国魏）王弼、（晋）韩康伯注，（唐）孔颖达等正义：《说卦》，《周易正义》卷9，（清）阮元校刻《十三经注疏》，台湾艺文印书馆2001年影印本，第185—186页。

③ （明）智旭著，方向东、谢秉洪校注：《说卦传》，《周易禅解》卷9，广陵书社2006年版，第198—199页。

地万物。不仅如此，智旭更进一步地沟通《易》理与禅趣，将禅门话头，诸如"青青翠竹，总是真如。郁郁黄花，无非般若"，"墙壁瓦砾皆是如来清净法身"，"成佛作祖，犹带污名。戴角披毛，推居上位"① 等，与八卦表征的各种卦德和喻义联系起来，认为铺天匝地之《易》理与禅门之翠竹黄花、墙壁瓦砾，二者在表现出来的旨趣和"此意"方面是互通的。所以，八卦之卦德也可各自表现善与不善之意，并不会引起任何的冲突。他说：

> 健之善者，则为天为君。其不善者，则为瘠为驳。顺之善者，则为地为母。其不善者，则为吝为黑。下之六卦无不皆然，可见不变之理常自随缘，习相远也。然瘠、驳等仍是健德，吝、黑等乃是顺德，可见随缘之习理元不变，性相近也。②

将一卦之表善与否，与儒家信奉的"习相远""性相近"，以及佛教中"不变随缘，随缘不变"③ 的思想合而观之。以此为依据，智旭认为铺天匝地之《易》理，如果不是圣人孔子是无法描摹出来的。

《易传》是否为孔子所作这一问题，特别是自宋代以来一直有学人提出，成为传统易学研究中的一个公案。时至明代中后期仍有人就《易传》中不断出现的"子曰"二字，质疑《易传》非孔子所作，理由不外是若真为孔子所作，那么孔子必不会在文中自称为"子"。对于否定孔子作《易传》的观点，智旭则在对《周易·系辞上》"显道神德行，是故可与酬酢，可与佑神矣"④ 的注解中，提出了独到的见解：

---

① （明）智旭著，方向东、谢秉洪校注：《说卦传》，《周易禅解》卷9，广陵书社2006年版，第199页。
② （明）智旭著，方向东、谢秉洪校注：《说卦传》，《周易禅解》卷9，广陵书社2006年版，第199页。
③ （明）传灯撰：《净土生无生论》，《大正藏》第47册，台湾佛陀教育基金会出版部1999年版，第382页。
④ （三国魏）王弼、（晋）韩康伯注，（唐）孔颖达等正义：《系辞上》，《周易正义》卷7，（清）阮元校刻《十三经注疏》，台湾艺文印书馆2001年影印本，第154页。

人但知揲蓍为变化之数耳。若知变化之道，则无方之神，无体之《易》，皆现于灵知寂照中矣！故述传至此，特自加"子曰"二字，以显咨嗟咏叹之思，而《史记》自称"太史公曰"乃本于此。①

《易传》中在谈论揲蓍变化之数后，之所以会有"子曰：'知变化之道者，其知神之所为乎'"这样的评价，主要是因为圣人以此变化之道代表无方之神，无体之《易》，皆现于灵知寂照中，是感于天地之灵明，自加"子曰"二字，以显其咨嗟咏叹之思，而孔子在《易传》中自加"子曰"以抒发感慨的方式，也可以说是后来西汉司马迁作《史记》中的"太史公曰"所参考的重要来源。

在智旭看来，《易》理既广大到能铺天匝地，非圣人孰能为之，并对此发出了由衷的赞叹。他说："刚柔合德，忧乐相关，与求互换，见杂相循。起止盛衰之变态，乃至穷通消长之递乘，世法佛法无不皆然……令人学此《易》者，磕着砰着，无不在《易》理中也。"② 按智旭的理解，《杂卦传》之所以谓杂，足以阐明《易》中"刚柔合德""忧乐相关""与求互换"之理，"起止盛衰"之变、"穷通消长"之势，不论世法还是佛法，自治还是治人，不外乎此"杂而说之"之《易》理，如果不是大圣人就不能有此妙境化工之笔。

智旭非常重视《周易》中吉、凶、悔、吝这一组概念。在《周易禅解》卷9《周易·系辞下》中，他说：

夫吉、凶、悔、吝，皆由一念之动而生者也。一念之动，必有刚柔以立其本。一刚一柔，必有变通以趋于时。得其变通之正者则胜，不得变通之正者则负，故吉之与凶，唯以贞胜者也。此《易》中示人

① （明）智旭著，方向东、谢秉洪校注：《系辞上传》，《周易禅解》卷8，广陵书社2006年版，第177页。
② （明）智旭著，方向东、谢秉洪校注：《杂卦传》，《周易禅解》卷9，广陵书社2006年版，第201页。

以圣贤学问，全体皆法天地事理，非有一毫勉强。是故天地之道，一健一顺，各有盈虚消长之不同，皆以变通之正示人者也。日月之道，一昼一夜，亦有中昃盈虚之不定，皆以变通之正为明者也。天下之动，万别千差，尤为至赜，实不可乱，乃归极于变通之一正者也。①

在智旭看来，《周易》中所谈的"吉、凶、悔、吝"，都是由于人的一念之动所生。凡一念既动，则必有刚柔，以立其本，既有刚柔，就一定会有趋时之变通。因此，得变通之正者则胜、则吉，不得变通之正者为负、为凶。世间出世间的一切，乾坤阴阳健顺的变化，日月盈虚消长的差异，皆不出此一念之动，所以吉、凶、悔、吝的生成，均出于人之"一念之动"而已。

在卷9《周易·系辞下》中，他又说：

《易》卦之变动，不过以百姓之利言也。《易》辞之吉凶，不过以百姓之情令其迁善也。是故百姓之爱恶相攻而吉凶生，远近相取而悔吝生，情伪相感而利害生。此百姓之情，即《易》中卦爻之情也。凡《易》之情，近而相得则吉，不相得则凶。②

智旭认为，圣人所以作《易》，不过是将天地设位之初，即已存在于天地之中的《易》理，以卦、爻、象、辞等方式表达出来。存在于天地之中的《易》理，从深奥处论，则神鬼也不能预测；从平常处论，则百姓也可以了解。百姓能够了解《易》理，离不开圣人创立的卦、爻、象、辞，正如《周易·系辞下》所言"八卦以象告，爻象以情言"③。而圣人在《周易》爻辞中

① （明）智旭著，方向东、谢秉洪校注：《系辞下传》，《周易禅解》卷9，广陵书社2006年版，第183页。

② （明）智旭著，方向东、谢秉洪校注：《系辞下传》，《周易禅解》卷9，广陵书社2006年版，第194页。

③ （三国魏）王弼、（晋）韩康伯注，（唐）孔颖达等正义：《系辞下》，《周易正义》卷8，（清）阮元校刻《十三经注疏》，台湾艺文印书馆2001年影印本，第176页。

言吉和言凶，不论是以卦爻变化来论，还是以卦象所喻而谈，主要的目的也只是要人向善恶恶而已，"爱恶相攻而吉凶生，远近相取而悔吝生，情伪相感而利害生"①。而且，造成"吉凶""悔吝""利害"这几种结果出现的原因，例如"爱恶相攻""远近相取""情伪相感"等，都是出自人的一念之动而产生的善恶。所以，吉、凶、悔、吝皆出于人之一念，一切顺逆祸福亦无不出自于人之一心，心外更无别法。

吉凶与悔吝如此重要，应如何进一步认识？智旭则强调，吉凶全在一理字而已。"顺理者吉，逆理者凶也"②，"吉凶者，即失理得理之象也。悔吝者，乃忧于未然虑于事先之象也"③。一念心动顺理，则吉；一念心动逆理，则凶。圣人以《周易》示人以吉凶之理，简洁易晓，而悔吝则只是事情未发生之前的审慎与防范，如果圣人教人能在事情未发生之前而虑之、思之，那么仅止于悔吝而不至于陷入凶的境地。"平日善能乐玩，故随动皆与理合。纵遇变故，神恒不乱，自能就吉远凶。此乃自心合于天理，故为理之所佑，岂侥幸于术数哉？"④ 因为知吉凶之象则知进退之理，知悔吝之方则明进退之用，动静皆与理合，自能远凶而就吉，也就无须烦劳于种种方术以推测人的气数和命运。

因此，智旭认为圣人在《易》中所昭示的吉、凶、悔、吝、厉、无咎等无不包含着价值判断，明乎此才能趋吉避凶，不至于酿成大的祸乱。毕竟，《周易》以象爻言象辞之吉凶，而吉凶示人以失得之象，让人趋得而避失；悔吝则示人以小疵，故不致有大失；无咎，则示人善补其过，补过则归于得而非失。在智旭看来，"卦有小大，辞有险易，盖明明指人以所趋之理

---

① （三国魏）王弼、（晋）韩康伯注，（唐）孔颖达等正义：《系辞下》，《周易正义》卷8，（清）阮元校刻《十三经注疏》，台湾艺文印书馆 2001 年影印本，第 176 页。
② （明）智旭著，方向东、谢秉洪校注：《系辞上传》，《周易禅解》卷8，广陵书社 2006 年版，第 167—168 页。
③ （明）智旭著，方向东、谢秉洪校注：《系辞上传》，《周易禅解》卷8，广陵书社 2006 年版，第 168 页。
④ （明）智旭著，方向东、谢秉洪校注：《系辞上传》，《周易禅解》卷8，广陵书社 2006 年版，第 168 页。

矣！所趋之理即吉道也，自非全体合理，决不能有吉无凶"①，卦之所以有大小，位之所以有贵贱，辞之所以有险易，圣人寄寓的远近得失之理，恰恰是通过吉、凶、悔、吝、厉、无咎这样的断语让人了解到的，而世间的现实并非全为合理之事，这些在《周易》当中自然也就通过吉、凶、悔、吝、厉、无咎等反映出来。

二、以佛理诠释《易》理

毋庸讳言，智旭《周易禅解》最为突出的特色，在于援引佛教义理以诠解《易》理，其说不仅以"一念心"为核心观念一以贯之，同时，还不断地援引天台大师智顗于《维摩经玄疏》中所论作为解《易》的思想资源。智顗在《维摩经玄疏》卷1说：

> 第五约观心释五义者，一切万法本自无名，无名而有名者皆从心起，故心即名也。心为体者，众生心性即真法性，故云体也。心为宗者，此经云："如其心净即佛土净。"心即宗义也。心为用者，正观权巧折伏见爱，故名用也。心为教者，此经云："弟子众尘劳随意之所转。"即教相也。问曰："何俟约心释此五义？"答曰："此经《问疾品》云：'诸佛解脱当于众生心行中求也。'故《大智论》云：'佛为学问人从闻求解以树为喻，为坐禅人从心求道指身为喻。若因树生解是信行人，从身得悟是法行人。'《大智度论》评云：'有慧无多闻是不知实相，譬如大闇中有目无所见。'此人专修观解，不寻经论。又云：'有多闻无智慧亦不知实相，譬如大明中有灯而无照。'此人止寻经论，不修观解。又云：'多闻利智慧是所说应受。'此人外通经论，内观分明也。又云：'无闻无智慧是名人身牛。'夫圣人说法，深鉴机缘，一音所演，随根晓悟，若无道眼，岂可偏执一端？故说法门必须双举，庶几学者了

---

① （明）智旭著，方向东、谢秉洪校注：《系辞上传》，《周易禅解》卷8，广陵书社2006年版，第169页。

其明闇。"①

　　智旭《周易禅解》"约世道、约佛法、约观心"这一诠释模式与智顗所谓的
"约观心释五义者"有着内在的关联。"一切万法本自无名，无名而有名者皆
从心起"，及"心为体者，众生心性即真法性，故云体也。心为宗者，此经
云：'如其心净即佛土净。'心即宗义也。心为用者，正观权巧折伏见爱，故
名用也。心为教者，此经云：'弟子众尘劳随意之所转。'即教相也。"这是
智旭以心兼具"体、宗、用、相"思想的重要渊薮。

　　受"约观心释五义者"的启发，智旭《周易禅解》以心兼具"体、宗、
用、相"之义，从而达到了心统诸宗、兼具体用的目的。智顗所谓"《问疾
品》云：'诸佛解脱当于众生心行中求也。'故《大智论》云：'佛为学问人
从闻求解以树为喻，为坐禅人从心求道指身为喻。若因树生解是信行人，从
身得悟是法行人'"及"夫圣人说法，深鉴机缘，一音所演，随根晓悟"等
语，被智旭在《周易禅解》中不断地加以强化。在智旭看来，圣人之所以于
中土如此说《易》，也是因为深鉴当时中国之机缘，而随顺当时中土人士之
根机以晓悟其智慧，专说世间之法以寓其意，最终推导出《周易》颇具圣人
之深意的结论。世人"岂可偏执一端？"因而"说法门必须双举"，或作事上
解，或作观心解。由此不难看出，智旭以"出世法"的佛教义理诠解《周
易》的动机，除了他着力倡导的"诱儒以知禅"，更主要的是通过阐明圣人
随机说法，以及随根晓悟而作《周易》的过程，让世人知晓《周易》中蕴含
的圣人深意。

　　在说明为何"名为不即不异"时，智顗以"六即"和"四悉檀"分别
阐释佛家要旨。"六即"在理非殊，然其心所取之境相，则亦有不同。智顗
在《维摩经玄疏》卷1又说：

_____

① （隋）智顗撰：《维摩经玄疏》卷1，《大正藏》第38册，台湾佛陀教育基金会出版部
1999年版，第519页。

问曰："观心五义与经五义为一为异？"答曰："不即不异。"问曰：
"云何名为不即不异？"答曰："即理虽同，异义有六。一者理即，二名字
即，三观行即，四相似即，五分证真实即，六究竟即也。……此六即者
在理非殊。约其行解天人悬绝，岂得闻即便为一概。世间学门坐禅之人
苦不善解六即之殊多生叨滥，未解谓解未得谓得，堕增上慢起诸过罪。"①

智旭《周易禅解》中亦多有以"六即"喻六爻之例，特别是他在注解《乾》
《需》《观》《贲》等卦时，明显地受到了智顗"六即"思想的启发。

悉檀本为隋音胡语，翻为汉语，悉是遍，檀是施，佛祖以此四法遍施
众生，故言悉檀。所谓"四悉檀"，《大智度论》云："一者世界悉檀，二者
各各为人悉檀，三者对治悉檀，四者第一义悉檀。"② 其中，"第一义悉檀即
是究竟也"③，"究竟"一般形容至高无上的境界，具有对事物彻底极尽之意。
而"第一义悉檀"可以"不可说相"明之，"摩诃衍义偈中说：'语言尽竟，
心行亦讫，不生不灭，法如涅槃。'"④ "不生不灭，法如涅槃"，可以"不可
说相"，也可以"可说相"明之。"一切实一切非实，及一切实亦不实，一切
非实非不实，是名诸法之实相"⑤，此即所谓"四句法"，有四种分别，为可
说相。所以，不论"可说""不可说"，世间所有法都可以用"四悉檀"加以
概括，"是四悉檀摄八万四千法藏"⑥。可见，"四悉檀"是指佛说法的四种范

① （隋）智顗撰：《维摩经玄疏》卷 1，《大正藏》第 38 册，台湾佛陀教育基金会出版部
  1999 年版，第 519—520 页。
② [印度] 龙树菩萨造，（后秦）鸠摩罗什译：《大智度论》卷 1，《大正藏》第 25 册，台湾
  佛陀教育基金会出版部 1999 年版，第 59 页。
③ （隋）智顗撰：《维摩经玄疏》卷 1，《大正藏》第 38 册，台湾佛陀教育基金会出版部
  1999 年版，第 522 页。
④ [印度] 龙树菩萨造，（后秦）鸠摩罗什译：《大智度论》卷 1，《大正藏》第 25 册，台湾
  佛陀教育基金会出版部 1999 年版，第 61 页。
⑤ [印度] 龙树菩萨造，（后秦）鸠摩罗什译：《大智度论》卷 1，《大正藏》第 25 册，台湾
  佛陀教育基金会出版部 1999 年版，第 61 页。
⑥ （隋）智顗撰：《维摩经玄疏》卷 1，《大正藏》第 38 册，台湾佛陀教育基金会出版部
  1999 年版，第 522 页。

畴，也是可以用来"成就"教化众生的四种法门。由于这四种法门是针对众生的根机所需而设定的，因而能遍施一切众生。汉传佛教的天台宗对此有着系统、深刻的阐述，其中包括"第一义悉檀""世界悉檀""各各为人悉檀"和"对治悉檀"。《维摩经玄疏》反复申说的，"心源妙绝，万法幽玄"①，诸佛菩萨若不用之，则不能修三观而进道，也无法演说教门而度一切的，正是"四悉檀"法。

因此，"四悉檀"也就成为智旭《周易禅解》常用的佛教义理，在《周易禅解·序》中，智旭着重强调，自己如何通过援引"四悉檀"等佛教义理以解《易》的。例如，智旭在注《师》卦（䷆）时，对"四悉檀"中的"对治悉檀"及"第一义悉檀"作了充分的发挥："初六，师出以律，否臧凶。……佛法释者，初机对治之法，无过大小乘律。若违律制。则身口意皆悉不善而凶矣。六三，师或舆尸，凶。……佛法释者，不知四悉因缘，而妄用对治，反致损伤自他慧命。上六，大君有命，开国承家，小人勿用。……今对治功毕，入第一义悉檀，将欲开国承家，设大小两乘教法以化众生。"②在注《周易·益·彖》"与时偕行"时，智旭则以"四悉"喻之："番番四悉，名为与时偕行。"③既然"四悉檀"可摄八万四千法藏，那么在智旭看来，同样也可以援引阐发深奥的《易》理。

三、"千经万论"与"现前一念"

我们知道，儒佛合流作为一种社会、学术思潮，自魏晋南北朝开始，经过唐宋时期的发展，在明代后期业已趋向成熟。在智旭作《周易阐解》之前，明代有许多学者已经作了佛、《易》会通、以禅解《易》的尝试，如苏

---

① （隋）智顗撰：《维摩经玄疏》卷1，《大正藏》第38册，台湾佛陀教育基金会出版部1999年版，第520页。
② （明）智旭著，方向东、谢秉洪校注：《师》，《周易禅解》卷2，广陵书社2006年版，第35—36页。
③ （明）智旭著，方向东、谢秉洪校注：《益》，《周易禅解》卷5，广陵书社2006年版，第115页。

濬的《周易冥冥篇》，方时化的《易引》《易通》，徐世淳的《易就》与焦竑的《易筌》等，特别是徐世淳与焦竑的易著，以禅理和《易》理相沟通，倡导救世救心，在诸多会通佛《易》之作中尤为突出。在此基础上，智旭汇聚前贤成果，以佛教义理阐释儒家经典，历时5年撰成《周易禅解》一书。

但是，这一独出机杼的做法受到了当时来自儒、释两家人士的非议与质疑。面对儒、释两家的驳难，智旭在与马太昭居士的书信往来中，曾这样剖明心迹：

> 予向拈《周易禅解》，信无十一，疑逾十九。嗟嗟！我诚过矣！然察疑者之情，谓儒自儒，佛自佛。欲明佛理，佛经可解，何乱我儒宗？《易》果有禅乎？四大圣人岂无知者。《易》果无禅乎？尔何人斯，敢肆异说。噫！予是以笑而不答也。昔陆象山，始疑天地何所穷际？逮豁悟后，不过曰："东海有圣人出焉，此心同也，此理同也。南、西、北海有圣人出焉，此心此理，亦莫不然。"更不复谈及天地。岂非以无穷无尽之天地，总不出此心此理，故不复生有边无边诸戏论哉？《易》曰："范围天地之化而不过，曲成万物而不遗，通乎昼夜之道而知，故神无方而《易》无体。"夫《易》既范围曲成矣！何无体？既无体矣！以何物范围天地曲成万物？噫！试深思之，可谓《易》无禅邪？可谓圣人不知禅邪？……周子曰："太极本无极也。"亦可曰："阳本无阳也，阴本无阴也，八卦本无卦也，六爻本无爻也。"故曰"阴阳不测之谓神"也。阴阳设有方体，安得名不测也？论云："诸法无自性，无他性，无共性，无无因性，无性亦无性。无性之性，乃名诸法实性。"噫！此《易》邪？此禅邪？非《易》非禅邪？居士必能默识之矣！①

因为马太昭居士自幼留心于易学，且颇有造诣，智旭得以与他畅谈自己撰写

① （明）蕅益大师：《法语·示马太昭》，《灵峰宗论》，北京图书馆出版社2005年版，第148—149页。

《周易禅解》的心得和体会，向之倾吐被人质疑的苦衷与心声，由此我们也可以深入了解智旭创作《周易禅解》的基本态度。智旭认为时下人们"儒自儒，佛自佛"，大多是站在或儒或佛的立场上对《周易禅解》提出质疑：如果《周易》中真有禅，伏羲、文王、周公、孔子四大圣人岂能无知而不道一语？如果《周易》中没有禅，前贤何以持如此之说？上述质疑的杂音，看似两难，实则是没有深谙佛理与《易》理导致的。天地万物皆存乎此心，一切动静变化亦皆来自此心，不难发现，智旭这一儒、释无异的认识，明显是受到了阳明心学一派的启发："千万世之前有圣人出焉，同此心同此理也。千万世之后有圣人出焉，同此心同此理也。东南西北海有圣人出焉，同此心同此理也。"① 所以，智旭认为不论是《周易》还是禅，不论是儒还是佛，亦皆不外乎此心，"以无穷无尽之天地，总不出此心此理"。

不仅如此，智旭以诠解《咸》《恒》《既济》《未济》等卦对上述学理和认识作了进一步发挥。例如，《咸》卦（䷞），为艮下兑上之象，艮为山，兑为泽，山与泽皆为不动之物，《周易·咸·彖》曰："咸，感也。柔上而刚下，二气感应以相与。……天地感而万物化生，圣人感人心而天下和平。观其所感，而天地万物之情可见矣！"② 何以至此？智旭认为是"天地之二气感应以相与"，"此感应之正，所以吉也"，"约佛法者，艮为生，兑为佛，众生感佛既专，则佛说法应之；约观心者，艮为观，兑为境，观智研境既专，则境谛开发而得悦矣！世出世法，皆以感而成事，故可以见天地万物之情。"③《咸》卦由两个不动的"艮山兑泽"所构成，"圣人感人心"，皆是互动之意，但如果不从"感佛""观心"的立场出发，则无法理解悦"天地万物之情"的境谛。《恒》卦（䷟），为巽下震上之象，巽为风，震为雷，皆表不停之象，《周

---

① （宋）陆九渊著，钟哲点校：《杂著·杂说》，《陆九渊集》卷22，中华书局1980年版，第273页。

② （三国魏）王弼、（晋）韩康伯注，（唐）孔颖达等正义：《咸·彖》，《周易正义》卷4，（清）阮元校刻《十三经注疏》，台湾艺文印书馆2001年影印本，第82页。

③ （明）智旭著，方向东、谢秉洪校注：《咸》，《周易禅解》卷5，广陵书社2006年版，第92页。

易·恒·彖》曰:"恒,久也。刚上而柔下……天地之道,恒久而不已也。"①
《周易·恒·象》曰:"雷风,恒。君子以立不易方。"② 恒是"久","恒久而
不已",是"不易",皆是不动之意,而不动的《恒》卦却由两个不停的"巽
风震雷"所构成,智旭由此指出,"刚柔相济"是"造物生成"与"人事物
理"之常道。③

又如,《周易·既济·彖》曰:"既济亨,小者亨也;利贞,刚柔正而
位当也;初吉,柔得中也;终止则乱,其道穷也。"④《既济》卦(䷾),为离
下坎上,火下水上之象。水在上,火在下,故水降灭火,而火燃竭水。既
是水降而灭火,或者是火燃而竭水,何以称为既济?智旭则联系人事,从
安危治乱的角度加以解读,"祸每生于不测,患莫甚于无备故也,故必利贞
以持之。不然,方其初得既济,皆以为吉,终必以此致乱,不可救矣!如
水得火济而可饮可用,然设不为之防闲,则火炎而水枯,水决而火灭,不
反至于两伤乎"⑤,充分地说明君子如不"深思而豫防","方其既济,似未有
患,患必随至",终将陷入"其道穷"⑥ 的境地。对于《未济》卦,智旭着重
强调了辨之详明,居之斟酌的重要性。"如火性炎上,水性润下,此物之不
可不辨者"⑦,《未济》(䷿),水下火上之象,水在下,故为水润得所;火在
上,故是火炎上而顺性,"物之性不可不辨,方之宜不可不居,故君子必慎

---

① (三国魏)王弼、(晋)韩康伯注,(唐)孔颖达等正义:《恒·彖》,《周易正义》卷4,(清)
阮元校刻《十三经注疏》,台湾艺文印书馆2001年影印本,第83—84页。

② (三国魏)王弼、(晋)韩康伯注,(唐)孔颖达等正义:《恒·彖》,《周易正义》卷4,(清)
阮元校刻《十三经注疏》,台湾艺文印书馆2001年影印本,第84页。

③ (明)智旭著,方向东、谢秉洪校注:《恒》,《周易禅解》卷5,广陵书社2006年版,第
94页。

④ (三国魏)王弼、(晋)韩康伯注,(唐)孔颖达等正义:《既济·彖》,《周易正义》卷6,
(清)阮元校刻《十三经注疏》,台湾艺文印书馆2001年影印本,第136页。

⑤ (明)智旭著,方向东、谢秉洪校注:《恒》,《周易禅解》卷5,广陵书社2006年版,第
162页。

⑥ (明)智旭著,方向东、谢秉洪校注:《既济》,《周易禅解》卷7,广陵书社2006年版,
第162页。

⑦ (明)智旭著,方向东、谢秉洪校注:《未济》,《周易禅解》卷7,广陵书社2006年版,
第164页。

之也"①。

在举出《周易》看似矛盾诸多之卦后,智旭往往紧扣《周易·系辞下》中的"不可为典要,唯变所适"②,做一番义理方面的发挥,对后儒不知变通,拘泥理解《周易》卦辞、意象,而未明圣人作《易》之深旨的弊病提出了严厉批评。智旭认为,只有对《周易》"神无方而《易》无体"③、"不可为典要,唯变所适"等思想内涵有了基本理解之后,方能把握不易之为变易,变易之终为不易的真谛。"非无体之易理,不足以发无方之神知;非无方之神知,不足以证无体之易理"④,"易虽无体,无所不体"⑤,在"无方""无体"的前提之下,方有不易的可能,否则只是形而下的器,而非形而上的道。如果不知无方无体,那么太极、阴阳、八卦皆只是器;如果能知无方无体,那么太极非器,阴阳非器,八卦非器,"众物各体之八卦,即是天地男女之八卦,可见小中现大,大中现小。法法平等,法法互具。真华严事事无碍法界也"⑥,只有开除权教之执着,方能显示真实之义,毕竟"若开权显实,则彼所行亦即是菩萨道"⑦。所以,在智旭看来,由《易》之无方无体,可知《易》之亦权亦实,亦兼权实,亦非权实;《易》不只是《易》,同时也是禅,《易》既不是《易》,也不是禅。《周易》所包蕴的不易与变易之理,在很大程度上确实深得佛教"不变随缘,随缘不变",即诸法虽由因缘而生起,然

① (明)智旭著,方向东、谢秉洪校注:《未济》,《周易禅解》卷7,广陵书社2006年版,第164页。
② (三国魏)王弼、(晋)韩康伯注,(唐)孔颖达等正义:《系辞下》,《周易正义》卷8,(清)阮元校刻《十三经注疏》,台湾艺文印书馆2001年影印本,第174页。
③ (三国魏)王弼、(晋)韩康伯注,(唐)孔颖达等正义:《系辞上》,《周易正义》卷7,(清)阮元校刻《十三经注疏》,台湾艺文印书馆2001年影印本,第147页。
④ (明)智旭著,方向东、谢秉洪校注:《系辞上传》,《周易禅解》卷8,广陵书社2006年版,第170页。
⑤ (明)智旭著,方向东、谢秉洪校注:《系辞上传》,《周易禅解》卷8,广陵书社2006年版,第170页。
⑥ (明)智旭著,方向东、谢秉洪校注:《说卦传》,《周易禅解》卷9,广陵书社2006年版,第190页。
⑦ (明)智旭著,方向东、谢秉洪校注:《讼》,《周易禅解》卷2,广陵书社2006年版,第33页。

其体则为不变之旨。

如前所述,智旭以佛释《易》的方式是受到多方质疑的。就质疑者而言,往往视儒与禅为二端,中间无法打通,无非大都以为儒家自有儒家的义理,佛家自有佛家的教义,欲了解儒家义理,自可以从儒家典籍注解中寻求;要知晓佛学教义,也理应到佛教经典中深入开掘。抛却各自义理探求门径,以佛解儒,最终难免会以佛乱儒。时人这种非左即右、非上即下、非黑即白的一般世俗性的两极论思考模式,对智旭来说,正是佛门意欲破除的世间执着。智旭借着与旁人的问答,试图破除一般人儒自儒、佛自佛的执着心、分别心,说明一切的分别之见,也就颇具深意。有了一切分别只是起自我一念心妄动,并非事物的实相真有的基本理解之后,便同时回答了所有质疑他以佛解《易》,融杂儒、释者的疑惑。类似这种世间、出世间一切分别,都只是自我分别心的作用而产生的观念,智旭直接将儒、释、道三家并列,"三教圣人,不昧本心而已。本心不昧,儒老释皆可也。若昧此心,儒非真儒,老非真老,释非真释矣"①。在他看来,儒、释、道三教的圣人之所以为圣人,正在于其不昧本心而已。如果能做到不昧本心,那么儒、释、道三教就没有任何差异;而后人之所以有儒、释、道三教之分,也只是因为昧于三教圣人相同的本心而已。

为突出强调本心的作用,智旭将儒家的"学问之道无他,求其放心而已矣"②拿来作为话头,把儒家说的"求其放心"和僧人所问的"觅心了不可得"一并论之。他说:

> 学问之道,求其放心。心是何物?求者何人?觅心了不可得。祖许云:"汝安心竟,即能推者为心。"佛咄云:"此非汝心。"宗教释儒,一邪?异邪?同邪?别邪?于此瞥然会去,正好向上僧座下读上大人。

---

① （明）蕅益大师:《法语·示潘拱宸》,《灵峰宗论》,北京图书馆出版社 2005 年版,第 94 页。

② （清）焦循撰,沈文倬点校:《孟子正义》卷 23,中华书局 1987 年版,第 845 页。

如或不然，不免再下脚注。①

诚如禅门僧人追问心是什么？求心的人又是谁？依佛教教义而言，若真要去找寻这里所谓的"心"，其实是了不可得的。因为，这世间的一切皆是能所相依，主客并存的依存关系，没有实际独立的存在可言，觅心自然是了不可得，执着于有一个客体的心果真可被找寻，那么便与实相相去甚远。正是在这个意义上，智旭认为儒与释其实是此心同、此理同的，如果不能如实地理解心同、理同，则又不免再为儒、释各自下个自以为是的脚注定义，然后又会衍生更多不必要的是非争论。

对于时人将儒、释各自分观的思想立场，智旭以"泥其迹"譬喻。他说："善学圣人之道，贵得其神，不可泥其迹。神也者，妙万物而为言者也。故曰圣而不可，知之之谓神。然神岂迥在迹外哉？特不泥于迹耳！"② 在一定意义上，"善学圣人之道，贵得其神，不可泥其迹"中的神就是前文所说的本心。所以，不知儒、释、道三教圣人所同者便抛却这个不昧的本心，而偏要在各自的方便说法中找寻不同的地方，然后再强作分别，只能是"泥其迹"且"不得其神"。

由此，智旭则进一步把儒、释两家的兴衰消歇看作是相生相长的一种互动状态，他说：

> 佛法之盛衰，由儒学之隆替。儒之德业学问，实佛之命脉骨髓。故在世为真儒者，出世乃为真佛。以真儒心行而学佛，则不学世之假佛。何谓假佛？立门庭，尚施设，取悦耳目，不究极于心源，以衣钵为持律，消文贴句为演教，机锋偈颂为禅宗。名利存怀，偷心见刺，魔王长欢，大圣永叹。坏周室者，齐桓晋文耳！何谓真佛？破我法二执，观二空真如。自见其过，悯他犯过。举心动念，举足动步，皆为

---

① （明）蕅益大师：《法语·示听月》，《灵峰宗论》，北京图书馆出版社2005年版，第112页。
② （明）蕅益大师：《法语·示李剖藩》，《灵峰宗论》，北京图书馆出版社2005年版，第127页。

　　自出生死成菩提，亦令众生同出生死成菩提。是故持律，则开遮持犯，
　　洞了分明。性业遮业，誓求清净。阅教则辨体明宗，识用知相，若权
　　若实，深达指归。参禅则截断偷心，直明本性，识取纲宗，不存轨则。
　　虽三学圆明，仍能不知不愠。决不炫玉求售，不执己律人。惟随顺物
　　宜，应病与药，沤和盘若，双照并行。斯乃不负堂堂僧相，堪称出世
　　丈夫。佛恩既报，则宣圣之恩，君父檀信之恩亦报矣！①

　　其实，儒、佛之间的关系不仅并行不悖，而且相依相存。儒家的进德、修
业、问学，也正是佛教以另一种方式追求的骨髓命脉。如果在世间能成为真
正的儒者，那么出世间也能成为真正的阿罗汉。秉于上述认识，智旭将那些
只注重门庭施设，以衣钵为持律，以消文贴句为演教，以机锋偈颂为禅宗的
俗僧视为假佛。俗僧之所为终将导致名利存怀，不究心源，这与"破我法二
执，观二空真如"、不泥其迹而了知心源的真佛简直有霄壤之别。可以说，
智旭将儒、释两家关系看作相依相存、相助相长的正面关系，对于儒、释两
家学理的融合与贯通无疑具有十分积极的意义。

　　智旭也注意到对于经书的注解诠释，可能会受到语言文字表面差异的
蒙蔽而使心性难明。他说：

　　千经万论，求之语言文字，则转多转远；求之现前一念，则愈约愈
　　亲。盖一切经论，不过现前一念心之脚注，非心性外别有佛祖道理也。
　　然心性难明，故藉千经万论互相发明。今舍现前心性，而泛求经论，
　　不啻迷头认影矣！真明心性者，知经论是明心性之要诀，必不舍弃，
　　但看时知无一文一字不是指点此理，就所指处，直下从身心理会清楚。
　　如破我、法二执，的的破尽，不留分毫。辨"种""现""根""随"，则
　　使自心"种""现""根""随"，历如指掌。不使家贼作祟，是谓"不离
　　文字，而得观照"。不作文字解，不作道理解，便是真实参究。不论年

―――――――――――

① （明）蕅益大师：《法语·示石耕》，《灵峰宗论》，北京图书馆出版社 2005 年版，第 128 页。

月生劫，将三藏十二部，都卢作一话头。看来看去，人一能之己百之，人十能之己千之，看到牛皮穿破，眼睛突出，忽然无心契悟，方知与"麻三斤""干矢橛"，同是敲门方便。那时若不透尽千七百公案，不摄尽十方三世一切佛法，无有是处。①

在智旭看来，只从表面语言文字探求经论所藏真理，最终只能获得表象，与对真理的追寻势必渐行渐远。佛自有佛的教法，不可以佛解儒、以儒说佛，不可将儒、佛二者相淆等同。否则，便只知求其表象，泥其迹而不得其理。既然如此，如何探得知圣人作《易》之奥义？智旭强调，一切经论文字无非是现前一念心性的脚注，舍此则无任何道理可言。儒、释圣人立下这些经论文字，也是因为这现前一念心性难明，想要借此相互发明其所表达的真理，欲使人能明白自己的心性之所在。假如我们忘却自我心性，只从经论文字的表象中去搜寻，就自然会被归入"迷头认影"之列。

所以，就"经论"与"心性"关系而言，智旭认为二者同等重要。"知经论"是"真明心性"的基础，"千万经论"无一字一句不在点明"现前心性"。如果能"即文字而不泥于文字""人一能之己百之，人十能之己千之"，苦心参究，真心观照，那么不仅以禅解《易》并无不妥，以道解《易》亦无不妥。可以说，"藉千经万论"以求"现前一念"正是智旭创作《周易禅解》的核心理念。

四、《周易禅解》的易学方法论

前已言及，智旭不仅对明末出现的禅人狂肆无学的现象深恶痛绝，更对当时佛教宗派各是其是、各非其非的做法提出了严厉批评。在他看来，就《周易禅解》全书而言，确实存在着一个能够会通《易》、佛，且普遍性合乎禅、教、律诸宗共通的"以佛解《易》"的方法。而其所揭示的"以佛解《易》"之法，与"阳爻表慧、观、性，阴爻表禅定、止、修"有着义理贯通

---

① （明）蕅益大师：《法语·示圣可》，《灵峰宗论》，北京图书馆出版社 2005 年版，第 130 页。

之处，这正是智旭为整个佛学《易》传统所建立的最为重要、最为基础的方法论。

智旭指出，整部《周易》以阴、阳二爻的各种组合，表现出六十四卦、三百八十四爻的各种变化。如果能掌握阴、阳二爻在各卦之中的种种变化，并与其所以吉、凶、悔、吝之情形相配合，就能充分地理解整部《周易》某卦、某爻何以发生变化的原因，凭借卦和爻的各种变化，能够预测出人生的各种遭际与可能，并且能够从容地提出应对之方。智旭在《周易禅解》卷1《上经之一·乾》说，《乾》卦（☰）六爻皆阳，"若单约修德者，阳为智德，即是慧行"①，指出"阳"为智德慧行。又在同书卷1《上经之一·坤》中说，"六画皆阴，故名为坤。坤者，顺也。在天为阴，在地为柔，在人为仁，在性为寂，在修为止。……坤之六爻，皆约修德定行而言"②，强调《坤》卦（☷）六爻皆阴，为寂、为止，约修德为定行。由此可见，就"约修德"而言，"阳为智德慧行"，"阴为定行"。凡类属阳爻者，如乾、男、天、君等，为智德慧行；凡类属阴爻者，如坤、女、地、臣等，则为定行。

不仅如此，智旭认为可将整部《周易》与人之心体等而观之，《乾》卦阳爻所代表的是照、是慧、是观，《坤》卦阴爻所代表的则是寂、是定、是止。他说：

> 盖《易》即吾人不思议之心体。乾即照，坤即寂。乾即慧，坤即定。乾即观，坤即止。若非止观定慧，不见心体。若不见心体，安有止观定慧？……德行者，体乾坤之道而修定慧，由定慧而彻见自心之《易》理者也。③

---

① （明）智旭著，方向东、谢秉洪校注：《系辞上传》，《周易禅解》卷8，广陵书社2006年版，第4页。

② （明）智旭著，方向东、谢秉洪校注：《系辞上传》，《周易禅解》卷8，广陵书社2006年版，第14页。

③ （明）智旭著，方向东、谢秉洪校注：《系辞上传》，《周易禅解》卷8，广陵书社2006年版，第182页。

乾坤二卦和阴阳二爻可以与佛教中的"照寂""慧定""观止"的义涵一一对应，如果非止、观、定、慧，则不见心体。如果不见心体，哪里会有有止、观、定、慧？由此也可以顺势推出，如果没有乾、坤、阴、阳，不见《易》体。如果不见《易》体，乾、坤、阴、阳就不会存在。经此论证，智旭将《周易》中的乾、坤之道与佛教中的慧、定之修完全地匹配起来。

智旭上述的易学见解，同样表达在卷8解《周易·系辞上》"《易》卦虽多，不出乾坤。圣人体乾道而为智慧，智慧如男。体坤道而为禅定，禅定如女"①，以及卷9解《周易·系辞下》"男慧女定，不使偏枯，乃可以成万德也"②当中。在智旭看来，以阳爻配智慧，如男；阴爻配禅定，如女。只有男慧女定，不使偏枯于任何一边，才可能成为万物。所以中土圣人以阴阳二爻设卦作《易》之深意，与佛祖示人以定慧双修之道，都是意在使人明白此心此理。因此，如能定慧双修，阴阳合德，刚柔并具，那么都是通于天地之道，契合于圣人作《易》之理。在卷9解《周易·系辞下》中，他说：

> 有《易》理即有乾、坤，由乾、坤即通《易》理。如城必有门，门必通城。盖乾是阳物，在天曰阳，在地曰刚，在人曰知。坤是阴物，在天曰阴，在地曰柔，在人曰仁。③

十分明显，智旭将天、地、人三者贯而通之，阴阳、刚柔合而言之，而《周易》六十四卦的变化与大小、善恶、邪正、吉凶，无非是阴阳变化而矣。智旭深知整部《周易》的基础就在于各卦之间阴、阳二爻的种种变化，而佛教修行最重要且基本的要求，则是三无漏学，即戒、定、慧三学，在凡夫之身

---

① （明）智旭著，方向东、谢秉洪校注：《系辞上传》，《周易禅解》卷8，广陵书社2006年版，第167页。
② （明）智旭著，方向东、谢秉洪校注：《系辞上传》，《周易禅解》卷8，广陵书社2006年版，第188页。
③ （明）智旭著，方向东、谢秉洪校注：《系辞上传》，《周易禅解》卷8，广陵书社2006年版，第189页。

为有漏，有烦恼、垢染，在圣者之身则为无漏，无烦恼、清净。所以，他将《周易》的阴、阳二爻与佛门的戒、定、慧联系起来，以戒作为吉凶转变的关键，以阴爻对应禅定，以阳爻匹配智慧，于是以佛法通释《周易》之义理，成为佛门诸宗诸派所能共同遵行的方法论。

值得注意的是，有学者指出智旭的《周易禅解》有悖于《周易》本义。例如，在"《周易》的'以人为本'与《禅解》的'以神文本'；《周易》的'观物取象'与《禅解》的'易在物先'；《周易》的顺向'入世'与《禅解》的逆向'出世'"① 等方面表现得尤为明显，此论确有一定的道理。但是，如果联系到智旭所处的时代、所面临的社会与学术思潮以及"诱儒入禅"的目的，智旭上述种种为会通而有意或无意地"误读"，其方法未必不是崭新的尝试。当时智旭是否达到了此一目的，先姑且不论，至少这部作品中对佛与《易》之间概念和义理较为新颖的"误读"，为深入理解明末清初的儒佛关系提供了颇有价值的参考。

第四节　方以智易学思想

方以智（1611—1671），字密之，号曼公，别号无可、药地、墨历等，生于明万历三十九年十月二十六日（1611 年 11 月 30 日），安徽桐城方廷尉第，清康熙十年十月初七日（1671 年 11 月 8 日）卒于江西万安惶恐滩，年61 岁。② 方以智善《易》，素有家学，解《易》象数与义理兼顾。明末清初，三教融合的思潮已经弥漫到社会生活的各个领域，方以智将诸子百家、西传学术以及儒、释、道等融合在一起，以"公因反因"为核心，用易学的方法加以统摄，使宋明理学从狭隘的心性体验中摆脱出来，重新关注自然界和人类社会的诸多变化。作为方氏家族易学的集大成者，方以智不仅创建了别具一格的易学诠释体系，也因遭逢"天崩地解"的变局，其易学思想烙有十分

① （明）智旭著，曾其海疏论：《〈周易禅解〉疏论》，上海古籍出版社 2006 年版，第 162 页。
② 方叔文：《方以智先生年谱》，安徽师范大学出版社 2018 年版，第 1、234 页。

鲜明的时代印记。

一、治《易》成就述略

方以智曾自述其一生"跳南跗北，数履硇硇之刃"①。他30岁中进士，32岁任翰林院检讨；甲申年（1644）李自成陷北京，被捕复逃脱，漂流百越；丙戌年（1646）时曾一度任南明桂王永历朝经筵讲官，旋离去，遁迹闽湘桂黔间，隐居不仕；1650年，清兵擒之于广西昭平仙回山，被放后落发为僧；1652年北归，经庐山，回桐城，明年闭关南京高座寺；1655年父丧，破关奔丧桐城，庐墓三年；后云游江西，1662年入主江西青原山净居寺；1671年，清康熙十年辛亥，因广东某文案牵连，押赴问罪途中，死于江西万安县惶恐滩。方以智一生著述颇丰，但由于战乱及清朝文字狱的牵连致其著作损失大半，除《物理小识》《药地炮庄》于《四库全书》得见外，其余抄本均由其家族后人收藏保存。

关于方以智的生平及其学术著作流传整理等情况，《方以智全书》的编纂者已介绍得较为详尽②，兹不赘述。下面仅就与讨论关涉的桐城方氏易学著作及体现方氏易学思想的文献做一简要叙述。方以智与《周易》何以有不解之缘？一方面，方以智的十一世祖方学渐开创了方氏家族研《易》之风，而后十二世方大镇、十三世方孔炤等都对《周易》有着深入的研究，《周易时论合编》作为桐城方氏易学的集大成之作，凝聚了方学渐至方以智，亦包含方中通等十五世方氏学人的心血；另一方面，方以智诞生时，方学渐曾为他看相，取乳名"东林"，方大镇化用《周易·系辞上》"蓍之德圆而神，卦之德方以知，六爻之义易以贡。圣人以此洗心，退藏于密，吉凶与民同患"③一

---

①　（明）方以智撰，黄德宽、诸伟奇主编：《东西均记》，《方以智全书》第1册，黄山书社2019年版，第251页。

②　（明）方以智撰，黄德宽、诸伟奇主编：《方以智的生平思想及其著作整理》，《方以智全书》第1册，黄山书社2018年版，第1—94页。

③　（三国魏）王弼、（晋）韩康伯注，（唐）孔颖达等正义：《系辞上》，《周易正义》卷7，（清）阮元校刻《十三经注疏》，台湾艺文印书馆2001年影印本，第155—156页。

句，为之取名方以智，字密之。也可以说，这成为方以智日后研《易》、用《易》，乃至以《易》调和百家、融通儒、释、道三教的重要思想渊薮。

晚明时期桐城易学研究不仅人数众多，而且著作也颇为丰富。例如，方学渐有《易蠡》，方大镇有《易意》《野同录》，方鲲有《易荡》，吴观我有《学易斋集》，王宣有《风姬易溯》，方孔炤有《周易时论》，方以智有《图象几表》《易余》等。在方孔炤之前的大多桐城方氏易著散佚不存，所幸此前学人的易学片论在《周易时论》中有所保存，这也是《周易时论》一书被称为桐城方氏易学集大成之作的主要原因。今本《周易时论》一书由两部分组成：第一部分为方以智所著《图象几表》8 卷，乃方以智据杨时乔《周易古今文全书》"易学启蒙" 5 卷之图为主，旁及历代诸家易图或易说编著而成，分"图书"（卷 1）、"卦画"（卷 2）、"八卦"（卷 3）、"卦变"（卷 3）、"蓍策"（卷 4）、"卦序"（卷 4）、"旁征"（卷 5 至卷 8）7 部分，共集图 212 幅；另有方孔炤所著《周易时论》15 卷，诠解《周易》经传文字，因该书为象数易与义理易的集合体，又包含方氏学人的易学观点，全书又名为《周易时论合编》。①

除《周易时论合编》一书外，方以智有易学专著《易余》。该书一直以家传抄本的形式在方氏家族内部流传，中华人民共和国成立以后由方氏后人捐献给安徽省博物馆，2015 年出版第一个整理本②，《方以智全书》将其编入第 1 册。《易余》分上下两卷，全书开篇有《易余小引》及《三子记》，卷之上凡 21 篇，卷之下凡 13 篇。《易余小引》一文首论何为"余"及如何"用余"，其后又通过"何生、当士、平公"三人的对答作为思想发微的线索。相比《周易时论合编》的象数推演逻辑，该书的主要思想特点在于采用寓言

---

① 《周易时论合编》未收入《方以智全书》，该书目前有四个整理本，分别是郑万耕点校《周易时论合编》，中华书局 2019 年版；许伟导读《周易时论合编导读》，华龄出版社 2019 年版；蔡振丰、李忠达、魏千钧校注《〈周易时论合编〉校注》，台湾新文丰出版股份有限公司 2021 年版；彭战果、郭旭校注《图象几表》，华龄出版社 2021 年版。

② 参见（明）方以智原著，张昭炜整理《方以智著作选：象环寱记·易余·一贯问答》，九州出版社 2015 年版。

对话的形式阐发易学理念，将对现象的思考上升至哲学命题的高度，显示出是书宗旨偏向义理层面的易学倾向。

方以智的另一代表性作品为《东西均》，此书先后有李学勤和庞朴两位学者点校，被视为能够全面概括方以智思想的哲学著作。《东西均注释》初版时，庞朴在《序言》中提到"《东西均》和《易余》为方以智完整论述自己哲学思想的姊妹篇"①。除了《东西均》本身的哲学价值受到关注外，亦有学人关注到《东西均》作为传统易学著作的学术价值，如廖名春等学人所著《周易研究史》便有提及："有影响的象数派易学著作，明代中叶有来知德的《周易集注》，明末清初有黄道周的《易象正》，方以智的《东西均》《易余》等。"②《东西均》几乎无一篇不涉及易学问题，如《三征》《反因》即是对方以智"公因反因""交轮通几"思想的阐释，《象数》一文更直接道出"象数者，正因、公因之表也"。③《东西均·开章》不仅解释了"均"的含义，更尊孔子为"大成均"，集大成的目标在方以智的生命历程中便成为"坐集千古之智"的学术方法和人生定位。

当迫于时局遁身佛门之后，方以智受到了觉浪道盛的影响，潜心研究《庄子》，著有《药地炮庄》一书，借《易》解《庄》，以此抒发作为明代遗民的情怀。例如，卷1"内篇总论"，方以智以《乾》之六龙释《逍遥游》御六气，而内七篇如同《乾》之七爻，其中《逍遥游》为用九。清人评价此书说："药地者，以智僧号也。以庄子之说为药，而己解为药之炮，故曰炮庄。大旨诠以佛理，借滉洋恣肆之谈，以自摅其意。盖有托而言，非《庄子》当如是解，亦非以智所见真谓《庄子》当如是解也。"④"自摅其意，有托而言"则道出了密之炮庄的真意。方以智还著有一篇对话体文论《象环寤

① （明）方以智撰，庞朴注释：《东西均注释·序言》，中华书局2001年版，第2页。
② 廖名春等：《周易研究史》，湖南出版社1991年版，第324页。
③ （明）方以智撰，黄德宽、诸伟奇主编：《东西均·象数》，《方以智全书》第1册，黄山书社2019年版，第336页。
④ （清）永瑢等：《子部·道家类存目·药地炮庄》，《四库全书总目》卷147，中华书局1965年影印本，第1256页。

记），篇幅不长，文章通过"何生、当士、平公"三人论辩揭示其自身思想发展的脉络，这一点与《易余》极其相似，该文提出三教"溯其原同，则归于《易》耳"[①]，文末以蒙媪佩环作为三教源同而归于《易》的论争总结，因而也成为研究方以智"三教归《易》"思想的重要文献依据。

此外，方以智晚年遁迹佛门，驻锡青原山静居寺，撰有《冬灰录》《青原愚者智禅师语录》《青原志略》等著作，虽是佛学和地方志类作品，但其中蕴含了他禅《易》互解交融的治学门径和修行法门，所以这些资料也应纳入方以智易学研究的考察范围。

二、"性命之宗"与"不离象数"

关于《周易》一书的性质和功用，是治《易》者必须回答的一个基本问题。方以智就此明确提出了"《易》冒天地，为性命之宗"[②]的命题，这一命题的直接理论来源，即是《周易·说卦》：

> 昔者圣人之作《易》也，幽赞于神明而生蓍，参天两地而倚数，观变于阴阳而立卦，发挥于刚柔而生爻，和顺于道德而理于义，穷理尽性以至于命。
>
> 昔者圣人之作《易》也，将以顺性命之理。是以立天之道曰阴与阳，立地之道曰柔与刚，立人之道曰仁与义。[③]

作为"十翼"之一的《说卦传》，是理解八卦及六十四卦物象和德义变化的一篇解说文论，《周易正义》曰："《说卦》者，陈说八卦之德业变化及法象

---

① （明）方以智撰，黄德宽、诸伟奇主编：《象环寤记》，《方以智全书》第 1 册，黄山书社 2019 年版，第 397 页。

② （明）方以智撰，黄德宽、诸伟奇主编：《东西均·象数》，《方以智全书》第 1 册，黄山书社 2019 年版，第 337 页。

③ （三国魏）王弼、（晋）韩康伯注，（唐）孔颖达等正义：《说卦》，《周易正义》卷 9，（清）阮元校刻《十三经注疏》，台湾艺文印书馆 2001 年影印本，第 183 页。

所为也。"① 《说卦》开篇讲到圣人作《易》的方法：以蓍草、象数模拟神明、天地奥妙，从而创立卦爻，将道德性命之理融入其中，最终达到天、地、人三者的和谐统一。"穷理尽性以至于命"与"顺性命之理"作为文本依据，于是便成为易学性命观的直接理论来源。《周易·系辞上》也说："夫易，开物成务，冒天下之道。"② 《周易折中》引《朱子语类》曰："冒，是罩得天下许多道理在里。"③ "冒"，在此有包容之义。《易余》中就有《三冒五衍》一篇，方以智在题名下注曰："'冒'即古'帽'，覆首而露目也，因从目转声。"④ 可见他是从音韵训诂的角度来阐释文字含义的。应该说，不论从何种角度解释"冒"的意义，方以智提出的"《易》冒天地，为性命之宗"，可以理解为对"《易》为性命之书"这一传统观点的继承。

《周易·系辞下》说："几者，动之微，吉之先见者也。"⑤ "几"在此本指动静变化的征兆，也可以理解为能够认识的规则或规律。方以智认为"全《易》皆天道人事，而此又天道人事之交几也"⑥，《周易》的全部内容都是关涉天道和人事的范畴，必须通过天道和人事的交流沟通才能把握住颇为玄妙的《易》之大旨。对此，他更为明确地直接提出"《易》者，征天地之几也"⑦ 的命题。至于天人沟通的方式是什么，那就有必要提到方以智易学的一大特色，即数理并用。

---

① （三国魏）王弼、（晋）韩康伯注，（唐）孔颖达等正义：《说卦》，《周易正义》卷9，（清）阮元校刻《十三经注疏》，台湾艺文印书馆 2001 年影印本，第 182 页。

② （三国魏）王弼、（晋）韩康伯注，（唐）孔颖达等正义：《系辞上》，《周易正义》卷7，（清）阮元校刻《十三经注疏》，台湾艺文印书馆 2001 年影印本，第 155 页。

③ （清）李光地编纂，刘大钧整理：《周易折中》，巴蜀书社 2006 年版，第 574 页。

④ （明）方以智撰，黄德宽、诸伟奇主编：《易余·三冒五衍》，《方以智全书》第 1 册，黄山书社 2019 年版，第 40 页。

⑤ （三国魏）王弼、（晋）韩康伯注，（唐）孔颖达等正义：《系辞下》，《周易正义》卷8，（清）阮元校刻《十三经注疏》，台湾艺文印书馆 2001 年影印本，第 171 页。

⑥ （明）方孔炤、方以智撰，郑万耕点校：《离》，《周易时论合编》卷4，中华书局 2019 年版，第 773 页。

⑦ （明）方以智撰，黄德宽、诸伟奇主编：《东西均·所以》，《方以智全书》第 1 册，黄山书社 2019 年版，第 344 页。

方以智强调"征其端几，不离象数"①，认为象数的方法是通达端几和格通物理的根本途径。《周易·系辞上》有言：

> 圣人有以见天下之赜，而拟诸其形容，象其物宜，是故谓之象。圣人有以见天下之动，而观其会通，以行其典礼，系辞焉以断其吉凶，是故谓之爻。言天下之至赜而不可恶也，言天下之至动而不可乱也。拟之而后言，议之而后动，拟议以成其变化。②

一般而论，事物的数量和形象最先映射到主体的感觉之中，所以象数之法也是主体认识世界较为直观的方式。毕竟，主体的抽象理论思维不可能跳过感性直观阶段，而一跃达至真理的彼岸。实际上，除了有形之物外，还存在难以用言语形容、描述的无形或形而上的存在。对此，应该如何把握？方以智认为"象数即虚空，信如斯耶，斯可语矣"③。在他看来，"虚空"并非是完全的空无一物，而是一种充盈的状态，充实其中的即是象数，只有意识到这一点，才可以有进一步的且较为深入的言说。不难发现，方以智的观点与张载有着高度的契合。张载说：

> 知虚空即气，则有无、隐显、神化、性命通一无二，顾聚散、出入、形不形，能推本所从来，则深于《易》者也。若谓虚能生气，则虚无穷，气有限，体用殊绝，入老氏"有生于无"自然之论，不识所谓有无混一之常。④

---

① （明）方以智撰，黄德宽、诸伟奇主编：《天类·象数理气征几论》，《物理小识》卷1，《方以智全书》第7册，黄山书社2019年版，第111页。

② （三国魏）王弼、（晋）韩康伯注，（唐）孔颖达等正义：《系辞上》，《周易正义》卷7，（清）阮元校刻《十三经注疏》，台湾艺文印书馆2001年影印本，第158页。

③ （明）方以智撰，黄德宽、诸伟奇主编：《易余·三冒五衍》，《方以智全书》第1册，黄山书社2019年版，第34页。

④ （宋）张载著，章锡琛点校：《太和篇第一》，《正蒙》，《张载集》，中华书局1978年版，第8页。

考诸文献，方以智并未明确说明他的观点是否源自于张载，但从二人的理论同来源于《易》，且二人都认为"虚空"非彻底的无，这或许可为进一步探讨方以智易学思想提供另外一种研究的视角。

我们知道，象数作为一种认识世界的工具，属于形而下的有形之物，如果要追究较深层次的原理和机制，那么必须在有形之物的相互关联间寻求更为普遍的内在规律，这也就是义理之学。其实，象数之学和义理之学的争辩在传统易学发展史上由来已久。就易学中的象数与义理的关系而言，方以智既肯定象数之法的认识作用，同时也肯定了义理之学的独特意义。他说："冒言之，理与数相倚也。无理数与理数亦相倚也。犹夫一与二之相倚也。立卦生爻，依数而理寓焉……故会通者，以为象数，一切是象数；以为道理，一切是道理。"① 很明显，他的立场是会通象数与义理，二者彼此依存，缺一不可。

方以智在《易余·三子记》中曾谈及自己治学启蒙的过程。他说："角丱鼓箧，即好旷览而湛思之。长博学治文辞，已好考究，已好物理，已乃读《易》，九阂八埏，无不极也。"② 从这段文字可以看出，方以智长于小学，而且对西方自然科学也有浓厚的兴趣，研《易》则是在他经历了一定阶段的启蒙之后才开始的。所以，他前期的治学历程在很大程度上也会影响到后来的易学研究。他在早年所著的《通雅》一书《自序》中陈明："函雅故，通古今，此鼓箧之必有事也。"稍后，他在《通雅》卷3《释诂》篇中释道："雅故，雅言训故也；尔雅者，藏远于迩而以深厚训之也。孟坚（班固）《叙传》曰：'函雅故，通古今'。"③ 可以发现，方以智强调对文献资料不仅要广泛地搜阅，还要通过训诂考订的方法对存疑的问题作出正确的判断，足见他"尊

---

① （明）方孔炤、方以智撰，郑万耕点校：《说卦》第一章，《周易时论合编》卷13，中华书局2019年版，第1287页。

② （明）方以智撰，黄德宽、诸伟奇主编：《易余·三子记》，《方以智全书》第1册，黄山书社2019年版，第14页。

③ （明）方以智撰，黄德宽、诸伟奇主编：《通雅》卷3《释诂》，《方以智全书》第4册，黄山书社2019年版，第178页。

疑""尊证""求实"的治学精神。[①] 这种治学精神与方法落实到方以智易学思想中，即是以《易》图为立足点，遍举各家成说，撷取儒、释、道三教义理中能够互补不足之处，从而建立一种包罗万象的文化会通范式。

方以智晚年致力于实现儒、释、道三教会通，他在《象环寤记》中说："吾故望有知其全者以疗教，则必集大成以为主，非可平分也。泝其原同，则归于《易》耳。"[②] 他还提出"愚谓三教虽异，而道归一致，此万古不易之义"[③]，这些都可视为方以智"三教归《易》"思想的重要理论表述。在《周易时论·后跋》中，方以智说："学《易》家或凿空象数以言占，或废象数而言理，岂观其通而知时义哉！……杂而不越，旁行而不流，此《时论》以折衷诸家者乎！"[④] 充分地展现了他"坐集千古之智，折中其间"[⑤] 的学术格局与人生境界。

三、"三极说"的易学本体论

重新阐发"太极"学说，可谓桐城方氏易学的突出特征和主要的学术贡献，相关探讨集中在《周易时论合编》这部重要的易学典籍当中。众所周知，"太极"作为易学研究的重要范畴，是历代学人注解《周易》时十分关注的一个重要概念，但吊诡的现象是，《周易》经文中并未出现"太极"一词，注解经文的"十翼"也仅有《周易·系辞上》一篇提到《易》有太极，是生两仪，两仪生四象，四象生八卦，八卦定吉凶，吉凶生大业"[⑥]，而且仅

---

① 梁启超著，俞国林校：《中国近三百年学术史》校订本，中华书局 2020 年版，第 260—261 页。

② （明）方以智撰，黄德宽、诸伟奇主编：《象环寤记》，《方以智全书》第 1 册，黄山书社2019 年版，第 397 页。

③ （明）方以智撰，黄德宽、诸伟奇主编：《药地炮庄·总论中·黄林合录》，《方以智全书》第 2 册，黄山书社 2019 年版，第 56 页。

④ （明）方孔炤、方以智撰，郑万耕点校：《周易时论合编·后跋》，中华书局 2019 年版，第 17 页。

⑤ （明）方以智撰，黄德宽、诸伟奇主编：《音义杂论·考古通说》，《通雅》卷首一，《方以智全书》第 4 册，黄山书社 2019 年版，第 2 页。

⑥ （三国魏）王弼、（晋）韩康伯注，（唐）孔颖达等正义：《系辞上》，《周易正义》卷 7，（清）阮元校刻《十三经注疏》，台湾艺文印书馆 2001 年影印本，第 156 页。

有这一处。这就需要进一步追溯"太极"一词的来源，只有更加准确地诠释它的本原义涵，对《易传》的"太极"思想才能有透彻的理解把握。据目前可见的文献来看，"太极"一词首见于《庄子·大宗师》，文曰：

> 夫道，有情有信，无为无形，可传而不可受，可得而不可见，自本自根。未有天地，自古以固存。神鬼神帝，生天生地。在太极之先而不为高，在六极之下而不为深，先天地生而不为久，长于上古而不为老。①

这段文字主要是用来描述"道"的玄妙状态，太极则是用以衬托道的玄妙高远，并非是对太极观念的具体概念化阐述。反观《周易·系辞上》说"《易》有太极"，则认为《周易》的创作是以"太极"的存在为前提条件的，继而由太极生化出两仪、四象、八卦等物象和性质，这不仅使"太极"有了明确的义理内涵，同时也阐明了易学的宇宙生成观，提升了《周易》一书的哲理性。

方氏易学的特点和贡献在于对"无极""太极""有极"概念的辨析，由此诠释了立足于此的易学本体论。理学开山祖师周敦颐曾作《太极图说》，阐发了他对"《易》有太极"一章的理解，但《太极阴阳图》的儒道归属问题，以及"无极而太极"其上是否有一"自"字的分歧②，导致宋明理学家对宇宙生成、易学本体等问题的看法大相径庭。方以智在《图象几表》卷1《太极冒示图说》中引其祖父方大镇语："《野同录》曰：不可以有无言，故曰太极。太极何可画乎？姑以圆象画之，非可执圆象为太极也。"③ 方大镇认

① （清）王先谦撰，沈啸寰点校：《大宗师第六》，《庄子集解》卷2，中华书局2012年版，第78—79页。

② 今本《周敦颐集·太极图说》作"无极而太极"，朱熹时见洪迈撰《国史·濂溪传》载"自无极而为太极"，后朱熹与陆九渊就"无极太极"之辩展开论争。关于《太极图说》的儒道归属问题，可参见李申《易图考》，中央编译出版社2017年版。

③ （明）方孔炤、方以智撰，郑万耕点校：《图象几表》卷1《太极冒示图说》，《周易时论合编》，中华书局2019年版，第2页。

为不能将太极视作一具体事物，或不能将其简单视作一物。《太极冒示图说》
又引起其父亲方孔炤语："不得不形之卦画，号曰有极。而推其未始有形，
号曰无极。因贯一不落有无者，号曰太极。"① 方孔炤强调，无极、太极作为
形而上的存在，是无法用言语准确表述的，同样也是无法以图象的形式去表
达其内涵的，但无言之教又会流于空疏之弊，所以"圣人以神道设教"②，太
极亦"姑以圆象画之"，因此必须认识到这仅仅是权宜之计，并非太极就是
这样一个圆。在上述二人论述的基础上，方以智以其父方孔炤的观点作结：
"不得不形之卦画，号曰有极。而推其未始有形，号曰无极。因贯一不落有
无者，号曰太极。"③ 也就是说，有极是不得已以形状示人的卦画，无极则是
在其尚未成形之前浑沦未分时的状态，而太极则是贯穿有无之中，又不落有
无者。

　　值得注意的是，无极、太极、有极，三者之间的关系虽得以清晰地说
明，但是恐于世人仍觉此说玄妙高深，所以方孔炤又说："微之显者常无常
有，费而隐者即有即无。惟恐人以有为有，无为无，又恐人以有无玄蔓，故
正告微显费隐也。"④ 显微、费隐是中国哲学的重要范畴，方孔炤所指出的
"三极"彼此间的相互贯穿，也正合方以智"微显互征，即是不落有无"⑤ 之
义。诚如程子所言："至微者理也，至著者象也。体用一源，显微无间。"⑥
太极作为有极与无极之中介，正是通过沟通显与微之间体，从而实现了天道

---

① （明）方孔炤、方以智撰，郑万耕点校：《图象几表》卷1《太极冒示图说》，《周易时论合
　　编》，中华书局2019年版，第3页。
② （三国魏）王弼、（晋）韩康伯注，（唐）孔颖达等正义：《观·彖》，《周易正义》卷3，（清）
　　阮元校刻《十三经注疏》，台湾艺文印书馆2001年影印本，第60页。
③ （明）方孔炤、方以智撰，郑万耕点校：《图象几表》卷1《太极冒示图说》，《周易时论合
　　编》，中华书局2019年版，第3页。
④ （明）方孔炤、方以智撰，郑万耕点校：《太极冒示图说》，《图象几表》卷1，《周易时论
　　合编》，中华书局2019年版，第3页。
⑤ （明）方以智撰，黄德宽、诸伟奇主编：《东西均·象数》，《方以智全书》第1册，黄山
　　书社2019年版，第340页。
⑥ （宋）程颐撰，王孝鱼点校：《周易程氏传·易传序》，《二程集》，中华书局2004年版，
　　第689页。

与人事"无间"的结合。在《东西均》中，方以智则对"三极"的关系作了更加细致的解说：

> 不落有无又莫妙于《易》矣。太极者，先天地万物，后天地万物，终之始之，而实泯天地万物，不分先后、终始者也；生两而四、八，盖一时具足者也。……太极者，犹言太无也。太无者，言不落有无也。后天卦爻已布，是曰有极；先天卦爻未阐，是曰无极。二极相待，而绝待之太极，是曰中天。中天即在先、后天中，而先天即在后天中，则三而一矣。①

将先天、中天、后天比拟于无极、太极、有极，并说"三而一矣"，体现出方以智易学"宗一圆三"的独特理论。在方以智看来，太极是《易》体，又为万物之本体，故其能"泯天地万物"而不落有无。

四、三教归《易》的融通工夫

关于方以智易学，学界经常讨论的一个话题，即其易学思想与其三教融通实践工夫的内在关联。一种较为普遍的看法是，方以智以家传易学思想弥合三教理论的间隙，从而开创了一种"折中其间"的集大成理论。接下来立足于文献，以方以智的撰述和活动经历为依据，试对他调和三教工夫的主张进行一番探究。在集中讨论方以智以《易》融通三教的工夫之前，有一点需要辨明的是，方以智如此做的动机为何？我们从他所处的时代背景和个人经历当中或许能够得到一些启发。

方以智的人生遭遇大致可分为三个阶段：一是从青年时代到崇祯十七年（1644）。崇祯三年（1630）以前，方以智在家乡接受家族学人教育，这为他后来博通诸家打下了良好基础；崇祯三年至崇祯十二年（1639），出游

---

① （明）方以智撰，黄德宽、诸伟奇主编：《东西均·三征》，《方以智全书》第1册，黄山书社2019年版，第260—261页。

流寓金陵；崇祯十三年（1640）至崇祯十七年（1644），仕宦北京，后城破逃难岭南。二是从弘光元年、隆武元年、清顺治二年（1645）到清顺治十二年（1655）。明亡后，方以智流离岭南至闭关高坐寺，这段时间他除了逃难、闭关修禅、著述外，以策划反清活动为主要轨迹。三是从清顺治十二年（1655）到清康熙十年（1671）。顺治十二年，方孔炤卒，方以智破关奔丧，后庐墓合山，禅游新城，住持青原，直至粤难作，自沉惶恐滩。这期间他除了继续反清事业外，主要是对前期著述进行修饰完善和借禅学说法，以及进一步推动以《易》融通三教的学术活动。

从方以智的人生经历，可以看出他一直保持着孝子、忠臣的名节，而他融通三教的活动也应该和其自身作为前朝臣子的遗民身份有着莫大的关联。从这个视角考察方以智的行为动机，可以发现"忧患"意识始终是方以智研《易》，特别是其借《易》融通三教的重要思想来源。《周易·系辞下》说："作《易》者，其有忧患乎？"[1] 既可视作对《易》之创作缘起的解释，也可意为《易传》作者对《周易》"以前民用"社会功用的赞许。方学渐、方孔炤对该句的注解亦体现出同样的观点，其文："《蠱》曰：'忧悔吝者存乎介，吉凶与民同患，合此发叹。作《易》深心情见乎辞。'《潜录》曰：'精屈伸之义而致一知几，济得失之报而体通合德。故复循上下经而三陈九卦焉。'"[2] 其中，《易蠱》为方学渐易著，引文所论"忧悔吝者存乎介"[3]，"吉凶与民同患"[4] 和"圣人之情见乎辞"[5] 语出《系辞传》。而方孔炤所言"三陈九卦"乃是《易传》作者于"忧患"一问之后三次称赞《履》《谦》《复》

---

① （三国魏）王弼、（晋）韩康伯注，（唐）孔颖达等正义：《系辞下》，《周易正义》卷8，（清）阮元校刻《十三经注疏》，台湾艺文印书馆 2001 年影印本，第 173 页。

② （明）方孔炤、方以智撰，郑万耕点校：《系辞下传》，《周易时论合编》卷 12，中华书局 2019 年版，第 1259 页。

③ （三国魏）王弼、（晋）韩康伯注，（唐）孔颖达等正义：《系辞上》，《周易正义》卷7，（清）阮元校刻《十三经注疏》，台湾艺文印书馆 2001 年影印本，第 146 页。

④ （三国魏）王弼、（晋）韩康伯注，（唐）孔颖达等正义：《系辞上》，《周易正义》卷7，（清）阮元校刻《十三经注疏》，台湾艺文印书馆 2001 年影印本，第 156 页。

⑤ （三国魏）王弼、（晋）韩康伯注，（唐）孔颖达等正义：《系辞下》，《周易正义》卷8，（清）阮元校刻《十三经注疏》，台湾艺文印书馆 2001 年影印本，第 166 页。

《恒》《损》《益》《困》《井》《巽》9 个卦爻的德行。[①] 从上述文辞可以看出，方氏易学不仅继承了《易传》作者的忧患精神，更主张将其落实到社会实践中去，因而具有强烈的通经致用特征。

在方以智看来，古代思想家中最具"忧患"精神的非孔子莫属。他在《东西均·开章》以"均"为最高标准，评价道：

> 开辟七万七千年而有达巷之大成均，同时有混成均。后有邹均尊大成，蒙均尊混成，而实以尊大成为天宗也。其退虚而乘物，托不得已以养中者，东收之；坚忍而外之者，西专之；长生者，黄冠私祖之矣。千年而有乾毒之空均来，又千年而有壁雪之别均来。至宋而有濂、洛、关、闽之独均。独均与别均，号为专门性命均。而经论均犹之传注均，惟大成明备，集允中之心均，而苦心善世，以学为旋甄和声之门，弥纶乎大一而用万即一之一，知之乐之，真天不息，而容天下。后分专门性命、专门事业、专门象数、专门考辨、专门文章，皆小均，而非全均也。[②]

按邵雍元会运世法计算，孔子、老子之际当为天地开辟后 77000 年，孔子后被尊为"大成至圣文宣先师"[③]，《老子》第 25 章有"有物混成"一语，故孔子为大成均，老子为混成均，而孟子为邹人，庄子为蒙人，二人分别尊奉孔子与老子。庄子表面尊崇老子之学，实际上却是尊孔子为至上宗主，《庄子·人间世》中的庄子思想分别为东均、西均和道教所化用。其后又有"乾毒之空均"之佛教与"壁雪之别均"之禅宗东传，及至宋代理学各派各持一理，故为独均。在方以智看来，理学与禅学均对性命问题大加议论，同时又

---

① （三国魏）王弼、（晋）韩康伯注，（唐）孔颖达等正义：《系辞下》，《周易正义》卷 8，（清）阮元校刻《十三经注疏》，台湾艺文印书馆 2001 年影印本，第 173 页。

② （明）方以智撰，黄德宽、诸伟奇主编：《东西均·开章》，《方以智全书》第 1 册，黄山书社 2019 年版，第 245 页。

③ （清）赵尔巽等撰：《志五十九·礼三》，《清史稿》卷 84，中华书局 1977 年版，第 2533 页。

有通过辞章订诂发明义理之学，但这一切都不及孔子以"十六字心传"为法，弥纶天下，所以性命、事业、象数、考辨、文章等"专门"之学仅是小均，真正的"全均"乃是能"用万即一"的大成之人。方以智对独均与别均的批评主要集中在各家偏执一理而不通大道，而孔子集大成的成就正是解救之法，"苦心善世"一句，正可看作方以智对孔子人格的直接评价与根本认识。

将儒家的中庸思想与易学辩证法结合起来，也是方以智易学思想的一大特点。在《东西均·开章》中，方以智斥理学与禅学皆为专门之小均，而非全均。因为全均的特征之一即为"通"，又因为孔子能"集允中之心均"，所以全均的特征之二即是"中"。在《东西均·神迹》篇中，方以智进一步就理学之弊作出了批评："儒之弊也，迂而拘，华而荏，以故鲜能神化，通昼夜而知者寥寥。"① 在他看来，儒家的弊端在于迂阔而致拘闭，华丽却流于虚文，很少有人能真正得其神妙意蕴。其中，"通昼夜而知"一语出自《周易·系辞上》"范围天地之化而不过，曲成万物而不遗，通乎昼夜之道而知，故神无方而《易》无体"②，昼夜之道即是一阴一阳之道。可见，方以智对儒家弊病的认识与司马谈在《论六家要旨》中对儒家的评论几乎如出一辙。既然已认识到儒家之弊，那么应该如何补救？方以智在《东西均·生死格》中明言："见于《复》，获于《明夷》，不获于《艮》，而亨于《坎》，以重险待处忧患之人，置之死地而后生也。习者，劳之也。惧以终始，存存慎独。"③《周易》之《复》卦（䷗），其《彖》曰："复，其见天地之心乎！"④《明夷》卦（䷣），其六四爻云："获明夷之心，于出门庭。"⑤《艮》卦（䷳），其

① （明）方以智撰，黄德宽、诸伟奇主编：《东西均·神迹》，《方以智全书》第1册，黄山书社2019年版，第311页。
② （三国魏）王弼、（晋）韩康伯注，（唐）孔颖达等正义：《系辞上》，《周易正义》卷7，（清）阮元校刻《十三经注疏》，台湾艺文印书馆2001年影印本，第147页。
③ （明）方以智撰，黄德宽、诸伟奇主编：《东西均·生死格》，《方以智全书》第1册，黄山书社2019年版，第297页。
④ （三国魏）王弼、（晋）韩康伯注，（唐）孔颖达等正义：《复·彖》，《周易正义》卷3，（清）阮元校刻《十三经注疏》，台湾艺文印书馆2001年影印本，第65页。
⑤ （三国魏）王弼、（晋）韩康伯注，（唐）孔颖达等正义：《明夷》，《周易正义》卷4，（清）阮元校刻《十三经注疏》，台湾艺文印书馆2001年影印本，第89页。

卦辞曰："艮其背，不获其身。"①《坎》卦（☵），其卦辞云："习坎，有孚维心，亨。"② 通过上述四个卦象，方以智揭示出身陷重险，而以习之、慎独之法自处，最终获得原始返终之义，由此将易学思想与儒学工夫论紧密地结合起来。

如前所述，托身禅门后，方以智随觉浪道盛禅师炮制《庄子》。道盛称庄子为孔门之遗孤，而他自己则以明之遗孤自居，提出了"《庄子》者，殆《易》之风，而《中庸》之魂乎"③的观点。在《东西均·神迹》中方以智曾说，"《易》《庄》原通，象数取证"④。关于《庄》与《易》的关联，他在《一贯问答》中则论述得更为细致："愚谓《庄子》者，《易》之风也，《中庸》之魂也，禅之先机也。'外'字从退藏来，'朝彻'从朝闻来，'撄宁'从《震》《艮》来。'天游'寓庸。庸，用也，通也，适得也。以刑为体，以礼为翼；果蓏有理，人伦相齿，原是知崇礼卑、戒慎神明之学。"⑤表面上看，方以智如此推崇《庄子》，很容易将其思想归入庄学一脉，但如果深究便会发现，《齐物》论中的"用中"、《人间世》中的静坐修养等内容又与《中庸》、禅学相契合，"外物""朝彻""撄宁"等庄学用语在很大程度上与《易》理或儒学思想有着或隐或显的关联。再合观上文"知崇礼卑、戒慎、神明"等词汇，便自然得出方以智欲将庄子归入儒学行列的认识。

尽管《周易》卦象与爻辞时位蕴含着象数之法已是公论，但方以智独具新意，在《药地炮庄》"内篇总论"中以易学象数为根基，融合三教理论，借此论证《易》《庄》在学理上的相契之处。他说：

---

① （三国魏）王弼、（晋）韩康伯注，（唐）孔颖达等正义：《艮》，《周易正义》卷5，（清）阮元校刻《十三经注疏》，台湾艺文印书馆2001年影印本，第115页。

② （三国魏）王弼、（晋）韩康伯注，（唐）孔颖达等正义：《坎》，《周易正义》卷3，（清）阮元校刻《十三经注疏》，台湾艺文印书馆2001年影印本，第71—72页。

③ （明）方以智撰，黄德宽、诸伟奇主编：《药地炮庄·总论下·向子期与郭子玄书》，《方以智全书》第2册，黄山书社2019年版，第84页。

④ （明）方以智撰，黄德宽、诸伟奇主编：《东西均·神迹》，《方以智全书》第1册，黄山书社2019年版，第312页。

⑤ （明）方以智撰，黄德宽、诸伟奇主编：《一贯问答·问克己》，《方以智全书》第3册，黄山书社2019年版，第56—57页。

无内外而有内外，故先以内摄外。《内篇》凡七，而统于游。愚者
曰：游即息也，息即无息也。太极游于六十四，乾游于六龙。《庄子》
之御六气，正抄此耳。姑以表法言之，以一游六者也。《齐》《主》《世》
如内三爻，《符》《宗》《应》如外三爻，各具三谛。《逍遥》如见群无首
之用。六龙首尾，蟠于潜、亢，而见、飞于法界。……姑以寓数约几言
之……寓数约几，惟在奇偶方圆，即冒费隐。对待者一也，绝待者一
也，可见可不见、待与无待，皆反对也，皆贯通也。一不可言，言则
是二，一在二中，用二即一。南北也，鲲鹏也，有无也，犹之坎离也，
体用也，生死也。善用贯有无，贯即冥矣。不堕不离，寓象寓数，绝
非人力思虑之所及也……善寓莫如《易》，而《庄》更寓言之以化执，
至此更不可执。①

在方以智看来，《易》与《庄》原本就是同气连枝、一脉相承的关系，而如
果想证明这一点，只需以象数之法为根基探索二者的关联即可。方以智极
其推崇《逍遥游》在《庄子》内篇中的地位，"《内篇》凡七，而统于游"。
同时，他又以"御六气之变"比拟太极寓于六十四卦，以及《乾》卦寓于
六阳爻之中。《易》和《庄》的关联除表现为六十四卦、六龙、六气等数字
上的应和外，更为重要的是二者在精神内涵上的一致性，即"游变"的特
征。"游"在庄子处既是实现逍遥的途径，也是通入逍遥之境后的表现，而
在《周易》中仅有《系辞上》所言"精气为物，游魂为变，是故知鬼神之
情状"②及《系辞下》"诬善之人其辞游"③二处提及"游"字。结合引文内容，
方以智明显是想以"游变"作为沟通《周易》与《庄子》的桥梁。如此一

---

① （明）方以智撰，黄德宽、诸伟奇主编：《药地炮庄》卷1，《方以智全书》第2册，黄山
书社2019年版，第115—116页。
② （三国魏）王弼、（晋）韩康伯注，（唐）孔颖达等正义：《系辞上》，《周易正义》卷7，（清）
阮元校刻《十三经注疏》，台湾艺文印书馆2001年影印本，第147页。
③ （三国魏）王弼、（晋）韩康伯注，（唐）孔颖达等正义：《系辞上》，《周易正义》卷8，（清）
阮元校刻《十三经注疏》，台湾艺文印书馆2001年影印本，第177页。

来，《庄子》顿时成为一部疏解《周易》的作品。将《周易》特征定性为
"寓数约几"，方以智由此引出"即冒费隐""对待""绝待"之说，而南北、
坎离、体用等范畴正契合于方以智"用二即一""反对""贯通"的易学倾
向。最后，方以智力赞《易》非人力思虑之功，《庄子》则在此基础上更善
用"寓言"化除偏执之象，所以他说："读此等书，不必苦苦作道理解会。"①

《药地炮庄》原本是方以智"自摅其意，有托而言"，后来学者当然不
必"条分缕析""字斟句酌"，但出于学术研究之考量，还是应当将他未说出
与未说全之语义解读出来，阐述完整。《庄子》的思想主旨在于"逍遥""齐
物"，前文对《逍遥游》已稍作解析，接下来应该着眼于《齐物论》，对方以
智所认为的《易》与《庄》的关系作进一步的理解。安徽省博物馆藏本《药
地炮庄》在卷首书名"庄"字右侧印有"环中寓庸"朱文方印。按古人题跋
的习惯，不难看出此四字正是解读《炮庄》一书的关键。"环中"和"寓庸"
均出自《庄子·齐物论》篇：

> 彼是莫得其偶，谓之道枢。枢始得其环中，以应无穷。②
> 凡物无成与毁，复通为一。唯达者知通为一，为是不用而寓诸庸。
> 庸也者，用也；用也者，通也；通也者，得也。③

《药地炮庄》"寓庸"一段"集评"之下引觉浪道盛语："一不可为也，故藏
于不用而寓诸庸，乃劳神明而为之耶？故圣人和以是非而约于两行，扬遏顺
天而张弛迭用。代明错行之中，即是贞一。"④ "一"作为抽象概念是超越成

---

① （明）方以智撰，黄德宽、诸伟奇主编：《药地炮庄》卷1，《方以智全书》第2册，黄山
书社2019年版，第144页。
② （清）王先谦撰，沈啸寰点校：《齐物论第二》，《庄子集解》卷2，中华书局2012年版，
第25页。
③ （清）王先谦撰，沈啸寰点校：《齐物论第二》，《庄子集解》卷2，中华书局2012年版，
第27页。
④ （明）方以智撰，黄德宽、诸伟奇主编：《药地炮庄》卷1，《方以智全书》第2册，黄山
书社2019年版，第162页。

与毁的具体形象之上的，故不可为，而只能于日用伦常中见其功用。圣人以各得其宜即"两行"的态度使是非和解，在"代明错行"中才能真正体现"一"。基于庄子的立场，成与毁从根本立场上来看是无差别的，这就是"以道观之"①。所以，庄子说"彼亦一是非，此亦一是非。果且有彼是乎哉，果且无彼是乎哉？"②由于找不到一个绝对的"公"，最后的结论只能是"莫若以明"。

方以智曾自辩"读此等书，不必苦苦作道理解会"，并编造了一篇向秀与郭象的对话录，实则"声东击西"表达己意，这则材料对于把握其思想中《易》《庄》之间的内在联系是非常重要的。他说：

> 方圆同时，於穆不已，森罗布濩，即无待之环中。虽不可诂，何碍乎诂？不见天地之诂混沌乎？卦策之诂太极乎？文王翻转伏羲之环而错之，孔子颠决文王之环而杂之……以刑为体，谁解此刀？以礼为翼，谁怒而飞？寓宅而致心斋，无所逃于大戒，此庄子新发《系辞》斋戒之硎，以利用《春秋》之狱也。③

"方圆同时，於穆不已，森罗布濩"揭示了方以智易学之特征：其易学继承了《周易》周行不殆、循环发展的时空观，同时又融合了《庄子》超越是非和执中调和的风格。《向郭书》前文有"《庄子》者，可参而不可诂者也"④一句，表明方以智关注的是《庄子》和《周易》在精神实质层面的关联，他的"炮庄"行为也就不再显得那么突兀，《易》《庄》互通论反而为他"炮庄"

---

① （清）王先谦撰，沈啸寰点校：《秋水第十七》，《齐物论第二》，《庄子集解》卷4，中华书局年2012年版，第142页。

② （清）王先谦撰，沈啸寰点校：《齐物论第二》，《庄子集解》卷1，中华书局年2012年版，第14页。

③ （明）方以智撰，黄德宽、诸伟奇主编：《药地炮庄·总论下·向子期与郭子玄书》，《方以智全书》第2册，黄山书社2019年版，第84—85页。

④ （明）方以智撰，黄德宽、诸伟奇主编：《药地炮庄·总论下·向子期与郭子玄书》，《方以智全书》第2册，黄山书社2019年版，第82页。

奠定了理论前提。"寓宅"出自《人间世》，"无门无毒，一宅而寓于不得已，则几矣"①。这段文字紧随颜孔论"心斋"之后，意为不要固闭，不要暴躁，心灵凝聚而处理事情寄托于不得已，所以"寓宅"乃实现心斋之法。同篇又有"天下有大戒二，其一命也，其一义也。子之爱亲，命也，不可解于心。臣之事君，义也，无适而非君也，无所逃于天地之间，是之谓大戒"②。而"《系辞》斋戒之砺"指的是《周易·系辞上》所言"明于天之道，而察于民之故，是兴神物，以前民用。圣人以此斋戒，以神明其德夫"③和《养生主》"刀刃若新发于硎"④。"《春秋》之狱"则是指"《春秋》之听狱也，必本其事而原其志。志邪者，不待成；首恶者，罪特重；本直者，其论轻。"⑤综合上述文献材料，可以发现方以智提出的庄子不仅深得《周易》之主旨，也谙熟儒家思想之要义的主张，确实是有所创见的。

晚年驻锡青原期间（1664—1670），方以智广交僧俗宦儒、隐逸遗民，大力兴修佛堂，积极复兴书院，这些举措主观上当然是为宣扬其三教会通的学术思想，客观上亦为当地文化事业的兴盛创造了条件。所以，时人评价道："（青原）乃今至浮山愚者而大兴，盖莫盛于此矣。枯荆再发，信非偶然。"⑥在主持青原山曹洞法嗣时期，方以智的著述主要收录在《冬灰录》与《青原志略》二书中，前者是方以智的禅学著作，安徽省博物馆藏钞本共分5册，内文明显属于不同分期，不同人所记录；后者由笑峰大然始创，施闰章补辑，

---

① （清）王先谦撰，沈啸寰点校：《人间世第四》，《庄子集解》卷1，中华书局年2012年版，第51页。
② （清）王先谦撰，沈啸寰点校：《人间世第四》，《庄子集解》卷1，中华书局年2012年版，第53页。
③ （三国魏）王弼、（晋）韩康伯注，（唐）孔颖达等正义：《系辞上》，《周易正义》卷7，（清）阮元校刻《十三经注疏》，台湾艺文印书馆2001年影印本，第156页。
④ （清）王先谦撰，沈啸寰点校：《养生主第三》，《庄子集解》卷1，中华书局年2012年版，第43页。
⑤ （清）苏舆撰，钟哲点校：《精华第五》，《春秋繁露义证》卷3，中华书局1992年版，第92页。
⑥ （明）方以智编，张永义校注：《青原寺田新立僧户碑记》，《青原志略》卷首，华夏出版社2012年版，第369页。

方以智发凡起例。通过阅读二书后发现"荆杏交参""钟铎妙叶"及"儒佛辐辏"等词汇的出现频率甚高，由此当可略窥方以智晚年思想之一斑。

作为一派宗主，方以智绍承道盛禅师衣钵而成为曹洞法嗣，必然要为昌大宗门而倾尽全力。在"竹关托孤"后，方以智撰著《药地炮庄》，入主青原后又令青原禅学"枯荆再发"，这些都是他光大佛教门庭的表现。但也应当看到，炮《庄》、荆杏交参等主张难免给人留下拾人牙慧之感。因此，如果要真正实现曹洞禅学的兴盛，则必然要从其内部理论入手。方以智在《冬灰录》卷1著有《五位纲宗》一文，主要论述了曹洞宗"君臣五位说"。

"君臣五位说"或"五位纲宗"是曹洞一派以《易》解禅的重要理论成果，其说始自石头希迁所著《参同契》以《离》《坎》之"明暗"喻理事关系，内有"道无南北祖"一句，更是意在调和禅宗分立南北的局面。石头希迁再传弟子云岩昙晟从《参同契》中悟得"宝镜三昧歌"，在此基础上形成了"重离六爻，偏正回互。叠而为三，变尽成五"的"十六字偈"，着重突出重离卦和偏正说。云岩昙晟弟子洞山良价据"十六字偈"提出了"洞山五位"说，曹洞一派亦于洞山处正式开宗立派。洞山弟子——曹山本寂，将京房"世应说"之"五位君臣"思想融入"洞山五位"之中，又提出了"君臣五位"说。左锌，字藏一，在《中五说》中指出："曹洞纲宗，以正中偏、偏中正、正中来、偏中至、兼中到为五位，约则君臣合道而已，正偏兼中而已。"①曹洞前代高僧以"正"喻空界、君位，以"偏"指色界、臣位，而对"正""中""偏"有所取舍，主张偏废皆非圆满之境，惟有兼偏正两端才能真正得中。在《冬灰录》中，方以智表现出对"君臣五位说"极大的认同，他说："先人云：'乾有始无终，坤有终无始。乾无始终，坤有始终。'只如君臣道合者，以那一句消归妙叶耶？"②"有始无终"四句按方以智的说法乃是"寿昌老祖"开示的法旨，而"寿昌"指的是曹洞宗二十六世法嗣慧经禅

① （明）方以智编，张永义校注：《中五说》，《青原志略》卷5，华夏出版社2012年版，第126页。
② （明）方以智撰，黄德宽、诸伟奇主编：《丙午元旦上堂》，《冬灰录》卷6，《方以智全书》第3册，黄山书社2019年版，第326页。

师在寿昌寺① 驻锡十多年形成的寿昌一系，从本质上来说二者均属于曹洞血脉。尽管"有始无终"四句并无太多的实际意义，但《乾》《坤》卦爻与曹洞宗的君臣偏正之说相互印证、发明，则为当时乃至后来的学者、文人接受禅法提供了理论上的可能。

"君臣五位说"可谓曹洞一脉代代相传的思想瑰宝，身为僧人的方以智对这一理论学说的认可与发扬，只能说是分内之事，而以阴阳观念解禅在很大程度上却彰显了其易学理念。顺治十二年（1665）冬至节，方以智为僧徒讲《易》，他说：

> 天地之心，何处不在？然而非《复》不见，非《剥》不复。现前念起念灭，迅不停几，且道贞夫《剥》《复》之一者在什么处？……黄钟以冬至候气，先王以冬至闭关。祇如衲子家日日是冬至，又将以何为关？……此际一阳生也。祇如透过生即无生之关者能转阴阳。②

《周易》之《复》卦（䷗），其《象》曰："复，其见天地之心乎。"从卦象来看，《复》卦除初九一阳爻，其余皆为阴爻，阳气在重阴之下看似无所作为，但此阳爻在初始状态，有无限发展的机会，且《剥》尽之后必能归《复》，故"非剥不复"。又"黄钟"为十二乐律之首，和冬至相应，时在十一月。冬至过后即阴消阳长，此合于"一阳生"之象。方以智将节气与《易》卦爻象相结合，不仅借此解释禅宗的"生即无生"之理，也体现出其易学思想中的汉易成分。

而且，方以智援《易》解禅的最独特之处，还在于他以《周易》的八经卦诠释禅宗的修养过程。《冬灰录》卷6记有方以智就笑峰大然的"提曹山偈"的"注破"对话：

---

① 今江西省黎川县洵口镇。
② （明）方以智撰，黄德宽、诸伟奇主编：《冬至垂问》，《冬灰录》卷5，《方以智全书》第3册，黄山书社2019年版，第313—314页。

梦笑老人提曹山偈云:"学者先须识自宗,莫将真际杂顽空。无身有事超歧路,无事无身落始终。出语直须烧不着,潜行应与古人同。妙明体尽知伤触,力在逢缘不借中。"山僧因为注破:"学者先须识自宗,《乾》三连。莫将真际杂顽空,《坤》六断。无身有事超歧路,《震》仰盂。无事无身落始终,《艮》覆碗。出语直须烧不着,《离》中虚。潜行应与古人同,《坎》中满。妙明体尽知伤触,《兑》上缺。力在逢缘不借中,《巽》下断。"①

笑梦老人即是笑峰大然,为道盛禅师的首座弟子,这首偈本为曹山本寂所提,笑峰提出的目的当是想与方以智探讨其中含义,方以智却直接以八卦卦诀破注,将参禅修道的过程表达得如此简洁,由此可以看出方以智易学思想也有"深入浅出"的一面。

值得注意的是,在援《易》解禅的过程中,方以智既有独特洞见,有时也难以避免牵强附会之嫌,其实这原本就是格义的特点,因而不足为训。但是,这种尝试及其结果表明,中西文化或异质文化虽然在形式上存在巨大差异,但究其实质,在很大程度上还是存在着沟通、借鉴的可能。方以智并未排斥外来文化,而是积极寻求会通,与同时代的大多数学人相比,这在易学思想史上无疑是具有进步意义的。

作为方以智的好友,施闰章对方以智晚年的思想归属曾这样评价:"夫药翁非僧也,卒以僧老,其儒言儒行,无须臾忘也。……其皆有托而逃耶?"②从方以智的行述来看,他尊奉孔子,驳斥理学家轻视辞章、训诂而"务偏上以竞高",最终只能以中庸之法救之。同时他又心仪庄子,认为庄子乃儒宗别传,庄子是真正通晓大《易》精髓的人。当然道盛、方以智师徒对庄子的偏爱,究其根本,乃是三人都属于乱世中有志难伸的"伤心之人",

---

① (明)方以智撰,黄德宽、诸伟奇主编:《晚参》,《冬灰录》卷6,《方以智全书》第3册,黄山书社2019年版,第335页。

② (清)施闰章撰:《吾舫翁集序》,《学余堂文集》卷5,《景印文渊阁四库全书》第1313册,台湾商务印书馆1986年影印本,第58页。

而托孤之说仅仅是为自己寻找的一种托词而已。方以智晚年精研佛法又不辍儒学，在继承青原山荆杏双修的文化传统之余，更现"枯木再发"之象，不仅吸取华严宗"一真法界""圆融"等理论与《易》互通，而且将家传的"公因反因"说发展成为"轮交通几"的认识方法。在一系列理论论述和探索的过程中，方以智虽未明言其三教归《易》的主张，但从其思想发展的脉络来看，三教融合之后以何者为主，除《周易》之外，恐怕其他的经典是无法堪此大任的。

第五章　易学思想与中西会通：耶稣会士与中士的易学纷争

　　利玛窦（1552—1610），在较早来华的一批耶稣会士当中，并不是第一位，却是其中最具历史影响的杰出人物。明朝末年，进入中国的欧洲耶稣会传教士在坚持自身宗教立场的前提之下，对《周易》的诠释是东西方文化交流中同样不容忽视的独特环节。来华耶稣会士对于中国早期的儒学和哲学原典极为推崇，而对于程朱理学，特别是宋易则秉持着较为严厉的批评态度，"他们把焦点集中在《易经》上。在他们看来，《易经》充当了从耶稣会的文本世界到中国文本世界之间的桥梁"[①]。利玛窦撰写的《天主实义》，依据中国先秦时期的原典来理解儒学，指出天主教义与中国原典所含思想、原则之间有着诸多的联系。在诸多的联系中包含着的重要易学命题，揭示了耶稣会士围绕"太极""阴阳五行"之辨而凸显出的宗教性的学术立场，以及东西方文化在相互遭遇之际，所引发的冲击和回应的深刻机理。以利玛窦为代表的来华耶稣会士，运用易学话语与中国本土学者进行的文化交锋与融合，无疑构成了明代易学史和西方易学史的重要组成部分。

[①]　[比] 钟鸣旦：《晚明基督徒的经学研究》，《中华文史论丛》第64辑，上海古籍出版社2000年版，第24页。

第一节　"太极"义涵之争

晚明时期的思想界十分活跃，各种学说相互激荡，儒、释、道的合流，尤其是儒、释的融合构成了当时思想和学术的一个鲜明而普遍的特征。

明万历十年（1582），利玛窦来到中国传教，为达到此行目的，他采取了文化适应的策略，即首先要将自身从"西僧"打造成"西儒"。为此，必须潜心研习中国经典，和明朝的官员、学者即儒生、士大夫阶层进行着密切的交流。对于所处的思想文化环境，利玛窦不可能没有较为深入的了解，如何处理天主教与儒学、佛教及道家的关系就成为他需要认真面对、亟须解决的重大问题。自不必言，程朱理学与阳明心学是中国思想文化史上的两座高峰，中国哲学形成有形而上的系统论说便肇始于此。按常理来讲，利玛窦等耶稣会士应就此展开广泛而深入的对话，才能在中国本土建立起较为完善而系统的神学。然而，耶稣会士一开始就力排佛教和道教，无法接受这两种带有偶像崇拜的宗教形式，连带对渗入佛道二氏之说的程朱理学与阳明心学也一并加以排斥。

利玛窦对程朱理学的批判，首先表现在对"太极"的理解方面。他认为程朱理学的"太极"无法代表最高的"天主理"，太极本体论与佛道的空无本体论没有本质的不同。

中士曰：吾中国有三教，各立门户：老氏谓物生于无，以无为道；佛氏谓色由空出，以空为务；儒谓《易》有太极，故惟以有为宗，以诚为学。不知尊旨谁是？

西士曰：二氏之谓，曰空曰无，于天主理大相剌谬，其不可崇尚，明矣。夫儒之谓，曰有曰诚，虽未尽闻其释，固庶几乎！①

———————

① ［意］利玛窦著，朱维铮主编：《天主实义》，《利玛窦中文著译集》，复旦大学出版社2001年版，第15页。

利玛窦认为，"天主"作为宇宙万化的本原，能够主宰天地万物，是最大的实有。如果从天主教一神论出发来加以评判，佛教与道家在宇宙本体论上的空无、虚空等主张，自然不能被认可接受，而程朱理学的太极论，虽然有《周易》经典为据，"《易》有太极"表面上看似把实有作为宇宙创造、生成的本原，但在如何理解实有的问题上，与天主教的实有理论还是有着本质的不同。从中也可以看出，利玛窦推崇的其与儒家思想学说的一致是暂时性、策略性的，并不是全面的。

　　在否定佛教和道家二家的空无论之后，利玛窦借由中士发问，将批判的矛头指向了程朱理学的太极宇宙论，开启了对程朱理学的攻击。

　　　　中士曰：吾儒言太极者，是乎？
　　　　西士曰：……但闻古先君子敬恭于天地之上帝，未闻有尊奉太极者。如太极为上帝万物之祖，古圣何隐其说乎？①

"太极"一词，是中国传统哲学体系中有关阴阳学说的一个基本概念，本指天地阴阳混沌未分前大自然的本初状态，作为本体范畴，较早地出现在《周易·系辞上》中，即"《易》有太极，是生两仪，两仪生四象，四象生八卦，八卦定吉凶，吉凶生大业"②。"太极"裂变而生天地阴阳"两仪"，再裂变而生太阳、太阴、少阳、少阴"四象"，四象再各自分裂而生成天、地、雷、风、水、火、山、泽"八卦"，根据八卦的推衍变化可以判定吉凶而指导天下之盛业，可见"两仪"在宇宙万象生灭流变中发挥了本原作用。直至宋代，程朱理学以"太极"为最高本体概念，其宇宙论意义才得以最终赋予完成。利玛窦注意到，在他所引用的诸如《诗》《书》《礼》《易》《中庸》等先秦时期的经典之中，惟有《周易》第一次明确地提出了"太极"，这一被尊

---

①　[意] 利玛窦著，朱维铮主编：《天主实义》，《利玛窦中文著译集》，复旦大学出版社 2001年版，第 17 页。

②　(三国魏) 王弼、(晋) 韩康伯注，(唐) 孔颖达等正义：《系辞上》，《周易正义》卷 7，(清)阮元校刻《十三经注疏》，台湾艺文印书馆 2001 年影印本，第 156 页。

奉为"上帝万物之祖"的概念，而在其他经典中出现更多的则是"天地之上帝"的观念。

对于西士的疑惑，中士辩解道："古者未有其名，而实有其理，但图释未传耳。"① 在中士看来，古代或没有太极之名，但一定有太极之理；太极之理古已有之，虽有太极图流传下来，但未能充分表达太极之理。中士所说的"图释"，应是指宋代周敦颐所作的《太极图》。我们知道，为解说《太极图》蕴涵之奥义，周敦颐曾撰《太极图说》，后来经过朱熹校订，在明代编入《周元公集》，可谓流传甚广。检视《太极图说》，其大旨可以分为前后两部分：前一部分纵论宇宙万物之化生模式，后一部分论人生当本太极精微之理以为用，此图之大义尽在《易》中。周敦颐《太极图说》一出，又经朱熹一番阐释，便成为程朱理学的重要理论。时至明代，《周易》本为卜筮之书已成定论。因为《周易》中的"象"含有"形象"与"象征"之意，所以也被视为象征哲学之作。《周易·系辞下》云，"象也者，像此者也"②，孔颖达《周易正义》释之为"言象此物之形象也"。《周易》的创作，正是通过观察各种物象而拟取之以喻示深刻的哲理，"观物取象"可谓对《周易》创作特色最为精约的概括。受此影响，周敦颐创作的《太极图》，通过动静、阴阳之"象"图式的充分运用，演绎太极如何生化成阴阳，阴阳如何参合"五行"的自然万物衍化生成模式，揭示了传统的社会观、价值观及人生观等原则，实际上是以形象表达理学观念体系的总纲。

"象"之于易学的重要程度，利玛窦对此有着一定程度的认识，即《太极图》的确是以"象"言，即以形象来喻示宇宙运行机制和人生发展准则。然而，利玛窦在对《太极图》之于理学的重要性，及其形而上的象征意义缺乏深入了解的情况下，便直接作出了如下的回应：

---

① ［意］利玛窦著，朱维铮主编：《天主实义》，《利玛窦中文著译集》，复旦大学出版社 2001 年版，第 17 页。

② （三国魏）王弼、（晋）韩康伯注，（唐）孔颖达等正义：《系辞下》，《周易正义》卷 8，（清）阮元校刻《十三经注疏》，台湾艺文印书馆 2001 年影印本，第 166 页。

       凡言与理相合，君子无以逆之。太极之解，恐难谓合理也。吾视
    夫无极而太极之图，不过取奇偶之象言，而其象何在？太极非生天地
    之实，可知已。天主之理，从古实传至今，全备无遗，而吾欲志之于
    册，传之于他邦，尤不敢不揭其理之所凭，况虚象无实理之可依耶。①

利玛窦对"太极"之名与"太极"之实的义涵避而不谈，便直下断语，仅
仅片言只语地评价道，"太极之解，恐难谓合理"，"不过取奇偶之象言，而
其象何在"，"太极非生天地之实，可知已"。在他看来，相较于天主的"实
理"，中士所持、所论之"象"皆为"虚象"，其本身是虚无缥缈，在宇宙万
物中并没有实际的内容与之相对应，天地万物的实在根源，根本不可能从呈
现为虚象的"太极"中生发出来。因此，利玛窦在秉持"言与理相合""全
备无遗"的"天主之理"的立场上，对程朱理学的"太极生天地"的宇宙生
成论从整体上便作出了轻率而仓促的否定。

    西士对中士所持之论进行了根本性"颠覆"，中士则将自身的核心理论
抛出作为回应："太极非他物，乃理而已。如以全理为无理，尚有何理之可
谓？"② 在此，中士提出了如何理解"太极"的关键问题。太极"乃理而已"，
而且是"全理"，这是宋代理学集大成者朱熹的重要易学观点。朱熹将"理"
或"太极"作为哲学的最高范畴，"太极只是一个理字"③，"总天地万物之理，
便是太极"④，"易者，阴阳之变。大极者，其理也"⑤，上述几个命题构成了朱
熹太极论的主要内容。朱熹坚持"理先气后"，"以理为本"的基本观点，主

---

① [意] 利玛窦著，朱维铮主编：《天主实义》，《利玛窦中文著译集》，复旦大学出版社 2001
   年版，第 17 页。
② [意] 利玛窦著，朱维铮主编：《天主实义》，《利玛窦中文著译集》，复旦大学出版社 2001
   年版，第 17 页。
③ (宋) 黎靖德编，王星贤点校：《理气上·太极天地上》，《朱子语类》卷 1，中华书局
   1986 年版，第 2 页。
④ (宋) 黎靖德编，王星贤点校：《周子之书·太极图》，《朱子语类》卷 94，中华书局 1986
   年版，第 2375 页。
⑤ (宋) 朱熹撰，廖名春点校：《周易本义》，中华书局 2009 年版，第 240 页。

张"太极"即"理"是宇宙的本原，又以"理一分殊"说诠释"太极"与天地万物的关系。由此看出，程朱理学一派所理解的"太极"，一方面有总括的意味，含天地万物之理，即大全之理；另一方面则有最初本原、内在依据的义涵，用来解释天地万物由来及其存在的根据。应该讲，无论从哪个方面来理解，在程朱理学体系中"太极"都不会溢出"体用一源"且合乎本体论的讨论范围，这也正是中士强调的"太极"乃"全理"的理论依据。

　　一般而言，中世纪西方耶稣教会派往海外，特别是派往东方古国传教的成员，大都受过良好教育，在哲学、文学、神学等人文学科以及自然学科方面具有较高的素养①，尽管利玛窦意识到"太极"在程朱理学之宇宙论中的地位非常重要，但是，这种"太极"学说，一方面与自身天主创造论的宗教观念相抵触，另一方面又明显地违背自身具有的常识，即由亚里士多德开创的，一直在西方哲学领域盛行已久并产生较大影响的范畴分类法。

　　所以，对于中士一再坚持的观点，利玛窦无论如何是不能理解赞同的，便借西士之口进行了富有逻辑性的批驳：

　　　　西士曰：呜呼！他物之体态，不归于理，可复将理归正议，若理之本体定，而不以其理，又将何以理之哉？吾今先判物之宗品，以置理于本品，然后明其太极之说，不能为万物本原也。

　　　　夫物之宗品有二，有自立者，有依赖者。物之不特别体以为物，而自能成立，如天地、鬼神、人、鸟兽、草木、金石、四行等，是也。斯属自立之品者。物之不能立，而讬他体以为其物，如五常、五色、五音、五味、七情等，是也。斯属依赖之品者。且以白马观之，曰白曰马，马乃自立者，白乃依赖者。虽无其白，尤有其马，如无其马，比无其白，故以为依赖也。比斯两品，凡自立者，先也，贵也；依赖者，后也，贱也。一物之体，惟有自立一类。若其依赖之类，不可

────────────

① ［意］利玛窦著，朱维铮主编：《导言》，《利玛窦中文著译集》，复旦大学出版社2001年版，第4页。

胜穷。如人一身，固为自立，其间情声、貌色、彝伦等类，俱为依赖。
其类甚多。①

利玛窦开宗明义，在其所理解的视域之下提出了自己的论证提纲。他认为只
要运用"判物之宗品"的方法，就能论证"太极之说"为"万物本原"的荒
谬。西士所说的"判物之宗品"，实际上就是按一定的标准对事物进行分类
的方法。前已提及，亚里士多德发明的范畴分类法，在西方哲学史和逻辑学
史上一直占有特殊而重要的地位，范畴分类虽然在一定程度上具有经验的属
性，一般也要遵循以下两个标准，一是逻辑的标准，二是形而上学的标准。
利玛窦对"太极"要进行一番学理性的分析，进而从根本上否定，不能不受
到范畴分类法影响，所以他选择运用范畴分类法对中士主张的"太极"论加
以批评也就自然而然。

利玛窦将"物之宗品"从事物存在的角度，分为"自立者"和"依赖
者"两大类。"自立者"即"不恃别体以为物，而自能成立"，一般是指不依
存或没有受制于他物而能独自存在的事物。而"依赖者"正与之相反，"物
之不能立，而讬他体以为其物"，只有依存、依赖于于外物，借助他物才能
凸显其存在。在举出大量实例说明何为"自立者"，何为"依赖者"之后，
利玛窦又进一步指出划分自立者和依赖者的另外区分标准，"比斯两品，凡
自立者，先也，贵也；依赖者，后也，贱也"。在他看来，自立者和依赖者
不仅有先后、贵贱之分，更具有一多之别。其中，先后、一多之别自是范畴
分类中的应有之义，而贵与贱这种价值判断上的评价，明显是利玛窦出于其
皈依的天主教的宗教神学立场作出的。

在此基础上，利玛窦自然得出了"太极"和"理"，"不能为天地万物之
原"的结论。因为，根据自立与依赖的分类方法，"太极"和"理"当属后
者无疑。他指出：

① ［意］利玛窦著，朱维铮主编：《天主实义》，《利玛窦中文著译集》，复旦大学出版社2001
年版，第18页。

若太极者，止解之以所谓理，则不能为天地万物之原矣。盖理亦依赖之类，自不能立，曷立他物哉？中国文人学士，讲论理者，只谓有二端，或在人心，或在事物。事物之情，合乎人心之理，则事物方谓真实焉。人心能穷彼在物之理，而尽其知，则谓之格物焉。据此两端，则理固依赖，奚得为物原乎？二者皆在物后，而后岂先者之原？且其初无一物之先，渠言必有理存焉，夫理在何处，依属何物乎？依赖之情，不能自立，故无自立者以为之讬，则依赖者了无矣。如曰赖空虚耳，恐空虚非足赖者，理将不免于偃堕也。试问盘古之前，既有理在，何故闲空不动而生物乎？其后谁从激之使动？况理本无动静，况自动乎？如曰昔不生物，后乃愿生物，则理岂有意乎？何以有欲生物、有欲不生物乎？①

利玛窦在游历传教期间，以其丰富的东西学识，广泛结识当时本土的士大夫，不遗余力地践行"我以为在很短的时间，可以归化千千万万的中国人"②的誓言，虽然这一乐观的估计与最终的实际效果有相当大的反差，但还是取得了些许的成功。成功的取得，与他对明朝的权力运作机制、社会风俗趋向，以及学术思潮大势较为深刻的认识体察有着密不可分的关系。

透过《天主实义》一书的编纂，能够看出利玛窦对明代流行的程朱理学与阳明心学的治学与讲理方式了解得十分清楚：一是表现在理"在人心"，一是表现在理"在事物"。尽管探究事物实情，使之印证、合乎人心之理，或是通过格物，穷尽事物之理，符合中国一以贯之的学术传统，但是，在利玛窦看来，这两种方法与观点有着无法避免的缺陷，即无论是心之理还是物之理，都可以归入"依赖"一类的范畴，在事物之后且依附于事物才能存在，这是无法作为物之本原独立存在的。所以，利玛窦认为如果"理"剥离

① ［意］利玛窦著，朱维铮主编：《天主实义》，《利玛窦中文著译集》，复旦大学出版社2001年版，第18页。
② ［意］利玛窦著，朱维铮主编：《导言》，《利玛窦中文著译集》，复旦大学出版社2001年版，第9页。

于"物"，其本身的存在也会成为问题，特别是从宇宙生成的视角来看，理的存在就更加无法理解。

"理"能否作为事物存在的内在根据，即"理"能否作为事物的本原而存在，这一问题也就成为西士与中士争论的焦点所在。

对于利玛窦得出的宇宙本原之理是不能先于宇宙生成而存在的结论，中士从本体论的角度予以辩驳，"无其理则无其物，是故我周子信理为物之原也"①。中士将"无其理则无其物"与"理为物之原"说成是周敦颐的观点未免有些问题，因为"理"不是周敦颐"太极"体系中的核心概念，而是朱熹对其"太极"思想的进一步推衍和深化，作为事的本原提炼而成的。朱熹认为理在事上或理在事先，"未有天地之先，毕竟也只是理，有此理便有此天地。若无此理，便亦无天地，无人无物，都无该载了"②。不仅如此，朱熹还以"理一分殊"解释"太极"与宇宙万物的内在关联，太极之理为"理一"，散开则体现在天地万物之中，天地万物各自又禀有太极之理为"分殊"。也就是说，万事万物都以此理为其存在的根据，又分别体现此一完整的理。再有，朱熹认为，从理这一方面来说，理为体，事与象为用，理中有象，体中有用，举其体而用之理已完具，这是"体用一源"的内涵；从事与象这一方面来说，事、象显露时，理从中以细微之几呈现，理在象中，即事而理之体可见，这是"显微无间"的意蕴。上述对于理与物或理与事关系的认识，说明朱熹的确继承和发展了程颐的"体用一源"说，其理本论的哲学思想不仅深化完善了周敦颐的《太极图说》，也将汉易以来易学中的宇宙生成论体系转变成为本体论体系。

对于中国传统思想文化发展史，特别是易学发展史上出现的重要转变，利玛窦并没有直接回应，他仍然从宇宙生成论的视角，专注于厘清理与物的关系。

---

① ［意］利玛窦著，朱维铮主编：《天主实义》，《利玛窦中文著译集》，复旦大学出版社 2001年版，第 18 页。

② （宋）黎靖德编，王星贤点校：《理气上·太极天地上》，《朱子语类》卷 1，中华书局1986 年版，第 1 页。

　　西士曰：无子则无父，而谁言子为父之原乎？相须者之物，情恒如此，本相为有无者也。有君则有臣，无君则无臣。有物则有物之理，无此物之实，即无此理之实。若以虚理为物之原，是无异乎佛老之说……今时实理不得生物，昔者虚理安得以生之乎？譬如今日有舆人于此，有此车理具于其心，何不即动发一乘车，而必待有树木之质，斧锯之械，匠人之工，然后成车？何初之神奇能化天地之大，而今之衰敝不能发一车之小耶？①

将理学中诸如理为物之本原的理论与佛老的空无论联系起来，不知利玛窦是不是有意为之。众所周知，作为儒学新的表现形态，理学是具有较强理论思维与较高哲理性的思想学说，它以传统的儒家伦理思想为核心，对以往先秦、汉唐的儒家思想有所继承和发展，同时汲取了佛学和道教的理论思维，对外来异质文化有所选择、淘汰、借鉴、整合。与以往的儒学形态相比，理学具有以儒为宗、兼采佛道、三教同源的理论特征。值得关注的是，对于佛教的立场和态度，程朱理学表现出了耐人寻味的两面性，既吸收、融摄，同时又反对、排斥。这里，以宋代理学集大成者的朱熹表现得尤为明显。以正统儒家学派身份自居的朱熹，表面上坚决地与佛教划清界限，暗中却对佛教的理论架构有所融摄。虽然儒学讲"理"，佛教亦讲"理"，但朱熹认为"吾儒万理皆实，释氏万理皆空"②，一方面从理论根源上回击外界对其暗摄释老的指责，另一方面又从本体论的层面来否定佛教。如果进一步分析会发现，朱熹对儒学与佛教的分判明显有很大程度的偏颇。佛家用"空"语所在多有，儒佛二家各自之"理"还是不能简单以"有无"来加以评价。儒学与佛教均采用了相近的本体论架构，但承载的毕竟是不同的价值体系，其内蕴也就自然不同。利玛窦以父子、君臣的关系为例，说明物之"实理"才是物之

① ［意］利玛窦著，朱维铮主编：《天主实义》，《利玛窦中文著译集》，复旦大学出版社2001年版，第19页。
② （宋）黎靖德编，王星贤点校：《陆氏》，《朱子语类》卷124，中华书局1986年版，第2976页。

本原，他认为如果以"虚理"为本原，就与佛老的空无论毫无二致。应该说，利玛窦对程朱理学的理论特征有一定程度的了解，也注意到儒学与佛学相似的一面，但这相似的一面并不是"以虚理为物之原"为表征的。

利玛窦之所以得出此一结论，源于其凡理必为物之所托的天主教创生论的宗教立场。以此为标准加以检视，程朱理学与佛教只能划入无物所托之"虚理"范畴，其中的关键恰恰在于，中士之学，即理学之"理"着重是从事物存在的根据、物之为物的本原这一立场展开的。在一步步的逻辑展开中，利玛窦"以子之矛攻子之盾"，意欲证明中士根据太极宇宙生成论以"虚理"生出实物的荒谬，从而将反驳推向极致。

第二节 "阴阳五行"之辨

确实，西士的辩驳击中了中士之学的"软肋"。为了与利玛窦秉持的宇宙创生论立场进行理论上的接榫，中士再一次充分地调动了本土带有传统"宇宙论"色彩，能化生天地万物的思想资源。中士曰：

> 吾闻理者，先生阴阳五行，然后化生天地万物，故生物有次第焉。使于须臾生车，非其譬矣。①

在中士看来，程朱理学立场中的"理"具备化生天地万物的功能，但其化生的方式和呈现的过程与利玛窦的主张有本质的不同，理化生天地万物要有一个按顺序、次第、程度、范围渐进展开的过程。很显然，中士所说的化生天地万物过程，其背后的思想基础实则来源于周敦颐的《太极图说》。在《太极图说》中，周敦颐对宇宙生成图示作了深刻的阐发，认为有象有形的阴阳二气、五行和万物都出于原初的、绝对的实体"太极"，而"太极"实为无

---

① ［意］利玛窦著，朱维铮主编：《天主实义》，《利玛窦中文著译集》，复旦大学出版社2001年版，第19页。

穷无限的"无极"，"无极而太极"创造、生化出阴阳五行和宇宙间的万事万物。① 后来，朱熹撰《太极图说解》加以发挥，成为程朱理学的理论基础。可以说，周敦颐的《太极图说》对朱熹哲学思想体系中的本体论，乃至于宇宙生成论的形成产生了至关重要的影响。

对中士带有的本土色彩的，且更富于宇宙生成论意义的阐发，西士的反驳仍旧咄咄逼人：

> 试问于子：阴阳五行之理，一动一静之际辄能生阴阳五行，则今有车理，岂不动而生一乘车乎？又，理无所不在，彼既是无意之物，性必直遂，任其所发，自不能已，何今不生阴阳五行于此？孰御之哉？②

在程朱理学的宇宙生成论中，"太极"和"阴阳五行"的关系首先表现为"理"与"气"的关系，抑或表现为形而上和形而下的关系，也可以理解为道与器的关系。"太极"或"理"属于形而上的范畴，"阴阳五行"属于形而下的范畴，前后有各自的理论层次和属性范畴。需要注意的是，程朱理学的宇宙生成论并没有专门针对"阴阳五行之理"的系统表述。西士用于反驳程朱理学而提出的"阴阳五行之理"，实际上指的是"阴阳五行"赖以存在生成的内在根源和逻辑依据，即太极之理。所以，以形而下的阴阳五行之气，与形而上的阴阳五行之理相对应，在一定程度上表现出西士对于程朱理学的太极宇宙论在理解上缺乏严谨、不够妥帖的一面。

如前所述，周敦颐的宇宙生成论，强调了处于无限时空上的"无极"中的"太极"在生成出"阴阳五行"之气后，是如何进一步创生宇宙万物的。朱熹立足于此说，将"无极而太极"诠释为"只是说无形而有理。所谓太极者，只二气五行之理，非别有物为太极也。"又云："以理言之，则不可

---

① （宋）周敦颐著，陈克明点校：《太极图说》，《周敦颐集》卷1，中华书局2009年版，第3—4页。
② ［意］利玛窦著，朱维铮主编：《天主实义》，《利玛窦中文著译集》，复旦大学出版社2001年版，第19页。

谓之有；以物言之，则不可谓之无"①，把"太极"理解为"理之极至"②。对于周敦颐提出"太极动而生阳，动极而静，静而生阴"③ 这个至为关键的命题，朱熹仍从探讨理气关系入手，不断地充实其理论义涵。他说：

> 气则能凝结造作，理却无情意，无计度，无造作。只此气凝聚处，理便在其中。且如天地间人物草木禽兽，其生也，莫不有种，定不会无种子白地生出一个物事，这个都是气。若理，则只是个净洁空阔底世界，无形迹，他却不会造作；气则能酝酿凝聚生物也。但有此气，则理便在其中。④

朱熹以形而下之"气"，作为从形而上之理的本体论向源于阴阳两仪之气的宇宙生成论过渡的桥梁与媒介，从逻辑上对周敦颐的万物化生过程作出了较为清晰的说明和论证。利玛窦则采取了天主教创世论的思维方式和思想立场来审视程朱理学的宇宙生成论，他对周敦颐与朱熹的理论渊源有没有真正理解姑且不论，殊不知天主教的创世论是直接创造出具体的事物，如天地、日月、人物，这与程朱理学宗奉的理——阴阳五行——万物的生成模式次第有着本质的区别。所以，尽管对中士的诘问咄咄逼人，但明显能够看出，包括利玛窦在内的耶稣会士，在当时无法从学理上驾驭这种形而上与形而下相互交织在一起的、极为复杂的程朱理学太极宇宙论。

进而，利玛窦从理与物的关系着手，基于其神学创造论，对程朱理学的宇宙生成论进行了又一轮诘难。他说："且'物'字为万实总名，凡物皆

---

① （宋）黎靖德编，王星贤点校：《周子之书·太极图》，《朱子语类》卷94，中华书局1986年版，第2366页。

② （宋）黎靖德编，王星贤点校：《周子之书·太极图》，《朱子语类》卷94，中华书局1986年版，第2374页。

③ （宋）周敦颐著，陈克明点校：《太极图说》，《周敦颐集》卷1，中华书局2009年版，第4页。

④ （宋）黎靖德编，王星贤点校：《理气上·太极天地上》，《朱子语类》卷1，中华书局1986年版，第3页。

可称之为'物'。《太极图注》云理者，非物矣。""彼理者，以己之所无，不得施之于物以为之有也。理无灵无觉，则不能生灵生觉。"[①] 在利玛窦看来，物是实在的总名，而根据朱熹的《太极图注》，推导出"理"是非实在的无形之物，既然如此，理没有灵觉，更不能生灵觉之物。对于利玛窦提出的"灵觉"问题，中士认为"灵觉为有灵觉者所生，非理之谓"[②]，并不在程朱理学的讨论范围之中，接下来便试图从理学的立场来理解"灵觉"，"既闻命矣，但理动而生阳，阳乃自然之灵觉，或其然乎"[③]。

基于自身文化立场，中士所强调的"理动而生阳"观点是程朱理学有关宇宙生成论的核心命题。从阴与阳各自属性，动与静的角度，可以作出"阳乃自然之灵觉"的诠释，只有这样才能和耶稣会士进一步展开更为广泛的对话。"理动而生阳"，源于周敦颐的"静极复动。一动一静，互为其根；分阴分阳，两仪立焉"。朱熹注为：

> 太极者，本然之妙也；动静者，所乘之机也。太极，形而上之道也；阴阳，形而下之器也。是以自其著者而观之，则动静不同时，阴阳不同位，而太极无不在焉。自其微者而观之，则冲漠无朕，而动静阴阳之理，已悉具于其中矣。[④]

朱熹认为，"太极"包含有动静之理，才有阴阳动静之事，动静之理不仅是阳动阴静出现的本原，同时也寓于阴阳二气之中，依二气而流行。这并不是说太极先有动，之后才有静，静又复动，太极本身无所谓动，也无所谓静。

---

① ［意］利玛窦著，朱维铮主编：《天主实义》，《利玛窦中文著译集》，复旦大学出版社 2001 年版，第 19 页。

② ［意］利玛窦著，朱维铮主编：《天主实义》，《利玛窦中文著译集》，复旦大学出版社 2001 年版，第 19 页。

③ ［意］利玛窦著，朱维铮主编：《天主实义》，《利玛窦中文著译集》，复旦大学出版社 2001 年版，第 19 页。

④ （宋）周敦颐著，陈克明点校：《太极图说》，《周敦颐集》卷 1，中华书局 2009 年版，第 4 页。

在解释《周易·系辞上》"《易》有太极"一节时，朱熹从易哲学的角度对"太极"的动静之理作了深入的阐发。他说：

> 一每生二，自然之理也。……两仪者，始为一画以分阴阳。四象者，次为二画以分太少。八卦者，次为三画而三才之象始备。此数言者，实圣人作易自然之次第，有不假丝毫智力而成者。[1]

朱熹以太极之理自身逻辑的展开，说明八卦、六十四卦及天地万物的形成过程，提出了"推其本则太极生阴阳"[2]的命题，就程朱理学整体而言，从逻辑上论证了宇宙就是一个连续不断阴阳流转的过程。非常遗憾的是，西士又追问："彼阳者何由得灵觉乎？此于自然之理，亦大相悖。"[3]阳者之灵觉究竟来自何处，在西士看来，如果源于"理"，是经不住推敲的。很明显，双方论证的分歧在于两种不同的"灵觉"，程朱理学强调的是自然而然的"灵觉"，利玛窦主张的是有自我意识的"灵觉"，各自秉持的"自然之理"在义涵方面互相抵牾。至此，"反复论辩，难脱此理"[4]。就"理"而言，利玛窦已经失去了进一步探讨的兴趣，由于双方没有愈辩愈明，自然也就难以达成共识。

双方的理论分歧显而易见，中士仍试图尽可能地将之弥合到"并行不悖"的程度。

> 中士曰：先生谓天主无形无声，而能施万象有形有声；则太极无灵觉，而能施物之灵觉，何伤乎？

---

① （宋）朱熹撰，廖名春点校：《周易本义》，中华书局 2009 年版，第 240 页。

② （宋）黎靖德编，王星贤点校：《易十·上系上》，《朱子语类》卷 75，中华书局 1986 年版，第 1929 页。

③ ［意］利玛窦著，朱维铮主编：《天主实义》，《利玛窦中文著译集》，复旦大学出版社 2001 年版，第 20 页。

④ ［意］利玛窦著，朱维铮主编：《天主实义》，《利玛窦中文著译集》，复旦大学出版社 2001 年版，第 19—20 页。

西士曰：何不云无形声者，精也，上也；有形声者，粗也，下也？以精上能施粗下，分不为过。以无灵觉之粗下，为施灵觉之精上，则出其分外远矣。①

中士把"太极"与"天主"并列，意即二者在化生万物的宇宙生成论方面，能够找到相似之处。西士认为"天主"虽无形无声，却属于"精上"一类的范畴，可以对"粗下"一类事物发挥着重要的作用和影响，将"太极"划入到"粗下"且受到控制的范畴，与"天主"根本不具备可比性，这样就全面地否定了"太极"之理的存在和价值。至此，双方带有易学色彩的有关"太极"和"阴阳五行"的纷争暂告一段落，西士转而对程朱理学的"太极"概念和"天主"概念的本质差异作了最后的论证总结：

理也者，则大异焉。是乃依赖之类，自不能立，何能包含灵觉为自立之类乎？理卑于人。理为物，而非物为理也。故仲尼曰"人能弘道，非道弘人"也。如尔曰"理含万物之灵，化生万物"，此乃天主也。何独谓之"理"，谓之"太极"哉！②

利玛窦认为，任何事物甚至整个世界必须回归到其自身的本质和来源，强调天主包含灵觉和具有自立的特性是肯定其具有实在的属性。尽管"太极"或"理"作为程朱理学本体论中的最高概念而存在，仍然是一个不"包含灵觉"，且缺乏"自立"属性的概念。同时，利玛窦也奢望，如果"太极"或"理"含万物之灵，能够化生万物，双方的含义与内在规定性一致的话，"理"与"天主"无异，这也是可以接受的，但实际上恰恰相反。

类似的观点，利玛窦在后来给罗马耶稣会会长的信函中曾着重谈到过。

---

① ［意］利玛窦著，朱维铮主编：《天主实义》，《利玛窦中文著译集》，复旦大学出版社 2001 年版，第 20 页。

② ［意］利玛窦著，朱维铮主编：《天主实义》，《利玛窦中文著译集》，复旦大学出版社 2001 年版，第 20 页。

他说作为宗奉程朱理学一派的后儒所主张的太极论是一种崭新的思想学说，但在某些方面同中国古代圣人的儒家学说是冲突的。中国古代圣人对"上帝"有着更为原始，也较为正确的概念。如果按时下中士的说法，说"太极"不是一种事物，也不是一种精灵，更没有悟性和意志，却能贯穿于宇宙万物。但是，我们最好不要批判他们的观点，而是尽可能地把它理解成为与"上帝"相一致的概念。惟其如此，我们在解释中国原典时，就会使之顺从我们的概念，不必全然理会中国人的概念，如果沟通得顺利，中国人"终于理解太极是基本的、智力的和无限的物质原理，那么我们将同意说这正是上帝"①。在这封信中，利玛窦将尊"先儒"反"后儒"的传教策略、交流中运用的解释学的方法以及最终要达到的目标可谓和盘托出。对于利玛窦而言，始终坚信一点，那就是通过他们带有天主教神学立场的诠释，不断地强调太极与天主二者在概念上的一致之处，从而顺理成章地实现以天主取代太极的目的。所以，在与中士回环往复的辩驳中，西士在立场上毫不动摇，即视"太极"为"理"，根本不具备神的属性，因而也就无法生成事物，不能构成事物的本质，只能作为依赖者存在。而惟有天主，具有精神性的原理，具备神的属性，能从无中创造出万物。但是，后来的效果也着实不够明显。毕竟，西士的天主教创造论被置于一个历史的创造与生成的框架之内，其表达始终在符合形而上学和逻辑学的义涵里打转，而不像程朱理学的太极论那样，时而体现出宇宙生成论，时而表现出宇宙本体论。这样，在很大程度上，双方难免会陷入一种各说各话、难以调和的理论窘境。

第三节　易学纷争的诠释局限

在《天主实义》中，利玛窦有相当多的篇幅在讨论"太极"的义涵和"太极"本体论的内容，但他的思想主导倾向，主要是将程朱理学的太极论

---

① 参见［法］谢和耐《中国文化与基督教的冲撞》，辽宁人民出版社 1989 年版，第 17—18 页。

转化为宇宙创造论的问题，进而作出符合天主教神学立场上的理解。然而，遗憾之处表现在利玛窦没有能够从太极本体论的意义上，就上述问题予以充分的展开论证。之所以如此，原因在于程朱理学的太极论具有宇宙生成论和本体论两个维度，其中宇宙生成论是对宇宙发生、衍化的具体描述，本体论是对太极之理按自身逻辑展开过程的解释。程朱理学"太极"论的建立，在很大程度上借用了《周易》的理论框架，因为《周易》揭示了天地生万物的世界之源，阐释了万物虽多皆出于"阴阳"的宇宙观，同时又揭示了宇宙世界万事万物之变化的内在根据，即"一阴一阳之谓道"①，把"道"上升到了超验的、形而上的地位，即"形而上者谓之道"②。并且，通过《易》有太极，是生两仪"使《周易》的宇宙观与本体论形成了相互交融的双层结构，既蕴含了万物皆出于阴阳的宇宙论，又蕴含了"太极者，道也"③的本体论。

利玛窦主张的天主教创世论，就一定意义而言，与程朱理学的宇宙生成论相类似，但是不同之处在于，一个强调的是造物主的创造，另一个则认为太极呈现或凸显的是自然的、逻辑的演化。换而言之，利玛窦在与宗奉程朱理学的中士反复辩驳中，始终将有关程朱理学"太极"概念的讨论置于宇宙论框架之内，而不是置于宇宙论和本体论相结合的逻辑框架之中。这种具有神学色彩的创造论的理论框架，在很大程度上限制了利玛窦对程朱理学一派本体论的理解。在无法进行理论正视的情况之下，对程朱理学的诘难、批评自然是无法避免的。

在与中士探讨程朱理学重要命题时的局限，还表现在利玛窦对"孔子言太极何意"④，即先秦时期太极论的回避。前已提及，中士提出了关于孔

---

① （三国魏）王弼、（晋）韩康伯注，（唐）孔颖达等正义：《系辞上》，《周易正义》卷7，（清）阮元校刻《十三经注疏》，台湾艺文印书馆2001年影印本，第148页。

② （三国魏）王弼、（晋）韩康伯注，（唐）孔颖达等正义：《系辞上》，《周易正义》卷7，（清）阮元校刻《十三经注疏》，台湾艺文印书馆2001年影印本，第158页。

③ （宋）朱熹撰，廖名春点校：《周易序》，《周易本义》，中华书局2009年版，第1页。

④ ［意］利玛窦著，朱维铮主编：《天主实义》，《利玛窦中文著译集》，复旦大学出版社2001年版，第20页。

子论太极的话题，利玛窦以"太极之理，本有精论"① 为由将论题岔开，不予回应。利玛窦的这一态度值得玩味，从中不难发现似乎困扰他的一个重要理论问题。我们知道，"太极"在《周易·系辞上》中原本是有关筮法的一个范畴。太极，即"太一"，其本义指天地阴阳未分时的混沌状态。由于"《易》与天地准，故能弥纶天地之道"②，筮法本身模拟天地之化，所以《周易·系辞上》讲到的从太极到八卦的分化过程，"是故《易》有太极，是生两仪。两仪生四象。四象生八卦。八卦定吉凶，吉凶生大业"③，包含有宇宙论的哲学意义。发展到汉代，"太极"作为世界的本原已经成为共识，汉以后的历代思想家多受其影响，或以之为"无"，或以之为"气"，或以之为"理"。可见，太极宇宙论在儒学传统中以《易传》为源头，经历了一个不断发展的过程。利玛窦的传教策略，简而言之是尊"先儒"反"后儒"，但这一策略的成功需要有一前提条件，即自身在面对异质文化之时要具备相应的理解异质文化的思想基础，而这些却给他带来了极大的困扰：如何面对异质文化中由古之所谓圣人开创的政治道统和学术传统，与受此道统和传统熏染之深的中士展开对话，进而使之接受、理解源自西方的哲学、宗教的观念。

无疑，以太极为宇宙根本的程朱理学与天主教的宇宙创世论有着较大的冲突。以中国传统哲学史观之，《易传》一般认为是孔子所作，其中蕴含着较早的太极宇宙论和本体论，与后来程朱理学的太极宇宙论有着内在的逻辑渊源，前后可谓一脉相承。利玛窦在应对"孔子言太极"的问题时言之不详，或许有两方面的原因：一是程朱理学的太极宇宙论，既然与孔子所作《易传》中的"太极"概念，在理论内涵上有着继承关系，有没有一个较孔子之太极宇宙更为久远的古圣之本论，有此疑问当然需要进一步思考探

---

① [意] 利玛窦著，朱维铮主编：《天主实义》，《利玛窦中文著译集》，复旦大学出版社 2001 年版，第 20 页。

② （三国魏）王弼、（晋）韩康伯注，（唐）孔颖达等正义：《系辞上》，《周易正义》卷 7，（清）阮元校刻《十三经注疏》，台湾艺文印书馆 2001 年影印本，第 147 页。

③ （三国魏）王弼、（晋）韩康伯注，（唐）孔颖达等正义：《系辞上》，《周易正义》卷 7，（清）阮元校刻《十三经注疏》，台湾艺文印书馆 2001 年影印本，第 156—157 页。

求，只是在时机不成熟之前可以存而不论，这或许是出于他排斥"后儒"、回护"先儒"的需要；二是出于以天主教的宇宙创造论即创世论改造程朱理学太极宇宙论的需要，而要真正地取得成功，不能仅仅局限在对宋代以来儒学的发展形态，特别是对程朱理学太极论的认识上。他可能意识到，他是在与中士之学所受熏染的整个传统在对话，无疑是有相当大的难度的，仅截取自宋代以来发展到明代的程朱理学中的一段，却忽略了一以贯之的、"长时段"的学术传统，新儒的产生并不是抛除旧儒而横空出世的，所以尽管利玛窦与中士的辩论看似深刻，也处于上风，有时其结论难免武断而轻率。

在《天主实义》第二篇《解释世人错认天主》当中，利玛窦对程朱理学的"太极"和"阴阳五行"进行了较为集中的批判。通过之前的讨论，也可以看出，利玛窦并没有完全理解程朱理学体系中的"太极"或"理"这一核心概念，从而将其理论内涵的关键较为合理、符合逻辑地诠释出来。我们知道，《周易·系辞》是程朱理学太极论的重要理论渊薮，仅仅是到了宋代，"太极"作为阴阳两极之原的宇宙论意义才引起高度重视，逐渐成为程朱理学宇宙论的本原。特别是在程朱理学集大成者朱熹的哲学思想体系之中，将阴阳未分之前宇宙的原始混沌状态的"太极"定义为"理"，称"太极"是"理之极至"，往往是结合理与气之形而上下之关系，以之作为形而上原理、本原，在本体论的层面展开讨论的。朱熹认为"理"先"气"后，而在西士看来，"理"只能是依赖者，不能成为事物的本质。如果把"太极"看作"理"，那无法生成事物。需要着重指出的是，程朱理学一派的这个"先"具有表达形而上学和逻辑学上的义涵，并不是利玛窦所认为的在创造过程中的时间上的先后。也就是说，程朱理学的"理"在逻辑上是先于物，利玛窦所谓的"理"指事物的理则、规律，在逻辑上后于物，"理"虽然无形，不过还是一个"物"，以此降低"理"的重要程度。同时，在程朱理学的体系中，"理"也关乎道德形上原则，表现为道德原理的形上化和道德原则的泛化。这样看来，利玛窦对于"世人错认天主"的主要原因，在很大程度上还是出现在他没有真正地理解并把握住程朱理学之中"太极"和"理"的理论结穴之处。

在中国传统哲学思想的发展中，对于宇宙演化的原初状态与本原依据，从不同的立场和视角切入，观点和命题林林总总。"儒家自己承认有某种'天理'支配着人心与宇宙，不过，一般来说不认为'天理'具有意志"①。的确，一位具有位格的神包含人格特征的创造主。作为创造者的天主教上帝，在创造过程中表现出意识、意志、情感等诸多特征，但不得不说这些在中国传统思想文化领域中并不太流行。利玛窦诉诸先儒，大量引用先秦儒家原典，来证明原典记载的"上帝"正是天主教之"天主"，将中国传统的天帝崇拜进行了诠释学的处理，把"天"诠释为人格的存在，即上帝。正如有学者指出的那样，中国原典论"上帝"，通常是好几个，"轩辕、后稷、神农、尧、舜、禹"一起论，一并祭祀。《天主实义》便是把这些自然、人文和制度的创造者全部并为一个"天主"，这显然是一个本体论的证明。② 可以看出，利玛窦视"上帝"为第一且最高实体，视其为纯粹的精神，对于中国人的吸引力并不大，尽管这对西方而言有着非常重要的意义。

利玛窦无论是批判佛道二氏，还是驳斥程朱理学中的"太极""阴阳五行"概念，完全立足于天主教创造论的基础之上。之所以如此，原因在于，由亚里士多德的实体形而上学发展出来的上帝观可以"对整个宇宙给出一个彻底的解释，除了宇宙中含藏着理性结构之外，应该还有一个最终根源，其本身就是理性的。但是，这样的想法对于当时的中国士人的心态，与中国人由内心的道德感动出发，由内在而超越，并不相应"③。此外，利玛窦等耶稣会士所论证的只有作为第一实体的"上帝"才能创造万物，这种实体观无法使他们深入了解中国的儒、释、道三教基本上不执着于实体的思想与信仰。耶稣会士此举，实际上是等于在本体论及宇宙生成论方面，把自身置于整个中国思想文化的对立面，这应该是利玛窦等耶稣会士在这场包括运用易学话语在内的纷争中所作出的一系列诠释的最大局限。或许这一局限，也道出了

① ［意］利玛窦著，［法］梅谦立注，谭杰校勘：《天主实义今注》，商务印书馆2014年版，第36页。
② 李天纲：《跨文化的诠释——经学与神学的相遇》，新星出版社2004年版，第75页。
③ 沈清松：《从利玛窦到海德格尔》，华东师范大学出版社2016年版，第67页。

中国传统宇宙论与天主教创造论的根本区别。

第四节　易学纷争的学术影响

利玛窦等耶稣会士在易学纷争中的诠释虽然有诸多局限，但在东西方的文化交流中占有重要的地位，并产生了积极的学术影响。我们知道，诸如河洛数学、以《周易参同契》为范本的炼丹学等传统易学的相关领域，在近代之前就已传入西方，但这种传播在一定程度上并没有溢出文化影响史的范畴，远远没有形成真正意义上的学术交流。直到 17 世纪之后，西方的有识之士才逐步地对《周易》原典展开直接而系统的研究。16 世纪末到 18 世纪末来华传教的耶稣会士，理所当然地成为最初的一批讨论者。其中，意大利耶稣会士利玛窦，是早期对《周易》进行学理钻研并且较有建树的近代西方学者。由利玛窦肇其端，金尼阁、龙华民、白晋、傅圣泽、马若瑟、郭中传、汤尚贤、钱德明等会士履迹而至，纷纷投入到了易学研究与易学传播的学术文化领域。大抵"前修未密，后出转精"[1]，利玛窦之后的这一批来华耶稣会士由重点关注易学话语，进而发展到对《周易》原典和当时一些具有权威性的注释本进行深入的研究，终于出现了一批重要成果。来华耶稣会士或直接用汉文写作，撰成大量易学著作，或将《周易》翻译成拉丁文，多种译本纷纷出现。

必须指出的是，《天主实义》里中士和西士的相互辩驳与诘难，尽管偏于利玛窦等耶稣会士的文化立场，仍可视为东西方之间的一场学术"交流"，只不过这样的交流打上了深深的冲突与碰撞的烙印。交锋、磨荡得激烈异常，其间有没有融合、会通的迹象？从结果来看融合、会通的情形应该是存在的。耶稣会士在"交锋"中通过对原典由浅及深的掌握，逐步地了解中国的思想文化，在传教时具有明显的"在地性"。确实如此，"传教士传入的西

---

① 章太炎撰，庞俊、郭诚永疏证：《国故论衡疏证》上卷 1《小学略说》，中华书局 2018 年版，第 20 页。

方科学，特别是数学和天文学方面的成就，为停滞的明代科学注入了新的活力，同时，西学的传入，使得士人重新审视传统学术，促进了传统科学的复兴"①，通过这场运用易学话语的纷争，我们看到，西学的传入带来的还不仅仅是传统科学的复兴，一部分中国的士大夫和学者在这场"交锋"中成为耶稣会士的挚友，进而接受了天主教。中士此举，欲使自身受到浸润的传统文化在与异质文化的折冲、调和、变异中再一次焕发生机也未可知。无论是纷争与融合，有时甚至表现为学术文化上的"鸡同鸭讲"，交流沟通的平台与渠道在对重要问题的或"肤浅"或"深入"的讨论过程中，从无到有慢慢搭建起来。审视这场纷争的视角不同，便会作出迥异其趣的解读。如果就这场纷争中西士与中士运用的"太极""阴阳五行"等易学话语进行一番具体的考察，而不是泛泛之论，或许对双方"交锋"的实质有不同于以往的把握。

前已提及，利玛窦坚持认为，思想理论的纷争应当回到原点，即佛教进入中土以前的中国经典的原始义涵，所以他拒绝了受佛学影响较大的程朱理学。正如有学者指出的那样，"利玛窦可以成功地回到儒生中间，以说服他们说中国传统和天主教是多么的接近。这给我们提出了最基本的问题：另一文化的成员，在解释一个特定文化的经典文本时的合理性和局限性"②。利玛窦凭借这种方法辩称"天""上帝""太极"以及"阴阳"等概念，不能作程朱理学意义上的理解，而应该顺着旧儒的原有思路，用可能等同于天主教的理解方式进行诠释。正是上述易学话语在双方各自的文化氛围中不断地加以运用，表达出了易学话语自身相近或截然相反的义涵。可以说，《周易》或是《易经》在当时特别是后来受到了来华耶稣会士的重视，以至于在清代前期来华传教士的手中专门的易学研究成果频出，这一独特文化现象的出现不是偶然的。

也曾有学者把利玛窦的本土化方法综述为不同的类型，"首先是包括语言、衣着、食物、饮食方式、礼节等生活方式的本土化；其次是转译思想观

---

① 韩琦：《通天之学：耶稣会士和天文学在中国的传播》，三联书店 2018 年版，第 1 页。
② ［比］钟鸣旦：《晚明基督徒的经学研究》，《中华文史论丛》第 64 辑，上海古籍出版社 2000 年版，第 41 页。

念的本土化，为解释天主教教义某些方面的意义，引用儒家经典和其他中国文化内容，如流行的成语，故事与文学作品中的例子；再有是道德规范的本土化，使用西方道德范畴里中国人所熟悉的概念成分，如友情的价值等等；最后是仪式的本土化，即在一定程度上允许基督徒参加儒家的仪式。"① 这样看来，双方易学话语的运用无疑属于第二种类型。实际上，中国的基督徒也会偏向于在他们自己的学术传统中发现与天主教的相似性，《周易》及易学自然会进入他们的视野，成为重要的话语思想资源。

16 世纪末到 18 世纪末的 200 余年间，以利玛窦为代表的来华传教的耶稣会士，留下的易学著作以及与《周易》和易学相关的著述，大都从与易学相关的哲学、政治、宗教、神学等领域展开。如果从传统易学发展史的观点加以审视，明末清初来华耶稣会士的易学研究，应该是中国本土易学发展演进的一个重要的组成部分，构成了这一时期易学研究中不容忽视的一大流派。来华耶稣会士与中国本土学者的讨论，在很大程度上完整地保持了自身宗教信仰和哲学思想的框架，无形当中也"意味着提高了利玛窦和他同伴们的声望，并显示了西方文化的价值，由此也就显示了传教团宗教教义的价值"②，同时，又因为易学话语资源的不断注入，那一时期的中国传统哲学也得以不断地丰富和发展。尽管来华耶稣会士卷入了当时以易学话语为载体的学术纷争，不能不说，确实突出了东西方文化交流的思想内涵和学术价值。

---

① ［意］柯毅霖：《本土化：晚明来华耶稣会士的传教方法》，《浙江大学学报》1999 年第 1 期。
② ［意］柯毅霖：《本土化：晚明来华耶稣会士的传教方法》，《浙江大学学报》1999 年第 1 期。

结论 明代易学思想的特征和价值

　　明代易学在易学史上究竟该如何定位？说因袭守旧者多，言探索创新者少。实际上，明代易学在易学史上的地位是非常突出的。

　　易学思想是宋明时期许多理学家建构理论内涵的根基。易学作为一种有意识的方法进路，在明代烙有"述朱"印记，在传承前贤思想中仍能彰显自身的特色，阳明心学的发展禀易学之溉沾，易学与阳明心学相互引发、碰撞焕发出了崭新的面貌。明代政治推动着易学的发展，易学的发展反哺于明代政治。有明一代，特别是明中后期，社会危机重重且变动剧烈，士大夫的思维方式和价值立场受到《周易》之学的深刻濡染，充分地将《周易》所承载的价值和义理与现实相融，社会政治领域的改革，很多思想和措施就直接秉承《周易》及易学思想中忧患意识、革故鼎新、人文化成等面向，经世思潮由此萌发。宋明理学的萌芽、生成、演变与佛道二教，特别是佛教有着不解之缘，至明代中后期，儒、释、道三教以《易》为理论基点，在交涉过程中产生的各种新的思想形态不断地融贯汇流。有明一代特别是明末，来华耶稣会士与本土伊斯兰学者坚持各自文化立场对《周易》的诠释是中西文化交融不容疏略的环节，在和中国传统思想文化的碰撞与交流中，来华耶稣会士、本土伊斯兰学者仍基本完整保持了其自身的宗教信仰和哲学框架，又因易学话语资源的注入，不仅丰富和发展了中国传统哲学，也突出了中西文化融合、会通的内涵。

　　综观有明一代思想的发展进程，不难发现，《周易》及易学的启示和影响始终是汩流奔涌、贯穿其中的。"一种学术形态，如果能够立足现实，贴近现实，有效地解答社会现实提出来的问题，那么它就能够获得发展，反之则失去生机"①。从这一角度来看，明代易学思想往往能够直面社会现实，在理论层面刺激催化出了新的思想主题，开启引领了新的学术思潮，因而在其发展的过程中同样呈现出了一种迥异于前的独特风貌。也确实如此，有明一代，无论是社会政治领域，还是思想文化领域，许多思维模式、思想方法的推出和运用，许多重要概念、论点的提出和展开，许多思想理论体系的形成和发展，在很大程度上，可以说就是通过解说、诠释《周易》，研究、运用易学来完成的。明代重要的学者、思想家、政治家，在不同的历史阶段，无论身处何种环境之中，始终关注时代的变化，以治学、修德与用世三者合一为鹄的，追求易学自身的通经致用功能，并将之发挥到极致，使易学研究不失学理，又充满了现实关怀。这应该是明代易学在发展演变过程中展现出来的较为突出的特征。

明代易学既有对宋元易学的总结和发展，又有自身的转型与探索。因此，很难想象明清之际以及清代前期包括易学在内的学术繁荣局面，会跨越整整有明一代凭空而起。

易学作为经学的一种形态，自然会遵循学术演进的内在逻辑规律，其发展有相对的独立性，但同时又会受到社会思潮与学术走向的影响，其自身在发展的过程中也会作出相应的调整。将易学思想在有明一代的发展"局部地放大"，在此基础上归纳出明代易学思想的特征，也有助于对有明一代的思想学术演进脉络有一清晰的认识。实际上，就传统易学自身演进而言，明代较汉代和宋代而言特色并不鲜明，也没有像后来清代那样大规模地总结前代易学成就。但是，通过研究发现，在明代重大历史变革时期，易学与时代问题相呼应，契合了社会的发展，蕴涵了一股强盛的生命力。所以，对明代易学不妨抱以同情之理解，对前人结论切不可视为定评。本研究正是从中国易学思想发展中选取了明代这一横断面，进行学理上的分疏透视，并重新认识明代易学思想的价值与意义。

---

① 陈祖武：《清儒学术拾零》，湖南人民出版社 2002 年版，第 2 页。

　　毋庸讳言，明代易学确实有因循、承袭的一面，从属于经学形态的易学在明代亦随世而变，有着丰富的思想内涵，具有鲜明的时代特色，亦是中国易学发展进程中的一个关键阶段。易学思想作为社会意识形态，是社会的发展与变革在易学领域里的直接反映，不能不和时代背景、社会思潮联系，从而带有鲜明的时代风格，展现了对现实的高度关注。就一定意义而言，《周易》是明代思想文化发展的理论根基与内在灵魂，易学研究与运用是明代思想文化演进的重要载体，易学思想是明代思想文化发展的主潮、主旋律。和谐、创新作为《周易》和易学的核心理念、根本精神，始终贯穿于明代易学演变发展的全过程，对明代的学术衍展、政治变革、文化交融的影响至深至远。

　　受易学思想之助益，明代重要的学者、思想家、政治家笃实解经而不忘义理阐发，寓尊德性于道问学中，恢复了学问与价值合而为一的学术传统。而当代社会，只有高扬人的主体意识和道德内求，并措之于现实生活与社会治平之中，才有可能迎来思想学术的勃兴。出于治国安邦之考量，明代易学思想中"观乎人文，以化成天下"[1]的伦理色彩与"开物成务"[2]的政治底蕴往往比其哲学意义更为突出。而任何思想文化在继承以往成果的同时，与所处时代的社会政治变革息息相关，崇德与保民作为传统治国理政的核心理念在当今时代仍然不会褪色。明代外来宗教对在中国处于主导地位的儒家思想文化的认同，实现了不同文化的会通与创新，呈现出了"天下同归而殊途，一致而百虑"[3]的易学特质。而当代中西文化的交融、碰撞，突出地证明一种全新文化的生成与繁荣，在保持自身主体地位与继承自身优良传统的同时，是离不开对异质文化，特别是人类优秀文明成果的吸纳与融摄的。

---

[1]　（三国魏）王弼、（晋）韩康伯注，（唐）孔颖达等正义：《贲·彖》，《周易正义》卷3，（清）阮元校刻《十三经注疏》，台湾艺文印书馆2001年影印本，第62页。

[2]　（三国魏）王弼、（晋）韩康伯注，（唐）孔颖达等正义：《系辞上》，《周易正义》卷7，（清）阮元校刻《十三经注疏》，台湾艺文印书馆2001年影印本，第155页。

[3]　（三国魏）王弼、（晋）韩康伯注，（唐）孔颖达等正义：《系辞下》，《周易正义》卷8，（清）阮元校刻《十三经注疏》，台湾艺文印书馆2001年影印本，第169页。

　　"化而裁之谓之变，推而行之谓之通，举而错之天下之民谓之事业"①，包括明代易学思想在内的中华优秀传统文化中的诸多价值元素，如果经过创造性的现代转化，那么，在解释与解决当今时代的思想学术重建、社会政治改革、经济民生保障、异质文化融合等现实问题方面，将会具有非常重要的借鉴价值。

---

① （三国魏）王弼、（晋）韩康伯注，（唐）孔颖达等正义：《系辞上》，《周易正义》卷7，（清）阮元校刻《十三经注疏》，台湾艺文印书馆2001年影印本，第158页。

参 考 文 献

一、古代文献

《续修四库全书总目提要》，中华书局 1993 年版。

《大正藏》，台湾佛陀教育基金会出版部 1999 年版。

《明实录》，台湾"中央研究院"历史语言研究所校印本 1962 年版。

《十三经注疏》，台湾艺文印书馆 2001 年影印本。

（清）永瑢等：《四库全书总目》，中华书局 1965 年影印本。

（清）朱彝尊：《经义考》，中华书局 1998 年影印《四库备要》本。

（清）皮锡瑞：《经学通论》，中华书局 1954 年重印商务印书馆《国学基本丛书》本。

（清）皮锡瑞撰，周予同注：《经学历史》，中华书局 1959 年版。

［日］安居香山、中村璋八辑：《纬书集成》，河北人民出版社 1994 年版。

（汉）许慎：《说文解字》，九州出版社 2001 年版。

（魏）王弼注，楼宇烈校释：《老子道德经注校释》，中华书局 2008 年版。

（魏）王弼撰，楼宇烈校释：《周易注（附周易略例）》，中华书局 2016 年版。

（晋）阮籍撰，陈伯君校注：《阮籍集校注》，中华书局 1987 年版。

（五代）王定保：《唐摭言》，中华书局 1985 年影印丛书集成初编本。

（宋）欧阳修撰，李逸安点校：《欧阳修全集》，中华书局 2001 年版。

（宋）周敦颐撰，陈克明点校：《周敦颐集》，中华书局 2009 年版。

（宋）杨时：《杨龟山先生全集》，台湾学生书局 1974 年版。

（宋）黎靖德编，王星贤点校：《朱子语类》，中华书局 1986 年版。

（宋）张载撰，章锡琛点校：《张载集》，中华书局 1978 年版。

（宋）程颢、程颐撰，王孝鱼点校：《二程集》，中华书局 2004 年版。

（宋）李觏撰，王国轩点校：《李觏集》，中华书局 2011 年版。

（宋）杨简撰，董平校点：《杨简全集》，浙江大学出版社 2015 年版。

（宋）朱熹撰，朱杰人、严佐之、刘永翔主编：《朱子全书》，上海古籍出版社、安徽教育出版社 2010 年版。

（宋）邵雍：《皇极经世书》，中州古籍出版社 1992 年版。

（唐）李鼎祚：《周易集解》，台湾商务印书馆景印文渊阁四库全书本 1986 年版。

（宋）朱鉴：《文公说易》，台湾商务印书馆景印文渊阁四库全书本 1986 年版。

（宋）胡瑗、（宋）倪天隐述：《周易口义》，台湾商务印书馆景印文渊阁四库全书本 1986 年版。

（宋）杨万里撰，宋淑洁点校：《诚斋易传》，九州出版社 2008 年版。

（宋）朱熹撰，廖名春点校：《周易本义》，中华书局 2009 年版。

（汉）班固撰，（唐）颜师古注：《汉书》，中华书局 1962 年版。

（明）谈迁撰，张宗祥校点：《国榷》，中华书局 1958 年版。

（宋）欧阳修、宋祁：《新唐书》，中华书局 1974 年版。

（清）张廷玉等：《明史》，中华书局 1974 年版。

（清）古应泰：《明史纪事本末》，中华书局 1977 年版。

（明）唐鹤徵编：《皇明辅世编》，台湾明文书局明代传记丛刊本 1991 年版。

（清）夏燮撰，沈仲九标点：《明通鉴》，中华书局 2009 年版。

（清）赵尔巽等：《清史稿》，中华书局 1977 年版。

（明）朱升：《周易旁注图说》，齐鲁书社四库全书存目丛书本 1997 年版。

（明）胡广等：《周易传义大全》，台湾商务印书馆景印文渊阁四库全书本 1986 年版。

（明）胡居仁：《易象钞》，台湾商务印书馆景印文渊阁四库全书本 1986 年版。

（明）胡居仁：《居业录》，台湾商务印书馆景印文渊阁四库全书本 1986 年版。

（明）蔡清撰，刘建萍点校：《易经蒙引》，商务印书馆 2017 年版。

（明）高攀龙：《周易易简说》，台湾商务印书馆景印文渊阁四库全书本 1986 年版。

（明）蔡清：《艾菴密箴》，齐鲁书社四库全书存目丛书本 1997 年版。

（明）蔡清：《河洛私见》，齐鲁书社四库全书存目丛书本 1997 年版。

（明）蔡清：《太极图说》，齐鲁书社四库全书存目丛书本 1997 年版。

（明）焦竑：《易筌》，齐鲁书社四库全书存目丛书本 1997 年版。

（明）吕柟：《泾野先生周易说翼》，上海古籍出版社续修四库全书本 2002 年版。

（明）陈士元：《易象钩解》，台湾商务印书馆景印文渊阁四库全书本 1986 年版。

（明）来知德：《周易集注》，台湾商务印书馆景印文渊阁四库全书本 1986 年版。

（明）来知德撰，郑燦订正：《易经来注图解》，巴蜀书社 1988 年版。

（明）黄道周：《易象正》，台湾商务印书馆景印文渊阁四库全书本 1986 年版。

（明）唐鹤徵：《周易象义》，上海古籍出版社续修四库全书本 2002 年版。

（明）释智旭撰，方向东、谢秉洪校注：《周易禅解》，广陵书社 2006 年版。

（明）智旭撰，曾其海疏：《周易禅解疏论》，上海古籍出版社 2006 年版。

（清）李道平撰，潘雨廷点校：《周易集解纂疏》，中华书局 1994 年版。

（清）李光地撰，刘大钧整理：《周易折中》，巴蜀书社 2006 年版。

（明）朱元璋撰，胡士萼点校：《明太祖集》，黄山书社 2014 年版。

（明）刘基：《诚意伯刘文成公文集》，四部丛刊本。

（明）吴与弼：《康斋文集》，台湾商务印书馆景印文渊阁四库全书本 1986 年版。

（明）高攀龙：《高子遗书》，台湾商务印书馆景印文渊阁四库全书本 1986 年版。

（明）顾宪成：《顾端文公遗书》，齐鲁书社四库全书存目丛书本 1995 年版。

（明）王廷相撰，王孝鱼点校：《王廷相集》，中华书局 1989 年版。

（明）焦竑撰，李剑雄点校：《澹园集》，中华书局 1999 年版。

（清）钱谦益撰，（清）钱曾笺注，钱仲联标校：《钱牧斋全集》，上海古籍出版社 2003 年版。

（明）李贽撰，张建业主编，张建业、张岱注：《李贽全集注》，社会科学文献出版社 2010 年版。

（清）黄宗羲撰，吴光主编：《黄宗羲全集》浙江古籍出版社 2012 年版。

（明）丘濬撰，金良年整理：《大学衍义补》，上海书店出版社 2012 年版。

（清）李光地撰，陈祖武点校：《榕村全书》，福建人民出版社 2013 年版。

（明）薛瑄撰，孙玄常等点校：《薛瑄全集》，三晋出版社 2015 年版。

（明）蔡清撰，张吉昌、廖渊泉点校：《蔡文庄公集》，商务印书馆 2018 年版。

（明）湛若水著，钟彩钧、游腾达点校：《甘泉先生续编大全》，台湾"中央研究院"中国文哲研究所 2017 年版。

（明）湛若水著，钟彩钧、游腾达点校：《泉翁大全集》，台湾"中央研究院"中国文哲研究所 2017 年版。

（明）湛若水撰，黄明同主编：《湛若水全集》，上海古籍出版社 2020 年版。

（明）罗钦顺撰，阎韬点校：《困知记》，中华书局 1990 年版。

（明）王畿撰，吴震编校整理：《王畿集》，凤凰出版社 2007 年版。

（明）王艮撰，陈祝生等点校：《王心斋全集》，江苏教育出版社 2001 年版。

（明）吕坤撰，王国轩、王秀梅整理：《吕坤全集》，中华书局 2008 年版。

（明）王守仁撰，吴光、钱明、董平、姚延福编校：《王阳明全集》，上海古籍出版社 2011 年版。

（明）张居正撰，张舜徽主编，王玉德等校注：《张居正集》，湖北人民出版社 1994 年版。

（明）张居正撰，（明）张嗣修、张懋修编：《张太岳集》，中国书店 2019 年版。

（明）顾炎武撰，（清）黄汝成集释、栾保群校注：《日知录集释》，浙江古籍出版社 2013 年版。

（清）黄宗羲撰，沈芝盈点校：《明儒学案（修订本）》，中华书局 2008 年版。

（明）庄煦编：《四书蒙引别录》，台湾商务印书馆景印文渊阁四库全书本 1986 年版。

（明）王世贞：《弇州四部稿》，台湾商务印书馆景印文渊阁四库全书本 1986 年版。

（宋）朱熹：《四书章句集注》，中华书局 1983 年版。

（清）陈鼎编：《东林列传》，广陵书社 2007 年版。

（清）朱一新撰，吕鸿儒、张长法点校：《无邪堂答问》，中华书局 2000 年版。

（清）洪亮吉撰，李解民点校：《春秋左传诂》，中华书局 1987 年版。

（清）刘宝楠撰：高流水点校：《论语正义》，中华书局 1990 年版。

（清）王先谦撰，沈啸寰点校：《庄子集解》，中华书局年 2012 年版。

（清）王先谦撰，沈啸寰、王星贤点校：《荀子集解》，中华书局 2013 年版

（清）王先慎撰，钟哲点校：《韩非子集解》，中华书局 2003 年版。

（清）马注撰，余振贵标点：《清真指南》，宁夏人民出版社 1988 年版。

（明）王岱舆：《正教真诠·清真大学·希真正答》，宁夏人民出版社 1999 年版。

（清）刘智：《天方性理》，陇右马福祥 1923 年铅印本。

（清）王夫之撰，船山全书编辑委员会编校：《船山全书》，岳麓书社 2011 年版。

（宋）陆九渊撰，钟哲点校：《陆九渊集》，中华书局 2020 年版。

（清）施闰章：《学余堂文集》，台湾商务印书馆景印文渊阁四库全书本 1986 年版。

（明）方以智著，张昭炜整理：《方以智著作选：象环寱记·易余·一贯问答》，九州出版社 2015 年版。

（明）方以智撰，张永义校注：《青原志略》，华夏出版社 2012 年版。

（明）方以智撰，黄德宽、诸伟奇主编：《方以智全书》，黄山书社 2010 年版。

（清）苏舆撰，钟哲点校：《春秋繁露义证》，中华书局 1992 年版。

（清）郭庆藩撰，王孝鱼点校：《庄子集释》，中华书局 1961 年版。

（明）方孔炤、方以智撰，郑万耕点校：《周易时论合编》，中华书局 2019 年版。

（明）方以智撰，庞朴注释：《东西均注释》，中华书局 2001 年版。

（明）释袾宏：《竹窗随笔》，北京图书馆出版社 2004 年版。

（明）蕅益大师：《灵峰宗论》，北京图书馆出版社 2005 年版。

（明）陈懿典：《陈学士先生初集》，北京出版社四部禁毁书丛刊 1998 年版。

（明）管志道：《问辨牍》，齐鲁书社四库全书存目丛书本 1995 年版。

（明）管志道：《续问辨牍》，齐鲁书社四库全书存目丛书本 1995 年版。

（明）管志道：《周易六龙解》，复性书院校刊儒林典要续辑 1944 年影印本。

（明）管志道：《易测六龙解》，日本尊经阁文库藏明万历本。

（明）管志道：《理要酬咨录》，日本尊经阁文库藏明万历刊本。

（明）管志道：《师门求正牍》，日本尊经阁文库藏明万历刊本。

（明）管志道：《中庸测义》，日本尊经阁文库藏明万历刊本。

（明）管志道：《惕若斋集》，日本尊经阁文库藏明万历刊本。

（明）管志道：《惕若斋续集》，日本尊经阁文库藏明万历刊本。

（明）管志道：《析理书》，日本尊经阁文库藏明万历刊本。

（明）管志道：《酬咨续录》，日本尊经阁文库藏明万历序刊本。

（明）董其昌：《容台集》，北京出版社四库禁毁书丛刊 1997 年影印版。

（清）陈立撰，吴则虞点校：《白虎通疏证》，中华书局 1994 年版。

（清）章学诚撰，叶瑛校注：《文史通义校注》，中华书局 2014 年版。

二、研究论著

张涛：《秦汉易学思想研究》，中华书局 2005 年版。

余敦康：《汉宋易学解读》，华夏出版社 2006 年版。

王铁：《宋代易学》，上海古籍出版社 2005 年版。

高怀民：《宋元明易学史》，广西师范大学出版社 2007 年版。

徐志锐：《宋明易学概论》，辽宁古籍出版社 1997 年版。

汪学群：《清初易学》，商务印书馆 2004 年版。

杨效雷：《清儒易学举隅》，香港国际学术文化资讯出版公司 2003 年版。

钱基博：《周易解题及读法》，商务印书馆 1931 年版。

李证刚等：《易学讨论集》，商务印书馆 1941 年版。

屈万里：《读易三种》，台湾学生书局 1983 年版。

徐芹庭：《易学源流》，台湾"国立编译馆"1987 年版。

黄寿祺：《易学群书平议》，北京师范大学出版社 1988 年版。

黄寿祺、张善文：《周易译注》，上海古籍出版社 1989 年版。

吕绍纲：《周易阐微》，吉林大学出版社 1990 年版。

吕绍纲：《〈周易〉的哲学精神——吕绍纲易学文选》，上海古籍出版社 2005 年版。

廖名春等：《周易研究史》，湖南出版社 1991 年版。

张其成主编：《易学大辞典》，华夏出版社 1992 年版。

张其成：《易图探秘》，中国书店 1999 年版。

张其成：《象数易学》，中国书店 2003 年版。

王树森：《周易与中华文化》，中国工人出版社 1993 年版。

张善文：《象数与义理》，辽宁教育出版社 1993 年版。

张善文：《历代易家与易学要籍》，福建人民出版社版 1998 年版。

朱伯崑主编：《周易知识通览》，齐鲁书社 1993 年版。

朱伯崑：《易学哲学史》（1—4卷），昆仑出版社 2005 年版。

陈维辉：《中国术数学纲要》，同济大学出版社 1994 年版。

刘瀚平：《宋象数易学研究》，台湾五南图书出版有限公司 1994 年版。

郑万耕：《易学源流》，沈阳出版社 1997 年版。

黄沛荣：《易学乾坤》，台湾大安出版社 1998 年版。

刘大钧等：《象数精解》，巴蜀书社 2004 年版。

刘大钧：《周易概论》（增补本），巴蜀书社 2016 年版。

王炎升：《周易经世学新论》，湖北人民出版社 1999 年版。

程石泉：《易辞新诠》，上海古籍出版社 2000 年版。

李申：《易图考》，中央编译出版社 2017 年版。

郑吉雄：《易图像与易诠释》，台湾喜马拉雅研究发展基金会 2002 年版。

潘雨廷：《易学史发微》，复旦大学出版社 2001 年版。

潘雨廷：《易与佛教　易与老庄》，上海古籍出版社 2005 年版。

潘雨廷：《读易提要》，上海古籍出版社 2006 年版。

潘雨廷：《易学史丛论》，上海古籍出版社 2007 年版。

萧汉明：《周易本义导读》，齐鲁书社 2003 年版。

王博：《易传通论》，中国书店 2003 年版。

唐明邦、汪学群：《易学与长江文化》，湖北教育出版社 2004 年版。

林丽真：《义理易学钩玄》，台湾大安出版社 2004 年版。

赖贵三主编：《台湾易学史》，台湾里仁书局 2005 年版。

梁韦弦：《易学考论》，黑龙江人民出版社 2005 年版。

余敦康：《易学今昔》，广西师范大学出版社 2005 年版。

［美］程中英：《易学本体论》，北京大学出版社 2006 年版。

刘玉平：《易学思维与人生价值论》，齐鲁书社 2006 年版。

祁润兴：《周易义理学》，上海古籍出版社 2007 年版。

黄寿祺、张善文编：《周易研究论文集》（1—4辑），北京师范大学出版社 1987—1990 年版。

林忠军：《象数易学发展史》（1—2卷），齐鲁书社 1994 年、1998 年版。

刘大钧主编：《大易集成》，文化艺术出版社 1991 年版。

刘大钧主编：《大易集要》，齐鲁书社 1994 年版。

刘大钧主编：《大易集述》，巴蜀书社 1998 年版。

刘大钧主编：《大易集义》，上海古籍出版社 2002 年版。

刘大钧主编：《象数易学研究》（1—3 辑），齐鲁书社 1996、1997 年版，巴蜀书社 2003 年版。

朱伯崑主编：《国际易学研究》（1—7 辑），华夏出版社 1995—2003 年版。

赖永海：《佛学与儒学》，浙江人民出版社 1992 年版。

詹石窗、连镇标：《易学与道教文化》，福建人民出版社 1995 年版。

陈鼓应：《易传与道家思想》，生活·读书·新知三联书店 1996 年版。

夏金华：《佛教与易学》，台湾新文丰出版股份有限公司 1997 年版。

任俊华：《易学与儒学》，中国书店 2001 年版。

王仲尧：《易学与佛教》，中国书店 2001 年版。

章伟文：《宋元道教易学初探》，巴蜀书社 2005 年版。

谢金良：《周易禅解研究》，巴蜀书社 2006 年版。

马宗霍：《中国经学史》，商务印书馆 1937 年版。

陈荣捷：《朱学论集》，台湾学生书局 1982 年版。

朱维铮编：《周予同经学史论著选集，上海人民出版社 1983 年版。

林庆彰：《明代考据学研究》，台湾学生书局 1986 年版。

林庆彰主编：《明代经学研究论集》，台湾文史哲出版社 1994 年版。

林庆彰、蒋秋华主编：《明代经学国际研讨会论文集》，台湾"中央研究院"中国文哲研究所筹备处 1996 年版。

周予同：《中国经学史讲义》，上海文艺出版社 1999 年版。

章权才：《宋明经学史》，广东人民出版社 1999 年版。

［日］本田成之著，孙良工译：《中国经学史》，上海书店 2001 年版。

吴雁南等主编：《中国经学史》，福建人民出版社 2001 年版。

徐复观：《徐复观论经学史二种》，上海书店出版社 2002 年版。

朱维铮：《中国经学史十讲》，复旦大学出版社 2002 年版。

蔡方鹿：《朱熹经学与中国经学》，人民出版社 2004 年版。

贾丰臻：《中国理学史》，商务印书馆 1936 年版。

牟宗三：《从陆象山到刘蕺山》，台湾学生书局 1979 年版。

侯外庐、邱汉生、张岂之主编：《宋明理学史》（上、中、下），西北大学出版社 2018 年版。

蒙培元：《理学范畴系统》，人民出版社 1989 年版。

刘宗贤：《陆王心学研究》，山东人民出版社 1997 年版。

冯达文：《宋明新儒学概论》，广东人民出版社 1997 年版。

蔡方鹿：《宋明理学心性论》，巴蜀书社 1997 年版。

李道湘：《现代新儒学与宋明理学》，辽宁大学出版社 1998 年版。

陈少峰：《宋明理学与道教哲学》，上海文化出版社 2001 年版。

钱明：《阳明学的形成与发展》，江苏古籍出版社 2002 年版。

张立文：《宋明理学研究》，人民出版社 2002 年版。

潘富恩等主编：《中国理学》（1—4 卷），东方出版中心 2002 年版。

陈来：《宋明理学》，华东师范大学出版社 2004 年版。

余英时：《宋明理学与政治文化》，广西师范大学出版社 2006 年版。

王伯祥等：《中国学术思想演进史》，中国文化服务社 1936 年版。

钱穆：《中国学术通义》，台湾学生书局 1975 年版。

钱穆：《中国学术思想史论丛》（七），台湾东大图书有限公司 1979 年版。

钱穆：《中国近三百年学术史》，中华书局 1986 版。

卢钟锋：《中国传统学术史》，河南人民出版社 1998 年版。

张国刚、乔治忠：《中国学术史》，东方出版中心 2002 年版。

关长龙：《中国学术史述论》，巴蜀书社 2004 年版。

张立文主编：《中国学术通史》（第 5 卷），人民出版社 2004 年版。

赵吉惠等主编：《中国儒学史》，中州古籍出版社 1991 年版。

张学智：《中国儒学史·明代卷》，北京大学出版社 2011 年版。

张岂之主编：《中国儒学思想史》，中华书局 2023 年版。

刘俊文主编，黄约瑟等译：《日本学者研究中国史论著选译》（第 7 卷），中华书局

1993 年版。

刘蔚华、赵宗正主编：《中国儒家学术思想史》，山东教育出版社 1996 年版。

苗润田：《中国儒学史·明清卷》，广东教育出版社 1998 年版。

刘小岚：《儒家革命精神源流考》，上海三联书店 2000 年版。

崔大华：《儒学引论》，人民出版社 2001 年版。

［美］杜维明：《道　学　政——论儒家知识分子》，钱文忠、盛勤译，上海人民出版社 2000 年版。

左东岭：《王学与中晚明士人心态》，人民文学出版社 2000 年版。

［日］冈田武彦著，吴光等译：《王阳明与明末儒学》，上海古籍出版社 2000 年版。

夏咸淳：《情与理的碰撞——明代士林心史》，河北大学出版社 2001 年版。

牟宗三：《宋明儒学的问题与发展》，华东师范大学出版社版 2004 年版。

陈宝良：《悄悄散去的幕纱——明代文化历程新说》，陕西人民教育出版社 1988 年版。

王晓毅：《中国文化的清流——正始之音》，中国社会科学出版社 1991 年版。

柳诒徵：《中国文化史》（上、下），上海古籍出版社 2001 年版。

南炳文、何孝荣：《明代文化研究》，人民出版社 2006 年版。

陈宝良：《明代社会转型与文化变迁》，重庆大学出版社 2014 年版。

冯天瑜：《明清文化史散论》，华中工学院出版社 1984 年版。

冯天瑜：《中华元典精神》，武汉大学出版社 2006 年版。

陈安仁：《明代学术思想》，商务印书馆 1940 年版。

萧萐父、许苏民：《明清启蒙学术流变》，辽宁教育出版社 1995 年版。

王俊义、黄爱平：《清代学术文化史论》，台湾文津出版社 1999 年版。

陈祖武：《清初学术思辨录》，中国社会科学出版社 1992 年版。

陈祖武：《清儒学术拾零》，湖南人民出版社 2002 年版。

陈祖武主编：《明清浙东学术文化研究》，中国社会科学出版社、宁波出版社 2004 年版。

彭林主编：《清代学术讲论》，广西师范大学出版社 2005 年版。

汪学群、武才娃：《清代思想史论》，中国社会科学出版社 2007 年版。

张传峰：《〈四库全书总目〉学术思想研究》，学林出版社 2007 年版。

张岂之：《儒学·理学·实学·新学》，陕西人民出版社 1991 年版。

葛荣晋主编：《中国实学思想史》，首都师范大学出版社 1994 年版。

葛荣晋：《中国实学文化导论》，中共中央党校出版社 2003 年版。

陈鼓应等主编：《明清实学简史》，社会科学文献出版社 1994 年版。

苗润田主编：《儒学与实学》（二十世纪儒学研究大系第 21 册），中华书局 2003 年版。

张树骅、宋焕新主编：《儒学与实学及其现代价值》，齐鲁书社 2007 年版。

谭丕模：《宋元明思想史纲》，开明书店 1936 年版。

侯外庐等：《中国思想通史》（第 4、5 卷），人民出版社 1957 年版。

李泽厚：《中国古代思想史论》，人民出版社 1986 年版。

张岂之主编：《中国思想史》，西北大学出版社 1989 年版。

容肇祖：《明代思想史》，齐鲁书社 1992 年版。

嵇文甫：《晚明思想史论》，东方出版社 1996 年重印上海世界书局本。

葛兆光：《七至十九世纪中国的知识、思想与信仰：〈中国思想史〉》第 2 卷，复旦大学出版社 2001 年版。

韦政通：《中国思想史》，上海书店出版社 2003 年版。

徐复观：《中国思想史论集》，上海书店出版社 2004 年版。

徐复观：《中国思想史论集续篇》，上海书店出版社 2004 年版。

谢承仁：《中国传统思想文化渊源》，人民出版社 2004 年版。

刘国忠、黄振萍主编：《中国思想史参考资料集·隋唐至清卷》，清华大学出版社 2004 年版。

龚鹏程：《晚明思潮》，商务印书馆 2005 年版。

冯友兰：《中国哲学史》，中华书局 1961 年重印商务印书馆本。

罗光：《中国哲学思想史》（元、明篇），台湾学生书局 1981 年版。

辛冠洁等主编：《日本学者论中国哲学史》，中华书局 1985 年版。

余英时等：《中国哲学思想论集》（清代篇），台湾水牛出版社 1988 年版。

钱穆等：《中国哲学思想论集》（宋明篇），台湾水牛出版社 1988 年版。

方尔加：《王阳明心学研究》，湖南教育出版社 1989 年版。

陈来：《有无之境——王阳明的哲学精神》，人民出版社 1991 年版。

张岱年：《中国哲学大纲》，河北人民出版社 1996 年版。

牟宗三：《中国哲学十九讲》，上海古籍出版社 1997 年版。

余敦康：《中国哲学论集》，辽宁大学出版社 1998 年版。

张学智：《明代哲学史》，北京大学出版社 2000 年版。

李书增等：《中国明代哲学》，河南人民出版社 2002 年版。

劳思光：《新编中国哲学史》（第 3 卷），广西师范大学出版社 2005 年版。

冯达文、郭齐勇：《新编中国哲学史》，人民出版社 2012 年版。

黎业明：《湛若水年谱》，上海古籍出版社 2016 年版。

《近世中国经世思想研讨会论文集》，台湾"中央研究院"近代史研究所 1984 年版。

[日] 沟口雄三：《中国前近代思想的演变》，索介然等译，中华书局 1997 年版。

陈来：《中国近世思想史研究》，商务印书馆 2003 年版。

中国文哲研究集刊（第 21 期、第 29 期），台湾"中央研究院"中国文哲研究所 2002、2006 年版。

王治心：《中国宗教思想史大纲》，中华书局 1933 年版。

蒋维乔：《中国佛教史》，商务印书馆 1935 年版。

方立天：《中国佛教与传统文化》，上海人民出版社 1988 年版。

郭朋：《中国佛教思想史》（上、中、下），福建人民出版社 1994 年版。

周晋：《道学与佛教》，北京大学出版社 1999 年版。

牟钟鉴、张践：《中国宗教通史》（上、下），社会科学文献出版社 2000 年版。

汤用彤：《汤用彤全集》（第 5 卷），河北人民出版社 2000 年版。

方立天：《中国佛教哲学要义》（上、下），中国人民大学出版社 2002 版。

李景明、唐明贵主编：《儒道比较研究》，中华书局 2003 年版。

荆三隆：《儒释思想比较研究》，太白文艺出版社 2005 年版。

周齐：《明代佛教与政治文化》，人民出版社 2005 年版。

王明：《道家和道教思想研究》，中国社会科学出版社 1984 年版。

刘国梁：《道教与周易》，北京燕山出版社 1994 版。

张荣明主编：《道佛儒思想与中国传统文化》，上海人民出版社 1994 年版。

王明:《道家和传统文化研究》,中国社会科学出版社 1995 年版。

陈鼓应主编:《道家文化研究》(1—19 辑),上海古籍出版社、生活·读书·新知三联书店 1992—2002 年版。

卿希泰:《中国道教史》(3、4 卷),四川人民出版社 1996 年版。

唐大潮:《明清之际道教"三教合一"思想论》,宗教文化出版社 2000 年版。

潘雨廷:《道教史发微》,上海社会科学院出版社 2003 年版。

严灵峰主编:《无求备斋易经集成》,台湾成文出版社 1977 年版。

吴相湘主编:《天主教东传文献》,台湾学生书局 1964 年影印本。

吴相湘主编:《天主教东传文献续编》,台湾学生书局 1966 年影印本。

吴相湘主编:《天主教东传文献三编》,台湾学生书局 1984 年影印本。

董丛林:《龙与上帝——基督教与中国传统文化》,生活·读书·新知三联书店 1992 年版。

刘小枫主编:《道与言——华夏文化与基督文化相遇》,上海三联书店 1995 年版。

何俊:《西学与晚明思想的裂变》,上海人民出版 1998 年版。

[意] 利玛窦著,朱维铮主编:《利玛窦中文著译集》,复旦大学出版社 2001 年版。

[英] 姚新中:《儒教与基督教——仁与爱的比较研究》,赵艳霞译,中国社会科学出版社 2002 年版。

《元明史研究论集》(大陆杂志史学丛书第 1 辑第 6 册),台湾大陆杂志社 1970 年版。

《明代清代史研究论集》(大陆杂志史学丛书第 3 辑第 4 册),台湾大陆杂志社 1970 年版。

《明清史研究论集》(大陆杂志史学丛书第 2 辑第 4 册),台湾大陆杂志社 1975 年版。

吴智和主编:《明史研究论丛》(第 1、2 辑),台湾大立出版社 1982 年、1984 年版。

吴智和主编:《明史研究专刊》(1—13 期),台湾大立出版社 1983—2002 年版。

南炳文、汤纲:《明史》,上海人民出版社 1991 年版。

[美] 牟复礼、[英] 崔瑞德:《剑桥中国明代史》,张书生等译,中国社会科学出版社 1992 年版。

中国社会科学院历史研究所明史研究室编:《明史研究论丛》(第 6 辑),黄山出版社 2004 年版。

容肇祖：《李贽评传》，商务印书馆 1937 年版。

容肇祖：《李贽年谱》，生活·读书·新知三联书店 1957 年版。

周群：《刘基评传》，南京大学出版社 1996 年版。

张祥浩：《王守仁评传》，南京大学出版社 1997 年版。

李剑雄：《焦竑评传》，南京大学出版社 1998 版。

高令印、乐爱国：《王廷相评传》，南京大学出版社 1998 年版。

步近智、张安奇：《顾宪成　高攀龙评传》，南京大学出版社 1998 年版。

东方朔：《刘宗周评传》，南京大学出版社 1998 年版。

黄冕堂、刘锋：《朱元璋评传》，南京大学出版社 1998 年版。

方祖猷：《王畿评传》，南京大学出版社 2000 年版。

黄明同：《陈献章评传》，南京大学出版社 2001 年版。

许苏民：《李贽评传》，南京大学出版社 2006 年版。

刘志琴：《张居正评传》，南京大学出版社 2006 年版。

陈生玺主编：《张居正讲评〈论语〉皇家读本》，上海辞书出版社 2007 年版。

陈生玺主编：《张居正讲评〈孟子〉皇家读本》，上海辞书出版社 2007 年版。

刘泽华主编：《中国政治思想史·隋唐宋元明清卷》，浙江人民出版社 1996 年版。

吴根友：《中国社会思想史》，武汉大学出版社 1997 年版。

萧公权：《中国政治思想史》，辽宁教育出版社 1998 年版。

韦庆远：《张居正和明代中后期政局》，广东高等教育出版社 1999 年版。

张显清、林金树主编：《明代政治史》（上、下册），广西师范大学出版社 2003 年版。

詹石窗主编：《身国共治——政治与中华传统文化》，厦门大学出版社 2003 年版。

林海权：《李贽年谱考略》，福建人民出版社 2005 年版。

郭沫若：《郭沫若全集·历史编》，人民出版社 1984 年版。

[法] J. 谢和耐：《中国文化与基督教的冲撞》，于硕、红涛、东方译，徐重光校，辽宁人民出版社 1989 年版。

徐苏铭、张立文：《中国哲学范畴精粹丛书——气》，中国人民大学出版社 1990 年版。

乔清举：《湛若水哲学思想研究》，台湾文津出版社 1993 年版。

钱穆：《钱宾四先生全集》，台湾联经出版事业公司 1998 年版。

郭彧：《京氏易传导读》，齐鲁书社 2002 年版。

林忠军：《易纬导读》，齐鲁书社 2002 年版。

李天纲：《跨文化的诠释——经学与神学的相遇》，新星出版社 2004 年版。

吴怀祺：《易学与史学》，中国书店 2004 年版。

周炽成：《复兴收摄——高攀龙思想研究》，人民出版社 2007 年版。

程石泉：《中国哲学综论》，上海古籍出版社 2007 年版。

陈恒嵩：《〈五经大全〉纂修研究》，花木兰文化出版社 2009 年版。

来裕恂撰，卢家明点校：《易学通论》，广东人民出版社 2010 年版。

罗炽：《方以智评传》，南京大学出版社 2011 年版。

谢扬：《治政与事君——吕坤〈实政录〉及其经世思想研究》，生活·读书·新知三联书店 2011 年版。

孙振玉：《王岱舆·刘智评传》（上），南京大学出版社 2011 年版。

马涛：《吕坤评传》，南京大学出版社 2011 年版。

十三陵特区明代帝陵研究会编：《明长陵神功圣德碑清代刻文》，北京燕山出版社 2011 年版。

谢茂松：《大臣之道——心性之学与理势合一》，中华书局 2013 年版。

裘锡圭主编：《长沙马王堆汉墓简帛集成》，中华书局 2014 年版。

[意] 利玛窦著，[法] 梅谦立注，谭杰校勘：《天主实义今注》，商务印书馆 2014 年版。

朱维铮：《中国史学史讲义稿》，复旦大学出版社 2015 年版。

吴仰湘编：《皮锡瑞全集》，中华书局 2015 年版。

甄洪永、孔德凌：《明代经学学术编年》，凤凰出版社 2015 年版。

宋野草：《蔡清易学思想研究》，中国社会科学出版社 2015 年版。

林忠军等：《明代易学史》，齐鲁书社 2016 年版。

徐圣心：《青天无处不同霞——明末清初三教会通管窥》（增订版），台湾大学出版中心 2016 年版。

刘伟：《天下归仁：方以智易学研究》，知识产权出版社 2016 年版。

李丕洋：《心学巨擘：王龙溪哲学思想研究》，中国社会科学出版社 2016 年版。

沈清松：《从利玛窦到海德格尔》，华东师范大学出版社 2016 年版。

钱新祖：《焦竑与晚明新儒思想的重构》，东方出版中心 2017 年版。

赵玉田、罗朝蓉：《丘濬经世思想研究》，暨南大学出版社 2018 版。

韩琦：《通天之学：耶稣会士和天文学在中国的传播》，生活·读书·新知三联书店 2018 年版。

章太炎撰，庞俊、郭诚永疏证：《国故论衡疏证》，中华书局 2018 年版。

方叔文：《方以智先生年谱》，安徽师范大学出版社 2018 年版。

李佳：《君臣关系与明代士大夫政治研究》，吉林大学出版社 2018 年版。

许伟：《周易时论合编导读》，华龄出版社 2019 年版。

梁启超撰，俞国林校：《中国近三百年学术史》，中华书局 2020 年版。

何晓明：《冯天瑜学述》，上海人民出版社 2024 年版。

三、研究论文

黄寿祺：《论易学之门庭》，《福建师大学报》1980 年第 3 期。

任道斌：《论明代学术文化的发展》，《中国社会科学院研究生院学报》1991 年第 1 期。

张立文：《李贽与中国文化的走向》，《李贽学术国际研讨会论文集》，首都师范大学出版社 1994 年版。

许芹庭：《易经与政教之关系》，两岸周易学术讨论会论文，1995 年。

张永儁：《论刘蕺山的心学与易学思想》，两岸周易学术讨论会论文，1995 年。

［意］柯毅霖：《本土化：晚明来华耶稣会士的传教方法》，《浙江大学学报》1999 年第 1 期。

牛占珩：《〈周易〉与古代经济政策》，《周易研究》1999 年第 2 期。

温海明：《王阳明易学略论》，《周易研究》1998 年第 3 期。

戴琏璋：《王阳明与周易》，《中国文哲研究集刊》2000 年第 17 期

［比］钟鸣旦：《晚明基督徒的经学研究》，《中华文史论丛》第 64 辑，上海古籍出版社 2000 年版。

杨月清：《陆王心学派的易学思想研究》，复旦大学博士学位论文，2002 年。

陈奇：《明朝前期吴与弼的兼采朱陆之学》，《贵州师范大学学报》2002 年第 2 期。

郑万耕：《宋明易学论象与数》，《北京社会科学》2002 年第 2 期。

杨宏声：《明清之际在华耶稣会士之〈易〉说》，《周易研究》2003 年第 6 期。

曾春海：《顾宪成、高攀龙的心性论及其教育理念》，《哲学与文化》，2003 年第 10 期。

范立舟：《〈周易〉与阳明心学》，《周易研究》2004 年第 6 期。

山东大学易学与中国古代哲学研究中心主编：《易学与儒学国际学术研讨会论文集（易学卷）》，2005 年。

卢祥运：《从王阳明"玩易"到孙应鳌"谈易"》，《贵阳师范高等专科学校学报》2005 年第 1 期。

张涛：《易学与中华民族创新精神》，《周易研究》2007 年第 2 期。

展龙：《试论张居正的历史思想》，《河南科技大学学报》2007 年第 2 期。

朱晓鹏：《王阳明龙场〈易〉论的思想主旨》，《哲学研究》2008 年第 6 期。

魏佩伶：《管志道年谱》，台湾台南大学硕士论文，2010 年。

向世陵：《中国哲学的"本体"概念与"本体论"》，《哲学研究》2010 年第 9 期。

林钦经：《论焦竑会通三教思想——兼比较焦竑与林兆恩之会通思想》，台湾《"中央大学"人文学报》2012 年第 49 期。

［美］成中英：《从本体诠释论述王阳明释易的良知哲学——深入阳明良知明德之理》，《阳明学研究》（创刊号），中华书局 2015 年版。

任利伟：《明代易学研究论纲》，《周易文化研究》2016 年第 8 辑，社会科学文献出版社 2016 年版。

刘增光：《寻求权威与秩序的统一——以晚明阳明学的"明太祖情结"为中心的分析》，《文史哲》2017 年第 1 期。

张涛：《〈周易〉与儒释道》，《世界宗教文化》2018 年第 4 期。

后　记

　　2006年到2009年，我有幸在北京师范大学历史学院学习，受业于著名易学家张涛先生攻读博士学位。入学伊始，先生因材施教，建议我由秦汉易学思想起步，了解易学思想在不同历史阶段流变的特征和规律，进而对传统易学所具有的"综合百家而又超越百家"的思想特质有一总体把握。经先生启发，我对明代易学的形成和发展产生了较为浓厚的兴趣。在博士论文开题阶段，我的学术预设是将易学与明代的社会时代思潮和学术文化氛围紧密地结合起来，将整个明代易学思想的演变作为研究对象，展开多视角考察，对明代受《周易》及易学启示的人和著作给予充分的重视，想改变当时学界就易学言易学、非以易学著述传世便不予重视的研究范式。

　　虽然这一预设得到了先生的首肯和支持，但当时自己并没有足够的积累和相应的能力，而且三年学制所提供的研究时间也非常有限，所以便选取了明代易学发展的一个阶段——明代中叶的易学发展演变作为博士论文的选题。论文题目定为《明代中叶易学思想研究》，内容由三部分构成，一是"程朱理学笼罩下的易学"，选取丘濬与蔡清的易学思想作为考察对象；二是"心学解《易》的进一步发展"，探讨王阳明和王畿的易学思想；三是"经世启蒙思潮中的易学思想"，分析易学思想之于张居正改革的影响、易学思想与李贽史学的互动关系。非常"单薄"的11万字博士论文，对明代受《周易》及易学启示的人和著作给予了一定程度的重视，原初的很多想法却没有得到充分的体现。

　　本书是我在国家社科基金结项成果的基础上进一步修改补充完善而成

的。回想起来，2009年取得博士学位，到现在已有15年；2015年获得国家社科基金一般项目立项，距今已有9年。国家社科基金项目的设计论证以博士论文为基础，视明代易学发展为一整体范畴，研究内容从易学思想与学术衍展、易学思想与政治变革、易学思想与文化交融三个维度深入，以揭示辨别有明一代易学发展的特征与得失，从而增进对整个明代易学乃至明代思想文化主脉的认识，预计完成18万字。在项目开展的过程中，我的想法又有一些调整和变化，在已设计好的总体框架基础上适当地拓展，研究内容也进一步丰富起来，最后的结项成果共计32万字。结项成果总计有五章，分别从易学思想与程朱理学、易学思想与阳明心学、易学思想与经世实学、易学思想与三教融合、易学思想与中西会通等五个方面展开，以期对明代易学的整体发展有新的思考和理解。其中，易学思想与三教交融和易学思想与中西会通这两部分内容，原博士论文没有涉及。而本书第五章"易学思想与中西会通"，在定稿时个人觉得其中一节内容的材料搜集、研究思路、观点结论等方面确实有诸多难以把握之处，所以便将这一节忍痛割爱，留待以后思考成熟，或再版时补充进来，或作为学术成果单独发表。

这几年，我的教学和科研重心有所调整，在书稿撰写和修改的过程中，需要有更多的精力从事本科生和研究生的思政课教学工作。既已起步，就不能中途停下来。我常常在想，中华优秀传统文化如何实现"创造性转化和创新性发展"等重要问题不能仅仅停留在一系列理论阐释、学理探讨层面，还需要有一些深入细致、扎扎实实的研究工作作为基础支撑。所以，本书增加了对明代易学思想经世面向的讨论，有适当篇幅对明代易学思想之于当代人格境界提升、社会治理变革、文明交流互鉴的启迪意义作了初步的思考，亦可视为昆明理工大学中华优秀传统文化"创造性转化和创新性发展"科研创新团队建设项目的阶段性成果。

在新书《明代易学思想研究》即将面世之际，我想借此机会特别向恩师张涛先生表达由衷的敬意！2006年，我来北京师范大学攻读博士学位，2009年毕业后又到昆明理工大学工作。算下来，至今已有18载，而先生一直在学术上、生活上给予我很多的指导和帮助。先生广博的学术视野、严谨的治学态度和独到的学术造诣，对我产生了深远的影响，"高山仰止，景行行止，虽不能至，然心乡往之"。先生为人与为学的谆谆教诲，自强不息和厚德载物的人格风范，我将永远铭记在心，始终外化于行。

新书付梓，还要感谢昆明理工大学马克思主义学院对中华优秀传统文化研究类学术著作出版的鼎力支持！此外，书稿完成后，我的学生，现在中山大学哲学系中国哲学专业深造的薛明琪博士，他除了前期撰写部分初稿外，还协助我处理文献校对等事宜，在这里也要对明琪的付出道一声辛苦啦！

任利伟

甲辰年夏于莲华苑